高等院校物流专业“互联网+”创新规划教材

物流运筹学
（第3版）

主　编　郝　海　钟　敏

副主编　王全文　贲立欣　王永健

北京大学出版社
PEKING UNIVERSITY PRESS

内 容 简 介

本书系统讲解了线性规划、运输和指派问题、图与网络、网络计划、决策论、动态规划、排队论、存储论等内容。本书从认识事物、接受知识的规律出发，深入浅出地介绍运筹学的思想，又通过理论联系实际来阐述管理问题的数学建模方法。本书侧重于探讨运筹学与物流管理在内涵及方法论上的联系，而非阐述其背后的数学理论，强调实践、应用和经济意义，突出运筹学在供应链物流领域的应用与发展。

本书条理清晰、通俗易懂，适合作为物流工程、物流管理、管理工程、交通运输、信息管理等专业的本科或研究生教材，也可作为物流咨询公司、物流企业的物流从业者和其他企业物流部门管理人员的参考用书。

图书在版编目(CIP)数据

物流运筹学 / 郝海，钟敏主编. -- 3 版. -- 北京 ：北京大学出版社，2024. -- (高等院校物流专业“互联网+”创新规划教材). -- ISBN 978-7-301-35183-3

Ⅰ. F252

中国国家版本馆 CIP 数据核字第 2024JV4419 号

书　　名　物流运筹学（第 3 版）
WULIU YUNCHOUXUE (DI-SAN BAN)
著作责任者　郝　海　钟　敏　主编
策 划 编 辑　郑　双
责 任 编 辑　杜　鹃
数 字 编 辑　金常伟
标 准 书 号　ISBN 978-7-301-35183-3
出 版 发 行　北京大学出版社
地　　址　北京市海淀区成府路 205 号　100871
网　　址　http://www.pup.cn　新浪微博：@北京大学出版社
电 子 邮 箱　编辑部 pup6@pup.cn　总编室 zpup@pup.cn
电　　话　邮购部 010-62752015　发行部 010-62750672　编辑部 010-62750667
印 刷 者　河北滦县鑫华书刊印刷厂
经 销 者　新华书店
787 毫米×1092 毫米　16 开本　20.75 印张　498 千字
2010 年 8 月第 1 版　2017 年 3 月第 2 版
2024 年 8 月第 3 版　2025 年 8 月第 2 次印刷
定　　价　58.00 元

第 3 版前言

我国经济的高质量发展要求企业在资源配置、生产流程、质量控制、市场营销等方面进行全面优化和整合，以提高企业的综合竞争力和效益水平；要求管理者从过去的片面追求到全局考量，从功能性管理到跨部门协同，从纵向贯通到横向联动。供应链管理作为一种新的管理模式备受瞩目与关注，它强调整个供应链中各个环节之间的紧密协调与合作，以实现从原材料供应到最终产品交付的无缝衔接和高效运作。供应链管理不再将企业视为独立的实体，而是将企业作为一个整体，与供应商、合作伙伴和客户形成紧密的协同关系。

供应链管理的核心思想是系统优化，以实现高质量管理的目标。党的二十大报告提出，要“加快建设现代化经济体系，着力提高全要素生产率，着力提升产业链供应链韧性和安全水平”。供应链管理模式在经济高质量发展中发挥着重要作用，它能够优化资源配置，提高生产效率，降低成本，提高产品质量和服务水平，提升企业竞争力。通过供应链管理，企业能够更好地满足市场需求，提供个性化的产品和定制化的服务，实现产品的快速上市和交付。供应链管理还能够降低供应链的风险和不确定性，应对市场的变化和挑战。在经济高质量发展的进程中，供应链管理的作用将愈发重要，推动着企业实现运作高效、创新发展。

运筹学是实现供应链管理的有效工具和技术。它利用数学建模和优化技术，通过分析和优化供应链中的各个环节和决策，可以优化供应链的物流与库存管理、需求预测与计划、协调与协同、风险管理与决策支持等方面，实现供应链的高效运作和绩效改善；通过运用博弈论、协商机制等方法，可以解决供应链中不同环节之间的冲突与合作问题，促进供应链各成员之间的协调和协同。

本书旨在为运筹学赋能管理实践的全方位场景，使供应链物流与运筹学相辅相成、相得益彰。与物流结合密切的专业，诸如企业管理、供应链管理、交通管理、信息管理、电子商务等专业都可选用本书。考虑到课时及与其他课程内容的重复，书中涵盖了运筹学最精华部分，略去了对策论、非线性规划等分支，这些内容可在博弈论、人工智能和机器学习课程中系统学习。以定量化管理技术与方法为基础，书内还设计了实际操作训练的内容，使学生能够综合应用所学知识对实际问题进行剖析，提升解决问题的能力，促进运筹理论和管理实践的相互融合，更完美地展现运筹学这门课程的特点。

运筹学是本科院校管理类专业的基础课，本教材第 1 版于 2010 年 8 月由北京大学出版社出版，第 2 版于 2017 年 3 月出版。在不断变化的商业环境中，新的理念和技术不断涌现，运筹技术不断创新发展。第 3 版汲取了最近几年的教学实践，并参考了最近出版的运筹学及相关图书的精华，对案例、例题、习题进行了更新，对第 2 版存在的一些不连贯内容做了订正。与前两版相比，第 3 版具有以下新特点。

(1) 以供应链物流管理为主线，贯穿各章的组织和应用。这样可以为读者提供与时俱进的管理实际背景，拓宽读者的视野，加深他们的理解，让他们能够从全局的角度来认识和掌握运筹学相关技术。同时还更新和补充了一些运筹学的新发展、新思路和新方法，以帮助读者跟上运筹学领域的最新进展。这种内容安排使得读者能够从微观层面了解供应链物流管理，便于将运筹学的技术和概念应用到实际问题中去。

(2) 增添了大量的参考资料，与教材有关内容相互补充。这些资料包括学术论文、行业报告、经典案例等，有助于促进运筹技术与管理问题的深度融合，为读者提供更多的实证研究和实践经验。实际案例展示了运筹学在解决实际问题中的价值和作用，使读者能够将理论知识与实践经验相结合，提升解决问题的能力。

(3) 与计算机软件和程序相结合，提高运筹技术的可操作性。书中渗透了算法设计框图与流程，引入 Python 和 R（两者相兼容，R 语言就能运行 Python 程序）作为运筹学分析和决策的支持工具，可帮助读者实现经济、高效、优化的学习。这些开放、免费、开源的计算机程序提供给读者友好的环境，促进了灵活性、创新性和个性化学习的深化，对读者后续专业学习起到连贯、积极的支撑作用。

(4) 注重内容的可读性。各章相对独立，安排上力争深入浅出，展现最符合计算机求解的思路，尽管有时过程会烦琐一些，但思路会更加简明，使得学生可在深度与广度层面进行思索、分析及扩展。

(5) 从认识事物、接受知识的规律出发，侧重于探讨运筹学与物流管理在内涵及方法论上的联系，而非阐述其背后的数学理论，强调实践、应用和经济意义，目的在于突出运筹学在供应链物流领域的应用与发展。

本书编写人员均是拥有多学科的交叉研究和学习背景的一线教师，其中第 1 章和第 2 章由天津职业技术师范大学的郝海编写，第 3 章和第 9 章由沈阳工程学院的赍立欣编写，第 4 章和第 5 章由天津中德应用技术大学的钟敏编写，第 6 章和第 7 章由天津商业大学的王全文编写，第 8 章由河南理工大学的王永健编写。郝海负责统筹和定稿。在编写过程中，参考了国内外的相关文献，在此对这些文献的作者表示衷心的感谢！

限于书中篇幅，供应链参与者的合作竞争、供应链金融等未予涉及，这些内容有待运筹理论的进一步延伸和拓展。鉴于编者水平所限，书中难免有疏漏之处，殷切希望同行、专家和其他读者批评指正。

编　者

2024 年 3 月

资源索引

目　录

第1章 绪论

【本章知识架构】

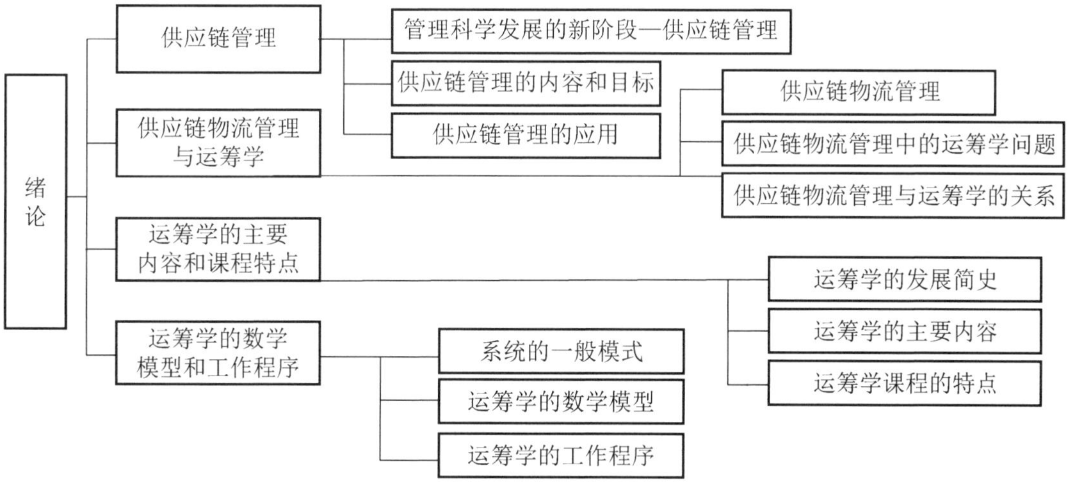

【本章教学目标与要求】

- 了解供应链管理的内容、目标和应用。
- 理解供应链物流管理内涵，掌握供应链物流管理特征、划分和作用，了解供应链物流管理与运筹学的关系。
- 了解运筹学的发展历史，熟悉运筹学的主要内容，理解运筹学课程的特点。
- 了解运筹学数学模型的构成要素与系统模式，掌握运筹学的工作程序。

导入案例

小快递跑出“加速度”

高质量发展的物流业

物流业已成为经济发展的重要支柱之一，在整个社会经济系统中发挥着重要的服务和保障支撑作用，是整个社会经济系统中重要的桥梁与纽带。中国物流业历经数十年的不懈努力，正实现从“规模扩张”到“质量提升”的转变，中国经济的高质量转型带动了物流业的蓬勃发展，一大批优秀的头部物流企业迅速崛起，逐渐成为物流行业中的翘楚，如顺丰控股、中远海控、中国外运、厦门象屿等。据统计，2023 年社会物流总费用 18.2 万亿元，同比增长 2.3%；占 GDP 的比率为 14.4%，同比下降 0.3%。物流需求规模持续恢复向好，增速稳步回升，2023 年 12 月 4 日，快递业务量首次突破 1200 亿件，再创历史新高。中国物流正展现出数字化、智能化、标准化、绿色化的发展势头，为消费者提供了更加高效、高质的物流服务。

随着全球化市场的形成及技术的迭代，企业面临的市场竞争日趋激烈。技术进步和需求多样化使产品的生命周期不断缩短，企业面临着缩短交货期，提高产品质量，降低成本和改进服务的压力。企业面对一个变化迅速且无法预测的买方市场，传统的生产与经营模式对市场剧变的响应越来越迟缓和被动，企业单靠自身的改造无法从根本上解决快速满足客户个性化需求的问题。因此，企业必须从根本上转变经营思想，运用先进的管理思想、网络技术以及制造技术，充分优化企业内外部的资源，才能增强企业的适应性和提高响应速度，最大限度地满足客户对产品和服务的需求。

1.1 供应链管理

供应链是指生产及流通过程中，围绕核心企业的核心产品或服务，由所涉及的原材料供应商、制造商、分销商、零售商直至最终用户等形成的网链结构，如图 1-1 所示。供应链管理是指从供应链整体目标出发，对供应链中采购、生产、销售各环节的商流、物流、信息流及资金流进行统一计划、组织、协调、控制的活动和过程。供应链管理顺应了企业生存发展的需要，是企业适应市场变化能力的体现。

1.1.1 管理科学发展的新阶段——供应链管理

供应链管理以客户需求为导向，以提高质量和效率为目标，以整合资源为手段，实现产品设计、采购、生产、销售、服务等全过程高效协同的组织形态。供应链管理是管理科学演化发展的新阶段。

顶层设计：2017 年，国务院办公厅印发《关于积极推进供应链创新与应用的指导意见》，正式将供应链创新与应用上升为国家战略。二十大报告指出，要“着力提升产业链供应链韧性和水平”。

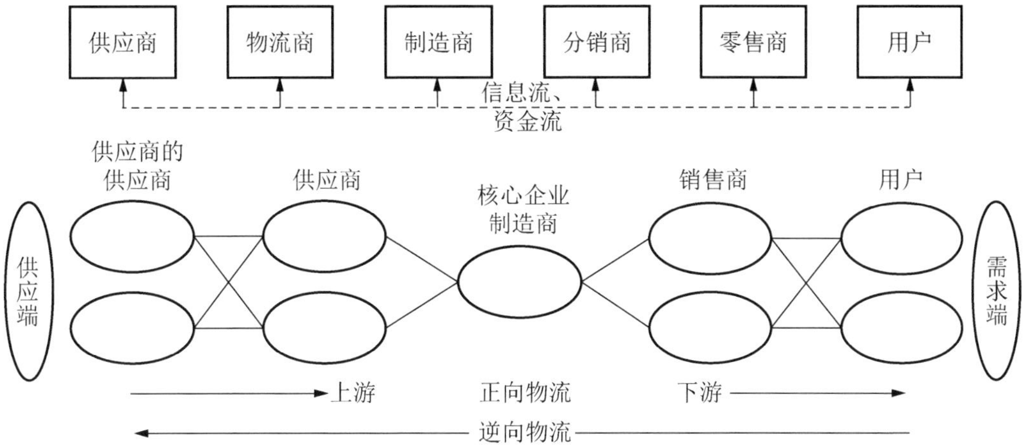

图 1-1 供应链结构模型(实线表示物流；虚线表示信息流、资金流)

人才培养：供应链管理人才需要具备全球视野、战略思维、危机意识，在理论与实践相结合的基础上，还要拥有市场调研、数据分析、风险控制等多方面的综合能力，才能有效应对供应链问题。我国高校正陆续展开供应链管理专业教学，有针对性地培育供应链管理人才，目前已形成本科、硕士、博士多层次人才培养体系。

技术集成：产业互联网赋能供应链管理，让供应链管理更智能。借助云计算、人工智能(Artificial Intelligence，AI)、物联网设备，基于云原生、微服务架构原理设计，多角色协同、可视化分析、AI 预警、智能决策等技术方法，让数据驱动供应链业务流转。供应链已发展到与互联网、物联网深度融合的智慧供应链新阶段，一些新技术的涌现和发展，使得对客户的服务更精准，制造过程的薄弱环节更清晰，财务数据的流向及问题更明确。

实践场景：随着客户需求、消费升级，商业领域的竞争已经不是单一企业之间的竞争，而是供应链之间的竞争。没有任何企业能把供应链置之度外，所有的管理职能都需要在供应链中实现，供应链为管理决策提供了有效的活动平台。相关资料显示，跨国供应链具有万级的决策节点，京东供应链每天做出 30 万条智能决策，管理 500 多万个存货单位，运营 700 多个仓库；星巴克从咖啡豆的种植到杯中品，将效率整合到极致，再进行全供应链运营。

管理视野：供应链管理思维是整体性思维，是战略性思维。有了供应链视野，想象的空间就会很大。供应链提供全局的管理视角，我国虽然具有全球最完备的产业链供应链，但某些链路环节发展不均衡，还无法自主可控，造成产业链供应链链路缺失，降低了产业链的安全性和可靠性。我国要提升自主创新能力，发展先进技术，就需在关系国家安全的领域和节点构建自主可控、安全可靠的国内生产供应体系。

研究方法：供应链管理采用多种学科交叉的研究方法，以系统论、运筹学、博弈论、信息经济论、仿生学等多个学科中的理论和模型作为它的理论基础和建模基础，这些理论和模型为供应链运作中的战略决策、作业计划、优化排程等问题提供了有效的理论和模型支持。供应链管理模型能够模拟和计算许多复杂的问题，有排队论模型、网络规划法、仿真模型、人工智能方法等，为供应链管理提供了科学的解决方案。

供应链管理的本质是匹配供应和需求。有效的供应链管理可为企业带来以下收益：在供应链范围内提高战略、作业及财务绩效；降低成本，有效管理周转资金；有效管理库存的原材料、在制品和制成品；降低交易成本，提高供应链成员间的交易效率；增加客户的价值，提供客户所需的产品和服务，提供一揽子解决方案；增强平衡供需的能力。不管是服务企业、平台企业，还是创业公司，都需要供应链管理。

1.1.2 供应链管理的内容和目标

1. 供应链管理的内容

以制造企业为核心的供应链最能反映供应链管理的全貌，其管理内容如下。

采购管理是制造行业供应链管理的核心环节之一。制造企业需要从多个供应商处采购原材料和零部件，以满足生产需求。因此，供应链管理系统可以帮助制造企业实现集中采购、供应商管理、订单跟踪等功能，以提高采购效率和准确性。

生产计划管理是制造企业供应链管理的另一个重要环节。制造企业需要根据市场需求和生产能力进行生产计划的制订和调整。供应链管理系统可以通过数据分析和模拟，实现生产计划的优化和管理，以提高生产效率和降低成本。

库存管理是制造企业供应链管理的重点和难点之一。制造企业需要合理地安排和控制库存，避免库存过量和降低缺货风险。因此，供应链管理系统可以帮助制造企业实现库存跟踪、预警和调配等功能，以优化库存管理，降低库存成本和风险。

物流管理是制造企业供应链管理的关键环节之一。制造企业需要保证原材料和零部件的及时交付和产品的准确配送。因此，供应链管理系统可以通过物流跟踪、运输计划和可视化管理等方式，以提高物流效率和可靠性。

售后服务管理是制造企业供应链管理的重要组成部分。制造企业需要为客户提供及时、专业的售后服务支持，以提高客户的满意度和忠诚度。因此，供应链管理系统可以为制造企业提供客户反馈、售后服务和信息管理等功能，促进售后服务的标准化和协同化。

2. 供应链管理的“7R”目标

供应链管理追求的目标可以概括为“7R”，具体含义如下。

正确的产品(Right Product)：确保供应链中的产品与市场需求和客户要求相匹配。这包括选择适合市场的产品，确保产品的质量和性能符合标准，并提供符合客户期望的产品特性。

正确的数量(Right Quantity)：确保供应链中的产品数量能够满足市场需求和客户订单。这包括准确预测需求、合理安排生产和库存管理，以确保产品的供应与需求平衡。

正确的时间(Right Time)：确保产品在正确的时间内交付给客户。这包括及时调整生产计划、准时交付产品、准确估计交货时间，以满足客户的时间要求。

正确的地点(Right Place)：确保产品在正确的地点交付给客户。这包括建立有效的物流网络、合理选择配送渠道和运输方式，以确保产品能够准确地送达客户要求的位置。

正确的成本(Right Cost)：确保供应链中的成本控制在合理范围内。这包括寻求成本效益、优化供应链中的各个环节和流程，以降低生产、运输、库存等方面的成本。

正确的来源(Right Source)：确保从合适的供应商和合作伙伴处采购原材料和产品。这包括选择可靠的供应商、评估供应商的能力和信誉，以确保供应链的稳定性和可靠性。

正确的信息(Right Information)：确保供应链中的信息流畅和准确。这包括建立有效的信息系统、数据共享机制和沟通渠道，以确保供应链中各个环节的信息及时传递和共享。

通过追求“7R”目标，供应链管理可以实现产品的合理生产、准时交付、成本控制，以及提升客户满意度。这些目标相互关联、相互支持，旨在加强供应链物流管理，强化对供应链物流的精准控制，共同构成供应链管理的核心原则，帮助企业实现高效的供应链运作和竞争优势，体现供应链管理整体性和宏观性。

1.1.3 供应链管理的应用

管理科学对于许多国家生产力的提高作出了重要的贡献，改善了许多组织的生产效率，在实际应用中产生了巨大的效益，每年为管理科学实践者颁发的弗兰兹·厄德曼(Franz Edelman)奖就授予全球管理科学的最佳应用项目。

弗兰兹·厄德曼奖是由世界著名的管理科学家弗兰兹·厄德曼于 1971 年创立的，弗兰兹·厄德曼奖的评选范围包括管理科学理论和方法的创新、应用工作对企业创造的直接经济效益，以及对社会和人类生活所做的积极贡献，全世界各个国家的科学家和企业家都可以申请这一奖项。2002 年，我国的于刚教授领导的项目小组由于对实时决策支持系统理论和方法的创立和推进，为大陆航空公司等民用航空企业所创造的实实在在的经济效益，以及对社会和人们生活所做出的贡献，成为本年度大奖的获得者，其他年度和供应链物流相关的获奖项目见表 1-1。

表 1-1　获得弗兰兹·厄德曼奖的项目

年　度	组　织	项目内容	每年节支/百万美元
2023	Walmart 公司	使用先进的优化模型，建立了长期供应链资本投资的转型路线图，以及支持日常卡车路线和装载决策的应用程序。该应用程序避免了 7200 万磅的二氧化碳排放	75
2020	Intel 公司	利用 AI 技术来优化其全球供应链的创新解决方案。Intel 公司开发了一个基于 AI 的智能系统，利用大数据分析、机器学习和优化算法，实现了供应链规划与决策的自动化和优化。该系统能够综合考虑各种因素，如市场需求、产品特性、运输、库存和生产能力等，以最优化的方式进行供应链规划和决策	3400
2016	UPS 公司	借助于 UPS 道路综合优化和导航系统，自动规划 5.5 万名司机复杂的配送路线	300～400
2012	TNT 快递	着力于全球运输网络的优化，包括选址计划、最优卡车路线、车队管理和员工作息安排等	50
2011	MISO 公司	MISO 开发了一套先进的电力市场模型和优化算法，利用大数据分析、实时监测和预测技术，综合考虑各种因素，如电力需求、发电能力、输电网络、环境要求和经济效益等，以最优化的方式管理电力市场	500～750
2009	HP 公司	开发出收入覆盖优化软件算法和复杂投资回报计算器进行产品多样化管理，以满足不同客户的需求	500
2008	荷兰铁路公司	重新修订的火车时刻表提高了原本已极其繁忙的铁路网的运输能力，同时又无须建设更多的铁道	60

资料来源：http://www.informs.org/

2021 年，有 3 家中国企业入围了弗兰兹·厄德曼奖 6 强，中国科技企业阿里巴巴“VRP 算法实现按时小时级交付”项目旨在通过使用车辆路径规划(Vehicle Routing Plan，VRP)算法，实现阿里巴巴在物流交付方面的精确性和效率的提升。该项目通过利用 VRP 算法，使阿里巴巴能够在小时级别内按时交付物品。这意味着阿里巴巴可以更准确地预测送货时间，并将交付时间缩短到小时级别，提供更快速和可靠的物流服务。京东“无人仓库调度算法”项目旨在通过运用运营研究中的优化算法，提升无人仓库机器人的工作效率和效益。项目实现了无人仓库机器人工作效率的显著提升。机器人能够更快速地完成任务，减少了等待时间和拥堵，提高了物流操作的整体效率。同时，通过降低能源消耗和资源浪费，还实现了成本的节约和可持续性的改善。联想“利用强化学习进行大型制造工厂的高级计划与调度”项目旨在利用强化学习技术改进大型制造工厂的计划和调度过程。通过利用强化学习算法，工厂可以更好地规划生产流程、调度设备和资源，提高生产效率和产能利用率，减少生产周期和成本，并更好地应对市场需求的变化和不确定性。这些项目展示了运筹优化技术在不同领域的应用与价值，为未来的科技创新和应用奠定了扎实的基础，体现了运筹技术带来的更大发展潜力，也是对中国企业在物流领域的科技场景领先和供应链管理水平的肯定。

1.2 供应链物流管理与运筹学

供应链物流管理是一个复杂的过程，涉及供应商、生产商、批发商、零售商等成员企业，包括采购、生产、存储、运输、销售等多个环节，这些环节之间的协调与优化是供应链物流管理的重点。

1.2.1 供应链物流管理

物流管理是供应链管理的核心内容。物流是供应链的**实体链接**，物流通过时间和空间的变化产生价值。供应链创造价值的过程，就是供应链物流活动或转换的过程，在这一过程中，涉及不同的物流管理活动，例如运输决策、库存管理、选址策略等。从这个视角看供应链管理就是对物流的全方位管理。

1. 供应链物流管理的动因

全球供应链物流正朝着更高质量、更智能化、更绿色化的方向不断发展，在此过程中，诸多因素正在积极推动供应链物流的高质量发展。

平台电商：对于平台电商来说，物流是平台运营过程中必不可少的且极其重要的一环。物流管理能力是电商平台的核心竞争力。京东物流是现在国内物流配送速度最快、物流服务最好的企业之一，在全国的各大城市都建立了自己的大型物流中心。

智能技术：通过数字化和智能化技术来提高供应链物流的效率和精度。例如，采用物联网、大数据、人工智能等技术来实现供应链管理和预测。这些技术不仅可以加快物流流程，降低成本，还可以提高数据分析的精度和速度，从而更好地支持决策。

管理方式(多品种小批量)：现代生产方式(如准时制)要求物流配送费用最小，按生产需求将物从供给单位转给需求单位，它强调在必要的时间供应必要数量的必要产品。准时制物流是企业物流的较高水平，可以减少生产以外环节的费用，以达到降本的目的。

个性化需求：市场需求也是推动供应链物流高质量发展的重要因素。企业需要灵活地适应市场需求的变化，实现物流服务的个性化和定制化。如在快递行业中，许多企业已经实现了定制化、即时化和智能化服务，满足消费者对快递服务的不同需求。

循环经济：循环经济要求用较少的原料和能源投入来达到既定的生产目的或消费目的，从源头上注意节约资源和减少污染；要求产品和包装容器能够以初始的形式被多次重复使用；要求生产出来的物品在完成其使用功能后能重新变成可以利用的资源参与经济循环，这是对供应链物流的可持续性和社会责任的要求。

供应链物流的高质量提升，需要企业在数字化、可持续性、市场需求和持续创新等方面进行积极的探索和实践。只有不断推进供应链物流的高质量发展，企业才能更好地适应市场变化和实现可持续发展。

2. 供应链物流管理的特征

随着技术和信息的不断发展，供应链物流管理也将面临一些新的发展趋势。

智能化：随着物联网、人工智能等技术的发展，供应链物流管理将越来越智能化，可以通过大数据、人工智能等手段来优化供应链物流流程，提高供应链物流的效率和效益。

数字化：数字化是供应链物流管理的必然趋势，通过数字化技术，可以实现信息共享、数据分析、跨组织协作等一系列功能，从而提高供应链物流的效率和效益。

网络化：网络化是供应链物流管理的重要趋势，通过互联网技术和云计算等手段，可以实现供应链物流的实时监控、追踪和管理，从而提高供应链物流的可见性和透明度。

绿色化：绿色化是供应链物流管理的新趋势，通过采用环保材料、减少物流碳排放、实现可持续发展等方式，来实现环保和社会责任的目标。

供应链物流管理将会越来越重要，对于企业的发展和竞争优势具有至关重要的作用。未来，随着技术的发展和市场的需求变化，供应链物流管理也将不断创新和发展，成为更加智能化、数字化、网络化和绿色化的管理模式。

3. 供应链物流的划分

物流是供应链管理的重要组成部分，它的作用不可忽视。物流主要分为以下几个方面。

采购物流：采购物流是指在供应链的采购环节中，物流所承担的作用。采购物流的主要任务是保证原材料、零部件和成品等物品的供应，以满足生产和销售的需要。具体来说，采购物流包括采购计划、供应商选择、价格谈判、采购合同签订、进口报关、物流配送和库存管理等。

生产物流：生产物流是指在供应链的生产环节中，物流所承担的作用。生产物流的主要任务是保证生产流程的畅通和优化，以提高生产效率和降低生产成本。具体来说，生产物流包括原材料配送、生产线供料、生产计划调度、生产现场管理和成品出库等。

销售物流：销售物流是指在供应链的销售环节中，物流所承担的作用。销售物流的主要任务是保证产品能够准时、准确地送到消费者手中，以满足消费者的需求。具体来说，销售物流包括订单处理、仓储管理、配送和售后服务等。

售后物流：售后物流是指在供应链的售后环节中，物流所承担的作用。售后物流的主要任务是保证售后服务的质量和效率，以提高客户的满意度和忠诚度。售后物流包括售后处理、回收和维修等。

回收物流(逆向物流)：回收物流是指退货、返修物品和周转使用的包装容器等从需方返回供方所引发的物流活动。回收物流比售后物流的范围要广，在生产及流通活动中有一些材料要回收并加以利用，如用作包装容器的纸箱、塑料筐、酒瓶等；还有可用杂物的回收和再加工，如旧报纸、书籍通过回收、分类可以再制成纸浆加以利用，金属废弃物可以回收并重新冶炼成有用的原材料等；物品在生命周期末的置换、报废是需要物流活动伴随的。回收物流能体现供应链企业的社会责任和循环经济的要求。

4. 物流管理的作用

高效的物流管理能提升供应链的快速反应能力。为保证供应链的快速反应能力，供应链管理以物联网作为技术支撑，使得其成员企业能及时获得并处理信息，通过消除不增加价值的程序和时间进一步降低供应链物流系统的成本，为实现其敏捷性、精细性运作提供基础性保障。

高效的物流管理能增进供应链的无缝连接。无缝连接是确保供应链各环节协调运作的关键，缺失物流系统的无缝连接可能导致顾客需求无法及时满足、物资采购中途受阻等问题。这不仅增加了有形成本，如仓储、运输成本，还会带来无形成本，如失去客户信任、市场份额下降等。

高效的物流管理能提高顾客的满意度。在供应链管理体系下，企业必须迅速把握顾客的现有和潜在(一般和特殊)需求，使企业的供应活动能够根据市场需求而变化。高效的物流管理能帮助企业比竞争对手更快、更经济地将商品或服务传递到终端顾客，极大地提高了服务质量和顾客满意度。

物流管理催生供应链成员的合作竞争。企业之间的竞争其实就是供应链上下游企业之间的竞争，多数情况下会对生产和流通的规律和秩序造成破坏，进而影响企业的效益。在现代供应链管理的大环境下，物流管理更注重于促使上下游企业形成战略联盟，物流是它们合作的纽带，最终行业内会呈现出供应链竞争的格局。

物流管理加速了供应链管理模式的实现。供应链管理的出现暗合了现代生产方式的产生和发展趋势，全球化的采购、组织生产及销售，有效地衔接了物流与现代生产方式，推动了现代物流行业的发展。

供应链管理驱动了物流服务的多样化与个性化。随着现代智能技术和物流技术的不断发展，物流服务方式日益灵活多样，这是为了适应供应链国际化经营的要求，出现了发生在不同国家之间的国际物流企业、专门从事物流服务的第三方物流企业及进行联合库存管理的分销中心等。

物流管理是供应链管理的重要组成部分，供应链各成员之间的战略合作提升了各方信息共享的程度，促进了供应链物流的一体化运作。

1.2.2 供应链物流管理中的运筹学问题

供应链物流管理中的运筹学问题

运筹学在供应链物流管理中的应用如下。

(1) 运输优化问题。在供应链物流中，如何合理安排运输路径和运输方式，以达到运输成本最小化，是一类重要的问题。运筹学可以通过运输网络建模、线性规划等方法，来解决这类问题。

(2) 库存管理问题。库存管理是供应链物流中的另一类重要问题，即如何合理控制库存水平，以满足客户需求，同时使库存成本最小化。运筹学可以通过库存控制模型、动态规划等方法，来解决这类问题。

(3) 订单分配和调度问题。在供应链物流中，订单分配和调度问题也是一类关键问题，即如何合理分配订单，并安排适当的调度，使客户等待时间最少，供应链效率最大。运筹学可以通过调度模型、图论等方法，来解决这类问题。

(4) 生产计划问题。在供应链物流中，如何合理安排生产计划，使生产成本最小化，同时满足客户的需求，也是一类关键问题。运筹学可以通过排队模型、优化算法等方法，来解决这类问题。

(5) 供应链风险管理问题。在供应链物流中，如何识别和管理风险，以保障供应链的稳定性和可靠性，也是一类关键问题。运筹学可以通过风险评估模型、决策分析等方法，来解决这类问题。

运筹学在供应链物流管理中的应用，可以帮助企业优化供应链物流流程，提高供应链效率和效益，同时降低成本和风险。通过合理运用运筹学方法，企业可以实现更加智能化、高效化、可持续化的供应链物流管理。

1.2.3 供应链物流管理与运筹学的关系

供应链管理作为管理科学发展的新阶段，继承和发展了原有的管理科学分析方法。供应链物流所呈现的复杂性不是简单算术所能解决的，以计算机为手段的运筹技术正渐渐成为支撑物流管理的有效工具。供应链物流管理离不开运筹学的技术支持，运筹学的应用将会使物流管理更加高效；供应链物流管理也为运筹技术的发展与完善提供了现实背景，为运筹技术展现了广阔的应用空间。许多运筹理论的形成都源于供应链物流管理问题，运筹学一些理论形成的时间线如图 1-2 所示。

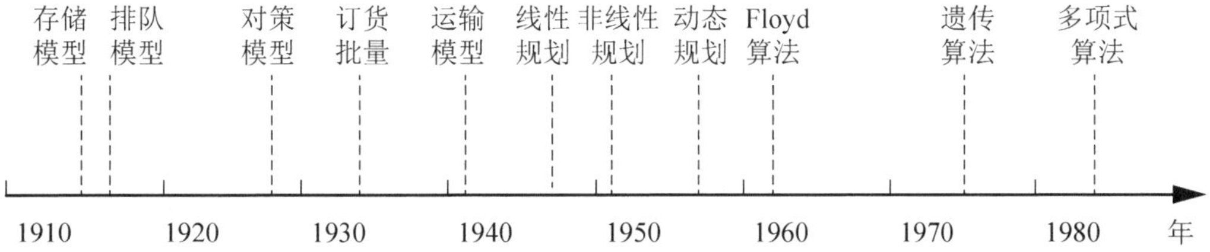

图 1-2 运筹学一些理论形成的时间线

在整个供应链的运作过程中，运筹学与物流管理紧密相连，相互渗透和交叉发展。通过运筹技术的应用，可以进行运输路线的优化、车辆调度、货物配送和库存管理等决策，从而提高供应链物流的整体效率，降低运营成本，并满足客户的需求。这种紧密的联系将持续推动供应链物流管理和运筹技术的共同发展。

1.3 运筹学的主要内容和课程特点

运筹学是管理科学的重要理论基础和应用手段，运筹学主要是将生产、管理等活动中出现的一些带有普遍性的问题加以提炼，然后利用数学方法进行解决的一门学科。

1.3.1 运筹学的发展简史

运筹学的英文全称为 Operations Research，简写为 OR，原意为运作研究或作战研究，中国科学家把它译为“运筹学”，巧妙地借用了《史记·高祖本纪》中“夫运筹策帷帐之中，决胜於千里之外”的典故。运筹学的思想由来已久，我国历史上在军事和科学技术方面对运筹思想的运用是世界闻名的。春秋时期著名的《孙子兵法》中处处体现了军事运筹的思想；战国时期的“田忌赛马”故事是对策论的典型范例；除了军事方面，我国在农业、运输、工程技术等方面也有大量体现运筹学思想的实例，如北魏时期科学家贾思勰的《齐民要术》就是一部体现运筹学思想、合理策划农事的宝贵文献；古代的粮食和物资的调运，都市的规划建设，如“一举而三役济”的“丁渭建宫”；水利方面如四川都江堰工程，都是运筹思想的运用。

田忌赛马

运筹学源于第二次世界大战期间英、美等国的军事运筹小组。在第二次世界大战初期，英美两国的军事部门迫切需要研究如何将非常有限的人力和物力分配到各项军事活动中，以达到最好的作战效果。1935 年，英国为了对付德国越来越严重的空中力量威胁，英国防空科学调查委员会组织了一些科学家专门研究如何使用雷达来进行对空作战的问题，有效地遏制了德国空军的进攻。英国作战研究部主任 A. P. Rowe 把他们从事的工作称为 Operational Research，美国则称为 Operations Research。在第二次世界大战期间，运筹学成功地解决了许多重要作战问题，比较著名的有大西洋海战、不列颠空战等，运筹学在此后得以迅速发展。

第二次世界大战后，那些从事作战研究的人员纷纷转入工业生产部门和商业部门。由于组织内部与日俱增的复杂性和专门化所产生的问题，使人们认识到这些问题本质上与战争中曾面临的问题极为相似，只是具有不同的现实环境而已，运筹学于是进入工商企业和其他部门。1950 年，英国的伯明翰大学正式开设了运筹学课程，同年第一本运筹学杂志《运筹学季刊》(*O.R. Quarterly*)在英国创刊；1951 年，美国的莫尔斯和金博尔合著的《运筹学方法》正式出版；1952 年，美国运筹协会成立，并于同年出版了《运筹学杂志》(*Journal of ORSA*)，所有这些都标志着该门学科基本形成，随后这门学科的理论体系不断完善起来了。

20 世纪 50 年代后期，我国著名科学家钱学森、华罗庚、许国志等将运筹学引入中国，并结合我国的特点在国内推广应用，著名的“打麦场的选址问题”和“中国邮递员问题”就是在那个时期提出的。自 1965 年起，华罗庚院士与他的学生一起走出研究所，用十年的时间在全国推广“优选法”和“统筹法”，对中国运筹学的研究和应用起到了巨大的推动作用。计算机的问世、高速发展与广泛普及，使得各行业从业人员能够运用这些先进的方法理论解决大量的大规模问题，从而促进了运筹学的发展并使其应用范围日益扩大。

经过半个多世纪的发展，运筹学的内容日趋成熟，逐渐形成了理论与方法的基本框架，运筹学已经成为各行各业从事管理活动的一个基本工具。

1.3.2 运筹学的主要内容

运筹学作为一门实践应用的科学，已被广泛应用于工业、农业、商业、交通运输业、民政事业、军事决策等领域，解决由多种因素影响的复杂大型问题。下面介绍运筹学在物流领域中应用较多的若干分支。

1. 数学规划论

数学规划论主要包括线性规划、非线性规划、整数规划、目标规划和动态规划。其中，线性规划是运筹学最成熟的理论分支。数学规划的研究内容与生产活动中有限资源的分配有关，在组织生产的经营管理活动中，具有极为重要的地位和作用。它们解决的问题都有一个共同特点，即在给定的条件下，按照某一衡量指标来寻找最优方案，求解约束条件下目标函数的极值(极大值或极小值)问题。具体来讲，线性规划可解决物资调运、配送和人员分派等问题；整数规划可以求解完成工作所需的人数、机器设备台数和厂、库的选址等问题；动态规划可用来解决诸如最优路径、资源分配、生产调度、库存控制、设备更新等问题。

2. 图论

图论广泛应用于解决工程系统和管理问题，将复杂的问题用图与网络进行描述简化后再求解。图与网络理论有很强的构模能力，描述问题直观，模型易于计算实现，很方便地将一些复杂的问题分解或转化为可求解的子问题。图与网络在物流中的应用也很显著，其中最明显的是运输问题、物流网点间的物资调运和车辆调度时运输路线的选择、配送中心的送货、逆向物流中产品的回收、工程的最小周期和关键工序等，应用了图论中的最小生成树、最短路径、最大流、最小费用等知识来求得。此外，工厂、仓库、配送中心等物流设施的选址问题，物流网点内部工种、任务、人员的指派问题，设备更新问题，也可运用图论的知识辅助决策者进行最优的安排。

3. 决策论

决策普遍存在于人类的各种活动之中，物流中的决策就是在占有充分资料的基础上，根据物流系统的客观环境，借助科学的数学分析、实验仿真或经验判断，在已提出的若干物流系统方案中，选择一个合理的、令人满意的方案的行为，如制订投资计划、生产计划、物资调运计划，选择自建仓库或租赁公共仓库，自购车辆或租赁车辆等。物流决策按照不同的标准可划分为不同类型，其中按决策问题目标的多少可分为单目标决策和多目标决策。单目标决策目标单一，相对简单，求解方法也很多，如线性规划、非线性规划、动态规划等；多目标决策相对而言复杂得多，如要开发一块土地建设物流中心，既要考虑设施的配套性、先进性，又要考虑投资多少等问题，对这些互为矛盾的目标进行科学、合理的选优，作出决策。

4. 排队论

排队论也称随机服务理论，主要研究各种系统的排队队长、等待时间和服务时间等参数，解决系统服务设施和服务水平之间的平衡问题，以较低的投入求得更好的服务。排队现象在现实生活中普遍存在，物流领域中也司空见惯，如工厂生产线上的产品等待加工，在制品、产成品排队等待出入库作业，运输场站车辆进出站的排队，客服中心顾客电话排队等待服务，商店顾客排队付款等。

5. 存储论

存储论又称库存论，主要是研究物资库存策略的理论，即确定物资库存量、补货频率和一次补货量。合理的库存是生产和生活顺利进行的必要保障，可以减少资金的占用、费用支出和不必要的周转环节，缩短物资流通周期，加速再生产的过程等。在物流领域中的工厂、港口、配送中心、物流中心、仓库、零售店等节点都或多或少地保有库存，为了实现物流活动总成本最小或利益最大化，人们大多运用了存储理论的相关知识，以辅助决策。

6. 对策论

对策论也称博弈论，对策是在竞争环境中作出的决策。对策论最初是运用数学方法研究有利害冲突的双方在竞争性的活动中是否存在战胜对方的最优策略，以及如何找出这些策略等问题。在这些问题中，把双方的损耗用数量来描述，并找出双方最优策略。对策论是一种定量分析方法，可以寻找最佳的竞争策略，以便战胜对手或者减少损失。例如，在城市内有两个配送中心经营相同的业务，为了争夺市场份额，双方都有多个策略可供选择，可以运用对策论进行分析，寻找最佳策略。

7. 模拟仿真

模拟仿真是一种基于模型和计算机技术的方法，通过构建模拟系统并进行实验，模拟和重现真实系统的技术。模拟仿真在运筹学中扮演着重要的角色，为运筹学的研究和应用提供了一种强大的工具和方法，它可以帮助运筹学家更好地理解和分析系统的行为和性能，评估不同决策方案的效果。模拟仿真特别适用于解决现实生活中的复杂问题。现实系统往往涉及众多变量、约束和不确定性因素，这使得对其进行分析和优化变得非常困难。模拟仿真可以通过模拟系统的行为，捕捉和考虑这些复杂因素，从而提供更准确和全面的系统分析，这是低成本、高容错、高效率的研究方法。

8. 多目标规划

多目标规划是运筹学的一个重要分支，它通过引入多个目标函数，为决策者提供权衡不同目标之间权重和取舍的方法。综合评价在多目标规划中起着关键的作用，引入多指标体系将不同目标的权重和优先级考虑在内，为每个可能的解分配一个综合评价值，决策者可以根据综合评价值进行比较和选择最优解。在实际应用中，多目标规划应用于供应链管理、生产计划、资源分配等领域。多目标规划的求解方法包括将多目标转换为单目标或双目标的方法，如主要目标法、线性加权法、理想点法等；分层序列法是按照目标的重要性确定一个序列，逐层求解每个目标的最优解，直到获得共同的最优解。

运筹技术的不断创新进化，使得运筹学科呈现出顽强的生命力，形成了这门既古老又现代的学科。

1.3.3 运筹学课程的特点

管理科学引入定量化的数学方法具有重大意义。数学的精确性、系统性和分析优化能力使得管理问题得以量化和分析，决策和预测更加可靠。数学模型提供了一种科学的决策支持和优化工具，促进了管理科学的发展和应用。数学方法的跨学科整合也为管理科学提供了更加丰富和综合的知识和方法体系。运筹技术就是在解决管理科学复杂问题中形成发展的，或者说就是为管理科学量身定做的。

1. 多学科的交叉融合

运筹学具有多场景、多领域、多专业整合的特征，这是因为有组织的地方就有管理。

运筹学在多场景中发挥着作用。无论是在生产制造、供应链管理、交通运输、金融投资、医疗卫生，还是在政府决策、资源优化等领域，运筹学都可以提供有效的解决方案。不同场景中存在各种复杂的问题，如资源分配、调度安排、优化决策等。

运筹学涉及众多领域的知识和技术。运筹学借鉴了数学、统计学、计算机科学、经济学、工程学等多个领域的理论和方法，将它们整合在一起，形成了一套综合性的理论体系。通过综合运用各领域的知识，运筹学能够更全面地分析和解决问题。

运筹学技术应用需要多专业的合作。由于问题的复杂性和涉及的领域较广泛，运筹学常常需要与多个专业进行合作。例如，在供应链管理中，需要与物流、信息技术等专业进行合作；在金融投资中，需要与数学、统计学、经济学等专业进行合作。

运筹学能够在不同场景中解决各种复杂问题，整合各个领域的知识和技术，使得运筹学各分支之间缺失明显的连贯性，内容松散不够紧凑，但恰恰该特征使其成为一门强大的学科，为管理者提供了全面的工具和方法。

2. 系统思维的渗透

管理科学旨在运用科学方法和工具来解决组织和管理问题，系统思维渗透于管理科学的各个层面和领域。系统思维使管理者能够综合运用不同学科领域的知识和方法，从多个角度和因素考虑问题，从而提供更准确和有效的解决方案。

系统思维强调整体性。在管理科学中，组织和管理问题被看作是一个复杂的整体，而非孤立的部分。这有助于管理者从宏观角度看待问题，不仅要关注局部细节，而且要将组织的各个部分和功能整合起来，形成一个协调和优化的整体。

系统思维注重相互依赖和相互作用。在管理科学中，各个部门、团队和个体之间存在紧密的相互依赖关系。系统思维使管理者能够认识到这种相互依赖的关系，并理解各个要素之间的相互作用，从而制定出综合性的决策和方案。

系统思维突出动态性和反馈机制。在管理科学中，组织和管理是一个动态的过程，随着环境的变化和内部的调整而不断演变。系统思维使管理者能够关注组织内外的变化，并利用反馈机制进行调整和优化，这有助于管理者实现组织的持续改进和创新。

3. 数学模型的展现

数学模型在运筹学中的普遍应用是将问题作为研究和分析的起点和驱动力，以解决实际问题为目标。数学模型为解决问题提供了一种系统化和结构化的途径，建立数学模型可将现实世界的问题抽象为数学符号和方程，从而使问题更具可计算性和可分析性。

数学模型的核心是将问题的关键因素和变量以及它们之间的关系用数学语言描述出来。这种抽象化的过程有助于将问题从复杂和混乱的现实世界中剥离出来，使其更易于理解和分析。数学模型提供了一种精确和可靠的分析框架，通过数学工具和方法对模型进行求解和优化，从而得到问题的最优解或近似解。这使得我们能够进行预测、评估和决策，能够帮助管理者更好地理解问题的本质和内在机制。

1.4 运筹学的数学模型和工作程序

模型是对客观世界中某一现象或事件的一种抽象表述，这种抽象就是对现象与事件起关键作用因素的提取过程。模型的形式多种多样，在管理科学中的模型多表现为数学形式，即数学模型，它是数学理论与实际问题相结合的一门科学，将管理活动问题归结为相应的数学问题，利用数学的概念、方法和理论进行深入的分析和研究，从定性或定量的视角来刻画实际问题，并为解决这些问题提供精确的数据支持和可靠的指导。

1.4.1 系统的一般模式

系统输入/输出模式是一个普遍适用的范式，如图 1-3 所示，可以用来识别、分析和解释不同类型的系统，如经济、社会和生物等系统，是管理科学的底层方法论。

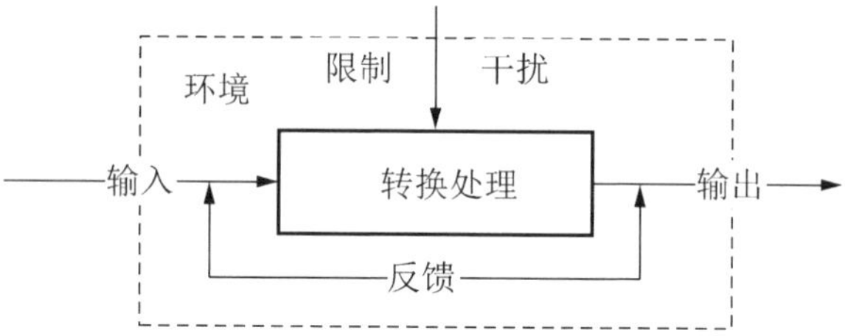

图 1-3 系统的输入/输出模式

企业是经济系统的输入/输出模式。企业的输入包括原材料、资金、人力资源、市场需求等。这些输入被企业内部的各个部门和流程进行处理和转化，如生产、销售、营销、财务等。最终企业制造产品或提供服务来实现输出，包括产品、利润、市场份额等。在这个过程中，企业通过优化内部流程和资源配置，以满足客户需求并实现经济效益。

人是复杂社会系统的输入/输出模式。人作为一个系统接收各种输入，包括教育、经验、文化背景、环境刺激等。这些输入在人的思维、情感和行为方面进行处理和转化。人通过学习、工作、社交等活动产生输出，包括知识、技能、创新、情感表达等。同时，人也作为社会系统的一部分，借助与其他人的交互和合作，实现更大范围的输出，如组织成果、社会价值和文化传承。

蜜蜂是生物系统的输入/输出模式。蜜蜂从花朵中收集花蜜和花粉作为输入。这些输入在蜜蜂的体内被加工和转化为蜂蜜和花粉团，同时还起到传粉的作用。蜂蜜和花粉团作为蜜蜂的输出，不仅满足了蜜蜂的能量需求，也支持了蜜蜂社群的繁衍和生存。这种输入/输出模式在整个蜜蜂生态系统中发挥了重要的作用，促进了花朵的授粉和种群的稳定。

系统输入/输出模式可以用来解释、认知不同类型的系统，无论是经济、生物系统还是社会系统，输入/输出模式都是普遍适用的。这个模式有助于我们理解系统的功能、行为和相互关系，并为系统的改进和优化提供可借鉴的思路和方法。

1. 数学函数是系统模式

数学函数本身就是一种输入/输出机制，与系统模式本质上是一致的。它们都通过建立输入与输出之间的关系来描述系统的行为和功能。数学函数表达式使用数学符号和公式表示自变量与因变量之间的映射关系，它描述了输入值如何通过函数的运算和变换得到输出值。函数的自变量参数可用来调整所描述对象的形状、位置或尺度，从而影响函数的输出结果。

系统使用输入与输出之间的关系来描述系统的运行过程，系统接收输入数据，并经过内部的处理、计算或转换，产生对应的输出结果，系统模式中的参数可以调整系统的工作方式和性能，所以数学函数是系统模式的具现，输入和输出之间的函数关系能用来描述系统的行为，使得数学工具和方法在分析和设计系统时具有广泛的适用性。

2. 算法程序是系统模式

算法程序可被视为一种系统模式，其中输入是待处理的数据，输出是经过计算或处理后得到的结果，程序或算法中的各个步骤和处理过程可以看作系统内部的转化过程。这些步骤和处理过程可以用算法描述、流程图或伪代码来表示。在程序或算法中，还存在内部的处理过程和各个步骤之间的交互。

应用系统模式，可以更好地理解程序或算法的工作原理和逻辑，可以分析每个步骤的输入和输出，考虑它们之间的相互关系和依赖关系；还可以从系统模式的角度来审视程序或算法的优化和改进，识别可能存在的瓶颈和改进机会。系统模式还能帮助我们评估程序或算法的性能和效果。通过模拟输入数据的变化，可以观察系统输出的变化趋势，从而评估程序或算法在不同情况下的表现。这有助于我们选择最优的算法或改进现有的程序。

系统模式提供了一种有助于理解计算机程序或算法的方法论，它帮助我们分析程序或算法的输入/输出关系，有助于我们更好地设计、实现和评估计算机程序或算法。系统模式是对系统的结构、功能和行为进行抽象和描述的方式，关注系统的输入/输出关系和内部转化过程。

3. 供应链的复杂系统模式

供应链的有效运作需要采购、制造和销售环节之间的紧密协调和信息共享。供应链系统应该具备数据集成、分析和协同决策的能力，以促进上下游环节之间的协作。供应链的复杂系统模式示意图如图 1-4 所示。

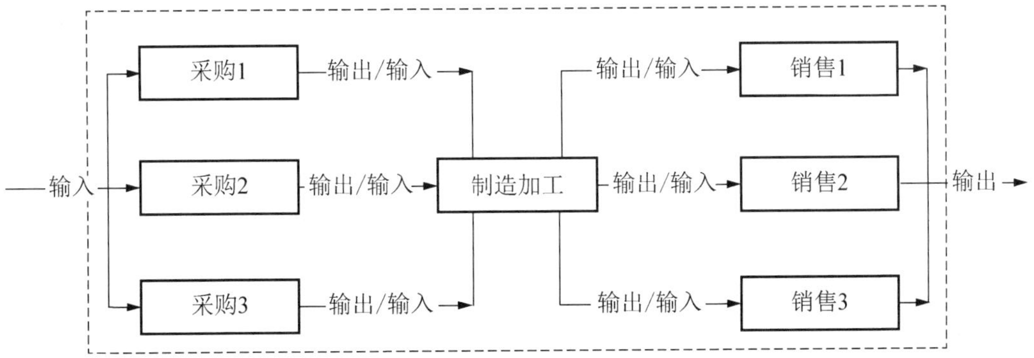

图 1-4 供应链的复杂系统模式示意图

采购是供应链的上游环节，接收来自供应商的采购订单、价格信息和交货时间等数据作为输入；采购的输出结果包括采购订单、供应商合同和交付安排等。制造加工是供应链的核心环节，它涉及将原材料转化为成品的生产过程，接收来自采购环节的输入数据，并结合生产设备、工艺流程和人力资源等要素，进行生产计划、生产调度和生产操作，它涉及将原材料转化为成品的生产过程。销售是供应链的下游环节，涉及产品的销售和分销过程，销售的输出结果包括销售订单、分销计划、市场报告等。采购、制造和销售相互依赖、相互影响，共同构成了供应链系统的复杂输入/输出模式。通过有效的信息交流、协作和决策支持，供应链可以实现高效运作，满足市场需求，并实现各参与方的共同利益。

1.4.2 运筹学的数学模型

数学模型通过数学语言、符号和函数的综合集成来描述系统的输入/输出模式，它提供了对系统抽象和相对精确的描述，帮助厘清决策问题的复杂性。数学模型通过实际计算和模拟，以更直观和可操作的方式展示系统的行为，可对系统进行仿真、实验和预测，了解系统在不同条件下的行为和响应，还可以帮助决策者进行决策分析和灵敏度分析，评估不同决策方案对系统性能的影响。

运筹学广泛地采用数学模型来分析现实的管理问题，根据所研究问题的内在联系，揭示那些重要的相关变量，用变量之间的函数关系表达它们之间的相互影响。运筹学模型表示一个要研究的系统，其数学模型的一般形式为

$$P=(C_1,C_2,\cdots,C_m;u_1,u_2,\cdots,u_n)$$

式中，$C_1,C_2,\cdots,C_m$ 为系统环境中对决策有重要影响但不受系统控制的变量(不可控变量)；$u_1,u_2,\cdots,u_n$ 为受到系统控制的变量(可控变量)；P 为对系统的性能或有效性的量度(结果变量)。

数学模型和计算机程序的结合为管理决策提供了强大的工具，用于研究和理解系统的行为和性能。例如，供应链物流涉及多个环节和参与者之间的复杂交互关系，参与者包括供应商、制造商、分销商和零售商等。通过系统仿真，可以构建一个虚拟的供应链模型，模拟各个环节的运作和决策过程；可以设置不同的参数和变量，如库存水平、生产能力、订单量、交付时间等。通过调整这些参数，可以模拟不同的供应链策略和决策方案，并评估其对供应链性能的影响，以获得供应链的关键指标和性能度量，如库存水平、交货时间、订单满足率、成本等。这些指标可以帮助我们量化不同决策方案的效果，并识别潜在的瓶颈，找出改进方法，从而优化供应链的效率，减少成本，提高客户满意度。

1. 数学模型的构成要素

一般来说，运筹学数学模型的最基本构成要素由三部分组成，即结果变量、决策变量和不可控变量。结果变量反映了系统目标 P 的有效性程度，它依赖于决策变量的取值；决策变量描述了决策问题中可作出选择的要素，即系统的可控变量；不可控变量是指那些系统环境中不能由系统输入直接控制或影响的要素。

2. 数学模型的系统模式

数学模型的基本构成要素由数学关系式联系在一起，就具化成了数学模型，数学模型的系统模式如图 1-5 所示。管理中遇到的问题不同，模型的具体表现形式也不尽相同，需

要应用各种各样的数学理论和方法，必要时还要创造新的数学理论和方法。但需注意，建模时遵循的一个原则是在保证精度的条件下尽量用简单的数学方法，要求建模者对所有数学学科都精通是不可能的，但了解这些学科能解决的问题和方法对开阔思路是很有帮助的。此外，根据不同对象的一些相似性，借用某些学科中的数学模型，也是构建模型常使用的方法。

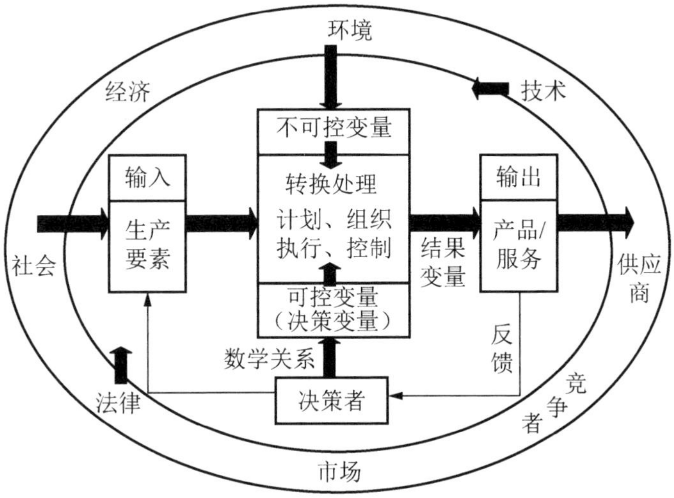

图 1-5 数学模型的系统模式

以最具代表性的线性规划模型为例说明数学模型的系统模式结构。线性规划模型中的数学关系式有两类，即目标函数与约束条件。这里以一个企业的生产计划问题为例，该企业拥有一些资源 b 来生产两类产品，市场价格是 p_1 和 p_2，追求收入最大化是企业的目标。

企业生产的外部环境是市场，它从市场中获取生产原料，并将产品送到市场中销售，市场价格是企业不能控制的，企业想提高产品的价格就会导致产品卖不出去；企业在生产时拥有的资源也是不可控的，如生产线的设计产能是企业不能控制的，短时期内想提高其生产数量也是不可能的，因为生产线安装与调试都需要一定的时间。企业的生产计划其实就是安排两种产品生产的数量，设为 x_1、x_2，这两个变量就是可控变量，企业管理者可以在前述环境下决定其生产数量，因此这两个变量称为决策变量。企业追求的是收入尽量多，结果变量就是 $z=p_1x_1+p_2x_2$，所以企业追求的目标就是 $\max z=p_1x_1+p_2x_2$，企业生产数量受到资源的限制，即约束 $a_1x_1+a_2x_2\leqslant b$，生产计划数学模型的系统模式如图 1-6 所示。

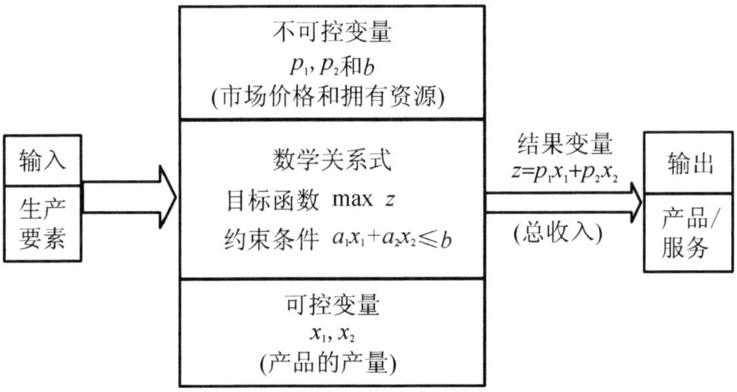

图 1-6 生产计划数学模型的系统模式

运筹学应用数学模型化方法，是将实际问题转化为数学模型，通过分析问题的结构和特征，综合应用不同领域的知识和方法来解决问题。

1.4.3 运筹学的工作程序

应用运筹学完整地去解决管理活动中的问题，一般分为 6 个步骤，如图 1-7 所示。

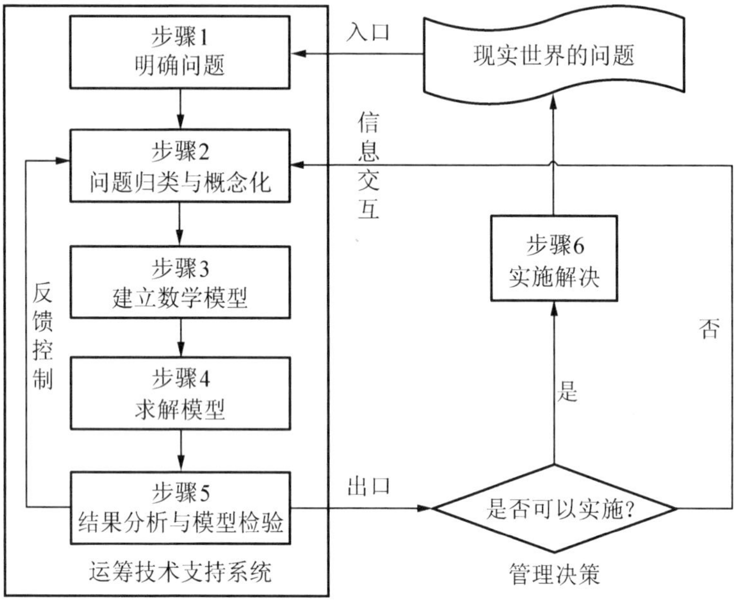

图 1-7 运筹学的工作程序

1. 步骤 1——明确问题

运用运筹学去解决管理活动中的实际问题时，首先要明确“问题是什么”。该步骤需要与管理决策者进行沟通互动，对他提出的问题状况进行认真研究，从而了解管理者所面临的困境和要解决的事情，以及根据要达到的目标，作出决策。这是运筹技术与管理科学的接口——入口过程。

由于实际问题往往是复杂多样的，涉及的因素较多，如果把所涉及的因素都考虑到，会使问题复杂化，且不太可能。因此明确问题时，首先要用系统的观点和方法去分析，把握考虑问题所在系统的边界和环境，了解所分析问题中可以控制的因素，以及不可控的重要影响因素等，见图 1-6。

2. 步骤 2——问题归类与概念化

问题明确以后，还要对其进行归类，即先看它是否可以运用运筹方法解决问题。如果可以，再看它属于哪一类运筹问题，或者它适合用哪一类运筹方法解决。

3. 步骤 3——建立数学模型

建立数学模型是管理科学方法的关键步骤，主要内容是在问题概念化的基础上进一步确定模型的构成要素以及它们之间的联系，用数学关系式表达出来，形成数学模型。

4. 步骤4——求解模型

建立的数学模型可以采用解方程、推理、图解、计算机模拟、定理证明等数学方法对其进行求解，其中有些可以用计算机软件来完成，该过程称为求解模型。

管理科学的模型种类很多，解的性质及求解方法各异。“最优解”是解的主流类型，它是在模型的所有可行解中找出最优的一个。除“最优解”之外，还有其他一些解的类型，如“满意解”和“描述性的解”。“满意解”是指在模型的次优解或“各行所长”的一组解中使决策者满意的解；“描述性的解”相应于描述性的模型，该类模型主要是描述系统在不同条件下的状态，可用于预测和分析系统的行为特征。相对于“最优解”，这些其他类型的解也称“非最优的解”。

5. 步骤5——结果分析与模型检验

求得模型解以后，还要对解进行分析，同时要检验模型的正确性。首先是看结果与实际情况是否相符，模型是否能够正确反映实际问题，检验方法是将不同条件下的数据(如不同时期的数据)代入模型，验证相应的解是否符合实际。其次要分析模型中的参数发生小范围变化时对解的影响，该过程称为灵敏度分析，如果解对参数变化的灵敏度小，则在实际中可能会更容易应用。

把数学模型分析的结果与研究的实际问题进行比较以检验模型的合理性称为模型检验。如果认为模型不能很好地反映实际问题，则要重新对问题进行分析并修改模型。通常，一个模型要经过多次修改才能得到令人满意的结果。

6. 步骤6——实施解决

对模型及其解分析和检验后，还要对其实际意义给予解释并将其提交给管理决策者。如果管理决策者认为可以实施，则管理科学的分析结果得以实现，就能利用获得的正确模型对研究的实际问题给出预报或对类似问题的解决提供决策参考；如果认为仍不能实施，则对问题进行分析并修改模型。该步骤是运筹学分析结果回归管理环境的过程，也是运筹技术与管理科学的接口—出口过程。

本章小结

本章首先从管理科学的发展新阶段切入，介绍了供应链管理的内容与目标，引出了供应链管理的重要保障——物流管理；其次阐述了供应链物流管理的主要内容和特征，论证了物流管理与运筹学的必然联系；最后对运筹学的发展过程，运筹学的主要分支，运筹学的数学模型作了概括性的回顾，并总结了本章的重点内容——运筹学的工作程序。

关键术语(中英文)

管理科学(Management Science)　　供应链(Supply Chain)

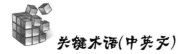

运筹学(Operations Research)　　物流管理(Logistics Management)
系统模式(System Mode)　　数学模型(Mathematical Model)

知识链接

21 世纪的供应链管理

21 世纪的供应链管理在全球范围内取得了深入发展。通过物联网和信息技术的应用，供应链流程得到优化，企业能够实现更高效的运作和更优质的服务，以满足客户需求并获得竞争优势。电子商务的迅速崛起彻底改变了供应链上的物流、信息流和资金流的交互方式，通过充分利用资源、提高效率、降低成本和提供更高的服务质量，实现了供应链管理的全面优化。

在我国，诸多大型企业如联想集团、华为集团、海尔集团等已经采用供应链管理，他们在信息化、智能化、数字化管理方面取得了显著进展，如企业资源计划、客户关系管理、物联网和电子商务等技术的应用。企业经营理念也在逐渐向规范化、国际化和现代化转变，这些进展为我国企业和产业的供应链管理奠定了坚实基础。供应链管理将在我国扎根、成长和成熟，并产生显著的经济效益。

供应链管理不再仅仅关乎物流管理，而是涉及整个价值链的协调与整合。企业不仅需要优化内部流程，还需要与供应商、合作伙伴和客户建立紧密的合作关系，实现供应链的全面协同。随着技术的不断进步，供应链管理将持续演变，物联网、大数据分析、人工智能等新技术将为供应链管理提供更多的创新机会。

习题 1

一、填空题

1. 运筹学最成熟的理论分支为__________。
2. 运筹学的核心是运用__________研究系统的优化途径和方案，为决策提供依据。
3. 运筹学研究和解决问题的基础是__________技术，强调系统的整体优化。
4. 运筹学的发展趋势是进一步__________计算机的应用和发展。
5. 运筹学模型的最基本构成要素由三部分组成，即结果变量、决策变量和__________。

二、判断题(正确的打√，错误的打×)

1. 用运筹学分析与解决问题的过程是一个科学决策过程。　(　　)
2. 运筹学作为一门现代的新兴科学，源于第二次世界大战的军事活动。　(　　)
3. 运筹学中所使用的模型有实物模型、图表模型、数学模型。　(　　)
4. 第二次世界大战中关于运筹学内容方面的类似研究称为 Optimization Research。　(　　)
5. 运筹学用计算机语言来描述问题。　(　　)

三、简答题

1. 为什么说供应链管理是管理科学发展的新阶段？
2. 简述供应链管理的内容和 7R 目标？
3. 简要回顾运筹学的发展历史。
4. 运用运筹学解决管理实际问题的步骤有哪些？
5. 查阅文献，简述运筹学的数学模型的优缺点。

在线答题

第2章 线性规划

【本章知识架构】

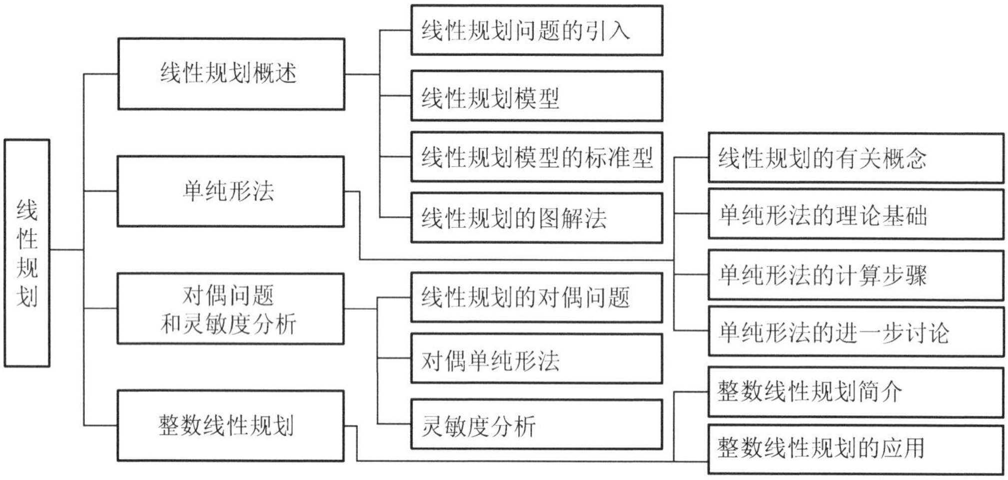

【本章教学目标与要求】

- 掌握线性规划模型的三个要素，熟悉将一般线性规划问题转化为标准型，能够应用图解法分析两个变量线性规划解的情况。
- 理解单纯形法的思想，能应用单纯形表求解线性规划。
- 掌握线性规划对偶问题的建立方法，理解对偶问题的经济意义，掌握对偶单纯形算法，能对简单的线性规划进行灵敏度分析。
- 了解整数线性规划的分类，能够应用整数线性规划描述和分析实际问题。

导入案例

运储供应链物流的配送中心选址

在供应链物流中，配送中心选址是关键性决策，直接影响着供应链物流的效率和成本。运储供应链在配送中心选址时，需要综合考虑多个因素。下面简要介绍几个因素。

自然环境因素。物流配送中心选址时，要考虑温度、风力、降水量、无霜期、冻土深度等气候条件，例如，要避开风口，以避免物品老化速度过快，还要考虑地质、水文和地形条件。

交通条件。交通条件是影响物流配送中心配送成本及效率的重要因素之一。物流配送中心地址宜紧邻重要的运输线路，以方便配送运输作业的进行，从而减少物流时间和成本，并更快响应客户的需求。

周边公共设施状况。物流配送中心所在地要求道路、通信等周边公共设施齐备，有充足的供电、供水、供燃气的能力，且周边应该具备污水、固体废弃物处理能力。

人力资源条件。物流配送中心的现代化运作需要机械化、自动化、智能化的物流设备，采用高素质的人力资源有利于物流配送中心的建设与运营。

法律法规因素。物流配送中心的选址应符合国家的法律法规要求，且应符合国家对物流设施标准、员工劳动条件、环境保护等方面的要求。

配送中心选址的总成本包括土地成本、劳动力成本、运输成本等。要追求最佳的成本效益平衡，以提高供应链物流的效率和竞争力。

线性规划分析是在满足企业内、外部的条件下，实现管理目标的一类问题，诸如国民经济的综合平衡、生产力的合理布局、最优计划与合理调度等。线性规划的广泛应用，除了它本身具有实用的特点，还由于线性规划模型的结构简单，比较容易被熟悉业务的经营管理人员所掌握。

2.1　线性规划概述

有效的供应链管理需要在上下游环节都注重成本控制和利润优化，以实现整体供应链的成功运作。线性规划的研究内容可归纳为两个方面：一是资源的数量已定，如何合理利用、调配有限的资源，达到供应链下游利润最大化；二是系统的任务已定，如何合理筹划、精细安排，用最少的资源(人力、物力和财力)去实现这项任务，使供应链上游的成本最小化。

2.1.1　线性规划问题的引入

在生产、交通运输、商业贸易等领域，企业可以通过两种途径提高经济效益：一是进行技术创新；二是提高管理水平，改进生产组织与计划，合理安排各类生产要素。

线性规划问题的引入

【例 2.1】(生产计划问题)某企业生产 1、2 和 3 三种型号的产品，每种产品需要经过三道工序，每件产品在每道工序中的工时定额、每道工序在每周可利用的有效工时和每件产品的利润见表 2-1。问每种产品各生产多少，可使这一周内生产的产品所获利润最大？

表 2-1　生产计划资源

定额/(工时/件)		产品型号 1	产品型号 2	产品型号 3	每周可利用的有效工时
工　序	A	1.2	1.0	1.1	5 400
	B	0.7	0.9	0.6	2 800
	C	0.9	0.8	1.0	3 600
利润/(元/件)		10	15	12	

解：该问题主要是把有限的工时资源合理地分配到三种产品的生产活动中，以期望获得最多的利润。将工时资源安排多少到各工序是企业要作的决策，表示安排多少的变量就是决策变量。首先引进决策变量，设一周内企业各产品的生产件数为 $x_j\ (j=1,2,3)$；然后根据每件产品的工时定额以及各工序允许的有效工时列出要求，产品 1 每生产一件需 A 工序 1.2 工时，现生产 x_1 件，故产品 1 耗费 A 工序的工时数为 $1.2x_1$；依此类推，生产产品 2 和产品 3 所耗费 A 工序的工时数分别为 $1.0x_2$ 和 $1.1x_3$，这样三种产品对 A 工序的工时总需求量为 $1.2x_1+1.0x_2+1.1x_3$，它不应超过工序 A 在一周内所允许的工作时间 5 400 工时，于是，得到工序 A 加工产品的约束条件：$1.2x_1+1.0x_2+1.1x_3 \leqslant 5\,400$。

同理，对工序 B 和工序 C 有以下约束条件：

$$0.7x_1+0.9x_2+0.6x_3 \leqslant 2\,800$$
$$0.9x_1+0.8x_2+1.0x_3 \leqslant 3\,600$$

还有一些变量本身的约束，$x_j(j=1,2,3)$ 只能取非负值，故有下列非负约束条件：

$$x_1 \geqslant 0,\quad x_2 \geqslant 0,\quad x_3 \geqslant 0$$

最后确定产品生产的效益，若用 z 表示工厂一周内生产三种产品所能获得的利润，则有

$$z=10x_1+15x_2+12x_3$$

根据问题的要求，在资源约束的条件下，尽可能生产更多的产品，以获得最大的利润，实现工厂利润最大化的目标，可以表示为

$$\max z=10x_1+15x_2+12x_3$$

综上所述，得到生产计划问题的数学模型为

$$\max z=10x_1+15x_2+12x_3$$
$$\text{s.t.}\begin{cases}1.2x_1+1.0x_2+1.1x_3 \leqslant 5\,400\\ 0.7x_1+0.9x_2+0.6x_3 \leqslant 2\,800\\ 0.9x_1+0.8x_2+1.0x_3 \leqslant 3\,600\\ x_1,x_2,x_3 \geqslant 0\end{cases}$$

其中，s.t. 是英文 subject to(受约束于)的缩写，也可以省略。

【例 2.2】设某企业现有 m 种资源 $B_i(i=1,2,\cdots,m)$ 用于生产 n 种产品 $A_j(j=1,2,\cdots,n)$，每种资源的拥有量和单位产品所消耗的资源量，以及产品的利润如表 2-2 所示，试问如何安排生产计划使得该企业获利最大？

表 2-2　生产计划资源

		产品型号				总量
		A_1	A_2	…	A_n	
资源	B_1	a_{11}	a_{12}	…	a_{1n}	b_1
	B_2	a_{21}	a_{22}	…	a_{2n}	b_2
	⋮	⋮	⋮	a_{ij}	⋮	⋮
	B_m	a_{m1}	a_{m2}	…	a_{mn}	b_m
利润		c_1	c_2	…	c_n	

解：设产品 $A_j(j=1,2,\cdots,n)$ 生产的数量为 $x_j(j=1,2,\cdots,n)$，所得的利润为 z，则数学模型为

$$\max\ z=c_1x_1+c_2x_2+\cdots+c_nx_n$$
$$\text{s.t.}\begin{cases}a_{11}x_1+a_{12}x_2+\cdots+a_{1n}x_n\leqslant b_1\\a_{21}x_1+a_{22}x_2+\cdots+a_{2n}x_n\leqslant b_2\\\cdots\cdots\\a_{m1}x_1+a_{m2}x_2+\cdots+a_{mn}x_n\leqslant b_m\\x_1,x_2,\cdots,x_n\geqslant 0\end{cases}$$

或

$$\max\ z=\sum_{j=1}^{n}c_jx_j$$
$$\text{s.t.}\begin{cases}\sum_{j=1}^{n}a_{ij}x_j\leqslant b_i & (i=1,2,\cdots,m)\\x_j\geqslant 0 & (j=1,2,\cdots,n)\end{cases}$$

【例 2.3】(营养配餐问题)假定一个成年人每天需要从食物中获取 3 000cal 热量、55g 蛋白质和 800mg 钙。如果市场上只有 4 种食品可选，它们每千克所含热量、营养构成，以及市场价格见表 2-3。问如何选择各种食品，才能满足成年人每天的营养需要，同时使购买食品的费用最小？

表 2-3　营养成分需求量和食品单价 1

		各类食品				营养成分最低需求
		猪肉	鸡蛋	大米	白菜	
营养成分	热量/cal	1 000	800	900	200	3 000
	蛋白质/g	50	60	20	10	55
	钙/mg	400	200	300	500	800
食品单价/(元/kg)		10	6	3	2	

解：该问题是如何选择各种食品的数量，以期在满足营养的前提下使购买食品的费用最小。首先引进决策变量，令 $x_j\ (j=1,2,3,4)$ 表示第 j 种食品每天的购买量；然后根据每天从食物中获得营养的要求，猪肉中含有热量 1 000cal，现购买量为 x_1，故从猪肉中获得的热量为 $1000x_1$；依此类推，从鸡蛋、大米和白菜中获得的热量分别为 $800x_2$、$900x_3$ 和 $200x_4$，这样从食品中获得的总热量为 $1\,000x_1+800x_2+900x_3+200x_4$，它应超过成人一天中所需的热量要求 3 000cal，于是，得到约束条件：$1\,000x_1+800x_2+900x_3+200x_4\geqslant 3\,000$。

同理，蛋白质和钙要求的约束条件：

$$50x_1+60x_2+20x_3+10x_4\geqslant 55$$
$$400x_1+200x_2+300x_3+500x_4\geqslant 800$$

还有一些变量本身的约束，$x_j(j=1,2,3)$ 只能取非负值，故有下列非负约束条件：

$$x_1 \geqslant 0, \ x_2 \geqslant 0, \ x_3 \geqslant 0, \ x_4 \geqslant 0$$

最后确定购买这些食品的费用，若用 z 表示购买食品的总费用，则有

$$z = 10x_1 + 6x_2 + 3x_3 + 2x_4$$

根据问题的要求，总的费用最小是该问题的目标，可以表示为

$$\min z = 10x_1 + 6x_2 + 3x_3 + 2x_4$$

综上所述，得出营养配餐问题的数学模型为

$$\min z = 10x_1 + 6x_2 + 3x_3 + 2x_4$$

$$\text{s.t.} \begin{cases} 1\,000x_1 + 800x_2 + 900x_3 + 200x_4 \geqslant 3\,000 \\ 50x_1 + 60x_2 + 20x_3 + 10x_4 \geqslant 55 \\ 400x_1 + 200x_2 + 300x_3 + 500x_4 \geqslant 800 \\ x_1, x_2, x_3, x_4 \geqslant 0 \end{cases}$$

【例 2.4】假定一个成年人每天需要从食物中获取 m 种营养成分 $B_i(i=1,2,\cdots,m)$。市场上共有 n 种食品 $A_j(j=1,2,\cdots,n)$ 可选，每种食品都含有 m 种不同的营养成分。单位食品 A_j 含有 B_i 的含量为 a_{ij} (注意下标顺序)，成人每天需求量以及食品市场价格见表 2-4。问如何选择各种食品，才能满足成年人每天的营养需要，同时使购买食品的费用最小？

表 2-4　营养成分需求量和食品单价 2

		各类食品				营养成分最低需求
		A_1	A_2	…	A_n	
营养成分	B_1	a_{11}	a_{12}	…	a_{1n}	b_1
	B_2	a_{21}	a_{22}	…	a_{2n}	b_2
	⋮	⋮	⋮	a_{ij}	⋮	⋮
	B_m	a_{m1}	a_{m2}	…	a_{mn}	b_m
食品单价		c_1	c_2	…	c_n	

解：设食品 $A_j(j=1,2,\cdots,n)$ 选购的数量为 $x_j(j=1,2,\cdots,n)$，所需总费用为 z，则数学模型为

$$\min \ z = c_1x_1 + c_2x_2 + \cdots + c_nx_n$$

$$\text{s.t.} \begin{cases} a_{11}x_1 + a_{12}x_2 + \cdots + a_{1n}x_n \geqslant b_1 \\ a_{21}x_1 + a_{22}x_2 + \cdots + a_{2n}x_n \geqslant b_2 \\ \cdots \\ a_{m1}x_1 + a_{m2}x_2 + \cdots + a_{mn}x_n \geqslant b_m \\ x_1, x_2, \cdots, x_n \geqslant 0 \end{cases}$$

或

$$\min \ z = \sum_{j=1}^{n} c_j x_j$$

$$\text{s.t.} \begin{cases} \sum_{j=1}^{n} a_{ij}x_j \geqslant b_i & (i=1,2,\cdots,m) \\ x_j \geqslant 0 & (j=1,2,\cdots,n) \end{cases}$$

2.1.2　线性规划模型

2.1.1 节建立的数学模型称为线性规划，简记为 LP。LP 模型有以下 3 个要素。

(1) 决策变量。决策变量的一组定值代表所给问题的一个具体解决方案。一般来说，决策变量都是非负变量，如果在模型中变量的符号不受限制，即变量可以取正值，也可以取负值或零，那么将它称为自由变量，可以写入规划模型，也可以省略。

(2) 约束条件。约束条件都是线性等式或线性不等式。它们反映了所给问题对资源的客观限制及对所要完成任务的各类要求，对决策变量的符号要求也属于约束条件。

(3) 目标函数。它为决策变量的线性函数。基于所给问题的不同，可要求目标函数实现最大值或最小值。

包含以上 3 个要素的数学模型称为线性规划的数学模型，其一般形式为

$$\max(\text{或}\min)z = c_1x_1 + c_2x_2 + \cdots + c_nx_n \tag{2-1}$$

$$\text{s.t.}\begin{cases} a_{11}x_1 + a_{12}x_2 + \cdots + a_{1n}x_n \leqslant (=,\geqslant) b_1 \\ a_{21}x_1 + a_{22}x_2 + \cdots + a_{2n}x_n \leqslant (=,\geqslant) b_2 \\ \cdots\cdots \\ a_{m1}x_1 + a_{m2}x_2 + \cdots + a_{mn}x_n \leqslant (=,\geqslant) b_m \\ x_1, x_2, \cdots, x_n \geqslant 0 \end{cases} \tag{2-2, 2-3}$$

矩阵形式为

$$\max(\text{或}\min)z = \boldsymbol{CX}$$

$$\text{s.t.}\begin{cases} \boldsymbol{AX} \leqslant (=,\geqslant) \boldsymbol{b} \\ \boldsymbol{X} \geqslant 0 \end{cases} \tag{2-4}$$

向量形式为

$$\max(\text{或}\min)z = \boldsymbol{CX}$$

$$\text{s.t.}\begin{cases} \sum_{j=1}^{n} \boldsymbol{P}_j x_j \leqslant (=,\geqslant) \boldsymbol{b} \\ x_j \geqslant 0 \quad (j = 1, 2, \cdots, n) \end{cases} \tag{2-5}$$

式中，$\boldsymbol{C} = (c_1, c_2, \cdots, c_n)$ 是 n 维行向量，习惯上称为价值系数向量，简称价值向量；$\boldsymbol{b} = (b_1, b_2, \cdots, b_m)^{\mathrm{T}}$ 是 m 维列向量，称为资源向量；$\boldsymbol{X} = (x_1, x_2, \cdots, x_n)^{\mathrm{T}}$ 称为决策向量；$\boldsymbol{A}$ 为技术系数矩阵(也称消耗系数矩阵)，简称技术矩阵。

$$\boldsymbol{A} = \begin{bmatrix} a_{11} & a_{12} & \cdots & a_{1n} \\ a_{21} & a_{22} & \cdots & a_{2n} \\ \vdots & \vdots & & \vdots \\ a_{m1} & a_{m2} & \cdots & a_{mn} \end{bmatrix} = (\boldsymbol{P}_1 \ \ \boldsymbol{P}_2 \ \ \cdots \ \ \boldsymbol{P}_n), \quad \boldsymbol{P}_i = \begin{bmatrix} a_{1i} \\ a_{2i} \\ \vdots \\ a_{mi} \end{bmatrix}$$

以上 3 种线性规划的形式在后面的学习中都会用到，哪一种表示更清楚、简洁，就采用哪种形式。建立线性规划模型就是为了确定决策变量的取值，找出模型满足目标函数要求的最优解，为形成合理的计划方案服务。

2.1.3 线性规划模型的标准型

为便于讨论线性规划问题的解，一般把目标函数最大化、约束条件为等式、变量符号为非负的线性规划称为标准型，即

$$\max z = \boldsymbol{CX}$$

$$\text{s.t.}\begin{cases} \boldsymbol{AX} = \boldsymbol{b} \\ \boldsymbol{X} \geqslant 0 \end{cases}$$

标准型线性规划的特点：①目标函数是最大化类型；②约束条件均由等式组成；③决策变量均为非负。

对于各种非标准型线性规划问题都可以通过适当的变换转化为等价的标准型线性规划问题，具体做法如下。

1. 目标函数的调整

如果线性规划目标函数为求最小值，可以通过改变目标函数的符号，然后求另一个目标函数的最大值。例如，原问题 $\min z = 3x_1 + 5x_2$，只需要将所求目标函数的最小值变为求另一个目标函数的最大值，就可变换为 $\max z' = -3x_1 - 5x_2$。这样得到的新问题与原问题具有同样的可行域和最优解(若存在)，只是最优值(若存在)相差一个符号而已。

2. 约束条件的调整

(1) 如果线性规划具有≤形式的不等式约束，这时可引入一个松弛变量变为等式约束。例如，对于约束条件 $4x_1 + 2x_2 \leqslant 14$，加上松弛变量 $x_3 \geqslant 0$，构成等式约束条件 $4x_1 + 2x_2 + x_3 = 14$，同时规定目标函数中的价值系数 $c_3 = 0$，不改变原问题的最优解。

松弛变量表示在一个决策过程中资源消耗的剩余量。若松弛变量为正，表示资源有剩余；若松弛变量为零，表示资源没有剩余，其结果不影响收入，也不影响支出。因此，松弛变量本身是零价格的，表现在目标函数中，松弛变量的系数为零。

(2) 如果线性规划具有≥形式的不等式约束，这时可引入一个剩余变量变为等式约束。例如，对于约束条件 $4x_1 + 2x_2 \geqslant 14$，减去剩余变量 $x_3 \geqslant 0$，构成等式约束条件 $4x_1 + 2x_2 - x_3 = 14$，同时规定目标函数中的价值系数 $c_3 = 0$。

剩余变量表示在一个经济决策中超额满足最低需求的量。若剩余变量为正，表示超额满足最低需求；若剩余变量为零，表示仅仅满足最低需求，因此，剩余变量本身也是零价格的。

3. 决策变量的调整

(1) 如果决策变量为 $x_j < 0$，引进新的非负变量 x_j'，令 $x_j = -x_j'$，代入约束条件和目标函数中消去 x_j，这样 $x_j < 0$ 就化成 $x_j' \geqslant 0$。

(2) x_j 为自由变量，这时需引入两个新的非负变量 x_j'、x_j''，令 $x_j = x_j' - x_j''$，将其代入约束条件和目标函数中消去 x_j，同时在约束条件中加入约束条件 x_j'、$x_j'' \geqslant 0$。

将一个非标准型线性规划转化为标准型的调整顺序为：决策变量、约束条件、目标函数。

【例 2.5】将下面线性规划问题转化成标准型。

$$\min z = x_1 + 2x_2 + 3x_3$$

$$\text{s.t.} \begin{cases} -2x_1 + x_2 + x_3 \leqslant 9 \\ -3x_1 + x_2 + 2x_3 \geqslant 4 \\ 4x_1 - 2x_2 - 3x_3 = -6 \\ x_1 \leqslant 0, \quad x_2 \geqslant 0, \quad x_3\text{无约束} \end{cases}$$

解：该线性规划共有 3 处不符合标准型要求，目标函数 z 求最小值；第一、二个约束条件为不等式；决策变量 $x_1 \leqslant 0$，x_3 无约束。为此，通过以下步骤将该模型标准化。

(1) 决策变量 $x_1 = -x_1'$， $x_3 = x_3' - x_3''$。

(2) 第一个约束条件引入松弛变量 x_4，第二个约束条件引入剩余变量 x_5。

(3) 目标函数 min 变换为 max。

由于在第三个约束条件中资源量为-6，也可以从实际意义考虑将第三个等式约束条件两边同乘以-1，按照上述步骤，该问题的标准型为

$$\max z' = x_1' - 2x_2 - 3x_3' + 3x_3'' + 0x_4 + 0x_5$$

$$\text{s.t.} \begin{cases} 2x_1' + x_2 + x_3' - x_3'' + x_4 = 9 \\ 3x_1' + x_2 + 2x_3' - 2x_3'' - x_5 = 4 \\ 4x_1' + 2x_2 + 3x_3' - 3x_3'' = 6 \\ x_1', x_2, x_3', x_3'', x_4, x_5 \geqslant 0 \end{cases}$$

注意：求解所得最优目标函数值的相反数才是原问题的最优值，从而各种各样的线性规划问题都可转化为标准型。

2.1.4 线性规划的图解法

对于只有两个变量的线性规划问题，可以直接使用图解法求解。图解法简单直观，对一般线性规划问题的求解富有启发作用。

图解法可分以下 3 步进行。

(1) 在平面上建立直角坐标系。

(2) 根据约束条件画出相应的半平面，由这些半平面共同确定的区域即为可行域。

(3) 画出目标函数的等值线，然后沿目标函数要求的方向平移至与可行域边界相切的点，该点对应的坐标就是最优解。

【例 2.6】求解线性规划问题。

$$\max z = 40x_1 + 50x_2$$

$$\text{s.t.} \begin{cases} x_1 + 2x_2 \leqslant 30 \\ 3x_1 + 2x_2 \leqslant 60 \\ 2x_2 \leqslant 24 \\ x_1, x_2 \geqslant 0 \end{cases}$$

解：应用图解法求解线性规划，分以下 3 步进行。

(1) 建立直角坐标系。取决策变量 x_1、x_2 为坐标向量建立直角坐标系，在直角坐标系中，图上任意一点的坐标代表了决策变量的一组取值。

(2) 确定可行域。可行域如图 2-1 所示。令 3 个约束条件为等式，得到 3 条直线，画出第一象限的 3 个不等式区域，它们的交集就是可行域，即区域 $OABCDO$，其内部及边界上的每一个点都是线性规划的解。

(3) 确定最优解。目标函数的等值线 $z = 40x_1 + 50x_2$ (z 取定某一个常值)的法线方向 (40, 50) (梯度方向)是函数值增加最快的方向。沿着函数的梯度方向移动(图 2-1 箭头方向)，函数值会增大，当移动到顶点 $C\left(15, \dfrac{15}{2}\right)$ 时，再继续移动就离开区域了。于是 C 点就是最优解，目标函数最大值为 $z = 40 \times 15 + 50 \times 15 / 2 = 975$。

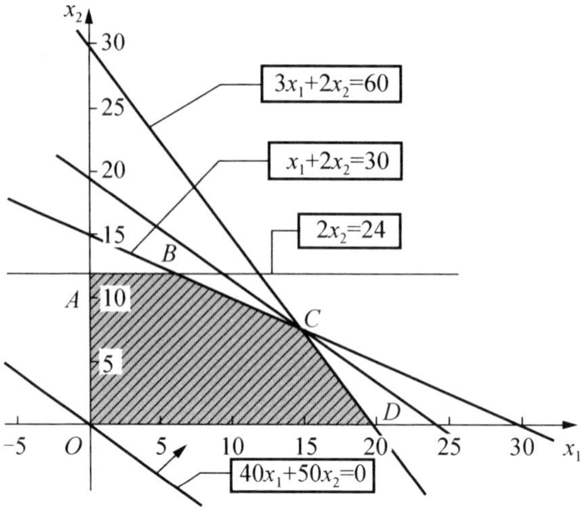

图 2-1　例 2.6 唯一解

【例 2.7】求解线性规划问题。

$$\max z = 40x_1 + 80x_2$$

$$\text{s.t.} \begin{cases} x_1 + 2x_2 \leqslant 30 \\ 3x_1 + 2x_2 \leqslant 60 \\ 2x_2 \leqslant 24 \\ x_1, x_2 \geqslant 0 \end{cases}$$

解：该题将例 2.6 中的目标函数变为 $z = 40x_1 + 80x_2$，可行域与例 2.6 的线性规划相同，用图解法求解的过程如图 2-2 所示。由于目标函数的 $z = 40x_1 + 80x_2$ 等值线与直线 $x_1 + 2x_2 = 30$ 平行，当目标函数的等值线与直线 $x_1 + 2x_2 = 30$ 重合时，目标函数 $z = 40x_1 + 80x_2$ 达到最大值 1 200，于是，线段 BC 上的每个点均为该问题的最优解。特别地，

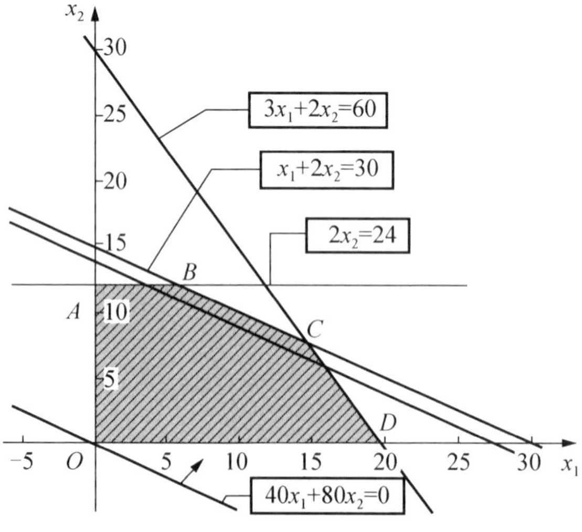

图 2-2　例 2.7 多重解

线段 BC 的两个端点，即可行区域的两个顶点 $B(6,12)$、$C\left(15,\dfrac{15}{2}\right)$ 均是该线性规划问题的最优解，此时，最优解不唯一。

【例 2.8】求解线性规划问题。

$$\max z = 2x_1 + 4x_2$$

$$\text{s.t.}\quad \begin{cases} 2x_1 + x_2 \geqslant 8 \\ -2x_1 + x_2 \leqslant 2 \\ x_1, x_2 \geqslant 0 \end{cases}$$

解：与例 2.7 求解方法类似，目标函数 $z = 2x_1 + 4x_2$ 沿着它的法线方向 $(2, 4)$ 移动，由于可行域无界(图 2-3)，因此，移动可以无限制进行下去，而目标函数值一直增加，所以该线性规划问题无有限最优解，即该问题的目标函数无界。

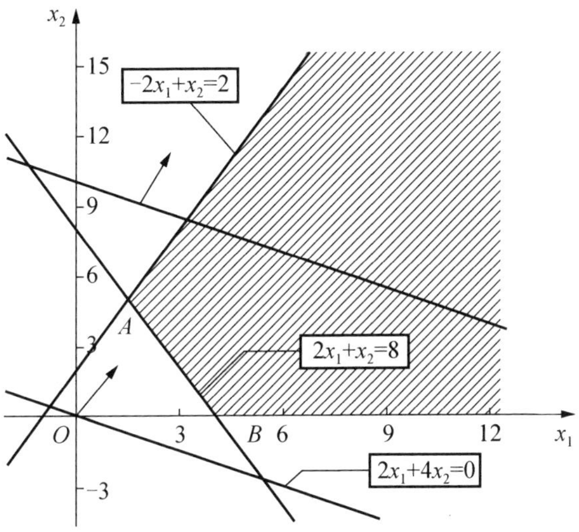

图 2-3　例 2.8 无界解

【例 2.9】求解线性规划问题。

$$\max z = 4x_1 + 2x_2$$

$$\text{s.t.}\quad \begin{cases} -x_1 - 2x_2 \geqslant 2 \\ x_1, x_2 \geqslant 0 \end{cases}$$

解：约束条件互不相容，没有公共交点，可行域是一个空集，不存在满足条件的解，说明线性规划问题无解，没有最优解，如图 2-4 所示。

综上所述，容易得到下面几个重要结论。

(1) 线性规划的可行域是若干个半平面的交集，它形成了一个多面凸集(可能是空集)。

(2) 对于给定的线性规划问题，如果它有最优解，最优解总可以在可行域的某个顶点上达到。这种情况下包含两种解的情况：唯一解和无穷多解。

(3) 如果可行域无界，线性规划问题的目标函数可能无界。

(4) 可行域为空集，无最优解。

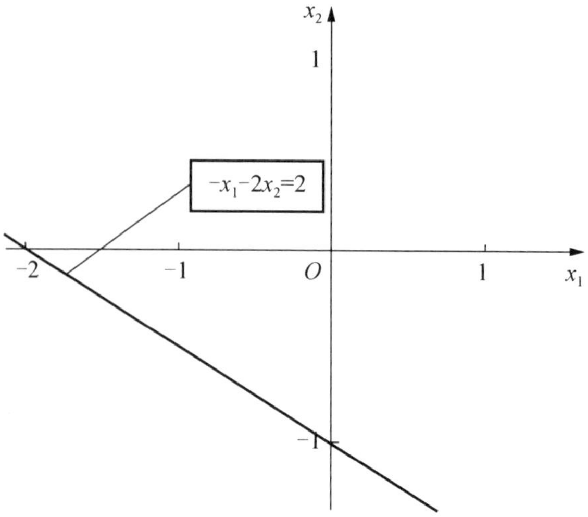

图 2-4　例 2.9 无解

2.2 单纯形法

单纯形法是解决线性规划问题的基本方法，其原理出自线性代数的矩阵理论，是可按现代计算机标准程序求解线性规划模型的一般方法，分为代数形式的单纯形法和表格形式的单纯形法。代数形式的单纯形法提供基本算法所依据的逻辑规则，适用于在计算机上求解运算；表格形式的单纯形法将变量和数据列成表格，是本章采用的方法。

2.2.1 线性规划的有关概念

设线性规划的标准型为

$$\max z = \boldsymbol{CX}$$

$$\text{s.t.} \begin{cases} \boldsymbol{AX} = \boldsymbol{b} \\ \boldsymbol{X} \geqslant 0 \end{cases}$$

式中，$\boldsymbol{A}$ 是 $m \times n$ 矩阵，$m \leqslant n$ 且秩 $r(\boldsymbol{A}) = m$，即 $\boldsymbol{A}$ 中至少有一个 $m \times m$ 满秩子矩阵。

为便于叙述线性规划求解过程，引入线性规划的有关概念。

解：满足约束条件式(2-2)的决策向量 $\boldsymbol{X} = (x_1, x_2, \cdots, x_n)^{\mathrm{T}}$ 称为线性规划的解。

可行解：满足约束条件式(2-3)的解 $\boldsymbol{X} = (x_1, x_2, \cdots, x_n)^{\mathrm{T}}$ 称为线性规划的可行解。

可行域：全体可行解的集合称为线性规划的可行域，一般记作 $D = \{\boldsymbol{X} \mid \boldsymbol{AX} = \boldsymbol{b}, \boldsymbol{X} \geqslant 0\}$。

最优解：使目标函数达到最大值(或最小值)即满足条件式(2-1)的可行解 $\boldsymbol{X}^* = (x_1, x_2, \cdots, x_n)^{\mathrm{T}}$ 称为线性规划的最优解。

最优值：最优解的目标函数值称为线性规划的最优值。

基：若 $\boldsymbol{A}$ 中 $m \times m$ 子矩阵 $\boldsymbol{B}$ 满足 $r(\boldsymbol{B}) = m$，则称 $\boldsymbol{B}$ 是线性规划问题的一个基。也就是说，矩阵 $\boldsymbol{B}$ 是由 $\boldsymbol{A}$ 的 m 个线性无关列向量所构成，不妨设为

$$B=\begin{bmatrix}a_{11} & a_{12} & \cdots & a_{1m}\\ a_{21} & a_{22} & \cdots & a_{2m}\\ \vdots & \vdots & & \vdots\\ a_{m1} & a_{m2} & \cdots & a_{mm}\end{bmatrix}=(P_1\quad P_2\quad \cdots\quad P_m)$$，称 $P_j(j=1,2,\cdots,m)$ 为基向量。

基变量、非基变量：与基向量 $P_j(j=1,2,\cdots,m)$ 相对应的变量 $x_j(j=1,2,\cdots,m)$ 为基变量，其他决策变量称为非基变量。

基本解：记基变量为 $X_B=(x_1,x_2,\cdots,x_m)^{\mathrm T}$，非基变量为 $X_N=(x_{m+1},x_{m+2},\cdots,x_n)^{\mathrm T}$，称满足方程组 $BX_B=b$ 且 $X_N=0$ 的解为基本解，简称基解。

基本可行解：若基本解 $X_B=B^{-1}b\geqslant 0$，则称该解为基本可行解，B 为可行基。

基本最优解：使得目标函数达到最大值(或最小值)的基本可行解称为线性规划的基本最优解，与该解对应的基就称为最优基。

线性规划解之间的关系如图 2-5 所示。容易验证基本可行解一定是可行解，后面将指出基本可行解是可行域中特殊的解。

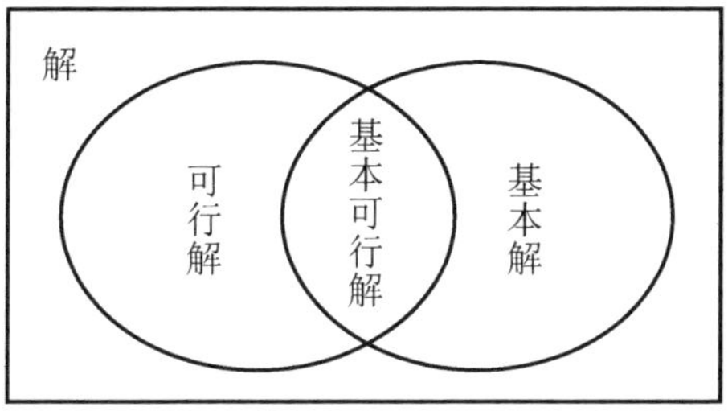

图 2-5 线性规划解之间的关系

【例 2.10】求出下面线性规划的所有基本解，并指出哪些是基本可行解。

$$\max z=2x_1+x_2$$
$$\text{s.t.}\begin{cases}3x_1+5x_2\leqslant 15\\ 6x_1+2x_2\leqslant 24\\ x_1,x_2\geqslant 0\end{cases}$$

解：将已知线性规划模型转化为标准型

$$\max z=2x_1+x_2$$
$$\text{s.t.}\begin{cases}3x_1+5x_2+x_3=15\\ 6x_1+2x_2+x_4=24\\ x_1,x_2,x_3,x_4\geqslant 0\end{cases}$$

其中，系数矩阵 $A=\begin{bmatrix}3 & 5 & 1 & 0\\ 6 & 2 & 0 & 1\end{bmatrix}=\begin{bmatrix}P_1 & P_2 & P_3 & P_4\end{bmatrix}$，$r(A)=2$。

选取矩阵 $B_1=\begin{bmatrix}3 & 5\\ 6 & 2\end{bmatrix}$，由于 B_1 的行列式值不为零，所以 $r(B_1)=2$，即 B_1 是已知线性规划的一个基，基变量是 (x_1,x_2)。令非基变量 (x_3,x_4) 为零，此时线性规划的约束条件变为

$\begin{cases}3x_1+5x_2=15\\6x_1+2x_2=24\end{cases}$，求解得 $\begin{bmatrix}x_1\\x_2\end{bmatrix}=\begin{bmatrix}3&5\\6&2\end{bmatrix}^{-1}\begin{bmatrix}15\\24\end{bmatrix}=\begin{bmatrix}15/4\\3/4\end{bmatrix}$，相应的线性规划基本解为 $\boldsymbol{X}_1=(15/4,3/4,0,0)$。由于 $\boldsymbol{X}_1\geqslant 0$，$\boldsymbol{X}_1$ 也是基本可行解。

基本解与基本可行解见表 2-5。

表 2-5　基本解与基本可行解

基	基向量	基变量	非基变量	基本解	基本可行解
$\boldsymbol{B}_1=\begin{bmatrix}3&5\\6&2\end{bmatrix}$	$(\boldsymbol{P}_1,\boldsymbol{P}_2)$	(x_1,x_2)	(x_3,x_4)	$\boldsymbol{X}_1=(15/4,3/4,0,0)$	是
$\boldsymbol{B}_2=\begin{bmatrix}3&1\\6&0\end{bmatrix}$	$(\boldsymbol{P}_1,\boldsymbol{P}_3)$	(x_1,x_3)	(x_2,x_4)	$\boldsymbol{X}_2=(4,0,3,0)$	是
$\boldsymbol{B}_3=\begin{bmatrix}3&0\\6&1\end{bmatrix}$	$(\boldsymbol{P}_1,\boldsymbol{P}_4)$	(x_1,x_4)	(x_2,x_3)	$\boldsymbol{X}_3=(5,0,0,-6)$	不是
$\boldsymbol{B}_4=\begin{bmatrix}5&1\\2&0\end{bmatrix}$	$(\boldsymbol{P}_2,\boldsymbol{P}_3)$	(x_2,x_3)	(x_1,x_4)	$\boldsymbol{X}_4=(0,12,-45,0)$	不是
$\boldsymbol{B}_5=\begin{bmatrix}5&0\\2&1\end{bmatrix}$	$(\boldsymbol{P}_2,\boldsymbol{P}_4)$	(x_2,x_4)	(x_1,x_3)	$\boldsymbol{X}_5=(0,3,0,18)$	是
$\boldsymbol{B}_6=\begin{bmatrix}1&0\\0&1\end{bmatrix}$	$(\boldsymbol{P}_3,\boldsymbol{P}_4)$	(x_3,x_4)	(x_1,x_2)	$\boldsymbol{X}_6=(0,0,15,24)$	是

一般来说，如果线性规划具有 n 个变量 m 个约束条件，则基本解的数量小于或等于 C_n^m，当然基本可行解的数量更不会超过 C_n^m 个。

2.2.2　单纯形法的理论基础

简要讲解单纯形法的基本概念和基本定理。

1. 基本概念

凸集：设 D 是 n 维欧氏空间的一个点集，若任意两点 $\boldsymbol{X}^{(1)}\in D,\boldsymbol{X}^{(2)}\in D$ 的连线段上的所有点 $\alpha\boldsymbol{X}^{(1)}+(1-\alpha)\boldsymbol{X}^{(2)}\in D\ (0\leqslant\alpha\leqslant 1)$，则称 D 为凸集。

凸组合：设 $\boldsymbol{X}^{(1)}$，$\boldsymbol{X}^{(2)},\cdots$，$\boldsymbol{X}^{(k)}$ 是 n 维欧氏空间中的 k 个点，若存在 $u_1,u_2,\cdots,u_k$，且 $0\leqslant u_i\leqslant 1\ (i=1,2,\cdots,k)$，$\sum\limits_{i=1}^{k}u_i=1$，使 $\boldsymbol{X}=u_1\boldsymbol{X}^{(1)}+u_2\boldsymbol{X}^{(2)}+\cdots+u_k\boldsymbol{X}^{(k)}$，则称 $\boldsymbol{X}$ 为 $\boldsymbol{X}^{(1)}$，$\boldsymbol{X}^{(2)},\cdots$，$\boldsymbol{X}^{(k)}$ 的凸组合。

顶点：设 D 是凸集，$\boldsymbol{X}\in D$，若 $\boldsymbol{X}$ 不能用不同的两点 $\boldsymbol{X}^{(1)}\in D,\boldsymbol{X}^{(2)}\in D$ 的凸组合表示为 $\boldsymbol{X}=\alpha\boldsymbol{X}^{(1)}+(1-\alpha)\boldsymbol{X}^{(2)}\in D\ (0<\alpha<1)$，则称 $\boldsymbol{X}$ 为 D 的一个顶点(或极点)。

2. 基本定理

定理 2.1　若线性规划问题存在可行域，则可行域是凸集。

定理 2.2　线性规划可行域中的点 $\boldsymbol{X}$ 为顶点的充要条件是 $\boldsymbol{X}$ 为基本可行解。

定理 2.3　若线性规划有最优解，则最优解一定可以在可行域的顶点上得到。

定理 2.1 描述了可行域的特征，定理 2.2 描述了可行域的顶点与基本可行解的对应关系，定理 2.3 描述了最优解在可行域中的位置。若最优解唯一，则最优解只能在某一顶点上达到(图 2-1)；若最优解不唯一，则最优解是某些顶点的凸组合，不可能是可行域的内点(图 2-2)。若可行域有界，则一定有最优解；若可行域为无界，则可能有最优解，也可能无最优解，若有也必定在某个顶点达到。

【例 2.11】 指出例 2.10 中的线性规划基本解与其可行域顶点的对应关系。

解： 参见表 2-6 的说明及图 2-6 所示。

表 2-6　基本解与其对应的顶点

基　变　量	基　本　解	基本可行解	顶　　点
(x_1, x_2)	$\boldsymbol{X}_1 = (15/4, 3/4, 0, 0)$	是	E
(x_1, x_3)	$\boldsymbol{X}_2 = (4, 0, 3, 0)$	是	C
(x_1, x_4)	$\boldsymbol{X}_3 = (5, 0, 0, -6)$	不是	D
(x_2, x_3)	$\boldsymbol{X}_4 = (0, 12, -45, 0)$	不是	B
(x_2, x_4)	$\boldsymbol{X}_5 = (0, 3, 0, 18)$	是	A
(x_3, x_4)	$\boldsymbol{X}_6 = (0, 0, 15, 24)$	是	O

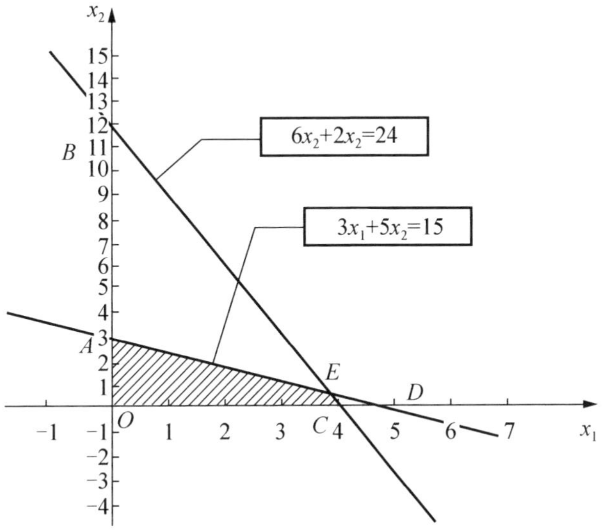

图 2-6　可行域

线性规划问题的所有解构成的集合是凸集，凸集的每一个顶点对应一个基本可行解，由于基本可行解的个数是有限的(它不大于 C_n^m 个)，因此顶点的个数也是有限的。若线性规划问题有最优解，必在可行域某顶点上得到，因而可采用枚举法找出所有基本可行解，然后一一进行比较，最终找到最优解。但当 n, m 较大时，计算工作烦琐庞大，这样做是行不通的，所以还要继续讨论如何有效地找到最优解的方法，下面介绍单纯形法的计算步骤。

2.2.3　单纯形法的计算步骤

单纯形法是从可行域的一个基本可行解出发(顶点)，判断该解是否为最优解，如果不是就转移到另一个较好的基本可行解，如果目标函数达到最优，则已得到最优解；否则，继续转移到其他较好的基本可行解。由于基本可行解(顶点)的数目是有限的，因此经过有限次数的迭代转换后就能求出最优解。单纯形法求解流程图如图 2-7 所示。

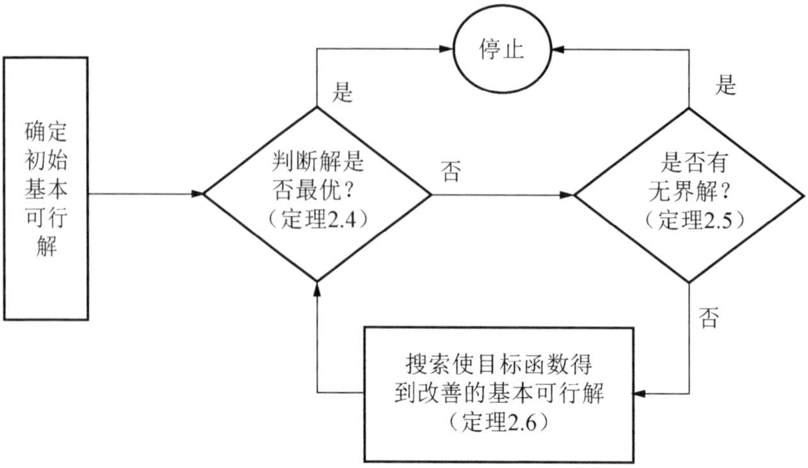

图 2-7　单纯形法求解流程图

1. *初始基本可行解的确定*

(1) 若给定问题转化为标准型后($\boldsymbol{b} \geqslant 0$)，系数矩阵 $\boldsymbol{A}$ 中存在 m 个线性无关的单位列向量,则以这 m 个单位列向量构成的单位矩阵作为初始基 $\boldsymbol{B}$,则 $\boldsymbol{X}_B = \boldsymbol{B}^{-1}\boldsymbol{b} = \boldsymbol{b} \geqslant 0$,其他 $x_j = 0$ 就是初始基本可行解。

【例 2.12】求下面线性规划问题的初始基本可行解。

$$\max z = 6x_1 + 4x_2$$

$$\text{s.t.} \begin{cases} 2x_1 + 3x_2 \leqslant 100 \\ 4x_1 + 2x_2 \leqslant 120 \\ x_1, x_2 \geqslant 0 \end{cases}$$

解：将已知线性规划转换为标准型，添加松弛变量 x_3, x_4 ，得

$$\max z = 6x_1 + 4x_2$$

$$\text{s.t.} \begin{cases} 2x_1 + 3x_2 + x_3 = 100 \\ 4x_1 + 2x_2 + x_4 = 120 \\ x_1, x_2, x_3, x_4 \geqslant 0 \end{cases}$$

由于 $\boldsymbol{A} = \begin{bmatrix} 2 & 3 & 1 & 0 \\ 4 & 2 & 0 & 1 \end{bmatrix} = [\boldsymbol{P}_1 \quad \boldsymbol{P}_2 \quad \boldsymbol{P}_3 \quad \boldsymbol{P}_4]$ 有两个单位列向量，可取 $\boldsymbol{B} = \begin{bmatrix} 1 & 0 \\ 0 & 1 \end{bmatrix}$ 为初始基，则

$$\boldsymbol{X}_B = \begin{bmatrix} x_3 \\ x_4 \end{bmatrix} = \boldsymbol{B}^{-1}\boldsymbol{b} = \begin{bmatrix} 100 \\ 120 \end{bmatrix}, \quad \begin{bmatrix} x_1 \\ x_2 \end{bmatrix} = \begin{bmatrix} 0 \\ 0 \end{bmatrix}$$

就是初始基本可行解。

(2) 若给定问题转化为标准型后($\boldsymbol{b} \geqslant 0$)，系数矩阵 $\boldsymbol{A}$ 中不存在 m 个线性无关的单位列向量，则在某些约束条件左端加一个非负的人工变量构建一些单位列向量，人为创造一个单位矩阵，参看 2.2.4 节的大 M 法。

2. 线性规划的求解定理

标准型的线性规划为

$$\max z = \boldsymbol{CX}$$
$$\text{s.t.}\begin{cases}\boldsymbol{AX}=\boldsymbol{b}\\ \boldsymbol{X}\geqslant 0\end{cases} \tag{2-6}$$

式中，$\boldsymbol{A}$ 是 $m\times n$ 矩阵且秩 $r(\boldsymbol{A})=m$ 。不妨设 $\boldsymbol{B}=[\boldsymbol{P}_1\quad \boldsymbol{P}_2\quad \cdots\quad \boldsymbol{P}_m]$ 是线性规划的一个基，将有关矩阵和向量分块，记 $\boldsymbol{A}=(\boldsymbol{B},\boldsymbol{N})$ ，$\boldsymbol{C}=(\boldsymbol{C}_B,\boldsymbol{C}_N)$ ，$\boldsymbol{X}=(\boldsymbol{X}_B,\boldsymbol{X}_N)^{\mathrm{T}}$ ，为求线性规划的基本最优解，先求线性规划的基本可行解，这样就需将约束条件中的基变量用非基变量表示出来。

用 $\boldsymbol{B}^{-1}$ 左乘约束方程 $\boldsymbol{AX}=\boldsymbol{b}$ 的两端，得

$$\boldsymbol{B}^{-1}\boldsymbol{AX}=\boldsymbol{B}^{-1}(\boldsymbol{B},\boldsymbol{N})\begin{pmatrix}\boldsymbol{X}_B\\ \boldsymbol{X}_N\end{pmatrix}=\boldsymbol{B}^{-1}\boldsymbol{BX}_B+\boldsymbol{B}^{-1}\boldsymbol{NX}_N=\boldsymbol{B}^{-1}\boldsymbol{b}$$

即
$$\boldsymbol{B}^{-1}\boldsymbol{BX}_B+\boldsymbol{B}^{-1}\boldsymbol{NX}_N=\boldsymbol{EX}_B+\boldsymbol{B}^{-1}\boldsymbol{NX}_N=\boldsymbol{B}^{-1}\boldsymbol{b} \tag{2-7}$$

其中，$\boldsymbol{E}$ 是单位矩阵。整理，得

$$\boldsymbol{X}_B=\boldsymbol{B}^{-1}\boldsymbol{b}-\boldsymbol{B}^{-1}\boldsymbol{NX}_N$$

将其代入目标函数中，得

$$z=\boldsymbol{C}_B\boldsymbol{B}^{-1}\boldsymbol{b}-\boldsymbol{C}_B\boldsymbol{B}^{-1}\boldsymbol{NX}_N+\boldsymbol{C}_N\boldsymbol{X}_N=\boldsymbol{C}_B\boldsymbol{B}^{-1}\boldsymbol{b}+(\boldsymbol{C}_N-\boldsymbol{C}_B\boldsymbol{B}^{-1}\boldsymbol{N})\boldsymbol{X}_N$$

即
$$z=\boldsymbol{C}_B\boldsymbol{B}^{-1}\boldsymbol{b}+\sum_{j=m+1}^{n}(c_j-\boldsymbol{C}_B\boldsymbol{B}^{-1}\boldsymbol{P}_j)x_j \tag{2-8}$$

非基变量 x_j 前面的系数 $c_j-\boldsymbol{C}_B\boldsymbol{B}^{-1}\boldsymbol{P}_j$ 称为变量 x_j 的检验数，表示该变量增加或减少一个单位所引起目标函数值的变化，它可以用来判断将 x_j 变成基变量后能否改进目标函数值，以后记为 $\sigma_j=c_j-\boldsymbol{C}_B\boldsymbol{B}^{-1}\boldsymbol{P}_j$ 。

以上过程也可以通过线性方程组消元实现。

考虑线性方程组 $\begin{cases}\boldsymbol{AX}=\boldsymbol{b}\\ z=\boldsymbol{CX}\end{cases}$，其变量为 $\begin{bmatrix}\boldsymbol{X}\\ z\end{bmatrix}$，为便于求解，整理得方程组 $\begin{cases}0\cdot z+\boldsymbol{AX}=\boldsymbol{b}\\ -z+\boldsymbol{CX}=0\end{cases}$，其增广矩阵见表 2-7，应用高斯消元法，求解线性方程组的解。

表 2-7　增广矩阵

常数项	z	X_B	X_N	
$\boldsymbol{b}$	0	$\boldsymbol{B}$	$\boldsymbol{N}$	(2-9)
0	−1	$\boldsymbol{C}_B$	$\boldsymbol{C}_N$	(2-10)

用 $\boldsymbol{B}^{-1}$ 左乘方程组(2-9)的两端，将 $\boldsymbol{X}_B$ 的系数转化为单位矩阵，得表 2-8。

表 2-8　系数单位矩阵化

常数项	z	X_B	X_N	
$\boldsymbol{B}^{-1}\boldsymbol{b}$	0	$\boldsymbol{B}^{-1}\boldsymbol{B}=\boldsymbol{E}$	$\boldsymbol{B}^{-1}\boldsymbol{N}$	(2-11)
0	−1	$\boldsymbol{C}_B$	$\boldsymbol{C}_N$	

将方程组(2-11)左乘 $-\boldsymbol{C}_B$ 加到方程(2-10)两边，得表 2-9。

表 2-9　消元化简

常数项	z	X_B	X_N	
$\boldsymbol{B}^{-1}\boldsymbol{b}$	0	$\boldsymbol{B}^{-1}\boldsymbol{B}=\boldsymbol{E}$	$\boldsymbol{B}^{-1}\boldsymbol{N}$	
$-\boldsymbol{C}_B\boldsymbol{B}^{-1}\boldsymbol{b}$	-1	$\boxed{\boldsymbol{C}_B-\boldsymbol{C}_B\boldsymbol{B}^{-1}\boldsymbol{B}}=0$	$\boxed{\boldsymbol{C}_N-\boldsymbol{C}_B\boldsymbol{B}^{-1}\boldsymbol{N}}$	(2-12)

注意，式(2-12)中基向量 $\boldsymbol{X}_B$ 、非基向量 $\boldsymbol{X}_N$ 的系数，它们形式相似，当前者 $\boldsymbol{C}_B-\boldsymbol{C}_B\boldsymbol{B}^{-1}\boldsymbol{B}=0$ 时，后者即为检验数 $\boldsymbol{C}_N-\boldsymbol{C}_B\boldsymbol{B}^{-1}\boldsymbol{N}$ 的矩阵形式。也就是说，用消元法将目标函数中基变量的系数化为零的同时，就会得到非基变量的检验数。事实上，$\boldsymbol{C}_B-\boldsymbol{C}_B\boldsymbol{B}^{-1}\boldsymbol{B}$ 也可看作基向量的检验数，应用消元法后，当基向量的检验数化为零时，非基变量的系数 $\boldsymbol{C}_N-\boldsymbol{C}_B\boldsymbol{B}^{-1}\boldsymbol{N}$ 就是其检验数。

从以上论述可知，计算检验数的方法有两种：一是通过公式 $\sigma_j=c_j-\boldsymbol{C}_B\boldsymbol{B}^{-1}\boldsymbol{P}_j$ 计算得出；二是应用消元法，将目标函数基向量的系数都化为零时，非基向量的系数就是检验数。

线性规划单纯形法求解有下述定理。

定理 2.4(最优解判定定理)　若所有的 $\sigma_j=c_j-\boldsymbol{C}_B\boldsymbol{B}^{-1}\boldsymbol{P}_j\leqslant 0$，则该解为最优解。

注意式(2-8)，要想让非基变量为零而不影响最优值，只有其前面的系数都非正，即检验数为非正，这时非基变量取值必为零；同样可以得出，当目标函数为最小要求时，检验数要求为非负。

以上求解的过程也能得出如下结论：如果 $\boldsymbol{X}$ 是线性规划式(2-6)的基本最优解，那么 $-z=-\boldsymbol{C}_B\boldsymbol{B}^{-1}\boldsymbol{b}$，$z=\boldsymbol{C}_B\boldsymbol{B}^{-1}\boldsymbol{b}$，即线性规划式(2-6)的最优解为($\boldsymbol{B}^{-1}\boldsymbol{b}$,0)。

定理 2.5(无界解判定定理)　若对某可行基 $\boldsymbol{B}$，存在 $\sigma_k>0$ 且 $\boldsymbol{B}^{-1}\boldsymbol{P}_k\leqslant 0$，则该线性规划问题有无界解。

定理 2.6(换基迭代定理)

(1) 给定某可行基 $\boldsymbol{B}$，对矩阵 $\boldsymbol{A}$ 的行列来说，通过下面步骤：①确定进基变量，$\sigma_k=\max\left\{\sigma_j>0\right\}$，选择 k 列对应的非基变量 x_k 为进基变量；②按最小比值原则确定出基变量，$\theta=\min\left[\dfrac{(\boldsymbol{B}^{-1}\boldsymbol{b})_i}{(\boldsymbol{B}^{-1}\boldsymbol{P}_k)_i}\mid(\boldsymbol{B}^{-1}\boldsymbol{P}_k)_i>0\right]=\dfrac{(\boldsymbol{B}^{-1}\boldsymbol{b})_l}{(\boldsymbol{B}^{-1}\boldsymbol{P}_k)_l}$(最小值不唯一时任选一个行号作为 l)，其中 $(\boldsymbol{B}^{-1}\boldsymbol{b})_i$ 表示向量 $\boldsymbol{B}^{-1}\boldsymbol{b}$ 的第 i 个元素，选择 l 行对应的基变量为出基变量，那么 $\boldsymbol{P}_k$ 替换 $\boldsymbol{B}$ 中出基变量所在的列后就能得到一个新的可行基 $\boldsymbol{B}'$。

(2) 对线性方程组 $\boldsymbol{AX}=\boldsymbol{b}$ 的增广矩阵实施初等行变换：①第 l 行元素同除以主元 a_{lk}，使主元变为 1；②使主元所在列的其他元素变为 0，这样就得到可行基 $\boldsymbol{B}'$ 对应的基本可行解，并且所对应的目标函数值增加 $\theta\sigma_k$。

3. 单纯形表

为便于表达单纯形法的计算过程，上述计算过程可以在单纯形表上完成。每个可行基 $\boldsymbol{B}$ 都可构造一个单纯形表，一般将其转化为单位矩阵后再列出单纯形表，见表 2-10。

表 2-10 单纯形表

C_B	X_B	$B^{-1}b$	c_1	c_2	…	c_m	c_{m+1}	…	c_n	θ
			x_1	x_2	…	x_m	x_{m+1}	…	x_n	
c_1	x_1	b_1	1	0	…	0	a_{1m+1}	…	a_{1n}	
c_2	x_2	b_2	0	1	…	0	a_{2m+1}	…	a_{1n}	
…	…	…	…	…	…	…	…	…	…	…
c_m	x_m	b_m	0	0	…	1	a_{mm+1}	…	a_{mn}	
检验数 σ			0	0	…	0	σ_{m+1}	…	σ_n	

表 2-10 中，$\boldsymbol{X}_B$ 一列记录基变量；$\boldsymbol{C}_B$ 一列跟踪基变量对应的价值系数；$\boldsymbol{B}^{-1}\boldsymbol{b}$ 为基本可行解；其余各列为 $\boldsymbol{B}^{-1}\boldsymbol{P}_j(j=1,2,\cdots,n)$，最后一行是每个变量对应的检验数。表 2-10 是表 2-7 的展开形式，其长方框中的矩阵就是表 2-7 中的增广矩阵，这样求解线性规划就可以在单纯形表中实现，单纯形表包含了线性规划求解的全部信息。

对于以 $\boldsymbol{B}$ 为可行基的单纯形表具有以下特点。

(1) 基变量的值 $\boldsymbol{X}_B=\boldsymbol{B}^{-1}\boldsymbol{b}$ 。

(2) 表中各列为 $\boldsymbol{B}^{-1}\boldsymbol{P}_j\ (j=1,2,\cdots,n)$ 。

(3) 检验数 $\sigma_j=c_j-\boldsymbol{C}_B\boldsymbol{B}^{-1}\boldsymbol{P}_j$ 。

(4) 表中基变量的列是单位列向量，且基变量对应的检验数等于零。

(5) 由于可行基 $\boldsymbol{B}$ 转化为单位矩阵，也可以认为初始基是单位矩阵，在后面的迭代中，初始基始终对应各表中基的逆矩阵。

【例 2.13】用单纯形法求例 2.10 的最优解。

$$\max z=2x_1+x_2$$

$$\text{s.t.}\begin{cases}3x_1+5x_2+x_3=15\\6x_1+2x_2+x_4=24\\x_1,x_2,x_3,x_4\geqslant 0\end{cases}$$

例 2.13

解：标准型的线性规划中有两个线性无关的列向量，它们构成的单位矩阵可以作为初始可行基，(x_3,x_4)是基变量，$\boldsymbol{X}_B=\begin{bmatrix}x_3\\x_4\end{bmatrix}=\boldsymbol{B}^{-1}\boldsymbol{b}=\begin{bmatrix}1&0\\0&1\end{bmatrix}^{-1}\begin{bmatrix}15\\24\end{bmatrix}=\begin{bmatrix}15\\24\end{bmatrix}$，得到初始可行解为 $\boldsymbol{X}^{(0)}=(0,0,15,24)$，目标函数值 $z^{(0)}=0$，对应图 2-6 中的原点 O。

计算检验数

$$\sigma_1=c_1-\boldsymbol{C}_B\boldsymbol{B}^{-1}\boldsymbol{P}_1=2-\begin{bmatrix}0&0\end{bmatrix}\begin{bmatrix}1&0\\0&1\end{bmatrix}^{-1}\begin{bmatrix}3\\6\end{bmatrix}=2$$

$$\sigma_2=c_2-\boldsymbol{C}_B\boldsymbol{B}^{-1}\boldsymbol{P}_2=1-\begin{bmatrix}0&0\end{bmatrix}\begin{bmatrix}1&0\\0&1\end{bmatrix}^{-1}\begin{bmatrix}5\\2\end{bmatrix}=1$$

填入单纯形表 2-11。

表 2-11 例 2.13 单纯形表 1

C_B	X_B	$B^{-1}b$	2	1	0	0	θ
			x_1	x_2	x_3	x_4	
0	x_3	15	3	5	1	0	15/3 = 5
0	x_4	24	[6]	2	0	1	24/6 = 4
检验数 σ			2	1	0	0	

由于非基变量的检验数大于零，根据定理 2.4，该基本可行解不是最优解；又由于 $B^{-1}P_1=(3,6)^{\mathrm{T}}$ 和 $B^{-1}P_2=(5,2)^{\mathrm{T}}$ 都大于零，根据定理 2.5，该线性规划没有无界解；这样就需搜索目标函数得到改善的可行解，根据定理 2.6，由于 $\sigma_1=\max\{\sigma_j>0\}$(确定矩阵 A 中的列)，选择第一列对应的变量 x_1 为进基变量；由于 $\theta=\min\left[\dfrac{15}{3},\ \dfrac{24}{6}\right]=\dfrac{24}{6}=4$ (确定矩阵 A 中的行)，$l=2$，选择第二行对应的变量 x_4 为出基变量，用 $P_1=\begin{bmatrix}3 & 6\end{bmatrix}^{\mathrm{T}}$ 替换基中的 $P_4=\begin{bmatrix}0 & 1\end{bmatrix}^{\mathrm{T}}$，这样就得到新的可行基，其基变量为($x_3, x_1$)；非基变量为($x_2, x_4$)。

以矩阵 A 第一列和第二行的交叉元素 $a_{21}=6$ 为主元，在单纯形表中以“[ ]”提示，应用消元法简化线性方程组的增广矩阵，得

$$X_B=\begin{bmatrix}x_3\\x_1\end{bmatrix}=B^{-1}b=\begin{bmatrix}1 & 3\\0 & 6\end{bmatrix}^{-1}\begin{bmatrix}15\\24\end{bmatrix}=\begin{bmatrix}3\\4\end{bmatrix}$$

得到新的基本可行解为 $X^{(1)}=(4,0,3,0)$，目标函数值 $z^{(1)}=z^{(0)}+\theta\sigma_1=2\times4=8$，对应图 2-6 中的点 C。

计算检验数：

$$\sigma_2=c_2-C_BB^{-1}P_2=1-\begin{bmatrix}0 & 2\end{bmatrix}\begin{bmatrix}1 & 3\\0 & 6\end{bmatrix}^{-1}\begin{bmatrix}5\\2\end{bmatrix}=\frac{1}{3}$$

$$\sigma_4=c_4-C_BB^{-1}P_4=0-\begin{bmatrix}0 & 2\end{bmatrix}\begin{bmatrix}1 & 3\\0 & 6\end{bmatrix}^{-1}\begin{bmatrix}0\\1\end{bmatrix}=-\frac{1}{3}$$

填入单纯形表 2-12。

表 2-12 例 2.13 单纯形表 2

C_B	X_B	$B^{-1}b$	2	1	0	0	θ
			x_1	x_2	x_3	x_4	
0	x_3	3	0	4	1	−1/2	3/4 = 0.75
2	x_1	4	1	1/3	0	1/6	$4\Big/\dfrac{1}{3}=12$
检验数 σ			0	1/3	0	−1/3	

同理，得到新的基本可行解 $X^{(2)}=(15/4,3/4,0,0)$，目标函数值 $z^{(2)}=33/4$，对应图 2-6 中的点 E。计算检验数，填入单纯形表 2-13。

表 2-13 例 2.13 单纯形表 3

C_B	X_B	$B^{-1}b$	2	1	0	0	θ
			x_1	x_2	x_3	x_4	
1	x_2	3/4	0	1	1/4	−1/8	—
2	x_1	15/4	1	0	−1/12	5/24	—
检验数 σ			0	0	−1/12	−7/24	

由表 2-13 可知，此时所有的检验数都非正，根据定理 2.4 得到线性规划的最优解 $\boldsymbol{X}^{(2)}$ 和最优值 $z^{(2)}$，也就是说，线性规划在 E 点达到最优。

【例 2.14】用单纯形法求解线性规划问题。

$$\max z = 3x_1 + 5x_2 + x_4$$

$$\text{s.t.}\begin{cases} x_1 + x_2 + x_3 \leqslant 35 \\ 5x_1 + x_2 - x_4 \leqslant 12 \\ -x_3 + x_4 \leqslant 5 \\ x_1, x_2, x_3, x_4 \geqslant 0 \end{cases}$$

解：将已知线性规划转化为标准型，添加松弛变量 x_5, x_6, x_7，得

$$\max z = 3x_1 + 5x_2 + 0x_3 + x_4 + 0x_5 + 0x_6 + 0x_7$$

$$\text{s.t.}\begin{cases} x_1 + x_2 + x_3 + x_5 = 35 \\ 5x_1 + x_2 - x_4 + x_6 = 12 \\ -x_3 + x_4 + x_7 = 5 \\ x_1, x_2, x_3, x_4, x_5, x_6, x_7 \geqslant 0 \end{cases}$$

由于技术矩阵中有一个单位矩阵可作为初始可行基，可以确定出线性规划的初始可行解，建立单纯形表，解题过程见表 2-14。

表 2-14 例 2.14 单纯形表 1

C_B	X_B	$B^{-1}b$	3	5	0	1	0	0	0	θ
			x_1	x_2	x_3	x_4	x_5	x_6	x_7	
0	x_5	35	1	1	1	0	1	0	0	35
0	x_6	12	5	[1]	0	−1	0	1	0	12
0	x_7	5	0	0	−1	1	0	0	1	—
检验数 σ			3	5	0	1	0	0	0	

由于有些非基变量的检验数大于零，根据定理 2.4，该基本可行解不是最优解，从单纯形表中也可以看出，该线性规划没有无界解，因此搜索能使目标函数得到改善的可行解，根据定理 2.6，选择进基变量为 $x_2: \sigma_2 = \max\left\{\sigma_j > 0\right\}$。选择出基变量为 $x_6: \theta = \min\left[\frac{35}{1}, \ \frac{12}{1}\right] = \frac{12}{1} = 12$ 和 $l = 2$，用 $\boldsymbol{P}_2 = \begin{bmatrix}1 & 1 & 0\end{bmatrix}^{\mathrm{T}}$ 替换基中的 $\boldsymbol{P}_6 = \begin{bmatrix}0 & 1 & 0\end{bmatrix}^{\mathrm{T}}$，得到新的可行基。以 $a_{22} = 1$ 为主元，应用消元法化简线性方程组的增广矩阵，同时用消元法计算其检验数(参看线性规划的求解定理)，得出单纯形表 2-15。

表 2-15　例 2.14 单纯形表 2

C_B	X_B	$B^{-1}b$	3	5	0	1	0	0	0	θ
			x_1	x_2	x_3	x_4	x_5	x_6	x_7	
0	x_5	23	−4	0	1	1	1	−1	0	23
5	x_2	12	5	1	0	−1	0	1	0	—
0	x_7	5	0	0	−1	[1]	0	0	1	5
检验数 σ			−22	0	0	6	0	−5	0	
0	x_5	18	−4	0	[2]	0	1	−1	−1	9
5	x_2	17	5	1	−1	0	0	1	1	—
1	x_4	5	0	0	−1	1	0	0	1	—
检验数 σ			−22	0	6	0	0	−5	−6	
0	x_3	9	−2	0	1	0	1/2	−1/2	−1/2	—
5	x_2	26	3	1	0	0	1/2	1/2	1/2	—
1	x_4	14	−2	0	0	1	1/2	−1/2	1/2	—
检验数 σ			−10	0	0	0	−3	−2	−3	

最优解 $\boldsymbol{X}^*=(0,26,9,14,0,0,0)^{\mathrm{T}}$，最优值 $z^*=144$。

利用单纯形表可清楚地计算出基变量的值和非基变量的检验数，不仅如此，使用单纯形表更易于进行换基迭代运算。

【例 2.15】用单纯形法求解线性规划问题。

$$\max z=2x_1+4x_2$$

$$\text{s.t.}\begin{cases}-x_1+2x_2\leqslant 4\\ x_1+2x_2\leqslant 10\\ x_1-x_2\leqslant 2\\ x_1,x_2\geqslant 0\end{cases}$$

解：将线性规划转化为标准型，添加松弛变量 x_3,x_4,x_5，得

$$\max z=2x_1+4x_2+0x_3+0x_4+0x_5$$

$$\text{s.t.}\begin{cases}-x_1+2x_2+x_3=4\\ x_1+2x_2+x_4=10\\ x_1-x_2+x_5=2\\ x_1,x_2,x_3,x_4,x_5\geqslant 0\end{cases}$$

由于技术矩阵中有一个单位矩阵可作为初始可行基，可以确定线性规划的初始可行解，建立单纯形表，解题过程见表 2-16。

表 2-16　例 2.15 单纯形表 1

C_B	X_B	$B^{-1}b$	2	4	0	0	0	θ
			x_1	x_2	x_3	x_4	x_5	
0	x_3	4	−1	[2]	1	0	0	2
0	x_4	10	1	2	0	1	0	5
0	x_5	2	1	−1	0	0	1	—
检验数 σ			2	4	0	0	0	

续表

C_B	X_B	$B^{-1}b$	2	4	0	0	0	θ
			x_1	x_2	x_3	x_4	x_5	
4	x_2	2	−1/2	1	1/2	0	0	—
0	x_4	6	[2]	0	−1	1	0	3
0	x_5	4	1/2	0	1/2	0	1	8
检验数 σ			4	0	−2	0	0	
4	x_2	7/2	0	1	1/4	1/4	0	—
2	x_1	3	1	0	−1/2	1/2	0	—
0	x_5	5/2	0	0	3/4	−1/4	1	—
检验数 σ			0	0	0	−2	0	

最优解 $X_1^* = (3, 7/2, 0, 0, 5/2)^T$，最优值 $z^* = 20$。

值得注意的是，在最终单纯形表 2-16 中，除基变量的检验数为零外，非基变量 x_3 的检验数也为零，这说明若让 x_3 改变取值不会使目标函数值有所改变。如果让 x_3 进基并继续迭代，就会得到另一个基本可行解，见表 2-17。

表 2-17　例 2.15 单纯形表 2

C_B	X_B	$B^{-1}b$	2	4	0	0	0	θ
			x_1	x_2	x_3	x_4	x_5	
4	x_2	7/2	0	1	1/4	1/4	0	14
2	x_1	3	1	0	−1/2	1/2	0	—
0	x_5	5/2	0	0	[3/4]	−1/4	1	10/3
检验数 σ			0	0	0	−2	0	
4	x_2	8/3	0	1	0	1/3	−1/3	—
2	x_1	14/3	1	0	0	1/3	2/3	—
0	x_3	10/3	0	0	1	−1/3	4/3	—
检验数 σ			0	0	0	−2	0	

最优解 $X_2^* = (14/3, 8/3, 10/3, 0, 0)^T$，最优值 $z^* = 20$。

根据最优解的定义，使目标函数达到最大值的任一可行解都是最优解，这样该线性规划有多个最优解，其最优解的一般表达式为

$$X^* = \alpha X_1^* + (1-\alpha)X_2^* (0 \leqslant \alpha \leqslant 1)$$

表 2-16 和表 2-17 求出的两个最优解是该线性规划可行域的两个顶点，根据前面的讨论可知，这两个顶点连线上的所有点都是该问题的最优解，如点 $(23/6, 37/12)$，即 $x_1 = 23/6,\ x_2 = 37/12$，所对应的目标函数值也是 20，它虽不是基本可行解(不在可行域的顶点上)，但同样是该线性规划问题的一个最优解。

2.2.4　单纯形法的进一步讨论

单纯形法的求解基础是能够找到线性规划的可行解，如何找到这个可行解呢？这里学习构造初始可行解的大 M 法。

1. 大 M 法

在使用单纯形法求解线性规划问题时，首先要找到一个初始可行基(一般是单位矩阵)。若其系数矩阵中已有一个单位矩阵，则可以作为初始可行基；若不存在单位矩阵，则可以采用在每个约束等式中人为地添加一个非负变量(后面称为人工变量)的方法，来构造另外一个线性规划问题，下面通过实例说明如何使用大 M 法。

【例 2.16】求解线性规划问题。

$$\max z = 3x_1 - x_2 - x_3$$
$$\text{s.t.} \begin{cases} x_1 - 2x_2 + x_3 \leqslant 11 \\ -4x_1 + x_2 + 2x_3 \geqslant 3 \\ -2x_1 + x_3 = 1 \\ x_1, x_2, x_3 \geqslant 0 \end{cases}$$

解：首先添加松弛变量 x_4 和剩余变量 x_5，将其转化为标准型，得

$$\max z = 3x_1 - x_2 - x_3$$
$$\text{s.t.} \begin{cases} x_1 - 2x_2 + x_3 + x_4 = 11 \\ -4x_1 + x_2 + 2x_3 - x_5 = 3 \\ -2x_1 + x_3 = 1 \\ x_1, x_2, x_3, x_4, x_5 \geqslant 0 \end{cases} \tag{2-13}$$

它的系数矩阵为

$$\boldsymbol{A} = \begin{bmatrix} 1 & -2 & 1 & 1 & 0 \\ -4 & 1 & 2 & 0 & -1 \\ -2 & 0 & 1 & 0 & 0 \end{bmatrix}$$

矩阵 $\boldsymbol{A}$ 中有一个单位矩阵列，但不含有单位矩阵。在第二、三个约束方程的左边添加人工变量 $x_6, x_7 \geqslant 0$，就构成一个系数矩阵中含有单位矩阵的新的线性规划问题。

$$\max z = 3x_1 - x_2 - x_3$$
$$\text{s.t.} \begin{cases} x_1 - 2x_2 + x_3 + x_4 = 11 \\ -4x_1 + x_2 + 2x_3 - x_5 + x_6 = 3 \\ -2x_1 + x_3 + x_7 = 1 \\ x_1, x_2, x_3, x_4, x_5, x_6, x_7 \geqslant 0 \end{cases} \tag{2-14}$$

只有当所添加的人工变量取值为 0 时，线性规划式(2-14)才和原规划式(2-13)等价。为此，在目标函数中对人工变量的价值系数进行惩罚，使其在求解过程中取值为零，最好为非基变量，所以在求 max 问题中，人工变量在目标函数中的系数均为 $-M$；在求 min 问题中，人工变量在目标函数中的系数均为 M，这里 M 是一个任意大的正数。大 M 法也叫罚系数法，利用大 M 法的关键是如何能够尽快地将人工变量替换出基。

添加人工变量后构成的新的线性规划为

$$\max z = 3x_1 - x_2 - x_3 - 0x_4 - 0x_5 - Mx_6 - Mx_7$$
$$\begin{cases} x_1 - 2x_2 + x_3 + x_4 = 11 \\ -4x_1 + x_2 + 2x_3 - x_5 + x_6 = 3 \\ -2x_1 + x_3 + x_7 = 1 \\ x_1, x_2, x_3, x_4, x_4, x_5, x_6, x_7 \geqslant 0 \end{cases}$$

这样，就可以将人工变量视为基变量，得到一个初始基本可行解，就可用单纯形法进行迭代计算。若经若干次迭代，人工变量被全部替换出了基，则原问题的约束条件得到恢复，同时也有了一个基本可行解，具备了原规划单纯形法求解的初始条件，可继续采用单纯形表求解。

例 2.16 的求解过程见表 2-18。

表 2-18　例 2.16 单纯形表

C_B	X_B	$B^{-1}b$	3	−1	−1	0	0	−M	−M	θ
			x_1	x_2	x_3	x_4	x_5	x_6	x_7	
0	x_4	11	1	−2	1	1	0	0	0	11
−M	x_6	3	−4	1	2	0	−1	1	0	3/2
−M	x_7	1	−2	0	[1]	0	0	0	1	1
检验数 σ			3−6M	−1+M	−1+3M	0	−M	0	0	
0	x_4	10	3	−2	0	1	0	0	−1	—
−M	x_6	1	0	[1]	0	0	−1	1	−2	1
−1	x_3	1	−2	0	1	0	0	0	1	—
检验数 σ			1	−1+M	0	0	−M	0	−3M+1	
0	x_4	12	[3]	0	0	1	−2	2	−5	4
−1	x_2	1	0	1	0	0	−1	1	−2	—
−1	x_3	1	−2	0	1	0	0	0	1	—
检验数 σ			1	0	0	0	−1	1−M	−1−M	
3	x_1	4	1	0	0	1/3	−2/3	2/3	−5/3	—
−1	x_2	1	0	1	0	0	−1	1	−2	—
−1	x_3	9	0	0	1	2/3	−4/3	4/3	−7/3	—
检验数 σ			0	0	0	−1/3	−1/3	1/3−M	2/3−M	

最优解 $\boldsymbol{X}^* = (4,1,9,0,0,0,0)^{\mathrm{T}}$，最优值 $z^* = 2$。

大 M 法求解线性规划问题会出现以下两种情况：①若最优解的基变量中含有人工变量，可以证明原问题无可行解；②若最优解的基变量中不含人工变量，即人工变量为非基变量，可以证明从最优解中去掉人工变量即为原问题的最优解。

【例 2.17】利用大 M 法求解线性规划问题。

$$\max z = -3x_1 + x_3$$

$$\text{s.t.}\begin{cases} x_1 + x_2 + x_3 \leqslant 4 \\ -2x_1 + x_2 - x_3 \geqslant 1 \\ 3x_2 + x_3 = 9 \\ x_1, x_2, x_3 \geqslant 0 \end{cases}$$

解：将该线性规划转化为标准型，得

$$\max z = -3x_1 + x_3 + 0x_4 + 0x_5$$

$$\text{s.t.}\begin{cases} x_1 + x_2 + x_3 + x_4 = 4 \\ -2x_1 + x_2 - x_3 - x_5 = 1 \\ 3x_2 + x_3 = 9 \\ x_1, x_2, x_3, x_4, x_5 \geqslant 0 \end{cases}$$

添加人工变量，得

$$\max z = -3x_1 + x_3 + 0x_4 + 0x_5 - Mx_6 - Mx_7$$

$$\text{s.t.}\begin{cases} x_1 + x_2 + x_3 + x_4 = 4 \\ -2x_1 + x_2 - x_3 - x_5 + x_6 = 1 \\ 3x_2 + x_3 + x_7 = 9 \\ x_1, x_2, x_3, x_4, x_5, x_6, x_7 \geqslant 0 \end{cases}$$

列出初始单纯形表，进行单纯形迭代，见表 2-19。

表 2-19　例 2.17 单纯形表 1

C_B	X_B	$B^{-1}b$	-3	0	1	0	0	−M	−M	θ
			x_1	x_2	x_3	x_4	x_5	x_6	x_7	
0	x_4	4	1	1	1	1	0	0	0	4
−M	x_6	1	−2	**[1]**	−1	0	−1	1	0	1
−M	x_7	9	0	3	1	0	0	0	1	3
检验数 σ			−3−2M	4M	1	0	−M	0	0	
0	x_4	3	3	0	2	1	1	−1	0	1
0	x_2	1	−2	1	−1	0	−1	1	0	—
−M	x_7	6	**[6]**	0	4	0	3	−3	1	1
检验数 σ			6M−3	0	4 M +1	0	3M	−4M	0	
0	x_4	0	0	0	0	1	−1/2	−1/2	1/2	—
0	x_2	3	0	1	1/3	0	0	0	1/3	9
−3	x_1	1	**1**	0	**[2/3]**	0	1/2	−1/2	1/6	3/2
检验数 σ			0	0	3	0	3/2	−M−3/2	−M+1/2	

从表 2-19 中可以看到人工变量已不在基变量中，可去掉人工变量进行迭代，得表 2-20。

表 2-20　例 2.17 单纯形表 2

C_B	X_B	$B^{-1}b$	-3	0	1	0	0			θ
			x_1	x_2	x_3	x_4	x_5			
0	x_4	0	0	0	0	1	−1/2			
0	x_2	5/2	−1/2	1	0	0	−1/4			
1	x_3	3/2	3/2	0	1	0	3/4			
检验数 σ			−9/2	0	0	0	−3/4			

由于所有的检验数为非正，得到最优解 $X^* = (0, 5/2, 3/2, 0, 0, 0, 0)^{\mathrm{T}}$，最优值为 $z^*=3/2$。

2. 解的退化与循环

在单纯形法中，基变量一般都取非零值，非基变量都取零值。如果某个基本可行解中存在取零值的基变量，则称该解为退化解。退化解发生在单纯形法换基迭代过程中，当利用最小比值原则确定换基变量时，若存在两个以上相同的最小比值，则在下一次迭代中就有一个或几个基变量为零。在退化情况下，如果取退化的基变量为出基变量，则变化后的解仍为退化解，且目标函数值不变。在以后的迭代中，如果每次都取退化的基变量为换出变量，则迭代可能只在可行域的几个顶点中间反复进行，即出现计算过程的循环，而达不到最优解。但实际中，循环现象极为罕见，计算的时候可以不考虑循环问题。

2.3 对偶问题和灵敏度分析

线性规划与其对偶问题是对同一问题的不同诠释。任何一个最大化的线性规划问题都有一个最小化的线性规划问题与之对应，称这一对互相联系的问题为一对对偶问题。本节将讨论线性规划的对偶问题和灵敏度分析，从而加深对线性规划问题的理解，扩大其应用范围。

2.3.1 线性规划的对偶问题

线性规划的原型是生产计划问题；对偶问题的原型是资源定价问题。

1. 对偶问题的提出

【例 2.18】格利公司计划生产I、II两种家电产品。已知生产一件分别需要的钢材、铜材和设备台时，每天可用于这两种家电的资源、出售一件时的获利情况见表 2-21。问该公司应生产这两种家电产品各多少件才能获利最大？

例 2.18

表 2-21 生产计划资源

项　目	I	II	资源数量
钢　材	9	4	36
铜　材	4	5	20
设备台时	3	10	30
利　润	70	120	

解：这是一个生产计划问题，设生产这两种家电产品的数量为x_1, x_2，其线性规划数学模型为

$$\max z = 70x_1 + 120x_2$$
$$\text{s.t.} \begin{cases} 9x_1 + 4x_2 \leqslant 36 \\ 4x_1 + 5x_2 \leqslant 20 \\ 3x_1 + 10x_2 \leqslant 30 \\ x_1, x_2 \geqslant 0 \end{cases} \tag{2-15}$$

现在，从另一个角度来考虑该问题，假设该企业愿出租、出让自己的资源，将自己生产产品(自营)改为对外加工(外包)，此时，决策者必须考虑如何为这三种资源定价的问题。

设 y_1, y_2, y_3 分别代表转让两种资源和出租设备的价格和租金。定价的原则是：生产 1 个单位的 I 产品需消耗 9 个单位的钢材、4 个单位的铜材、3 个单位的设备台时，获利 70 个单位(打包参考)；那么，将这些资源全部转让时所获得的利润$9y_1 + 4y_2 + 3y_3$应不少于 70 个单位，即

$$9y_1 + 4y_2 + 3y_3 \geqslant 70 \tag{2-16}$$

同样地分析Ⅱ产品，有

$$4y_1+5y_2+10y_3 \geqslant 120 \tag{2-17}$$

此时，企业的总获利(即对方的总付出)为

$$w=36y_1+20y_2+30y_3 \tag{2-18}$$

而对方一定希望总付出为最小，为使双方达成协议，该厂只能在约束条件式(2-16)和式(2-17)下求式(2-18)的最小值，即

$$\min w=36y_1+20y_2+30y_3$$
$$\text{s.t.}\begin{cases}9y_1+4y_2+3y_3 \geqslant 70\\4y_1+5y_2+10y_3 \geqslant 120\\y_1,y_2,y_3 \geqslant 0\end{cases} \tag{2-19}$$

两个模型式(2-15)和式(2-19)是对同一个问题的两种不同决策的数学描述，它们之间有一定的内在联系。通过比较分析，得知两个模型具有以下对应关系。

(1) 两个问题的系数矩阵互为转置。

(2) 一个问题的变量个数等于另一个问题的约束条件个数。

(3) 一个问题的右端系数是另一个问题的目标函数的系数。

(4) 一个问题的目标函数为最大化，约束条件为“≤”；另一个问题的目标函数为最小化，约束条件为“≥”。

将满足上述条件的对应关系称为对偶关系，如果把式(2-15)线性规划问题称为原问题，则式 (2-19)称为对偶问题。一般地，原问题(LP)的对偶问题记为 DP。

原问题(LP)

$$\max z=c_1x_1+c_2x_2+\cdots+c_nx_n$$
$$\begin{cases}a_{11}x_1+a_{12}x_2+\cdots+a_{1n}x_n \leqslant b_1\\a_{21}x_1+a_{22}x_2+\cdots+a_{2n}x_n \leqslant b_2\\\cdots\cdots\\a_{m1}x_1+a_{m2}x_2+\cdots+a_{mn}x_n \leqslant b_m\\x_j \geqslant 0(j=1,2,\cdots,n)\end{cases}$$

对偶问题(DP)

$$\min w=b_1y_1+b_2y_2+\cdots+b_my_m$$
$$\begin{cases}a_{11}y_1+a_{21}y_2+\cdots+a_{m1}y_m \geqslant c_1\\a_{12}y_1+a_{22}y_2+\cdots+a_{m2}y_m \geqslant c_2\\\cdots\cdots\\a_{1n}y_1+a_{2n}y_2+\cdots+a_{mn}y_m \geqslant c_n\\y_i \geqslant 0(i=1,2,\cdots,m)\end{cases}$$

原问题和对偶问题之间的对应关系也可用矩阵表示，式(2-20)为用矩阵符号表示原问题(LP)，其对偶问题(DP)见式(2-21)。

原问题(LP)

$$\max z=\boldsymbol{CX}$$
$$\text{s.t.}\begin{cases}\boldsymbol{AX} \leqslant \boldsymbol{b}\\\boldsymbol{X} \geqslant 0\end{cases} \tag{2-20}$$

对偶问题(DP)

$$\min w=\boldsymbol{Yb}$$
$$\text{s.t.}\begin{cases}\boldsymbol{YA} \geqslant \boldsymbol{C}\\\boldsymbol{Y} \geqslant 0\end{cases} \tag{2-21}$$

其中，$\boldsymbol{Y}=(y_1,y_2,\cdots,y_m)$是一个行向量，称为对偶向量，其余符号的含义已在 2.1.2 节中介绍。

2. 原问题与其对偶问题的关系

这里用一个具体的例子来说明线性规划与其对偶问题的关系。

【例 2.19】求下列线性规划问题的对偶问题。

$$\max z = 5x_1 - 6x_2 + 7x_3 + 4x_4$$

$$\text{s.t.}\begin{cases} x_1 + 2x_2 - x_3 - x_4 = -7 \\ 6x_1 - 3x_2 + x_3 - 7x_4 \leqslant 14 \\ -28x_1 - 17x_2 + 4x_3 + 2x_4 \geqslant -3 \\ x_1, x_2, x_3, x_4 \geqslant 0 \end{cases}$$

解：为求原问题的对偶问题，首先将原问题转化为式(2-20)的形式。

第一个约束等式等价于下面两个不等式约束：

$$\begin{cases} x_1 + 2x_2 - x_3 - x_4 \leqslant -7 \\ x_1 + 2x_2 - x_3 - x_4 \geqslant -7 \end{cases} \qquad \begin{cases} x_1 + 2x_2 - x_3 + x_4 \leqslant -7 \\ -x_1 - 2x_2 + x_3 + x_4 \leqslant 7 \end{cases}$$

第二个约束不等式照写：

$$6x_1 - 3x_2 + x_3 - 7x_4 \leqslant 14$$

第三个约束不等式变换成：

$$28x_1 + 17x_2 - 4x_3 - 2x_4 \leqslant 3$$

以 y_1^1, y_1^2, y_2, y_3 分别表示这 4 个约束不等式对应的对偶变量，则对偶问题为

$$\min w = -7y_1^1 + 7y_1^2 + 14y_2 + 3y_3$$

$$\text{s.t.}\begin{cases} y_1^1 - y_1^2 + 6y_2 + 28y_3 \geqslant 5 \\ 2y_1^1 - 2y_1^2 - 3y_2 + 17y_3 \geqslant -6 \\ -y_1^1 + y_1^2 + y_2 - 4y_3 \geqslant 7 \\ -y_1^1 + y_1^2 - 7y_2 - 2y_3 \geqslant 4 \\ y_1^1, y_1^2, y_2, y_3 \geqslant 0 \end{cases}$$

令 $y_1 = y_1^1 - y_1^2$，则上式的对偶问题变为

$$\min w = -7y_1 + 14y_2 + 3y_3$$

$$\text{s.t.}\begin{cases} y_1 + 6y_2 + 28y_3 \geqslant 5 \\ 2y_1 - 3y_2 + 17y_3 \geqslant -6 \\ -y_1 + y_2 - 4y_3 \geqslant 7 \\ -y_1 - 7y_2 - 2y_3 \geqslant 4 \\ y_1\text{无约束}, y_2 \geqslant 0,\ y_3 \geqslant 0 \end{cases}$$

同理可以导出，若原问题中的某个变量无非负限制，则对偶问题中的相应约束为等式。总之，把原问题和对偶问题之间的关系归纳成表 2-22 所给出的关系，就可直接写出其对偶问题。

表 2-22 原问题与对偶问题的关系

原问题(或对偶问题)	对偶问题(或原问题)
目标函数 $\max z$	目标函数 $\min w$
n 个变量	n 个约束
变量≥	约束条件≥
变量≤	约束条件≤
自由变量	约束条件=

续表

原问题(或对偶问题)	对偶问题(或原问题)
m 个约束条件	m 个变量
约束条件≥	变量≤
约束条件≤	变量≥
约束条件=	自由变量
约束条件右端项	目标函数变量的系数
目标函数变量的系数	约束条件右端项

【例 2.20】写出下列线性规划问题的对偶问题。

$$\max z = x_1 + 2x_2 + x_3$$

$$\text{s.t.}\begin{cases} x_1 & -x_2 & +x_3 & \leqslant 2 \\ -x_1 & +x_2 & +x_3 & =1 \\ 2x_1 & +x_2 & +x_3 & \geqslant 2 \\ x_1 \geqslant 0, x_2, x_3\text{无约束} \end{cases}$$

解：根据表 2-22 给出的关系可直接写出该线性规划问题的对偶问题。

$$\min w = 2y_1 + y_2 + 2y_3$$

$$\text{s.t.}\begin{cases} y_1 & -y_2 & +2y_3 & \geqslant 1 \\ -y_1 & +y_2 & +y_3 & =2 \\ y_1 & +y_2 & +y_3 & =1 \\ y_1 \geqslant 0, y_2\text{无约束}, y_3 \leqslant 0 \end{cases}$$

也可将 y_3 变为非负约束，不改变变量的记号，参看下面的规划。

$$\min w = 2y_1 + y_2 - 2y_3$$

$$\text{s.t.}\begin{cases} y_1 & -y_2 & -2y_3 & \geqslant 1 \\ -y_1 & +y_2 & -y_3 & =2 \\ y_1 & +y_2 & -y_3 & =1 \\ y_1 \geqslant 0, y_2\text{无约束}, y_3 \geqslant 0 \end{cases}$$

【例 2.21】直接写出原问题的对偶问题。

$$\min w = 5x_1 - 6x_2 + 7x_3 + 4x_4$$

$$\text{s.t.}\begin{cases} x_1 & +2x_2 & -x_3 & -x_4 & =-7 \\ 6x_1 & -3x_2 & +x_3 & -7x_4 & \geqslant 14 \\ -2x_1 & -7x_2 & +4x_3 & +2x_4 & \leqslant -3 \\ x_1 \geqslant 0, x_2 \leqslant 0, x_3, x_4\text{无约束} \end{cases}$$

根据表 2-22 给出的关系可直接写出该线性规划的对偶问题。

$$\max z = -7y_1 + 14y_2 - 3y_3$$

$$\text{s.t.}\begin{cases} y_1 & +6y_2 & -2y_3 & \leqslant 5 \\ 2y_1 & -3y_2 & -7y_3 & \geqslant -6 \\ -y_1 & +y_2 & +4y_3 & =7 \\ -y_1 & -7y_2 & +2y_3 & =4 \\ y_1\text{无约束}，y_2 \geqslant 0，y_3 \leqslant 0 \end{cases}$$

原问题的对偶问题的形式不唯一，但本质是一致的。

3. 线性规划的对偶理论

以下给出线性规划对偶问题的几个定理，这里不作证明。

定理 2.7(对称性) 线性规划对偶问题的对偶问题就是原问题。

定理 2.8(弱对偶定理) 若 $\overline{\boldsymbol{X}}$ 是问题式(2-20)的可行解，$\overline{\boldsymbol{Y}}$ 是问题式(2-21)的可行解，则有 $\boldsymbol{C}\overline{\boldsymbol{X}} \leqslant \overline{\boldsymbol{Y}}\boldsymbol{b}$。

推论 1 若 $\overline{\boldsymbol{X}}$ 和 $\overline{\boldsymbol{Y}}$ 分别是问题式(2-20)和式(2-21)的可行解，则式(2-21)的最小值不会小于 $\boldsymbol{C}\overline{\boldsymbol{X}}$ [即 $\boldsymbol{C}\overline{\boldsymbol{X}}$ 为对偶问题式(2-21)的目标函数的一个下界]；而原问题式(2-20)的最大值不会大于 $\overline{\boldsymbol{Y}}\boldsymbol{b}$ [即 $\overline{\boldsymbol{Y}}\boldsymbol{b}$ 为原问题式(2-20)的目标函数的一个上界]。

推论 2 互为对偶的一对线性规划问题，如果其中一个有可行解，但目标函数无界(求最大的目标函数无上界，求最小的目标函数无下界)，则另一个必无可行解。

定理 2.9 若 $\boldsymbol{X}^*$ 是问题式(2-20)的可行解，$\boldsymbol{Y}^*$ 是问题式(2-21)的可行解，且 $\boldsymbol{CX}^* = \boldsymbol{Y}^*\boldsymbol{b}$，则 $\boldsymbol{X}^*$ 和 $\boldsymbol{Y}^*$ 分别是对应线性规划的最优解。

定理 2.10(强对偶定理) 若线性规划问题式(2-20)和式(2-21)之一有最优解，则另一问题也有最优解，并且两者的目标函数值相等。

事实上，原问题式(2-20)及其对偶问题转化成标准型为

原问题 LP

$$
\begin{aligned}
&\max z = \boldsymbol{CX} + 0\boldsymbol{X}_{\mathrm{SL}} \\
&\text{s.t.} \begin{cases} \boldsymbol{AX} + \boldsymbol{EX}_{\mathrm{SL}} = \boldsymbol{b} \\ \boldsymbol{X}, \boldsymbol{X}_{\mathrm{SL}} \geqslant 0 \end{cases} \\
&\boldsymbol{X}_{\mathrm{SL}} = (x_{n+1}, x_{n+2}, \cdots, x_{n+m})^{\mathrm{T}}
\end{aligned}
\tag{2-22}
$$

对偶问题 DP

$$
\begin{aligned}
&\min w = \boldsymbol{Yb} + 0\boldsymbol{Y}_{\mathrm{SU}} \\
&\text{s.t.} \begin{cases} \boldsymbol{YA} - \boldsymbol{Y}_{\mathrm{SU}}\boldsymbol{E} = \boldsymbol{C} \\ \boldsymbol{Y}, \boldsymbol{Y}_{\mathrm{SU}} \geqslant 0 \end{cases} \\
&\boldsymbol{Y}_{\mathrm{SU}} = (y_{m+1}, y_{m+2}, \cdots, y_{m+n})
\end{aligned}
\tag{2-23}
$$

设 $(\overline{\boldsymbol{X}}, \overline{\boldsymbol{X}}_{\mathrm{SL}})$ 为原问题式(2-22)的一个基本可行解(不一定为最优解)，它所对应的基矩阵为 $\boldsymbol{B}$，决策变量 $\overline{\boldsymbol{X}}$ 和松弛变量 $\overline{\boldsymbol{X}}_{\mathrm{SL}}$ 所对应的检验数分别为 $\boldsymbol{C} - \boldsymbol{C}_B\boldsymbol{B}^{-1}\boldsymbol{A}$，$-\boldsymbol{C}_B\boldsymbol{B}^{-1}$ (不一定满足 $\leqslant 0$ 条件)。

令 $\boldsymbol{Y} = \boldsymbol{C}_B\boldsymbol{B}^{-1}$，这时两组检验数分别为 $\boldsymbol{C} - \boldsymbol{YA}$，$-\boldsymbol{Y}$。

结合对偶问题式(2-23)，这两组检验数可分别记为 $-\boldsymbol{Y}_{\mathrm{SU}}\boldsymbol{E} = \boldsymbol{C} - \boldsymbol{YA}$，$-\boldsymbol{Y}$，对应关系见表 2-23。

表 2-23 原规划检验数与对偶问题解的关系

	$\boldsymbol{X}$	$\boldsymbol{X}_{\mathrm{SL}}$
$\boldsymbol{X}_B$	$\boldsymbol{B}^{-1}\boldsymbol{A}$	$\boldsymbol{B}^{-1}$
检验数	$\boldsymbol{C} - \boldsymbol{C}_B\boldsymbol{B}^{-1}\boldsymbol{A}$	$-\boldsymbol{C}_B\boldsymbol{B}^{-1}$
	$-\boldsymbol{Y}_{\mathrm{SU}}\boldsymbol{E}$	$-\boldsymbol{Y}$

若 $(\overline{X}^*, \overline{X}_{SL}^*)$ 是问题式(2-20)的最优解，不妨设它所对应的基矩阵仍为 $\boldsymbol{B}$，令 $\boldsymbol{Y}^* = \boldsymbol{C}_B\boldsymbol{B}^{-1}$，$\boldsymbol{C}_B\boldsymbol{B}^{-1}$ 也称单纯形因子，则必定所有检验数(包括基变量的检验数)都小于零，即

$$\boldsymbol{C} - \boldsymbol{Y}^*\boldsymbol{A}，\ -\boldsymbol{Y}^*$$

都小于零。

得

$$\boldsymbol{Y}^*\boldsymbol{A} \geqslant \boldsymbol{C},\quad \boldsymbol{Y}^* \geqslant 0$$

可见 $\boldsymbol{Y}^*$ 满足问题式(2-21)的约束条件，故 $\boldsymbol{Y}^*$ 是问题式(2-21)的可行解，其目标函数值为 $w = \boldsymbol{Y}^*\boldsymbol{b} = \boldsymbol{C}_B\boldsymbol{B}^{-1}\boldsymbol{b}$，因问题式(2-20)的最优解为 $\boldsymbol{X}^*$，它的目标函数值为 $z = \boldsymbol{C}\boldsymbol{X}^* = \boldsymbol{C}_B\boldsymbol{B}^{-1}\boldsymbol{b}$，由此得到 $\boldsymbol{C}\boldsymbol{X}^* = \boldsymbol{C}_B\boldsymbol{B}^{-1}\boldsymbol{b} = \boldsymbol{Y}^*\boldsymbol{b}$，即 $\boldsymbol{Y}^*$ 是问题式(2-21)的最优解。

强对偶定理及其导出过程给出了一个重要的结论：将原始单纯形表中松弛变量的检验数变号恰好得到对偶问题的一个解。由此得到下述重要结论。

(1) 在原问题的单纯形表中，原问题的松弛变量的检验数对应对偶问题的决策变量，而原问题的决策变量的检验数对应对偶问题的剩余变量，只是符号相反。

(2) 在得到最优解之前，$\boldsymbol{C} - \boldsymbol{C}_B\boldsymbol{B}^{-1}\boldsymbol{A}$ 及 $-\boldsymbol{C}_B\boldsymbol{B}^{-1}$ 的各分量中至少有一个大于零，即 $\boldsymbol{Y}_{SU}$ 和 $\boldsymbol{Y}$ 中至少有一个小于零，这时对应的对偶问题的解为非可行解。当原问题得到最优解时，表明 $\boldsymbol{C} - \boldsymbol{C}_B\boldsymbol{B}^{-1}\boldsymbol{A} \leqslant 0$ 和 $-\boldsymbol{C}_B\boldsymbol{B}^{-1} \leqslant 0$，即 $\boldsymbol{Y}_{SU} \geqslant 0$，$\boldsymbol{Y} \geqslant 0$，此时对偶问题也得到最优解。

【例 2.22】求例 2.10 线性规划对偶问题的最优解。

原问题 LP

$$\max z = 2x_1 + x_2$$

$$\text{s.t.}\begin{cases} 3x_1 + 5x_2 \leqslant 15 \\ 6x_1 + 2x_2 \leqslant 24 \\ x_1, x_2 \geqslant 0 \end{cases}$$

对偶问题 DP

$$\min w = 15y_1 + 24y_2$$

$$\text{s.t.}\begin{cases} 3y_1 + 6y_2 \geqslant 2 \\ 5y_1 + 2y_2 \geqslant 1 \\ y_1, y_2 \geqslant 0 \end{cases}$$

解：原问题的单纯形表见表 2-24。

表 2-24 例 2.22 单纯形表

C_B	X_B	$B^{-1}b$	2	1	0	0	θ
			x_1	x_2	x_3	x_4	
1	x_2	3/4	0	1	1/4	−1/8	—
2	x_1	15/4	1	0	−1/12	5/24	—
检验数 σ			0	0	−1/12	−7/24	

据上面的结论，其对偶问题的最优解可直接由单纯形表的检验数得出，即最优解为

$$\boldsymbol{Y}^* = (y_1, y_2) = (-\sigma_3, -\sigma_4) = (1/12, 7/24)$$

代入对偶问题的目标函数得

$$w^* = 1/12 \times 15 + 7/24 \times 24 = 33/4$$

上面的分析表明：在两个互为对偶问题的线性规划问题中，可以任选一个求解，通常选择约束条件少的一个求解。

定理 2.11 (松弛互补定理) 考虑对偶问题式(2-20)和式(2-21)，设 $\boldsymbol{X}^*$ 和 $\boldsymbol{Y}^*$ 分别是原问题和对偶问题的可行解，则它们同时也是最优解的充要条件为

$$\begin{cases}(C-Y^*A)X^*=0\\ Y^*(AX^*-b)=0\end{cases} \tag{2-24}$$

由此可得以下结论。

(1) 若式(2-20)有最优解 X^*，使得变量 $x_j>0$ [称为 j 对式(2-20)是松的]，则对式(2-21)的一切最优解 Y^*，必有 $Y^*P_j=c_j$，即对偶问题的第 j 个约束为等式[称为 j 对式(2-21)是紧的]。

(2) 若式(2-21)有最优解 Y^*，使得约束条件满足 $Y^*P_j>c_j$ [称 j 对式(2-21)是松的]，则对式(2-20)的一切最优解 X^*，必有 $x_j=0$ [称 j 对式(2-20)是紧的]。

【例 2.23】给定一组对偶问题：

原问题 LP

$$\max z=3x_1+2x_2+8x_3$$

$$\text{s.t.}\begin{cases}-4x_1+3x_2-12x_3\leqslant -12\\ x_1+4x_3\leqslant 6\\ x_2-x_3=2\\ x_1,x_2,x_3\geqslant 0\end{cases}$$

对偶问题 DP

$$\min w=-12y_1+6y_2+2y_3$$

$$\text{s.t.}\begin{cases}-4y_1+y_2\geqslant 3\\ 3y_1+y_3\geqslant 2\\ -12y_1+4y_2-y_3\geqslant 8\\ y_1\geqslant 0,y_2\geqslant 0,y_3\text{无约束}\end{cases}$$

若 $X^*=(x_1,x_2,x_3)^{\mathrm T}=(6,2,0)^{\mathrm T}$ 为原问题的最优解，试用松弛互补定理求出对偶问题的最优解。

解：设 $Y^*=(y_1,y_2,y_3)$ 是对偶问题的最优解，根据松弛互补定理，如果 $X^*=(6,2,0)^{\mathrm T}$ 是原问题的最优解，那么 Y^* 除了是对偶问题的一个可行解，还应满足松弛互补条件。

因为 $x_1=6>0$，所以 $-4y_1+y_2=3$；同理可知 $3y_1+y_3=2$；又因为 $-4x_1+3x_2-12x_3=-18<-12$，所以 $y_1=0$，于是可求得 $Y^*=(y_1,y_2,y_3)=(0,3,2)$，不难验证它是对偶问题的可行解，且又满足松弛互补条件，因此它是对偶问题的最优解，最优值 $z^*=w^*=22$。

4. 对偶问题的经济解释

对于线性规划问题式(2-20)，当用它来处理资源分配问题时，其决策变量代表的是产品的产量，它的对偶问题式(2-21)就是资源定价问题，其对偶变量也有明显的经济意义。

事实上，若 X^* 为原问题式(2-20)的最优解，最优目标函数值为 z^*，根据对偶定理，对偶问题也有最优解 Y^*，且两者的最优目标函数值相等，即

$$z^*=\sum_{j=1}^{n}c_jx_j^*=\sum_{i=1}^{m}b_iy_i^*=w^*$$

这就是说，原问题的目标函数值也可以看作各个 $b_iy_i^*$ 相加而成，故可将每个 $b_iy_i^*$ 看作第 i 种资源对目标函数值所做的贡献，由于 b_i 是第 i 种资源的拥有量，因此，$b_iy_i^*/b_i=y_i^*$ 便可以理解为是每个单位的第 i 种资源对目标函数值的贡献，即增加或减少单位第 i 种资源所引起总收益(目标函数)的改变量，称 y_i^* 为第 i 种资源的影子价格。

显然这种价格不同于第 i 种资源的市场价格，它完全由企业内部的生产条件(不是由市场)所决定，是企业内部决策的一种参照价格，便于企业更好地控制资源的使用。同一种资源在不同企业的影子价格可以不同，如果一种资源的影子价格越大，则增加或减少一个单位这种资源，对总收益的影响越大；如果一种资源的影子价格为零，则在一定范围内增加或减少一个单位这种资源，对总收益没有影响。

【例 2.24】隶属某公司的甲、乙两个工厂有 A 原料 360 kg，B 原料 640 kg。甲厂用 A、B 两种原料生产Ⅰ、Ⅱ两种产品，乙厂用 A、B 两种原料生产Ⅲ、Ⅳ两种产品。每种单位产品所消耗各种原料的数量及利润、分配原料等见表 2-25，问两个工厂如何安排生产获得利润最大？

表 2-25　单位产品消耗的原料、利润、原料分配表

工　厂		甲			乙		
		Ⅰ	Ⅱ	分配原料	Ⅲ	Ⅳ	分配原料
原料/kg	A	8	4	160	5	8	200
	B	6	10	330	10	4	310
利润/万元		4	3		3	4	

解：建立两个工厂的线性规划模型如下：

甲厂的模型为

$$\max z_1 = 4x_1 + 3x_2$$
$$\text{s.t.}\begin{cases} 8x_1 + 4x_2 \leqslant 160 \\ 6x_1 + 10x_2 \leqslant 330 \\ x_1, x_2 \geqslant 0 \end{cases}$$

乙厂的模型为

$$\max z_2 = 3x_3 + 4x_4$$
$$\text{s.t.}\begin{cases} 5x_3 + 8x_4 \leqslant 200 \\ 10x_3 + 4x_4 \leqslant 310 \\ x_3, x_4 \geqslant 0 \end{cases}$$

模型的最优单纯形表分别列在表 2-26 的左、右两边，该公司的总利润为 $z = z_1 + z_2 = 110 + 114 = 224$。

表 2-26　最优单纯形表

X_B	$B^{-1}b$	x_1	x_2	x_5	x_6	X_B	$B^{-1}b$	x_3	x_4	x_7	x_8
x_1	5	1	0	5/28	−1/14	x_3	28	1	0	−1/15	2/15
x_2	30	0	1	−3/28	1/7	x_4	15/2	0	1	1/6	−1/12
检验数 σ		0	0	−11/28	−1/7	检验数 σ		0	0	−7/15	−1/15

现在考虑公司能否制定出新的资源分配方案，使得利润最高。由表 2-26 可知，甲厂两种资源 A、B 的影子价格分别为 y_1=11/28，y_2=1/7；乙厂两种资源 A、B 的影子价格分别为 y_3=7/15，y_4=1/15。由于 $y_1 < y_3$，若减少甲厂一个单位的 A 种原料，而增加乙厂一个单位的 A 种原料，会增加利润 $y_3 - y_1 \approx 0.07$ 万元；同理，由于 $y_2 > y_4$，若减少乙厂 B 原料 1 kg，而增加甲厂 B 原料 1 kg，也会增加 $y_2 - y_4 \approx 0.08$ 万元。

如果甲厂减少 A 原料 1 kg 给乙厂，而乙厂减少 B 原料 1 kg 给甲厂，此时公司总利润能增加 $(0.07\times1+0.08\times1)$万元 $=0.15$ 万元。

线性规划问题求最优解就是在有限资源条件下谋求最高的利益，此时相应的对偶问题中的变量就是影子价格。由于影子价格是指资源增加时对最优收益发生的影响，反映企业的资源利用效益，因此有人把它称为资源的边际产出或者资源的机会成本，它表示资源在最优产品组合时所具有的“潜在价值”或“贡献”。

影子价格在经营管理中的用处很多，一般来说可以提供以下几个方面的信息。

(1) 影子价格告诉管理人员，增加哪一种资源对增加经济效益更有利。例 2.24 的甲厂两种资源的影子价格为(11/28, 1/7)，说明首先应考虑增加原料 A，因为相比之下它能使收益的增量更大，对企业决策来说，A 资源是更要关注的资源(核心资源)。

(2) 影子价格告诉管理人员，花多大的代价来增加资源才是合算的。在例 2.24 甲厂中，原料 A 每增加一个单位能使收益增加 11/28，如果增加这种资源的代价大于 11/28 就不合算了，这时企业决策应当考虑卖掉这种资源；反之企业应当考虑购买这种资源。同理，如果对偶问题实现的目标函数值大于原问题的最优值，企业应采用的决策是外包，反之采用的决策为自营。

(3) 影子价格告诉管理人员如何考虑新产品的价格。在例 2.24 甲厂中，企业要生产一种新产品，如果每件新产品耗用的这两种资源的数量是(7,14)单位，则新产品的价格一定要大于 $(7\quad 14)(11/28\quad 1/7)^{\mathrm{T}}=\dfrac{11+8}{4}=4.75$ 才能增加收益，如价格低于 4.75 就不合适了。

(4) 影子价格告诉管理人员，当产品利润变动时哪些资源最为宝贵，哪些资源无关紧要。在例 2.24 甲厂中，产品的利润由(4，3)变为(4，6)，则从单纯形表可以算出影子价格将从(11/28, 1/7)变为

$$\boldsymbol{C}_B\boldsymbol{B}^{-1}=[4\quad 6]\begin{bmatrix}5/28 & -1/14\\ -3/28 & 1/7\end{bmatrix}=[1/14\quad 4/7]$$

这说明Ⅱ产品利润增加，原料 B 就显得更加宝贵了。

2.3.2 对偶单纯形法

1954 年，美国数学家莱姆基提出对偶单纯形法。对偶单纯形法是从满足对偶可行性条件出发，通过迭代逐步搜索原问题的最优解，在迭代过程中始终保持基本解的对偶可行性，而使不可行性逐步消失。所谓满足对偶可行性是指其检验数满足最优性条件。因此在保持对偶可行性的前提下，一旦基本解成为可行解时，也就得到了最优解。

1. 对偶单纯形法的引入

【例 2.25】求解线性规划问题。

$$\min w=15y_1+5y_2+11y_3$$

$$\text{s.t.}\begin{cases}3y_1+2y_2+2y_3\geqslant 5\\ 5y_1+y_2+2y_3\geqslant 4\\ y_1,\ y_2,\ y_3\geqslant 0\end{cases}$$

解： 添加剩余变量，将上述问题转化为标准型，并将每个等式两边乘以-1，得

$$\min w=15y_1+5y_2+11y_3$$

$$\text{s.t.}\begin{cases}3y_1+2y_2+2y_3-y_4=5\\ 5y_1+y_2+2y_3-y_5=4\\ y_1,y_2,y_3,y_4,y_5\geqslant 0\end{cases}$$

$$\max(-w)=-15y_1-5y_2-11y_3$$

$$\text{s.t.}\begin{cases}-3y_1-2y_2-2y_3+y_4=-5\\ -5y_1-y_2-2y_3+y_5=-4\\ y_1,y_2,y_3,y_4,y_5\geqslant 0\end{cases}$$

如果取 $\boldsymbol{Y}_B=(y_4,y_5)$ 作为初始基变量，得到以下初始单纯形表，见表 2-27。

表 2-27 初始单纯形表

$\boldsymbol{C}_B$	$\boldsymbol{X}_B$	$\boldsymbol{B}^{-1}\boldsymbol{b}$	−15	−5	−11	0	0
			y_1	y_2	y_3	y_4	y_5
0	y_4	−5	−3	**[−2]**	−2	1	0
0	y_5	−4	−5	−1	−2	0	1
检验数 σ			−15	−5	−11	0	0

可以看出，两个基变量 $Y_B=(y_4,y_5)$ 均取负值，所以 Y_B 所确定的基本解不是基本可行解，从而不能用单纯形法求解。但该例的所有检验数都小于 0，满足对偶可行性条件，可以利用对偶理论，仿照单纯形法的思想求解，这就是对偶单纯形法的来源。

此时 $\boldsymbol{B}$ 不是可行基，为保证上述方法的实现，可按下面的方法确定出基变量和进基变量。

确定出基变量：取一个具有最小负值的基变量为出基变量。在例 2.25 中，两个基变量 (y_4,y_5) 都取负值，且 $y_4=-5$ 最小，故 y_4 为出基变量。

确定进基变量：考虑出基变量 y_4 所对应的行中的所有负元素，对每个这样的元素作比值，根据最小比值原则：

$$\theta=\min\left\{\frac{-15}{-3},\frac{-5}{-2},\frac{-11}{-2}\right\}=\frac{5}{2}=\frac{\sigma_2}{(\boldsymbol{B}^{-1}\boldsymbol{P}_2)_1}$$

则 y_2 为进基变量。

由于 y_2 为进基变量，主元为 $a_{12}=-2$，对表 2-27 进行迭代便得表 2-28。在表 2-28 中，基变量 $y_5=-3/2$，故 y_5 为出基变量。根据最小比值原则：

$$\theta=\min\left\{\frac{-15/2}{-7/2},\frac{-6}{-1},\frac{-5/2}{-1/2}\right\}=\frac{15}{7}=\frac{\sigma_1}{(\boldsymbol{B}^{-1}\boldsymbol{P}_1)_2}$$

得 y_1 为进基变量，主元为 $a_{21}=-7/2$，再作一次迭代，得表 2-29。由于它的“左边” $\boldsymbol{B}^{-1}\boldsymbol{b}$ 列全部非负，故它就是最终单纯形表。

最优解 $\boldsymbol{Y}^*=(y_1,y_2,y_3,y_4,y_5)=(3/7,13/7,0,0,0)$，最优值 $w^*=110/7$。

表 2-28　第一次迭代后的单纯形表

C_B	X_B	$B^{-1}b$	−15	−5	−11	0	0
			y_1	y_2	y_3	y_4	y_5
−5	y_2	5/2	3/2	1	1	−1/2	0
0	y_5	−3/2	[−7/2]	0	−1	−1/2	1
检验数 σ			−15/2	0	−6	−5/2	0

表 2-29　第二次迭代后的单纯形表

C_B	X_B	$B^{-1}b$	−15	−5	−11	0	0
			y_1	y_2	y_3	y_4	y_5
−5	y_2	13/7	0	1	4/7	−5/7	3/7
−15	y_1	3/7	1	0	2/7	1/7	−2/7
检验数 σ			0	0	−27/7	−10/7	−15/7

2. 对偶单纯形法的计算步骤

对偶单纯形法的求解思想：在保证检验数行全部非正的条件下，逐步使得基本解“左边” $\boldsymbol{B}^{-1}\boldsymbol{b}$ 列各数变成非负，一旦该列各数均满足了非负条件(即可行性条件)，则就获得最优解。

对偶单纯形法流程图如图 2-8 所示。从对偶单纯形法的思想出发，其计算步骤总结如下。

(1) 找出一个初始基 $\boldsymbol{B}_0$，要求对应的单纯形表中的全部检验数 $\sigma_j\leqslant 0$，但“左边”列中允许有负数，即确定出对偶可行解。

(2) 若“左边”列中各数均非负，则 $\boldsymbol{B}_0$ 已是最优基，于是求得最优解，计算终止；否则转到第(3)步。

(3) 若某个基变量取负值，但其所在的行中元素全部是正数，这时问题无可行解；否则转到第(4)步。

(4) 换基迭代：“左边”列中取值最小(即负得最多)的数所对应的变量为出基变量。为决定进基变量，必须按最小比值原则计算最小比值 θ ，最小比值出现在哪一列，则该列所对应的变量即为进基变量，换基后得新基 $\boldsymbol{B}_1$ ，以出基变量的行和进基变量的列交点处的元素为主元进行单纯形迭代，再转到第(2)步。

一般情况下如何找出步骤(1)中的初始基 $\boldsymbol{B}_0$ ，这里不作讨论。

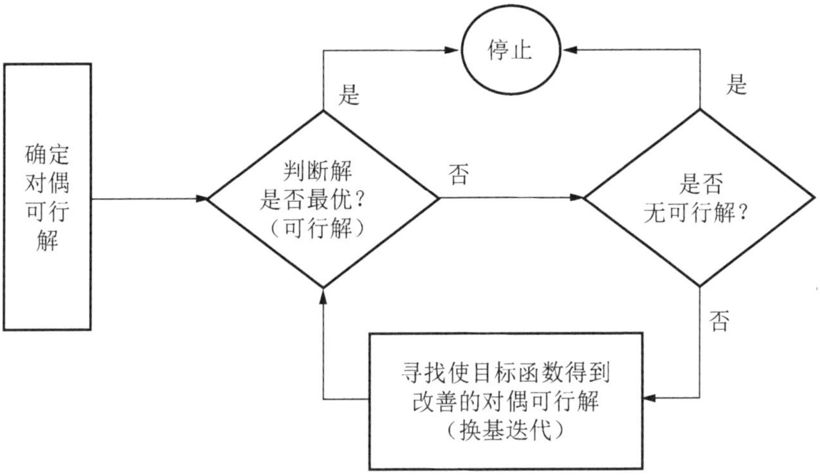

图 2-8　对偶单纯形法流程图

2.3.3　灵敏度分析

线性规划模型的确定是以 a_{ij}、b_i、c_j 为已知常数作为基础的，但在实际问题中，这些数据本身不仅很难准确得到，而且往往还要受到诸如市场价格波动、资源供应量变化、企业技术改造等因素的影响。因此，很自然地要提出这样的问题：当这些数据有一个或多个发生变化时，对已找到的最优解或最优基会产生怎样的影响；这些数据在什么范围内变化，已找到的最优解或最优基不变；在原最优解或最优基不再是最优时，如何用最简单的方法求出新的最优解或最优基。灵敏度分析研究的就是这些问题。

【例 2.26】某工厂用甲、乙、丙 3 种原材料可生产 3 种产品，有关数据见表 2-30。

表 2-30　某工厂的原料、供应量、利润数据

原　料	供应量/kg	每件产品所需原料数/kg		
		A	B	C
甲	60	3	4	2
乙	40	2	1	2
丙	80	1	3	2
每件产品利润/万元		2	4	3

问怎样组织生产可以使工厂获得最大利润?

解：设 x_1、x_2、x_3 分别表示这 3 种产品的件数(可以为非成品)，建立线性规划模型为

$$\max z = 2x_1 + 4x_2 + 3x_3$$

$$\text{s.t.} \begin{cases} 3x_1 + 4x_2 + 2x_3 \leqslant 60 \\ 2x_1 + x_2 + 2x_3 \leqslant 40 \\ x_1 + 3x_2 + 2x_3 \leqslant 80 \\ x_1, x_2, x_3 \geqslant 0 \end{cases}$$

在上述各约束条件中依次加入松弛变量 x_4, x_5, x_6 转化为标准型，运用单纯形法求解上述模型，其运算结果见表 2-31，最后得到最优解 $\boldsymbol{X}^* = (x_1, x_2, x_3, x_4, x_5, x_6)^{\mathrm{T}} = (0, 20/3, 50/3, 0, 0, 80/3)^{\mathrm{T}}$，最优值 $z^* = 230/3$。

即最优生产方案是生产 B 产品 20/3 件，C 产品 50/3 件，最大利润为 230/3 万元。

表 2-31　例 2.26 单纯形表

$\boldsymbol{C}_B$	$\boldsymbol{X}_B$	$\boldsymbol{B}^{-1}\boldsymbol{b}$	2	4	3	0	0	0	θ
			x_1	x_2	x_3	x_4	x_5	x_6	
4	x_2	20/3	1/3	1	0	1/3	−1/3	0	—
3	x_3	50/3	5/6	0	1	−1/6	2/3	0	—
0	x_6	80/3	−5/3	0	0	−2/3	−1/3	1	—
检验数 σ			−11/6	0	0	−5/6	−2/3	0	

1. 价值向量的灵敏度分析

在线性规划的求解过程中，目标函数系数的变动将会影响检验数的取值，但是，当目标函数系数的变动不破坏最优解判定定理所要求的条件时，原最优解不变；否则，原最优解将发生变化，要设法求出新的最优解。

下面分两种情况讨论。

1) c_j 是非基变量 x_j 的系数

在最终单纯形表上，x_j 所对应的检验数为 $\sigma_j = c_j - \boldsymbol{C}_B\boldsymbol{B}^{-1}\boldsymbol{P}_j$。由于 c_j 是非基变量的系数，因此，它的改变对 $\boldsymbol{C}_B\boldsymbol{B}^{-1}\boldsymbol{P}_j$ 取值不产生影响，而只影响 σ_j 本身。

若 c_j 有一个增量 Δc_j，则变化后的检验数为

$$\sigma_j' = c_j + \Delta c_j - \boldsymbol{C}_B\boldsymbol{B}^{-1}\boldsymbol{P}_j = \sigma_j + \Delta c_j$$

为保证原所求的解仍然为最优解，则要求检验数 σ_j' 仍满足最优解判定定理，故有

$$\sigma_j' = \sigma_j + \Delta c_j \leqslant 0, \qquad \sigma_j \leqslant -\Delta c_j \tag{2-25}$$

2) c_k 是基变量 x_k 的系数

由于 c_k 是基变量的系数，则 c_k 是向量 $\boldsymbol{C}_B$ 的一个分量，当 c_k 改变量为 Δc_k 时，就引起 $\boldsymbol{C}_B$ 改变 $\Delta\boldsymbol{C}_B$，从而引起原问题最终单纯形表中全体非基变量的检验数和目标函数值的改变，发生变化后的非基变量的检验数为

$$\sigma_j' = c_j - (\boldsymbol{C}_B + \Delta\boldsymbol{C}_B)\boldsymbol{B}^{-1}\boldsymbol{P}_j = c_j - \boldsymbol{C}_B\boldsymbol{B}^{-1}\boldsymbol{P}_j - \Delta\boldsymbol{C}_B\boldsymbol{B}^{-1}\boldsymbol{P}_j = \sigma_j - \Delta c_k a_{kj}'$$

其中

$$\Delta\boldsymbol{C}_B = (0, \cdots, 0, \Delta c_k, 0, \cdots, 0)$$

$$\boldsymbol{B}^{-1}\boldsymbol{P}_j=(a'_{1j},\cdots,a'_{k-1j},a'_{kj},a'_{k+1j},\cdots,a'_{mj})^{\mathrm{T}}$$

$\boldsymbol{P}_j$ 为 x_j 的系数列向量，a'_{kj} 是 $\boldsymbol{B}^{-1}\boldsymbol{P}_j$ 的第 k 个分量。

为保证原所求的解仍为最优解，则要求所有新的非基变量的检验数 σ'_j 仍满足最优解判定定理，即有

$$\sigma'_j=\sigma_j-\Delta c_k a'_{kj}\leqslant 0$$

若 $a'_{kj}<0$，则 $\Delta c_k\leqslant\dfrac{\sigma_j}{a'_{kj}}$；若 $a'_{kj}>0$，则 $\Delta c_k\geqslant\dfrac{\sigma_j}{a'_{kj}}$，可得

$$\max\left\{\frac{\sigma_j}{a'_{kj}}\middle|a'_{kj}>0\right\}\leqslant\Delta c_k\leqslant\min\left\{\frac{\sigma_j}{a'_{kj}}\middle|a'_{kj}<0\right\}\tag{2-26}$$

【例 2.27】在例 2.26 中，考虑价值系数变化的影响。(1) c_1 在什么范围内变化时，最优基不变？(2)若 c_1 变为 4，是否对最优解产生影响？(3) c_2 在什么范围内变化时，最优基不变？(4)若 c_2 变为 9，最优解是多少？

解：(1) 根据式(2-25)，可找到最优基的不变范围。

只要 $\sigma_1=-11/6\leqslant-\Delta c_1$，即 $c_1=2+\Delta c_1\leqslant 2+11/6=23/6$ 时，最优基就保持不变，所求出的最优解仍为最优解。

(2) 若 c_1 变为 4，由于 $4>23/6$，c_1 的变化会对最优解产生影响。

(3) 由于 $a'_{11}=1/3$，$a'_{14}=1/3$，$a'_{15}=-1/3$，因此

$\sigma'_1=-11/6-\Delta c_2\times 1/3\leqslant 0$，$\sigma'_4=-5/6-\Delta c_2\times 1/3\leqslant 0$，$\sigma'_5=-2/3+\Delta c_2\times 1/3\leqslant 0$，解上面不等式组得到 $-\dfrac{5}{2}\leqslant\Delta c_2\leqslant 2$。

(4) 由题目可知 $\Delta c_2=5$，根据步骤(3)已知最优解发生改变。重新计算表 2-31 的检验数，其过程见表 2-32，得到最优解为

$$\boldsymbol{X}^*=(x_1,x_2,x_3,x_4,x_5,x_6)^{\mathrm{T}}=(0,15,0,0,25,35)^{\mathrm{T}}$$

表 2-32 例 2.27 单纯形表

$\boldsymbol{C}_B$	$\boldsymbol{X}_B$	$\boldsymbol{B}^{-1}\boldsymbol{b}$	2	9	3	0	0	0	θ
			x_1	x_2	x_3	x_4	x_5	x_6	
9	x_2	20/3	1/3	1	0	1/3	−1/3	0	—
3	x_3	50/3	5/6	0	1	−1/6	[2/3]	0	25
0	x_6	80/3	−5/3	0	0	−2/3	−1/3	1	—
检验数 $\boldsymbol{\sigma}$			−7/2	0	0	−5/2	1	0	
9	x_2	15	3/4	1	1/2	1/4	0	0	—
0	x_5	25	5/4	0	3/2	−1/4	1	0	—
0	x_6	35	−5/4	0	1/2	−3/4	0	1	—
检验数 $\boldsymbol{\sigma}$			−19/4	0	−3/2	−9/4	0	0	

2. 资源向量的灵敏度分析

资源项 b_r 的变化与最优解判定条件无关，但它的变化将影响最终单纯形表中 $\boldsymbol{X}_B=\boldsymbol{B}^{-1}\boldsymbol{b}$ 的可行性。设变化后的 $\boldsymbol{b}'$ 仍能保证 $\boldsymbol{B}^{-1}\boldsymbol{b}'\geqslant 0$，这时 $\boldsymbol{B}$ 仍为最优基，$\boldsymbol{B}^{-1}\boldsymbol{b}'$ 为新的最优解，否则最优基将发生变化，此时需用对偶单纯形法继续迭代，直至求出最优解。

下面研究 b_r 的变化范围。

设 b_r 有一个改变量 Δb_r，这时新的基本解为

$$\overline{\boldsymbol{X}}_B=\boldsymbol{B}^{-1}\begin{bmatrix} b_1 \\ \vdots \\ b_r+\Delta b_r \\ \vdots \\ b_m \end{bmatrix}=\boldsymbol{B}^{-1}\boldsymbol{b}+\boldsymbol{B}^{-1}\begin{bmatrix} 0 \\ \vdots \\ \Delta b_r \\ \vdots \\ 0 \end{bmatrix}$$

令 $\boldsymbol{\beta}_r=\begin{bmatrix}\beta_{1r} & \beta_{2r} & \cdots & \beta_{mr}\end{bmatrix}^{\mathrm{T}}$ 为 $\boldsymbol{B}^{-1}$ 中的第 r 列，由于 $\boldsymbol{B}^{-1}\boldsymbol{b}$ 就是原来的基本可行解 $\boldsymbol{X}_B$，就有

$$\overline{\boldsymbol{X}}_B=\begin{bmatrix} b_1' \\ b_2' \\ \vdots \\ b_m' \end{bmatrix}+\Delta b_r\times\begin{bmatrix} \beta_{1r} \\ \beta_{2r} \\ \vdots \\ \beta_{mr} \end{bmatrix}$$

为了保持解的可行性，应有 $\overline{\boldsymbol{X}}_B\geqslant 0$，即

$$b_i'+\Delta b_r\beta_{ir}\geqslant 0,\quad i=1,2,\cdots,m$$

若 $\beta_{ir}<0$，则 $\Delta b_r\leqslant\dfrac{-b'}{\beta_{ir}}$；若 $\beta_{ir}>0$，则 $\Delta b_r\geqslant\dfrac{-b_i'}{\beta_{ir}}$。

得到

$$\max\left\{\frac{-b_i'}{\beta_{ir}}\middle|\beta_{ir}>0\right\}\leqslant\Delta b_r\leqslant\min\left\{\frac{-b_i'}{\beta_{ir}}\middle|\beta_{ir}<0\right\}\tag{2-27}$$

【例 2.28】在例 2.26 中，考虑资源向量的变化。(1) b_1 在什么范围内变化时，最优基保持不变？(2)求 b_2=90 时的最优解。

解：(1) 由表 2-31 可知，

$$\boldsymbol{B}^{-1}=\begin{bmatrix} 1/3 & -1/3 & 0 \\ -1/6 & 2/3 & 0 \\ -2/3 & -1/3 & 1 \end{bmatrix}\quad\begin{bmatrix} b_1' \\ b_2' \\ b_3' \end{bmatrix}=\begin{bmatrix} 20/3 \\ 50/3 \\ 80/3 \end{bmatrix}$$

如果 b_1 变化了 Δb_1，则根据式(2-27)有

$$\max\left\{-\frac{20/3}{1/3}\right\}\leqslant\Delta b_1\leqslant\min\left\{\frac{50/3}{1/6},\frac{80/3}{2/3}\right\}$$

$$-20\leqslant\Delta b_1\leqslant 40$$

由此可知，b_1 的变化范围为

$$40\leqslant b_1\leqslant 100$$

(2) 当 b_2=90 时，由于

$$\boldsymbol{B}^{-1}\boldsymbol{b}'=\begin{bmatrix} 1/3 & -1/3 & 0 \\ -1/6 & 2/3 & 0 \\ -2/3 & -1/3 & 1 \end{bmatrix}\begin{bmatrix} 60 \\ 90 \\ 80 \end{bmatrix}=\begin{bmatrix} -10 \\ 50 \\ 10 \end{bmatrix}$$

因此 b_2 改变后基本解已不再是可行解，需继续求新的最优解，见表 2-33。

表 2-33 例 2.28 单纯形表

C_B	X_B	$B^{-1}b$	2	9	3	0	0	0
			x_1	x_2	x_3	x_4	x_5	x_6
4	x_2	−10	1/3	1	0	1/3	**[−1/3]**	0
3	x_3	50	5/6	0	1	−1/6	2/3	0
0	x_6	10	−5/3	0	0	−2/3	−1/3	1
检验数 σ			−11/6	0	0	−5/6	−2/3	0
0	x_5	30	−1	−3	0	−1	1	0
3	x_3	30	−3/2	2	1	1/2	0	0
0	x_6	20	−2	−1	0	−1	0	1
检验数 σ			−5/2	−2	0	−3/2	0	0

3. 追加一个新的变量

设增加一个新变量 x_{n+1}，其价值系数为 c_{n+1}，在约束条件中对应的列向量为 $\boldsymbol{P}_{n+1}$，若 $x_{n+1}=0$，原问题的最优基是新问题的可行基，原有变量的检验数并没有改变，可以将 x_{n+1} 看成非基变量，在原问题的最优单纯形表中增加一列：

$$\boldsymbol{P}'_{n+1}=\boldsymbol{B}^{-1}\boldsymbol{P}_{n+1}, \qquad \sigma_{n+1}=c_{n+1}-\boldsymbol{C}_B\boldsymbol{B}^{-1}\boldsymbol{P}_{n+1}$$

如果 $\sigma_{n+1}\leqslant 0$，则原问题的最优解就是新问题的最优解，否则继续迭代。

【例 2.29】在例 2.26 中，增加一个新变量 x_7，$c_7=4$，$\boldsymbol{P}_7=(2\quad 1\quad 4)^{\mathrm{T}}$，求增加新变量后线性规划问题的最优解。

解：在原可行基下计算其检验数：

$$\boldsymbol{B}^{-1}\boldsymbol{P}_7=\begin{bmatrix}1/3 & -1/3 & 0\\ -1/6 & 2/3 & 0\\ -2/3 & -1/3 & 1\end{bmatrix}\begin{bmatrix}2\\1\\4\end{bmatrix}=\begin{bmatrix}1/3\\1/3\\7/3\end{bmatrix}$$

$$\sigma_7=c_7-\boldsymbol{C}_B\boldsymbol{B}^{-1}\boldsymbol{P}_7=4-\begin{bmatrix}4 & 3 & 0\end{bmatrix}\begin{bmatrix}1/3\\1/3\\7/3\end{bmatrix}=\frac{5}{3}$$

由于 $\sigma_7>0$，需重新计算增加变量后线性规划的最优解，见表 2-34，得到追加变量后的最优解 $\boldsymbol{X}^*=(x_1,x_2,x_3,x_4,x_5,x_6,x_7)^{\mathrm{T}}=(0,20/7,90/7,0,0,0,80/7)^{\mathrm{T}}$。

表 2-34 例 2.29 单纯形表

C_B	X_B	$B^{-1}b$	2	4	3	0	0	0	4	θ
			x_1	x_2	x_3	x_4	x_5	x_6	x_7	
4	x_2	20/3	1/3	1	0	1/3	−1/3	0	1/3	20
3	x_3	50/3	5/6	0	1	−1/6	2/3	0	1/3	50
0	x_6	80/3	−5/3	0	0	−2/3	−1/3	1	**[7/3]**	80/7
检验数 σ			−11/6	0	0	−5/6	−2/3	0	5/3	
4	x_2	20/7	4/7	1	0	3/7	−2/7	−1/7	0	—
3	x_3	90/7	15/14	0	1	−1/14	5/7	−1/7	0	—
4	x_7	80/7	−5/7	0	0	−2/7	−1/7	3/7	1	—
检验数 σ			−9/14	0	0	−5/14	−3/7	−5/7	0	

4. 技术矩阵 $\boldsymbol{A}$ 的灵敏度分析

(1) 非基变量 x_j 的系数变化会影响其检验数，即

$$\sigma_j' = c_j - \boldsymbol{C}_B\boldsymbol{B}^{-1}(\boldsymbol{P}_j + \Delta\boldsymbol{P}_j) = \sigma_j - \boldsymbol{C}_B\boldsymbol{B}^{-1}\Delta\boldsymbol{P}_j \leqslant 0$$

则最优解与最优值均不变；若 $\sigma_j > 0$，则需将原最优单纯形表中 x_j 对应的列修改为

$$\begin{aligned} &\boldsymbol{B}^{-1}\boldsymbol{P}_j \to \boldsymbol{B}^{-1}(\boldsymbol{P}_j + \Delta\boldsymbol{P}_j) \\ &c_j - \boldsymbol{C}_B\boldsymbol{B}^{-1}\boldsymbol{P}_j \to c_j - \boldsymbol{C}_B\boldsymbol{B}^{-1}(\boldsymbol{P}_j + \Delta\boldsymbol{P}_j) \end{aligned} \tag{2-28}$$

然后用单纯形法迭代求解即可。

(2) 当基变量 x_j 的系数发生变化时，既影响基本可行解，又影响非基变量的检验数，仍按式(2-28)修改 x_j 对应的列，用单纯形法和对偶单纯形法综合求出其最优解即可。

2.4 整数线性规划

整数线性规划与线性规划有着密不可分的关系，整数线性规划(Integer Linear Programming，ILP)问题研究的是要求变量取整数值，且在一组线性约束条件下某个线性函数的最优问题，是应用非常广泛的运筹学的重要分支。

2.4.1 整数线性规划简介

线性规划问题中有一部分问题要求有整数可行解和整数最优解，如完成任务的人数、生产机器的台数、生产任务的分配、场址的选定等，都必须部分或者全部满足整数要求，这样的问题称为整数线性规划问题，简称整数规划问题。

1. 整数规划问题的引入

先列举一些整数规划问题的实例。

【例 2.30】某商场规定营业员每周连续工作 5 天后连续休息两天，轮流休息。根据资料统计，商场每天需要的营业员人数见表 2-35。问商场人力资源部应如何安排每天的上班人数，使商场总的营业员人数最少。

表 2-35 营业员需求表

星　期	一	二	三	四	五	六	日
需求人数	300	300	350	400	480	600	550

解：设 $x_j\ (j=1,2,\cdots,7)$ 为休息两天后星期一到星期日开始上班的营业员，则星期一上班的人数包括星期一上班的营业员(连续工作 1 天)、星期四上班的营业员(连续工作 5 天)、星期五上班的营业员(连续工作 4 天)、星期六上班的营业员(连续工作 3 天)和星期日上班的营业员(连续工作两天)，其他要求同理；该问题的目标函数为商场总的营业员人数最少，即要求 $x_1+x_2+x_3+x_4+x_5+x_6+x_7$ 为最小，所以该问题的线性规划模型为

$$\min z = x_1 + x_2 + x_3 + x_4 + x_5 + x_6 + x_7$$

$$\text{s.t.} \begin{cases} x_1 + x_4 + x_5 + x_6 + x_7 \geqslant 300 \\ x_1 + x_2 + x_5 + x_6 + x_7 \geqslant 300 \\ x_1 + x_2 + x_3 + x_6 + x_7 \geqslant 350 \\ x_1 + x_2 + x_3 + x_4 + x_7 \geqslant 400 \\ x_1 + x_2 + x_3 + x_4 + x_5 \geqslant 480 \\ x_2 + x_3 + x_4 + x_5 + x_6 \geqslant 600 \\ x_3 + x_4 + x_5 + x_6 + x_7 \geqslant 550 \\ x_j \geqslant 0 \text{且为整数}, j = 1, 2, \cdots, 7 \end{cases}$$

由于所有变量都要求取整数，称它为纯整数规划问题。

【例 2.31】有时企业要作投资决策，就是对几个潜在的投资方案作出选择。例如，投资决策可以是在可行的几个厂址中作出选择；或对设备购置作出选择；或对一组研究和发展项目作出决定。

解：在这类决策问题中，是在“要”或者“不要”之间进行选择，如果令决策变量 x_j 是整数，且只取 0 或 1，分别表示不投资或者投资第 j 个方案，这种取值的变量为 0-1 变量。假定 c_j 代表第 j 项投资得到的收益，a_{ij} 是用于第 j 个方案的消耗第 i 项资源的数量，b_i 为第 i 种资源的限制，则上述问题所耗费资源约束条件为 $\sum_{j=1}^{n} a_{ij} x_j \leqslant b_i$，企业投资是为了追求利润最大化，其目标函数为 $\sum_{j=1}^{n} c_j x_j$。这样，该问题的规划模型为

$$\max z = \sum_{j=1}^{n} c_j x_j$$

$$\text{s.t.} \begin{cases} \sum_{j=1}^{n} a_{ij} x_j \leqslant b_i \ (i = 1, 2, \cdots, m) \\ x_j = 0 \text{ 或 } 1 \quad (j = 1, 2, \cdots, n) \end{cases}$$

由于所有的变量都只能取 0 或 1，这样的整数规划问题称为 0-1 规划。

【例 2.32】拟在某区域内建立某个商品的配送中心，如图 2-9 所示。有 3 个可供选择的配送点 $\mathrm{A}_i (i = 1, 2, 3)$，容量为 a_i，不考虑固定资产投资；该区域有 4 个需求点 $\mathrm{B}_j (j = 1, 2, 3, 4)$，各需求点的需求量为 d_j，配送点 A_i 到需求点 B_j 的运费为 c_{ij}，问如何选择两个配送点，在满足需求的条件下，总费用最小？

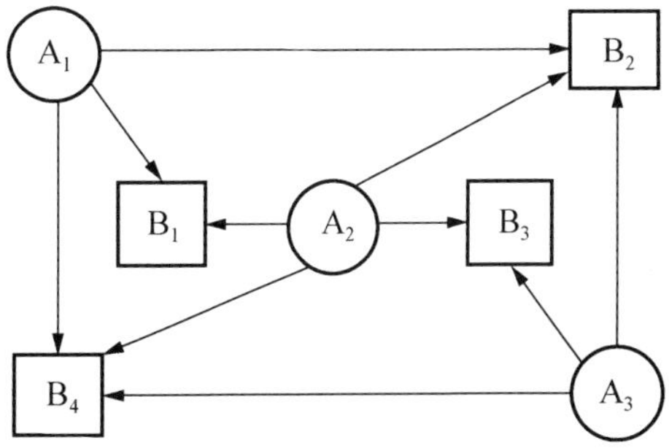

图 2-9　配送中心示意图

解：令 $x_i (i = 1, 2, 3)$ 表示是否在 A_i 点设立配送中心，$x_i = 1$ 表示在 A_i 点设立配送中心，反之 $x_i = 0$；y_{ij} 表示从配送点 A_i 到需求点 B_j 的运量。

根据问题要求，在 3 个可供选择的配送点选择 2 个配送点的约束条件为 $x_1 + x_2 + x_3 = 2$；该区域的配送条件是要满足其需求，如需求点 B_1 的需求满足条件为 $y_{11} + y_{21} = d_1$，其他需求点同理；此

外配送中心 A_1 还要受到其容量的限制，即 $y_{11}+y_{12}+y_{14}\leqslant a_1$，由于题中要求 3 个配送点要选择两个，或许 A_1 没有选到，那么 y_{11}、y_{12}、y_{14} 都应为零，将上面两种情况合并在一起，用一个约束条件可以表示为 $y_{11}+y_{12}+y_{14}\leqslant a_1x_1$；目标函数为总费用最小，也就要求 $\sum_{i=1}^{3}\sum_{j=1}^{4}c_{ij}y_{ij}$ 最小，所以建立模型为

$$\min z=\sum_{i=1}^{3}\sum_{j=1}^{4}c_{ij}y_{ij}$$

$$\text{s.t.}\begin{cases}x_1+x_2+x_3=2\\ y_{11}+y_{21}=d_1\\ y_{12}+y_{22}+y_{32}=d_2\\ y_{23}+y_{33}=d_3\\ y_{14}+y_{24}+y_{34}=d_4\\ y_{11}+y_{12}+y_{14}\leqslant a_1x_1\\ y_{21}+y_{22}+y_{23}+y_{24}\leqslant a_2x_2\\ y_{32}+y_{33}+y_{34}\leqslant a_3x_3\\ x_i\text{为}0-1\text{变量},\ y_{ij}\geqslant 0\end{cases}$$

在这个问题中，变量 $x_i(i=1,2,3)$ 只能取 0 或 1，变量 y_{ij} 为不小于 0 的数，这样的整数规划问题称为混合整数规划。

2. 整数规划的分类

一般整数规划分为两种类型，如果所有的变量都限制为非负整数，就称这类整数规划为纯整数规划，或整数规划，如例 2.30、例 2.31 是纯整数规划。纯整数规划的一个特殊情况是变量取值仅限于 0 或 1，该类问题称为 0-1 整数规划问题，也称 0-1 规划，例 2.31 就是 0-1 规划。在整数规划中，如果一部分变量要求取整数而另一部分不一定要求取整数，称该类问题为混合整数规划问题，例 2.32 就是混合整数规划。

常用求解整数规划的方法有分支定界法和割平面法，这两种方法本书不作介绍。对于特别的 0-1 规划问题的求解，可以采用匈牙利法，将在第 3 章讨论。如果在应用过程中遇到整数规划的问题，在要求不太严格的情况下，可以近似求其相应线性规划的最优解，也可通过专用数学软件来求解。

2.4.2 整数线性规划的应用

在此介绍一些整数线性规划的实际应用，并建立其数学模型。

1. 固定费用问题

在讨论线性规划时，有些问题是要求成本最小，常常设固定成本为常数，并在线性规划的模型中不必明显列出。但有些固定费用(固定成本)的问题(Fixed Cost Problem)不能用一般线性规划来描述，可转换为混合整数规划来解决。

某工厂为了生产某种产品，有几种不同的生产方式可供选择，如选定的生产方式投资高(选购自动化程度高的设备)，由于产量大，因而分配到每件产品的变动成本就降低；反

之，如选定的生产方式投资低，将来分配到每件产品的变动成本可能增加，所以必须全面考虑这些因素。

假设有 3 种方式可供选择，令 x_i 表示采用第 i 种方式时的产量；c_i 表示采用第 i 种方式时每件产品的变动成本；k_i 表示采用第 i 种方式时的固定成本。

(1) 为了说明成本的特点，暂不考虑其他约束条件。采用各种生产方式的总成本分别为

$$P_i = \begin{cases} k_i + c_i x_i, & \text{当} x_i > 0 \\ 0, & \text{当} x_i = 0 \end{cases} \quad i = 1, 2, 3$$

(2) 在构建目标函数时，为了统一在一个问题中讨论，要引入 0-1 变量 y_j，令

$$y_j = \begin{cases} 1, & \text{当采用第 } j \text{ 种生产方式，} & \text{即} x_j > 0 \text{时} \\ 0, & \text{当不采用第 } j \text{ 种生产方式，} & \text{即} x_j = 0 \text{时} \end{cases}$$

于是成本的目标函数为 $\min z = (k_1 y_1 + c_1 x_1) + (k_2 y_2 + c_2 x_2) + (k_3 y_3 + c_3 x_3)$。

(3) 统一 x_j、y_j 的关系。当 $x_j > 0$ 时，y_j 必须为 1；当 $x_j = 0$ 时，y_j 必须为 0，为了统一这两种情况或状态，需引入一个充分大的数 M，表示为

$$x_j \leqslant y_j M, \quad j = 1, 2, 3 \tag{2-29}$$

其中，M 是 x_j 取值的上界，可从题中条件得出。

【例 2.33】 某农场有 100 公顷土地可用于发展生产，农场劳动力供给为 4 000 人·日。该农场种植 3 种作物：大豆、玉米和小麦，并饲养奶牛和鸡。种作物时不需要专门投资，而饲养动物建立牛栏需要花费 5 000 元，鸡舍需要花费 1 000 元。养奶牛时每头需拨出 1.5 公顷土地种饲草，并占用人工 70 人·日，每头奶牛年净收入 400 元；养鸡时不占土地，需人工为每只鸡 0.5 人·日，每只鸡年净收入为 2 元。3 种作物每年需要的人工及收入情况见表 2-36。

表 2-36 人工及收入情况表

	大 豆	玉 米	小 麦
劳动力/(人·日)	50	75	40
年净收入/(元/公顷)	175	300	120

试确定该农场的经营方案，使年净收入最大。

解： 如果设 x_1、x_2、x_3 分别表示种植大豆、玉米、小麦的面积，x_4、x_5 表示饲养奶牛、鸡的数量。考虑到饲养动物需要固定投资，引入两个 0-1 变量 y_1、y_2 表示是否饲养奶牛和鸡，即

$$y_1 = \begin{cases} 1, & \text{当饲养奶牛时，} & x_4 > 0 \\ 0, & \text{当不饲养奶牛时，} & x_4 = 0 \end{cases} \qquad y_2 = \begin{cases} 1, & \text{当饲养鸡时，} & x_5 > 0 \\ 0, & \text{当不饲养鸡时，} & x_5 = 0 \end{cases}$$

根据题意得出以下约束条件。

(1) 占用土地的约束条件为 $x_1 + x_2 + x_3 + 1.5x_4 \leqslant 100$。

(2) 需要劳动力的约束条件为 $50x_1 + 75x_2 + 40x_3 + 70x_4 + 0.5x_5 \leqslant 4\,000$。

(3) 饲养或不饲养奶牛和鸡的约束条件为 $x_4 \leqslant y_1 M$，$x_5 \leqslant y_2 M$。

(4) 目标函数为扣除支出的总收益

$$175x_1 + 300x_2 + 120x_3 + 400x_4 + 2x_5 - 5\,000y_1 - 1\,000y_2$$

于是该问题的线性规划模型可表示为

$$\max z = 175x_1 + 300x_2 + 120x_3 + 400x_4 + 2x_5 - 5\,000y_1 - 1\,000y_2$$

$$\text{s.t.}\begin{cases} x_1 + x_2 + x_3 + 1.5x_4 \leqslant 100 \\ 50x_1 + 75x_2 + 40x_3 + 70x_4 + 0.5x_5 \leqslant 4\,000 \\ x_4 \leqslant y_1 M \\ x_5 \leqslant y_2 M \\ x_1, x_2 x_3, x_4, x_5 \geqslant 0, \quad y_1, y_2 是0\text{-}1变量 \end{cases}$$

求解可得农场的经营方案为养牛 57 头，其他都不经营，年净收入为 17 800 元。

2. 多种类、多方案投资问题

【例 2.34】某校基金会有一笔数额为 5 000 万元的基金，打算将其存入银行。当前银行存款的利率表见表 2-37。取款政策与银行的现行政策相同，定期存款不提前支取，活期存款可任意支取。校基金会计划在 5 年内每年用部分本息奖励优秀师生，要求每年的奖金额为相同的整数，且在第 5 年末仍保留原基金数额。帮助校基金会设计一个基金最佳使用方案，试建立其模型。

表 2-37 利率表

	活　期	半年期	一年期	二年期	三年期	五年期
银行存款税后年利率(%)	0.792	1.664	1.800	1.944	2.160	2.304

解：根据表 2-37 可知，定期存款年限越长，存款年利率越大。因此，在不影响奖金发放的情况下，应尽可能存年限较长的定期存款，这样才能获得较高的利息。所以此基金的最佳使用计划是：拿出一部分基金存入一年定期，一年后的本息全部用于发放第一年的奖金；再拿出一部分基金存入二年定期，二年后的本息全部用于发放第二年的奖金，依此类推，且每年发放奖金数额相同，最后一年存入银行的款项在发完奖金后仍然为基金总额。

假设每年发放奖金一次，且均在年末发放；利率计算方式为单利；不考虑利息税。令每年发放的奖金额为 y，存期为 i 年的基金为 $x_i (i = 1, 2, 3, 4, 5)$。根据题中要求，总基金 5 000 万元的约束条件为 $x_1 + x_2 + x_3 + x_4 + x_5 = 5\,000$；第一年的奖金发放源于存期为一年的存款及其利息，其约束条件为 $(1 + 0.018)x_1 \geqslant y$；依此类推，因为没有四年期的利息，这时存款方案有：先存一年再存三年、存两次二年、先存三年再存一年、先存两次一年再存二年、存四次一年等，通过各种方案的比较，可知存款方案为先存三年再存一年的组合效益最高。第四年的奖金发放源于先存三年再存一年的存款及其利息，即 $(1 + 3 \times 0.021\,6)(1 + 0.018)x_4 \geqslant y$；第五年奖金发放源于存期为五年的存款及其利息，即 $(1 + 5 \times 0.0230\,4)x_5 \geqslant y + 5\,000$，目标函数为所发奖金最大，即得该问题的线性规划模型为

$$\max z = y$$

$$\text{s.t.}\begin{cases} 1.018x_1 \geqslant y \\ 1.038\,88x_2 \geqslant y \\ 1.064\,8x_4 \geqslant y \\ 1.083\,966\,4x_4 \geqslant y \\ 1.115\,2x_5 \geqslant y + 5\,000 \\ x_1 + x_2 + x_3 + x_4 + x_5 = 5\,000 \\ x_1, x_2, x_3, x_4, x_5, y \geqslant 0 \end{cases}$$

求解可得每年分配的奖金额 $y \approx 110$ 万元，每年的存款额可从约束条件中计算出来。

3. 运动员选拔问题

【例 2.35】篮球队需要选择 5 名队员组成出场阵容参加比赛。可候选的 8 名队员的身高和擅长位置见表 2-38。出场阵容应满足以下条件：

(1) 中锋只能有一名上场；

(2) 至少有一名后卫；

(3) 如 1 号队员或 4 号队员上场，则 6 号队员不上场；

(4) 2 号队员和 6 号队员至少有一名不上场。

表 2-38　队员情况表

队　员	身高/m	擅长位置	队　员	身高/m	擅长位置
1	1.92	中锋	5	1.85	前锋
2	1.90	中锋	6	1.83	后卫
3	1.88	前锋	7	1.80	后卫
4	1.86	前锋	8	1.78	后卫

问选择哪 5 名队员上场，才能使出场队员平均身高最高？

解：令 $x_i(i=1,2,\cdots,8)$ 表示是否选择第 i 号队员上场，$x_i=1$ 表示选择第 i 号队员上场，反之 $x_i=0$。

根据题已知条件，得到：(1)的约束条件为 $x_1+x_2=1$；(2)的约束条件为 $x_6+x_7+x_8 \geqslant 1$；(3)的约束条件为 $x_1+x_6 \leqslant 1, x_4+x_6 \leqslant 1$；(4)的约束条件为 $x_2+x_6 \leqslant 1$。建立的线性规划模型为

$$\max z=\frac{1}{5}(1.92x_1+1.90x_2+1.88x_3+1.86x_4+1.85x_5+1.83x_6+1.80x_7+1.78x_8)$$

$$\text{s.t.}\begin{cases}\sum_{i=1}^{8}x_i=5\\ x_1+x_2=1\\ x_6+x_7+x_8 \geqslant 1\\ x_1+x_6 \leqslant 1\\ x_4+x_6 \leqslant 1\\ x_2+x_6 \leqslant 1\\ x_1,\cdots,x_8\text{是0-1变量}\end{cases}$$

求解可得上场队员为 1 号、3 号、4 号、5 号、7 号，他们平均身高为 1.862m。

4. 背包问题

一个旅行者要在背包里装一些最有用的旅行物品。背包容积为 a，携带物品总质量最多为 b。现在有物品 n 种，第 i 种物品的体积为 a_i，质量为 $b_i\ (i=1,2,\cdots,m)$。为了比较物品的有用程度，假设第 i 种物品的有用程度为 c_i。若每种物品只能整件携带，每件物品都能放进背包中，并且不考虑物品放入背包后相互的间隙。问旅行者应携带哪几种物品才能使携带物品的总价值最大？

解：令 x_i 为第 i 种物品的装入件数，则问题的线性规划模型为

$$\max z=\sum_{i=1}^{n}c_ix_i$$

$$\text{s.t.}\begin{cases}\sum_{i=1}^{n}a_ix_i\leqslant a\\ \sum_{i=1}^{n}b_ix_i\leqslant b\\ x_i\geqslant 0\text{且为整数},\ i=1,2,\cdots,n\end{cases}$$

【例 2.36】有一艘货轮，它的容积为 5 400m^3，其最大允许载重量为 3 000t，现有 3 种大批量的货物待运，商品明细表见表 2-39。

表 2-39　商品明细表

物　　品	每件体积/m^3	每件质量/t	运价/(元/件)
1	10	8	1 000
2	5	6	700
3	7	5	600

问该货轮应装载物品 1、物品 2、物品 3 各多少件，其运费收入最大？

解：设 x_i 为第 i 种物品的装入件数，$i=1,2,3$，根据题已知条件，得容积约束条件为 $10x_1+5x_2+7x_3\leqslant 5\,400$；质量约束条件为 $8x_1+6x_2+5x_3\leqslant 3\,000$；运费收入为 $1\,000x_1+700x_2+600x_3$，那么其线性规划模型为

$$\max z=1\,000x_1+700x_2+600x_3$$

$$\text{s.t.}\begin{cases}10x_1+5x_2+7x_3\leqslant 5\,400\\ 8x_1+6x_2+5x_3\leqslant 3\,000\\ x_i\geqslant 0\text{且为整数},\ i=1,2,3\end{cases}$$

求解可得装载物品 1、物品 2、物品 3 分别为 375、0、0 件，其运费收入为 375 000 元。

扩展性学习材料

非线性规划

非线性规划也是一种优化模型，随着计算能力的提升和算法的改进，其求解能力和效率大大提高。它可以优化供应链产能规划、库存、供应链选择、资源调配与排产、市场营销策略等。在这些应用领域中，非线性规划的算法和软件工具具备更快的收敛速度、更强的全局收敛性和更好的稳定性，能够处理更大规模和更复杂的问题。

非线性规划是 20 世纪 50 年代才开始形成的一门新兴学科。1951 年库恩和塔克发表的关于最优性条件(后来称为库恩－塔克条件)的论文是非线性规划学科正式诞生的一个重要标志。20 世纪 50 年代末到 60 年代末出现了许多解非线性规划问题的有效算法，20 世纪 70 年代又得到进一步的发展。一些重要的方法包括梯度方法、牛顿法、拟牛顿法、遗传算法、粒子群优化算法等，它们具有不同的特点和适用范围，可以根据问题的特点和求解要求选择合适的算法，其中遗传算法和粒子群优化算法是基于群体智能的优化方法，具有全局搜索能力和对多目标优化的适应性。

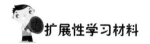

非线性规划的发展也面临一些挑战和问题。全局最优解的求解仍然是一个挑战，需要设计有效的全局优化算法。此外，模型建立和参数估计也是具有挑战性的，需要考虑问题的非线性特征和实际数据的可靠性。对于复杂的大规模问题，非线性规划的求解过程可能需要大量的计算资源和时间。非线性规划与其他优化方法和人工智能技术相结合，将会拓展更多领域的应用潜力。

本章小结

本章学习了线性规划的经典内容。首先从生产计划问题中引出了线性规划的一般模型及其标准型，通过对两个决策变量的问题示范了线性规划的图解方法，为了解线性规划各种解的情况做了直观准备。其次深入阐述了求解线性规划的单纯形法，着重给出了单纯形法的理论基础和求解步骤，描述了实施其过程的单纯形表结构，并为寻找单纯形表的初始可行基给出了大 *M* 法。再次介绍了线性规划的对偶问题和灵敏度分析的有关内容，叙述了对偶理论和对偶单纯形法，为线性规划的求解指出了另一条途径。为使线性规划的理论应用更符合现实环境，刻画了线性规划各类参数的变化对其最优解的影响。最后介绍了整数规划的分类与其在实际问题中的具体应用，示范了一些整数规划模型的建立过程。

关键术语(中英文)

线性规划(Linear Programming)
目标函数(Objective Function)
价值向量(Price Coefficient Vector)
技术矩阵(Technique Matrix)
松弛变量(Slack Variable)
自由变量(Free Variable)
可行域(Feasible Area)
可行解(Feasible Solution)
基(Basis)
基础解(Basis Solution)
单纯形法(Simplex Method)
出基变量(Leaving Variable)
单纯形表(Simplex Tableau)
换基迭代(Basis Iteration)
人工变量(Artificial Variable)
弱对偶(Weak Duality)
影子价格(Shadow Price)
松弛互补(Complementary Slackness)
灵敏度分析(Sensitivity Analysis)
0-1 整数规划(Binary Integer Programming)

约束条件(Constraint)
决策变量(Decision Variable)
资源向量(Resource Vector)
标准型(Standard Form)
剩余变量(Surplus Variable)
图解法(Diagram Method)
解(Solution)
最优解(Optimal Solution)
基变量(Basic Variable)
基础可行解(Basic Feasible Solution)
顶点(Corner Point)
进基变量(Entering Variable)
检验数(Test Number)
大 *M* 法(Big *M* Method)
对偶问题(Dual Problem)
强对偶(Strong Duality)
差额成本(Reduced Cost)
对偶单纯形法(Duel Simplex Method)
整数规划(Integer Programming)
混合整数规划(Mixed Integer Programming)

知识链接

线性规划之父——丹齐格

1947 年，美国 33 岁的数学家丹齐格提出了解决一种最优化问题的单纯形法。单纯形法所解决的问题是美国空军在进行军事规划时提出的。该方法奠定了线性规划的基础，使得经济学、环境科学、统计学应用等学科获得了迅速发展。丹齐格也因此被誉为“线性规划之父”。

这位斯坦福大学的数学专家，被公认为现代运筹学的创始人之一。丹齐格在运筹学领域建树极高，获得了包括冯·诺依曼理论奖在内的诸多奖项。他在 *Linear Programming and Extensions* 一书中讲述了线性编程模型，为计算机语言的发展作出了不可磨灭的贡献。由于他的研究成果，美国在运筹学方面处在相对领先的位置；而且线性规划迅速应用到工商业界，并且为第二次世界大战以后的经济重建作出了巨大的贡献。

丹齐格的父亲是大学数学教授，曾在法国师从著名的科学家 Henri Poincare。但是丹齐格直到上初中时，对数学仍不感兴趣，代数成绩还不及格。对于这样的结果，丹齐格非常内疚，他感到愧对自己的数学家父亲，于是发奋努力，很快就发现其实数学并不难，逐渐建立了自信。丹齐格上高中时对父亲的数学题库非常着迷，他解出了所有的题目。丹齐格曾经这样回忆自己的父亲：“在我还是中学生时，他就让我做几千道几何题……解决这些问题的大脑训练是父亲给我的最好礼物。这些几何题，在提高我的分析能力的过程中，起了最重要的作用。”

习题 2

一、填空题

1. 在线性规划问题中，称满足所有约束条件方程和非负限制的解为__________。

2. 在求解线性规划的算法中，当__________时采用单纯形法；当__________时采用对偶单纯形法(提示：考虑 $\boldsymbol{B}^{-1}\boldsymbol{b}$，$\boldsymbol{C}-\boldsymbol{C}_B\boldsymbol{B}^{-1}\boldsymbol{A}$ 的符号)。

3. 在线性规划问题中，基变量所对应的检验数一定为__________。

4. 线性规划检验数 σ_j 的经济含义是__________。

5. 在资源优化的线性规划问题中，某资源有剩余，则该资源影子价格等于__________。

二、判断题(正确的打√，错误的打×)

1. 影子价格就是资源的价格。（ ）

2. 线性规划问题的每一个基本解对应可行域的一个顶点。（ ）

3. 图解法与单纯形法，虽然求解的形式不同，但从几何上理解，两者是一致的。（ ）

4. 线性规划的最优解一定是基本最优解。（ ）

5. 原问题与对偶问题，或者同时都有最优解，或者同时都无最优解。（ ）

三、解答题

1. 某食品厂生产的一种食品由 6 种配料混合而成，每种配料中所含营养成分 A、B 以及配料单价见表 2-40。每单位食品中至少含有 9 单位的 A、19 单位的 B，问食品厂如何配料，使得该食品成本最低且满足要求？

表 2-40 营养成分需求量和食品单价

		配料						营养成分最低需求
		1	2	3	4	5	6	
营养成分	A	1	0	2	2	1	2	9
	B	0	1	3	1	3	2	19
配料单价		35	30	60	50	27	12	

2. 将下列线性规划问题转化成标准型。

(1) $\max z = 2x_1 + x_2 + 3x_3 + x_4$

$$\text{s.t.} \begin{cases} x_1 + x_2 + x_3 + x_4 \leqslant 7 \\ 2x_1 - 3x_2 + 5x_3 = -8 \\ x_1 \qquad - 2x_3 + 2x_4 \geqslant 1 \\ x_1, x_3 \geqslant 0, x_2 \leqslant 0, x_4\text{无约束} \end{cases}$$

(2) $\min z = 2x_1 - x_2 + 2x_3$

$$\text{s.t.} \begin{cases} -x_1 + x_2 + x_3 = 4 \\ -x_1 + x_2 - x_3 \leqslant 6 \\ x_1 \leqslant 0, x_2 \geqslant 0, x_3\text{无约束} \end{cases}$$

3. 考虑线性规划问题

$$\max z = c_1 x_1 + x_2$$

$$\text{s.t.} \begin{cases} x_1 + x_2 \leqslant 6 \\ x_1 + 2x_2 \leqslant 10 \\ x_1 \geqslant 0,\ x_2 \geqslant 0 \end{cases}$$

其中，$c_1 \in (-\infty, +\infty)$ 为参数，试用图解法给出其最优解的情况。

4. 对于以下线性规划问题(图 2-10)

$$\max z = -x_1 + 2x_2$$

$$\text{s.t.} \begin{cases} 2x_1 + 3x_2 \leqslant 12 \\ 3x_1 + x_2 \leqslant 6 \\ -x_1 + 3x_2 \leqslant 3 \\ x_1, x_2 \geqslant 0 \end{cases}$$

3 个约束条件对应的松弛变量分别为 x_3, x_4, x_5；3 个约束条件对应的对偶变量分别为 w_3, w_4, w_5，试回答以下问题。

(1) 线性规划问题的可行域。

(2) 线性规划问题的基本解。

(3) 线性规划问题的基本可行解。

(4) 线性规划问题的最优解。

(5) G 点对应的解中，大于 0 的变量有哪些？等于 0 的变量有哪些？小于 0 的变量有哪些？

(6) F 点对应的基变量有哪些？非基变量有哪些？

(7) E 点对应的基变量有哪些？非基变量有哪些？

(8) 从 F 点到 E 点的单纯形迭代，进基变量有哪些？出基变量有哪些？

(9) E 点对应的对偶变量，大于 0 的变量有哪些？等于 0 的变量有哪些？小于 0 的变量有哪些？

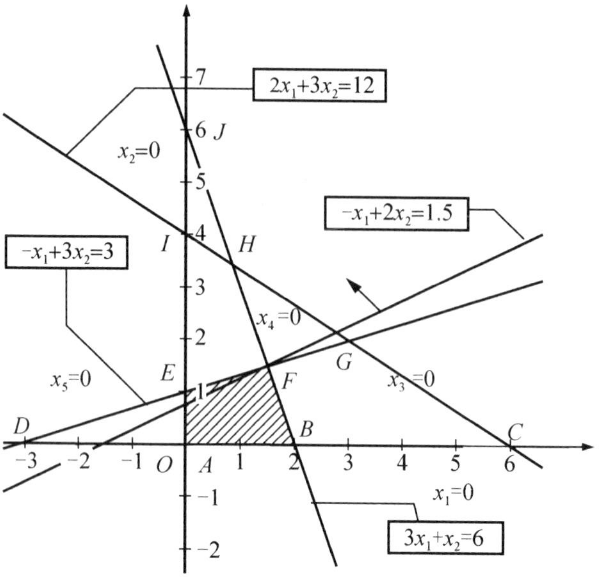

图 2-10 计算题 4 图

5. 求解线性规划问题时，使用单纯形法求解，已知初始单纯形表和最终单纯形表，见表 2-41，试求解以下问题。

(1) 在初始单纯形表中找出最优基 $\boldsymbol{B}$，在最终单纯形表里找出 $\boldsymbol{B}^{-1}$ 。

(2) 完成最终单纯形表。

(3) 给出最优解与最优值。

表 2-41 初始单纯形表和最终单纯形表

	C_B	X_B	$B^{-1}b$	2	−1	1	0	0	0
				x_1	x_2	x_3	x_4	x_5	x_6
初始表	0	x_4	60	3	1	1	1	0	0
	0	x_5	10	1	−1	2	0	1	0
	0	x_6	20	1	1	−1	0	0	1
		σ_j		2	−1	1	0	0	0
最终表		x_4						−1	−2
		x_1						1/2	1/2
		x_2						−1/2	1/2
		σ_j							

6. 设有线性规划问题

$$\max z = 5x_1 + 2x_2 + 3x_3$$

$$\text{s.t.} \begin{cases} x_1 + 5x_2 + 2x_3 \leqslant b_1 \\ x_1 - 5x_2 - 6x_3 \leqslant b_2 \\ x_1, x_2, x_3 \geqslant 0 \end{cases}$$

其中 b_1、b_2 是常数，且已知该线性规划的最终单纯形表，见表 2-42，试求解以下问题。

表 2-42 最终单纯形表

X_B	$B^{-1}b$	5	2	3	0	0
		x_1	x_2	x_3	x_4	x_5
x_1	30	1	a	2	1	0
x_5	10	0	c	−8	−1	1
检验数 σ		0	d	−7	e	f

(1) 确定 b_1, b_2。

(2) 确定 a, c, d, e, f 的值。

(3) 求相应的对偶规划的最优解。

7. 应用单纯形法求解下列线性规划问题，并指出问题的解属于哪一类。

(1) $\max z = 2.5x_1 + x_2$

$$\text{s.t.}\begin{cases}3x_1 + 5x_2 \leqslant 15\\5x_1 + 2x_2 \leqslant 10\\x_1, x_2 \geqslant 0\end{cases}$$

(2) $\max z = 2x_1 - x_2 + x_3$

$$\text{s.t.}\begin{cases}3x_1 + x_2 + x_3 \leqslant 60\\x_1 - x_2 + 2x_3 \leqslant 10\\x_1 + x_2 - x_3 \leqslant 20\\x_1, x_2, x_3 \geqslant 0\end{cases}$$

8. 应用大 M 法或对偶单纯形法求解下列线性规划问题。

(1) $\min w = 5x_1 + 2x_2 + 4x_3$

$$\text{s.t.}\begin{cases}3x_1 + x_2 + 2x_3 \geqslant 4\\6x_1 + 3x_2 + 5x_3 \geqslant 10\\x_1, x_2, x_3 \geqslant 0\end{cases}$$

(2) $\min z = 4x_1 + 12x_2 + 18x_3$

$$\text{s.t.}\begin{cases}x_1 + 3x_3 \geqslant 3\\2x_2 + 2x_3 \geqslant 5\\x_1, x_2, x_3 \geqslant 0\end{cases}$$

9. 对于线性规划问题

$$\max z = \boldsymbol{CX}$$
$$\text{s.t.}\begin{cases}\boldsymbol{AX} = \boldsymbol{b}\\\boldsymbol{X} \geqslant 0\end{cases}$$

证明：

(1) 设其最优解为 $\boldsymbol{X}^*$，当 $\boldsymbol{C}$ 改为 $\overline{\boldsymbol{C}}$ 时，最优解为 $\overline{\boldsymbol{X}}$，则 $(\boldsymbol{C} - \overline{\boldsymbol{C}})(\boldsymbol{X}^* - \overline{\boldsymbol{X}}) \geqslant 0$；

(2) 如果 $\boldsymbol{X}_1, \boldsymbol{X}_2$ 均为最优解，则对于 $\alpha \in [0,1]$，$\alpha\boldsymbol{X}_1 + (1-\alpha)\boldsymbol{X}_2$ 均为最优解。

10. 给出线性规划问题

$$\max z = x_1 + 2x_2 + x_3$$
$$\text{s.t.}\begin{cases}x_1 + x_2 - x_3 \leqslant 2\\x_1 - x_2 + x_3 = 1\\2x_1 + x_2 + x_3 \geqslant 2\\x_1 \geqslant 0,\quad x_2 \leqslant 0\end{cases}$$

(1) 写出其对偶问题。

(2) 利用对偶问题证明原问题目标函数值 $z \leqslant 1$。

11. 考虑下面线性规划问题

$$\max z = 2x_1 + x_2 + 3x_3$$

$$\text{s.t.} \begin{cases} x_1 + x_2 + 2x_3 \leqslant 5 \\ 2x_1 + 3x_2 + 4x_3 = 12 \\ x_1, x_2, x_3 \geqslant 0 \end{cases}$$

(1) 写出其对偶问题。

(2) 已知(3,2,0)是上述原问题的最优解，根据互补松弛定理，求出对偶问题的最优解。

(3) 如果上述规划问题中的第一个约束条件为资源约束，写出这种资源的影子价格。

12. 考虑下面线性规划问题

$$\min w = 4x_1 + 6x_2 + 18x_3$$

$$\text{s.t.} \begin{cases} x_1 \quad\quad + 3x_3 \geqslant 3 \\ \quad\quad x_2 + 2x_3 \geqslant 5 \\ x_1, x_2, x_3 \geqslant 0 \end{cases}$$

试回答以下问题。

(1) 用对偶单纯形法求解。

(2) 求其对偶问题，并用单纯形法求解。

(3) 比较原规划与其对偶问题求解的最终单纯形表、检验数和另一个最优解的关系。

13. 已知线性规划问题

$$\max z = 10x_1 + 5x_2$$

$$\text{s.t.} \begin{cases} 3x_1 + 4x_2 \leqslant 9 \\ 5x_1 + 2x_2 \leqslant 8 \\ x_1, x_2 \geqslant 0 \end{cases}$$

用单纯形法求得最终单纯形表见表2-43，试用灵敏度分析的方法判断。

(1) 目标函数系数c_1或c_2分别在什么范围内变动，现有的最优解不变？

(2) 约束条件右端常数b_1、b_2，当保持一个不变时，另一个在什么范围内变化，现有的最优基不变？

(3) 问题的目标函数变为$\max z = 12x_1 + 4x_2$时，最优解有什么变化？

(4) 约束条件右端常数由$\begin{bmatrix} 9 \\ 8 \end{bmatrix}$变为$\begin{bmatrix} 11 \\ 19 \end{bmatrix}$时，最优解有什么变化？

表2-43 最终单纯形表

C_B	X_B	$B^{-1}b$	10	5	0	0
			x_1	x_2	x_3	x_4
5	x_2	3/2	0	1	5/14	−3/14
10	x_1	1	1	0	−1/7	2/7
	σ_j		0	0	−5/14	−25/14

14. 某厂生产A、B、C三种产品，其所需资源及产品利润有关数据见表2-44。

(1) 确定获利最大的产品生产计划。

(2) 产品A的利润在什么范围内变动时，上述最优生产计划不变。

(3) 如果设计一种新产品 D，单位劳动力消耗为 8 单位，材料消耗为 2 单位，每件可获利 3 元，问该种产品是否值得生产？

(4) 如果劳动力数量不增加，材料不足时可以从市场购买，每单位 0.4 元。问该厂是否需要购进原材料从而扩大生产，购买多少为宜？

表 2-44 某厂生产 A、B、C 三种产品所需资源及产品利润

资源	产品			可用单位
	A	B	C	
劳动力	6	3	5	45
材料	3	4	5	30
产品利润/(元/件)	3	1	4	

15. 某科学实验卫星拟从下列仪器装置中选择若干件安装，有关数据见表 2-45。要求：

(1) 装入卫星的仪器装置的总体积不超过 V，总质量不超过 W；

(2) A_1 与 A_3 中至少安装一件；

(3) A_2 与 A_4 中至少安装一件；

(4) A_5 与 A_6 或者都安装，或者都不安装。

安装的总目标是：安装的仪器装置使该科学实验卫星发挥最大的实验价值。试建立这个问题的数学模型。

表 2-45 各仪器装置有关数据

仪器代号	体积	质量	价值
A_1	v_1	w_1	c_1
A_2	v_2	w_2	c_2
A_3	v_3	w_3	c_3
A_4	v_4	w_4	c_4
A_5	v_5	w_5	c_5
A_6	v_6	w_6	c_6

16. 某服装厂制造大、中、小三种尺寸的防寒服，需用 4 种资源。缝制一件防寒服所需各种资源的数量见表 2-46。不考虑固定费用，每出售一件防寒服获得利润分别为 10 元、12 元、13 元。此外，每种防寒服不管出售多少件，都要支付一定的固定费用，小(120 元)、中(150 元)、大(180 元)，现在要制订利润最大化生产计划，写出其数学模型。

表 2-46 生产计划资源

		产品型号			总量
		小	中	大	
资源	尼龙	1.5	1.7	1.8	1500
	棉布	1.3	1.5	1.6	1000
	劳动力	4	4.5	5	3500
	设备	2.8	3.8	4.2	2800
利润/(元/件)		10	12	13	

实际操作训练

某供应链企业欲重构北美洲、南美洲、欧洲、非洲和亚洲这 5 个区域的全球化供应网络，收集到成本(单位：千美元)和需求(单位：百万)数据见表 2-47。

表 2-47　成本和需求数据表

产　地	销　地					固定成本	最高供应量/百万
	北美洲 B_1	南美洲 B_2	欧洲 B_3	亚洲 B_4	非洲 B_5		
北美洲 A_1	81	92	101	130	115	9000	20
南美洲 A_2	117	77	108	98	100	6750	20
欧　洲 A_3	102	105	95	119	111	9750	20
亚　洲 A_4	**115**	125	**90**	**59**	**74**	6150	20
非　洲 A_5	142	100	103	105	71	6000	20
年需求量	12	8	14	16	7		

每个区域的年需求量见表 2-47 中最后一行，中间区域(第 2 列到第 6 列)包含了在一个区域组织生产来满足每一个区域所需的生产、库存和运输可变成本(包括税收和关税)，如北美洲生产 100 万单位产品然后到南美洲销售的可变成本是 92 000 美元；对于每个可供选择的工厂都需要固定成本，见表 2-47 中第 7 列，它们都可生产 2 000 万单位的产品，如在北美洲兴建一个工厂所需的固定成本为 9 000 000 美元，最高生产能力为 2 000 万单位产品。试问应选择哪些工厂组织生产，使得整个供应网络运作的总成本最小？

在线答题

第 3 章　运输和指派问题

【本章知识架构】

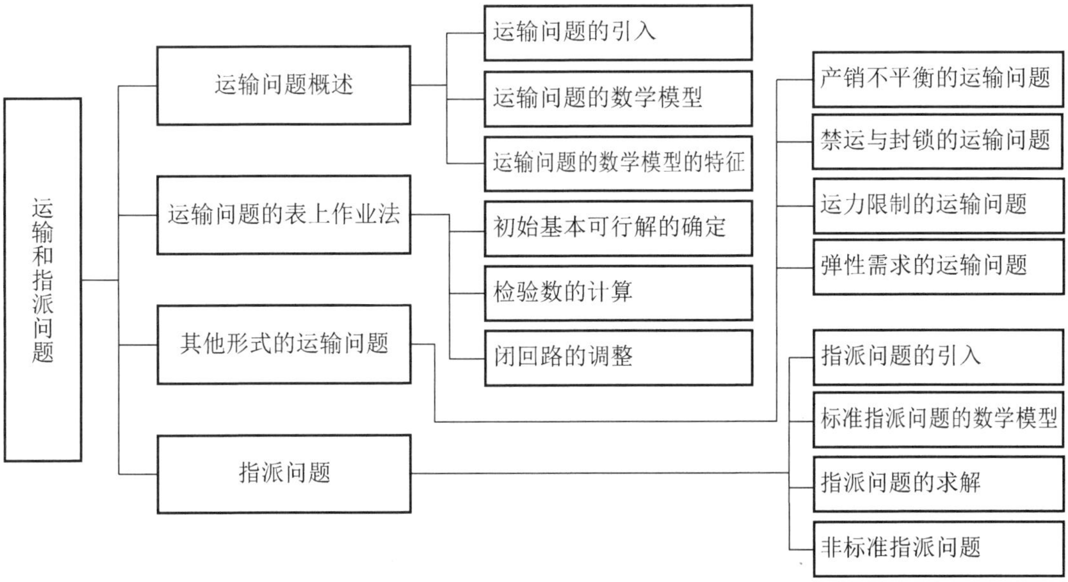

【本章教学目标与要求】

- 掌握产销平衡运输问题的数学模型及其特点。
- 掌握运输问题的表上作业法，包括初始调运方案的确定、检验数的计算、运输方案的调整方法。
- 掌握产销不平衡运输问题转化为产销平衡运输问题的处理办法。
- 掌握运输问题在实践中的典型应用。
- 掌握标准指派问题的求解方法，会将各种非标准指派问题转化为标准指派问题。

导入案例

运储供应链物流的运输问题

供应链物流运输是供应链物流管理的关键环节，其特点如下。①参与方众多：供应链物流运输涉及多个参与方，包括供应商、制造商、分销商和最终用户等，各方之间的协调和合作对于运输效率和成本的控制至关重要。②具有时间敏感性：供应链物流运输需要按时交付货物，特别是在涉及生鲜、时效性产品或紧急订单的情况下，准确的运输计划和快速的交付能力是关键。③具有成本压力：供应链物流运输成本是供应链物流成本的最大构成部分。

为降低供应链物流运输的成本，运储供应链可采取以下措施。①优化运输路线：通过优化运输路线和选择合适的运输模式，如公路运输、铁路运输、水运或空运，减少运输距离和时间，从而降低成本。②优化装载：合理的包装和装载策略可以最大限度地利用运输载体的容量，减少空载率，提高运输效率，从而降低成本。③优化运输网络：通过优化物流网络设计和运输节点的布局，减少中转和运输环节，从而优化运输路线，降低成本。④供应链合作：与供应商、制造商和分销商之间建立紧密的合作关系，共享信息和资源，可以降低成本和风险。共同的需求预测、协调的生产计划和共享的仓储设施可以实现资源的最优配置和成本的最小化。

在供应链管理中，运输问题和指派问题对于优化物流流程、降低运营成本和提高客户满意度至关重要。运输问题涉及将货物从供应地点运送到需求地点，以降低运输成本或提高资源利用率为目的。指派问题是供应链管理中的一种特殊情况，涉及在多个任务和执行者之间建立最佳的一对一指派。运输问题与指派问题具有相似的模型结构，其内容丰富，求解方法独特。

3.1 运输问题概述

运输问题的典型提法是将某种物资从若干个产地调运到若干个销地，已知每个产地的产量和每个销地的销量，如何在许多可行的调运方案中选择一个总运费最少的调运方案。根据总产量与总销量是否相等的数量关系，运输问题通常可划分为产销平衡(相等)和产销不平衡(不相等)两大类别。本节主要介绍产销平衡的运输问题，后面的节中将讨论产销不平衡的运输问题。

3.1.1 运输问题的引入

在生产、交换活动中，不可避免地要进行物资调运工作。例如，在某时期内将生产基地的煤、钢铁、粮食、矿砂、木材等各类物资，分别运送到需要这些物资的地区。

例 3.1

【例 3.1】某物流公司从两个产地 A_1(内蒙古)、A_2(山西)将煤炭运往 3 个销地 B_1(北京)、B_2(山东)、B_3(上海)，各产地的产量、各销地的销量、各产地运往各销地的每单位煤炭运费数据见表 3-1(后续为简便叙述，统称为单位运价表)，问应如何调运煤炭可使总运输费用最小？

表 3-1　单位运价表

产　地	销　地			产　量
	B_1	B_2	B_3	
A_1	6	4	6	200
A_2	6	5	5	300
销　量	150	150	200	500

注：本表中都是虚拟数据。

解：此问题为产销平衡的运输问题(总产量=总销量)。

每个调运方案都要从产地调运若干煤炭到达销地，并满足各销地的需求，所以调运方案都落实在实际的调运数量上，即决策变量就是从各个产地调运多少煤炭到达销地。

1. 决策变量

为表明这些调运数量的关系，特设 x_{ij} 为从产地 A_i $(i=1,2)$ 运往销地 B_j $(j=1,2,3)$ 的运输量，得到表 3-2。

表 3-2　运输问题变量

产　地	销　地			产　量
	B_1	B_2	B_3	
A_1	x_{11}	x_{12}	x_{13}	200
A_2	x_{21}	x_{22}	x_{23}	300
销　量	150	150	200	500

从而，目标函数为：$6x_{11}+4x_{12}+6x_{13}+6x_{21}+5x_{22}+5x_{23}$。

2. 约束条件

(1) 产地约束。每个产地的物资全部运出，每个产地运出的物资量正好等于该产地的可供应量，如图 3-1 所示，即

$$\begin{cases} x_{11}+x_{12}+x_{13}=200 \\ x_{21}+x_{22}+x_{23}=300 \end{cases}$$

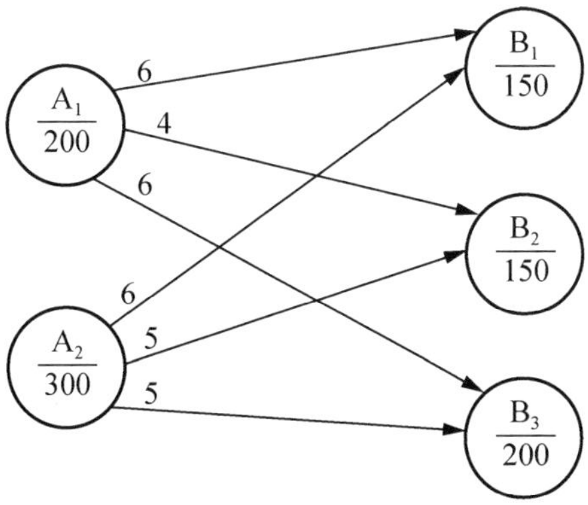

图 3-1　运输问题网络图

(2) 销地约束。每个销地的需求全部满足，运达每个销地的物资量正好等于该销地的需求量，即

$$\begin{cases} x_{11} + x_{21} = 150 \\ x_{12} + x_{22} = 150 \\ x_{13} + x_{23} = 200 \end{cases}$$

(3) 蕴含约束。运输的煤炭量不能是负数，即决策变量的取值是非负的，即有 $x_{ij} \geqslant 0\ (i=1,2; j=1,2,3)$。

综上所述，该问题的数学模型为

$$\min z = 6x_{11} + 4x_{12} + 6x_{13} + 6x_{21} + 5x_{22} + 5x_{23}$$

$$\begin{cases} x_{11} + x_{12} + x_{13} = 200 \\ x_{21} + x_{22} + x_{23} = 300 \\ x_{11} + x_{21} = 150 \\ x_{12} + x_{22} = 150 \\ x_{13} + x_{23} = 200 \\ x_{ij} \geqslant 0 \qquad (i=1,2;\ j=1,2,3) \end{cases}$$

该问题显然是一个线性规划模型，其系数矩阵 ***A*** 见表 3-3。

表 3-3　运输问题的系数矩阵

	x_{11}	x_{12}	x_{13}	x_{21}	x_{22}	x_{23}	
	1	1	1				产地约束
				1	1	1	
A=	1			1			销地约束
		1			1		
			1			1	

3. 运输问题系数矩阵的特征

(1) 系数矩阵的列是某个决策变量的系数。决策变量 x_{ij} 有两个下标，用来表述**物质调运方向**，其中第 1 个下标 i 表示产地或出发地，第 2 个下标 j 表示销地或目的地。这里还要注意变量排序规则，先排第 1 个下标，再排第 2 个下标，即以产地或第 1 个下标为主导。

(2) 系数矩阵共有 $3+2$ 行，其中 3 是产地个数，2 是销地个数；共有 3×2 列，分别对应各决策变量的系数列。

(3) 系数矩阵的每列只有两个 1，其余为 0，这是因为每个决策变量在产地约束和销地约束中都只使用了一次，由 x_{ij} 的两个下标所决定，这也是运输问题表上作业法的由来。

3.1.2　运输问题的数学模型

一般地，产销平衡的运输问题可以表述为：设有 m 个地点(称为产地或发地) $A_1, A_2, \cdots, A_m$ 的某种物资调运至 n 个地点(称为销地或收地) $B_1, B_2, \cdots, B_n$，各个产地需要调出的物资量分别为 $a_1, a_2, \cdots, a_m$ 单位，各个销地需要调进的物资量分别为 $b_1, b_2, \cdots, b_n$ 单

位，且各个发地的供应量之和等于各个收地的需求量之和。已知每个发地A_i到每个收地B_j的物资单位调运价格为c_{ij}。问如何安排调运，才能使总运费最小？

上述运输问题的相关信息见表3-4，称为单位运价表。

若设x_{ij}表示从产地A_i运往销地B_j的运量($i=1,2,\cdots,m;\ j=1,2,\cdots,n$)，就得出运输问题的决策变量表，见表3-5；当$x_{ij}$取具体数值时，该表称为产销平衡表。

表3-4 单位运价表

产　地	销　地				供应量
	B_1	B_2	…	B_n	
A_1	c_{11}	c_{12}	…	c_{1n}	a_1
A_2	c_{21}	c_{22}	…	c_{2n}	a_2
⋮	⋮	⋮	c_{ij}	⋮	⋮
A_m	c_{m1}	c_{m2}	…	c_{mn}	a_m
需求量	b_1	b_2	…	b_n	$\sum_{i=1}^{m}a_i=\sum_{j=1}^{n}b_j$

表3-5 决策变量表

产　地	销　地				供应量
	B_1	B_2	…	B_n	
A_1	x_{11}	x_{12}	…	x_{1n}	a_1
A_2	x_{21}	x_{22}	…	x_{2n}	a_2
⋮	⋮	⋮	x_{ij}	⋮	⋮
A_m	x_{m1}	x_{m2}	…	x_{mn}	a_m
需求量	b_1	b_2	…	b_n	$\sum_{i=1}^{m}a_i=\sum_{j=1}^{n}b_j$

于是产销平衡运输问题的数学模型为

$$\min z=\sum_{j=1}^{n}\sum_{i=1}^{m}c_{ij}x_{ij}$$

$$\begin{cases}\sum_{j=1}^{n}x_{ij}=a_i,\ i=1,2,\cdots,m\\ \sum_{i=1}^{m}x_{ij}=b_j,\ j=1,2,\cdots,n\\ x_{ij}\geqslant 0,\ i=1,2,\cdots,m;\ j=1,2,\cdots,n\end{cases}\tag{3-1}$$

由式(3-1)可知，在运输问题的数学模型中，有$m\times n$个决策变量，$m+n$个约束方程。若记

$$\boldsymbol{X}=[x_{11},x_{12},\cdots,x_{1n},x_{21},x_{22},\cdots,x_{2n},\cdots,x_{m1},x_{m2},\cdots,x_{mn}]^{\mathrm{T}}$$
$$\boldsymbol{C}=[c_{11},c_{12},\cdots,c_{1n},c_{21},c_{22},\cdots,c_{2n},\cdots,c_{m1},c_{m2},\cdots,c_{mn}]$$
$$\boldsymbol{A}=[\boldsymbol{P}_{11},\boldsymbol{P}_{12},\cdots,\boldsymbol{P}_{1n},\boldsymbol{P}_{21},\boldsymbol{P}_{22},\cdots,\boldsymbol{P}_{2n},\cdots,\boldsymbol{P}_{m1},\boldsymbol{P}_{m2},\cdots,\boldsymbol{P}_{mn}]$$
$$\boldsymbol{b}=[a_1,a_2,\cdots,a_m,b_1,b_2,\cdots,b_n]^{\mathrm{T}}$$

则运输问题模型写成矩阵形式为

$$\min z = \boldsymbol{CX}$$
$$\begin{cases} \boldsymbol{AX} = \boldsymbol{b} \\ \boldsymbol{X} \geqslant 0 \end{cases} \tag{3-2}$$

在实际应用中建立运输问题模型时，还会出现以下一些变化。

(1) 有些问题从表面上看不是运输问题，但其要求费用最低或要求目标函数(利润或营业额)最大化，则仍可看成运输问题。

(2) 当某些运输线路上有限制时，模型中可直接加入(等式或不等式)约束。

3.1.3　运输问题数学模型的特征

运输问题是一类线性规划问题，其目标函数一般为求总运费的最小值。根据线性规划的有关理论，如果它的最优解存在，一定可以在基本可行解中找到，因而需先考察运输问题式(3-1)约束方程组系数矩阵的秩 $r(\boldsymbol{A})$ 。

定理 3.1　运输问题模型式(3-1)系数矩阵的秩 $r(\boldsymbol{A}) = m + n - 1$ 。

考虑式(3-1)中的 $m+n$ 个约束条件，将前 m 个约束条件相加，得

$$\sum_{i=1}^{m}\sum_{j=1}^{n} x_{ij} = \sum_{i=1}^{m} a_i$$

将后 n 个约束条件相加，得

$$\sum_{j=1}^{n}\sum_{i=1}^{m} x_{ij} = \sum_{j=1}^{n} b_j$$

由于在产销平衡运输问题中，有 $\sum\limits_{i=1}^{m} a_i = \sum\limits_{j=1}^{n} b_j$ ，因此这 $m+n$ 个约束不是独立的。

然后考虑式(3-1)的系数矩阵，见表 3-6。

表 3-6　运输问题的系数矩阵

	x_{11}	x_{12}	$\cdots$	x_{1n}	x_{21}	x_{22}	$\cdots$	x_{2n}	$\cdots$	x_{m1}	x_{m2}	$\cdots$	x_{mn}	
	1	1	$\cdots$	1										产地 1
					1	1	$\cdots$	1						产地 2
									$\ddots$					⋮
$\boldsymbol{A}=$										1	1	$\cdots$	1	产地 m
	1				1				$\cdots$	1				销地 1
		1				1			$\cdots$		1			销地 2
			$\ddots$				$\ddots$		$\cdots$			$\ddots$		⋮
				1				1		$\cdots$			1	销地 n

由此可见，在运输问题系数矩阵中，决策变量 x_{ij} 对应的系数列向量可表示为

$$\boldsymbol{P}_{ij} = (0 \quad \cdots \quad 1 \quad \cdots \quad 1 \quad \cdots \quad 0)^{\mathrm{T}} = \boldsymbol{e}_i + \boldsymbol{e}_{m+j}$$

式中，$\boldsymbol{e}_i$ 表示 $m+n$ 维单位列向量，它的第 i 个元素为 1。

注意：在 $\boldsymbol{A}$ 中去掉第 $m+n$ 行，取出第 1 行，第 2 行，⋯，第 $m+n-1$ 行，又取出与 $x_{1n}, x_{2n}, \cdots, x_{mn}, x_{11}, x_{12}, \cdots, x_{1,n-1}$ 所对应的列，则由这些取出行和列的交叉处的元素构成系数矩阵 $\boldsymbol{A}$ 的一个 $m+n-1$ 阶子式，$r(\boldsymbol{A}) = m+n-1$，即运输问题基变量的个数为 $m+n-1$ 个。

运输问题是特殊的线性规划问题，仍可采用单纯形法求解。为说明其基本可行解的特征，引入闭回路的概念，下面的讨论都建立在表 3-5 的基础上。

定义 3.1 闭回路：在表 3-5 的决策变量表中，凡是能够排列成下列形式的

$$x_{ab}, x_{ad}, x_{cd}, x_{ce}, \cdots, x_{st}, x_{sb} \tag{3-3}$$

或

$$x_{ab}, x_{cb}, x_{cd}, x_{ed}, \cdots, x_{st}, x_{at} \tag{3-4}$$

式中，$a, d, \cdots, s$ 各不相同；$b, c, \cdots, t$ 各不相同，称这些变量的集合为一个闭回路，并将式(3-3)和式(3-4)中的决策变量称为该闭回路的顶点。

例如，$x_{13}, x_{16}, x_{36}, x_{34}, x_{24}, x_{23}$；$x_{23}, x_{53}, x_{55}, x_{45}, x_{41}, x_{21}$ 等都是闭回路，这些决策变量就是闭回路的顶点。

若把闭回路的各变量格看作顶点，在表 3-5 中可以画出如图 3-2 所示的闭回路，根据定义 3.1 可以看出闭回路的一些明显特点，闭回路是一个具有以下条件顶点格子的集合。

(1) 每一个顶点格子都是转角点。

(2) 每一行(或列)若有闭回路的顶点，则必有两个顶点。

(3) 每两个顶点格子的连线都是水平的或垂直的。

(4) 闭回路中顶点的个数必为偶数。

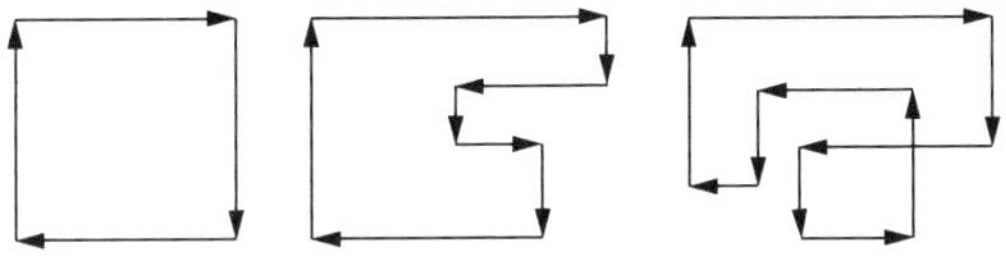

图 3-2 闭回路示例

决策变量的闭回路具有定理 3.2 给出的性质。

定理 3.2 对于平衡运输问题的闭回路来说，有以下结论。

(1) 该问题 $m+n-1$ 个变量构成基变量的充要条件是这些变量不包含任何闭回路。

(2) 给定一组基变量，那么从表 3-5 中可以找出唯一一个从任意非基变量出发，经过基变量为顶点，又回到该非基变量的闭回路。

事实上，闭回路是一个简化的局部调运方案，反映了全局调运方案是否最优。定理 3.2 给出了运输问题基本解的重要性质，为寻求运输问题的基本可行解提供了依据。与一般的线性规划问题有所不同，产销平衡的运输问题总是存在可行解，且目标函数值有界，故运输问题必有最优解。

3.2 运输问题的表上作业法

运输问题作为一类特殊的线性规划问题，在求解时仍可采用单纯形法的计算步骤，但因为运输问题的决策变量有两个下标，可以在单位运价表和产销平衡表中进行基变量与非基变量的换基迭代，再加上运输问题模型系数矩阵的特征，早期的研究者提出了专门针对运输问题的单纯形法——表上作业法。

表上作业法主要包括以下几个步骤，如图 3-3 所示。

第 1 步，求一个初始基本可行解，即确定初始调运方案。

第 2 步，计算检验数并判断是否得到最优解。常见的求检验数的方法有闭回路法和位

势法，求出检验数后可根据最优性条件来判定这个基本可行解是不是最优的；若基本可行解是最优的，则迭代停止，否则转下一步。

第 3 步，换基迭代，即调整运量。选一个变量出基，对原调运方案进行调整以获得更好的调运方案，返回第 2 步，直至求出最优解。

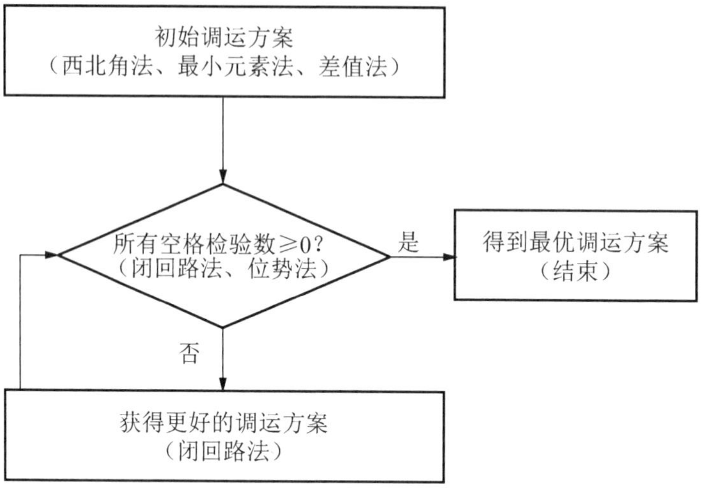

图 3-3　表上作业法步骤

3.2.1　初始基本可行解的确定

确定初始可行解常用的方法有西北角法、最小元素法和差值法。

1. 西北角法

从产销平衡表的西北角(左上角)第一格开始，按集中供应的原则，依次安排调运量，即分析对应产地和销地的供需数量关系，尽最大可能满足需求，若某行(列)的产量(销量)已满足，则把该行(列)的其他格去掉；接着从未被划线的运价中再找出西北角的方格，重复上述操作，直至得到一个基本可行解。

【例 3.2】设某种产品有 A_1、A_2、A_3 共 3 个生产厂商，联合供应 B_1、B_2、B_3、B_4 共 4 个销地，其供应量、需求量和单位产品的运输成本见表 3-7，试求一调运方案。

表 3-7　单位运价表

产　地	销　地				供应量
	B_1	B_2	B_3	B_4	
A_1	3	11	3	10	7
A_2	1	9	2	8	4
A_3	7	4	10	5	9
需求量	3	6	5	6	20

解：考虑表 3-7 的西北角——左上角格，其对应的决策变量是 x_{11}，其调运量需从产地 A_1 调运，满足销地 B_1 的需求，比较其供应与需求，最大限度地满足销地的需求，即 $x_{11}=\min\{3,7\}$，将数值 3 填入该方格(见表 3-8)。这样产地 A_1 供应量剩余 7−3=4，销地 B_1 的

需求已满足，因此 x_{21}、x_{31} 就不需调运物资，即第一列其他各方格变量都取零值，见表 3-9，从而第一列在后面分析中不再考虑，去掉第一列。

表 3-8 西北角法 1

产 地	销 地				供应量
	B_1	B_2	B_3	B_4	
A_1	[3] 3	[11]	[3]	[10]	7
A_2	[1] 0	[9]	[2]	[8]	4
A_3	[7] 0	[4]	[10]	[5]	9
需求量	3	6	5	6	20

为简化表格形式，当决策变量取值为零时，其值在产销平衡表中省略，以后将取值为零的决策变量称为空格决策变量，一般与线性规划某个可行解的非基变量相对应，空格决策变量的检验数简称空格检验数。

第一列的决策变量确定了以后，这个运输问题就变成一个 3 个产地、3 个销地的运输问题，注意产地 A_1 的供应量变为 4，这是因为已经运走了 3 个单位物资到销地 B_1，见表 3-9。

表 3-9 西北角法 2

产 地	销 地			供应量
	B_2	B_3	B_4	
A_1	[11]	[3]	[10]	4
A_2	[9]	[2]	[8]	4
A_3	[4]	[10]	[5]	9
需求量	6	5	6	17

对表 3-9 重复上面的过程，找出其西北角方格 x_{12}，$x_{12}=\min\{6,4\}=4$，这时产地 A_1 的供应量全部调拨完毕，所以该行的决策变量调运量都已经确定，去掉该行，见表 3-10，就得到一个 2 个产地、3 个销地的运输问题，注意销地 B_2 的需求量变为 2。

表 3-10 西北角法 3

产 地	销 地			供应量
	B_2	B_3	B_4	
A_2	[9]	[2]	[8]	4
A_3	[4]	[10]	[5]	9
需求量	2	5	6	13

一直进行下去，直至所有的物资调运完毕，就得到一个初始调运方案，分配完所有的物资，见表3-11。上述过程旨在示范求解过程，实际求解时将表3-8中的行列去掉即可。

表3-11　西北角法4

产　地	销　地				供应量
	B_1	B_2	B_3	B_4	
A_1	3 3	11 4	3	10	7
A_2	1	9 2	2 2	8	4
A_3	7	4	10 3	5 6	9
需求量	3	6	5	6	20

西北角法确定出的初始调运方案为

$A_1 \to B_1$运3；$A_1 \to B_2$运4；$A_2 \to B_2$运2；$A_2 \to B_3$运2；$A_3 \to B_3$运3；$A_3 \to B_4$运6。

方案的运输总费用为

$$z = 3\times3 + 4\times11 + 2\times9 + 2\times2 + 3\times10 + 6\times5 = 135$$

2. 最小元素法

最小元素法是按照“最低运输成本优先集中供应”的原则，即运价最小的需求优先满足，从单位运价中最小的运价开始确定供需关系，然后依次找出单位运价的次小值，直至给出初始基本可行解。最小元素法的基本思想是就近供应，每一次都要求找出单位运价表中最小的元素，在运价表内对应的方格填入允许取得的最大数，若某行(列)的供应量(需求量)已满足，则把运价表中该运价所在行(列)去掉；再找出未去掉的单位运价中的最小数值。一直进行下去，直至得到一个基本可行解。

【例3.3】求表3-12所给运输问题的初始调运方案。

表3-12　单位运价表

产　地	销　地				供应量
	B_1	B_2	B_3	B_4	
A_1	12	13	10	11	7
A_2	10	12	14	10	9
A_3	14	11	15	12	7
需求量	3	5	7	8	23

解：首先在单位运价表中找出最小的运价(若几个同时为最小，则任取其中一个)，取最小单位运价$c_{21}=10$，这表示先将产地A_2产品供应给销地B_1是最经济的，故优先满足销地B_1的需求，$x_{21}=\min\{3,9\}=3$；在表3-13中的A_2B_1方格处填上3，这样销地B_1的需求

已满足，已不需要再向它供货，故在表3-13中去掉销地B_1所在的列；这时产地A_2的产量变为9−3=6，接着考虑这个运输问题。一直进行下去，就得到该运输问题的初始调运方案。

表3-13 最小元素法1

产 地	销 地				供应量
	B_1	B_2	B_3	B_4	
A_1	12	13	10 7	11	7
A_2	10 3	12	14	10 6	9
A_3	14	11 5	15	12 2	7
需求量	3	5	7	8	23

由表3-13可以看出，该初始调运方案只有5个决策变量的取值不为0。根据定理3.1，该运输问题可行基变量的个数应为3+4−1=6，说明这里得到的是一个退化可行解，有一个基变量取值为0。退化解会影响表上作业法——换基迭代的进行，当得到退化解时，要增加一些变量凑足初始可行基变量的个数$m+n-1$。一般选择在某行与某列只有一个基变量的交叉处，这些变量有助于构建运输问题的闭回路。尽管这些变量的取值等于零，但仍认为该方格有数(即认为是非空格决策变量)，并将其取值记为0，见表3-14。在换基迭代时仍要注意这种情况的出现，如果换基同时将几个基变量的取值都变成零，一定要将那些不作为换基变量的决策变量仍作为新基的基变量，尽管其取值为零，但仍要标上数值0，以保证基变量的个数不变。

表3-14 最小元素法2

产 地	销 地				供应量
	B_1	B_2	B_3	B_4	
A_1	12 0	13	10 7	11	7
A_2	10 3	12	14	10 6	9
A_3	14	11 5	15	12 2	7
需求量	3	5	7	8	23

最小元素法确定出的初始调运方案为

$A_1 \to B_3$运7；$A_2 \to B_1$运3；$A_2 \to B_4$运6；$A_3 \to B_2$运5；$A_3 \to B_4$运2。

方案的运输总费用为

$$z = 7\times10 + 3\times10 + 6\times10 + 5\times11 + 2\times12 = 239$$

【例3.4】用最小元素法求例3.2运输问题的初始调运方案。

解：采用最小元素法，确定的调运方案见表3-15。

初始调运方案为

$A_1 \to B_3$运4；$A_1 \to B_4$运3；$A_2 \to B_1$运3；$A_2 \to B_3$运1；$A_3 \to B_2$运6；$A_3 \to B_4$运3。

方案的运输总费用为

$$z = 4\times3 + 3\times10 + 3\times1 + 1\times2 + 6\times4 + 3\times5 = 86$$

表 3-15　调运方案

产　地	销　地				供应量
	B_1	B_2	B_3	B_4	
A_1	3	11	3 4	10 3	7
A_2	1 3	9	2 1	8	4
A_3	7	4 6	10	5 3	9
需求量	3	6	5	6	20

3. 差值法

差值法又称伏格尔法(Vogel 法)。最小元素法只考虑了局部的运输费用最小，有时为了节省某一处运费，可能会导致其他处的运输费用很大，缺乏对整个供需关系的考虑。差值法考虑产地与销地最小和次小运价的差额，如果差额很大，就选择最小运价先调运，不然就会增加总的费用。差值法具体包括以下几个步骤。

(1) 算出单位运价表各行各列中最小元素和次小元素差额的绝对值。

(2) 在差额最大的行或列中的最小元素处填上尽可能大的调运数(若几个差额同为最大，则可任取其一)。

(3) 这时必有一列或一行调运完毕，在剩下的运价表中再求最大差额，进行第二次调运，直至最后调运完毕，就得到一个初始调运方案。

由此可见，差值法同最小元素法除在确定供求关系的原则上不同外，其余步骤相同。实践结果表明，由差值法给出的初始解，比用西北角法或最小元素法给出的初始解更接近最优解，参看例 3.5。

【例 3.5】用差值法求例 3.2 的初始调运方案。

解：首先求各行各列最小和次小元素的差值，见表 3-16 中 k_i、l_j，由于 $\max\limits_{i,j}\left\{k_i, l_j\right\}=5$，选取第 2 列、第 3 行所对应最小运费所在的方格，填入最大调运数量 6，去掉第 2 列。

表 3-16　调运方案

产　地	销　地				供应量	k_i
	B_1	B_2	B_3	B_4		
A_1	3	11	3 5	10 2	7	0
A_2	1 3	9	2	8 1	4	1
A_3	7	4 6	10	5 3	9	1
需求量	3	6	5	6	20	
l_j	2	5	1	3		

重复上面的过程，直至得到初始调运方案。得到的初始调运方案为

$A_1 \to B_3$ 运 5；$A_1 \to B_4$ 运 2；$A_2 \to B_1$ 运 3；$A_2 \to B_4$ 运 1；$A_3 \to B_2$ 运 6；$A_3 \to B_4$ 运 3。

方案的运输总费用为

$$z = 5\times3 + 2\times10 + 3\times1 + 1\times8 + 6\times4 + 3\times5 = 85$$

西北角法、最小元素法和差值法这 3 种确定初始调运方案的方法各有千秋：西北角法比较机械，完全按照位置来找初始可行解，对于计算机编程来说较易实现；最小元素法、差值法较为灵活，其初始可行解比较接近最优解，所以换基迭代步骤较少，便于手工计算；差值法的计算最为烦琐，虽说更接近最优解，但在实际问题中多用最小元素法确定初始调运方案。

3.2.2 检验数的计算

用表上作业法计算检验数的方法有两种：一种是闭回路法；另一种是位势法。

1. 闭回路法

当初始调运方案确定后，就确定了运输问题的初始可行解，也就确定了基变量和非基变量。根据定理 3.2，对每一个非基变量可以找到而且只能找到唯一的一条闭回路，因而在决策变量表 3-5 中，从任一空格(没有调运量的格，即非基变量所在的格)出发，可找到唯一一条闭回路。

对于表 3-15 给出的初始调运方案，(A_1,B_1) 为一空格。如果从 (A_1,B_1) 空格出发，沿 (A_1,B_3)、(A_2,B_3)、(A_2,B_1) 3 个有数字的格，又回到 (A_1,B_1) 空格，从而形成 $(A_1,B_1) \to (A_1,B_3) \to (A_2,B_3) \to (A_2,B_1) \to (A_1,B_1)$ 闭回路，即变量

$$x_{11} \to x_{13} \to x_{23} \to x_{21} \to x_{11}$$

组成的闭回路，依此类推，可以找出所有空格的闭回路，见表 3-17，格 (A_i, B_j) 简记为 (i, j)。

表 3-17 闭回路

空格变量	空格位置	闭 回 路
x_{11}	(1, 1)	(1, 1)—(1, 3)—(2, 3)—(2, 1)—(1, 1)
x_{12}	(1, 2)	(1, 2)—(1, 4)—(3, 4)—(3, 2)—(1, 2)
x_{22}	(2, 2)	(2, 2)—(2, 3)—(1, 3)—(1, 4)—(3, 4)—(3, 2)—(2, 2)
x_{24}	(2, 4)	(2, 4)—(2, 3)—(1, 3)—(1, 4)—(2, 4)
x_{31}	(3, 1)	(3, 1)—(3, 4)—(1, 4)—(1, 3)—(2, 3)—(2, 1)—(3, 1)
x_{33}	(3, 3)	(3, 3)—(3, 4)—(1, 4)—(1, 3)—(3, 3)

根据单纯形法原理，要判断某个可行解是否为最优解，需要计算非基变量的检验数。用闭回路法求检验数时，对于给定的调运方案(基本可行解)，从非基变量 x_{ij} 出发作一条闭回路，并从 x_{ij} 开始将该闭回路上的顶点顺序编号(顺时针或逆时针均可)，起点为 0，依此类推。编号为奇数的点称为奇点，编号为偶数的点称为偶点，则 x_{ij} 对应的检验数 σ_{ij} 等于该闭回路上偶点处单位运价的总和与奇点处单位运价的总和之差，即

$$\sigma_{ij} = \text{偶点处单位运价的总和} - \text{奇点处单位运价的总和}$$

【例 3.6】求例 3.4 给出的可行解所对应的非基变量检验数。

解：在表 3-17 中，x_{12} 的闭回路为 $x_{12} \to x_{14} \to x_{34} \to x_{32} \to x_{12}$，以 x_{12} 为顶点编号，分别为 $0 \to 1 \to 2 \to 3 \to 0$，$x_{12}$ 的检验数为

$$\sigma_{12} = c_{12} + c_{34} - c_{14} - c_{32} = 11 + 5 - 10 - 4 = 2$$

其他非基变量检验数(也称空格检验数)的计算结果见表 3-18 中“( )”里边的数值。

表 3-18　空格检验数

产　地	销　地				供应量
	B_1	B_2	B_3	B_4	
A_1	3 (1)	11 (2)	3 4	10 3	7
A_2	1 3	9 (1)	2 1	8 (−1)	4
A_3	7 (10)	4 6	10 (12)	5 3	9
需求量	3	6	5	6	20

得出所有非基变量的检验数后，就可以对该调运方案是否最优作出判断。如果全部检验数均为正数或零，则调运方案一定为最优方案；如果检验数中仍存在负数，则调运方案不是最优方案。在表 3-18 中，因为检验数 $\sigma_{24} = -1$，所以该调运方案不是最优方案，需要进一步调整。

从检验数的计算公式可知，检验数是闭回路上单位运价的代数和，而单位运价是调运一个单位物资的运费。前面曾提到过闭回路是一个局部的调运方案，如表 3-18 中 x_{12} 的闭回路，就是一个局部调运方案，见表 3-19。

表 3-19　局部调运方案

产　地	销　地		供应量
	B_2	B_4	
A_1	11	10 3	3
A_3	4 6	5 3	9
需求量	6	6	

沿着 x_{12} 闭回路调整一个单位的运量，即偶点增加一个单位的运量，奇点减少一个单位的运量，得到表 3-20 的调运方案。

表 3-20　调运方案

产　地	销　地		供应量
	B_2	B_4	
A_1	11 1	10 2	3
A_3	4 5	5 4	9
需求量	6	6	

比较表 3-19 和表 3-20 这两个调运方案，可知调整后增加的运费恰好为

$$\begin{aligned}\sigma_{12} &= (1\times c_{12}+2\times c_{14}+4\times c_{34}+5\times c_{32})-(0\times c_{12}+3\times c_{14}+3\times c_{34}+6\times c_{32})\\ &=1\times c_{12}-1\times c_{14}+1\times c_{34}-1\times c_{32}\\ &=c_{12}-c_{14}+c_{34}-c_{32}\\ &=c_{12}+c_{34}-c_{14}-c_{32}\\ &=11+5-10-4=2\end{aligned}$$

这说明表 3-20 给出的调运方案不如表 3-19 给出的调运方案好，因为沿着闭回路调整一个单位的运量会增加 2 个单位的运费，所以表 3-19 给出的调运方案是最优的，不需调整表 3-19 给出的调运方案。

在表 3-18 中由于 $\sigma_{24}=-1$，说明沿着 x_{24} 的闭回路调整一个单位的运量，会使该调运方案的总运费减少一个单位，从这个局部说明表 3-18 给出的调运方案不是最优的，因而需要调整这个局部调运方案。闭回路法的主要缺点是当变量个数较多时，寻找闭回路以及计算都会产生困难。

2. 位势法

根据对偶理论，若设 $u_1,u_2,\cdots,u_m$ 分别表示前 m 个约束等式相应的对偶变量，$v_1,v_2,\cdots,v_n$ 分别表示后 n 个约束等式相应的对偶变量，则产销平衡运输问题式(3-1)的对偶问题为

$$\max w=\sum_{i=1}^{m}a_iu_i+\sum_{j=1}^{n}b_jv_j$$
$$\text{s.t.}\quad\begin{cases}u_i+v_j\leqslant c_{ij} & i=1,2,\cdots,m;\ j=1,2,\cdots,n\\ u_i,v_j\text{为任意实数}\end{cases}\tag{3-5}$$

显然该对偶问题有可行解。

根据互为对偶问题解的关系，运输问题式(3-1)的检验数为

$$\sigma_{ij}=c_{ij}-\boldsymbol{C}_B\boldsymbol{B}^{-1}\boldsymbol{P}_{ij}$$

式中，$\boldsymbol{C}_B\boldsymbol{B}^{-1}=(u_1,u_2,\cdots,u_m,v_1,v_2,\cdots,v_n)$，而每个决策变量 x_{ij} 的系数向量 $\boldsymbol{P}_{ij}=e_i+e_{m+j}$，这样 $\boldsymbol{C}_B\boldsymbol{B}^{-1}\boldsymbol{P}_{ij}=u_i+v_j$，$\sigma_{ij}=c_{ij}-\boldsymbol{C}_B\boldsymbol{B}^{-1}\boldsymbol{P}_{ij}=c_{ij}-(u_i+v_j)$。

从单纯形理论可知，所有基变量的检验数等于 0。若 x_{ij} 为基变量，则

$$\sigma_{ij}=c_{ij}-(u_i+v_j)=0\tag{3-6}$$

从而可以构建一组方程组解出 u_i、v_j，代入检验数 $\sigma_{ij}=c_{ij}-(u_i+v_j)$ 公式中，就可求出空格(非基变量)的检验数。

因为运输问题的可行基变量的个数为 $m+n-1$，所以可确定出检验数的 $m+n-1$ 个方程。为求出 $m+n$ 个变量对偶问题的解，需事先规定一个自由变量，一般选择 u_1 或 v_n，然后令 $u_1=0$ 或 $v_n=0$，就得出对偶问题的一个解。这样求得的对偶问题的解 u_i^* 与 v_j^* 分别称为对应调运方案的第 i 行的“行位势”、第 j 列的“列位势”，$u_i^*+v_j^*$ 为变量 x_{ij} 的位势，可以借助位势求出非基变量的检验数。如果某个对偶问题的解使得所有 $\sigma_{ij}=c_{ij}-(u_i+v_j)\geqslant 0$，那么该解就是对偶问题的可行解，根据定理 2.9，这时就得到原运输问题的最优解。

位势法可以在单位运价表上实现，其包括以下几个步骤。

(1) 在产销平衡表中，即调运方案中增加u_i行和v_j列，但在相应的基变量格(即数字格中)不是填写调运量，而是填写相应的运价，写在格的左上角。

(2) 令$u_1=0$或$v_n=0$，根据式(3-6)依一定次序计算u_i和v_j，将结果填写在表中。

(3) 将非基变量的运价填入相应格的左上角，根据式(3-6)计算相应的检验数σ_{ij}，将结果填入相应格(i, j)，写在该格的右下角。

【例 3.7】应用位势法求例 3.4 给出的初始可行解所对应的非基变量的检验数。

解：(1) 在表 3-18 上增加一行一列，在列中填入$u_i (i=1,2,3)$，在行中填入$v_j (j=1,2,3,4)$，得表 3-21。令$u_1=0$，然后按照$c_{ij}=u_i+v_j$，确定出u_i、v_j，填入表 3-21 中。如$c_{13}=u_1+v_3$，可得$v_3=3$，依此类推，确定所有的u_i、v_j。

表 3-21 空格检验数

产地	销地				u_i
	B1	B2	B3	B4	
A_1	3	11	3 4	10 3	0
A_2	1 3	9	2 1	8	−1
A_3	7	4 6	10	5 3	−5
v_j	2	9	3	10	

(2) 利用公式$\sigma_{ij}=c_{ij}-u_i-v_j$，计算所有的空格检验数，如

$$\sigma_{11}=c_{11}-u_1-v_1=3-0-2=1$$

$$\sigma_{12}=c_{12}-u_1-v_2=11-0-9=2$$

将计算结果填入表 3-22，由于x_{24}的检验数为负，说明该解不是最优解，还需继续改进。

表 3-22 空格检验数

产地	销地				u_i
	B1	B2	B3	B4	
A_1	3 (1)	11 (2)	3 4	10 3	0
A_2	1 3	9 (1)	2 1	8 (−1)	−1
A_3	7 (10)	4 6	10 (12)	5 3	−5
v_j	2	9	3	10	

当运输问题的产地与销地很多时，空格的数目很多，用闭回路法计算检验数，要找很多的闭回路，计算量很大，而用位势法就简便得多。

3.2.3 闭回路的调整

当初始基本可行解非基变量的检验数出现负数时，便需换基迭代，具体包括以下几个步骤。

(1) 若有两个和两个以上的负检验数时，一般选择其中最小的负检验数，以它对应的空格为调入格，以此格为出发点，作一闭回路，并从该空格出发，沿闭回路，将各顶点依次编号，空格编号为0。

表3-22中只有一个负检验数$\sigma_{24}=-1$，以空格(A_2,B_4)为出发点，考虑闭回路$(A_2,B_4)\to(A_2,B_3)\to(A_1,B_3)\to(A_1,B_4)\to(A_2,B_4)$，见表3-23。

表3-23 闭回路

产地	销地			
	B₁	B₂	B₃	B₄
A_1			3 / 4	10 / 3
A_2			2 / 1	8 / (−1)
A_3				

(2) 取奇点所在格中最小的运量，即令$\theta=\min(3,1)=1$，然后在闭回路中偶点增加θ、奇点减少θ，得出新的调运方案，见表3-24。

表3-24 新调运方案

产地	销地			
	B_1	B_2	B_3	B_4
A_1	3	11	3 / 5	10 / 2
A_2	1 / 3	9	2	8 / 1
A_3	7	4 / 6	10	5 / 3

重新计算空格检验数，见表3-25。如果所有的检验数都为正数或零，那么求出的就是最优解，否则，重复上述过程。

表3-25 空格检验数

产地	销地				供应量
	B_1	B_2	B_3	B_4	
A_1	3 / (0)	11 / (2)	3 / 5	10 / 2	7
A_2	1 / 3	9 / (2)	2 / (1)	8 / 1	4
A_3	7 / (9)	4 / 6	10 / (12)	5 / 3	9
需求量	3	6	5	6	20

表 3-25 中的所有检验数都非负，故表 3-25 中的解为最优解，最小总运费为

$$5\times3+2\times10+3\times1+1\times8+6\times4+3\times5=85$$

3.3　其他形式的运输问题

产销平衡运输问题相当于标准型的线性规划，在实际中经常还会遇到一些其他的运输问题，解决的主要方法是将这些问题都转化为产销不平衡运输问题。

3.3.1　产销不平衡的运输问题

产销不平衡的运输问题分为两类：一是供大于求的运输问题；二是供不应求的运输问题。

1. 供大于求的运输问题

供大于求的运输问题，即在 $\sum_{i=1}^{m}a_i > \sum_{j=1}^{n}b_j$ 的情况下，求 $\min z=\sum_{j=1}^{n}\sum_{i=1}^{m}c_{ij}x_{ij}$ (总费用最少)，得线性规划模型为

$$\min z=\sum_{j=1}^{n}\sum_{i=1}^{m}c_{ij}x_{ij}$$

$$\text{s.t.}\begin{cases}\sum_{j=1}^{n}x_{ij}\leqslant a_i, & i=1,2,\cdots,m\\ \sum_{i=1}^{m}x_{ij}=b_j, & j=1,2,\cdots,n\\ x_{ij}\geqslant 0, & i=1,2,\cdots,m;\ j=1,2,\cdots,n\end{cases} \tag{3-7}$$

式(3-7)仍然是一个线性规划问题，求解时要变为标准型的线性规划，为此，将约束条件的前 m 个不等式添加松弛变量 $x_{i,n+1}\geqslant 0$，这样不等式约束就变成 $\sum_{j=1}^{n}x_{ij}+x_{i,n+1}=a_i$ 等式约束，模型就变为

$$\min z=\sum_{j=1}^{n}\sum_{i=1}^{m}c_{ij}x_{ij}$$

$$\text{s.t.}\begin{cases}\sum_{j=1}^{n}x_{ij}+x_{i,n+1}=a_i, & i=1,2,\cdots,m\\ \sum_{i=1}^{m}x_{ij}=b_j, & j=1,2,\cdots,n\\ x_{ij}\geqslant 0, & i=1,2,\cdots,m;\ j=1,2,\cdots,n,n+1\end{cases}$$

对照式(3-1)，将前 m 行相加减去后 n 行就得到 $\sum_{i=1}^{m}x_{i,n+1}=\sum_{i=1}^{m}a_i-\sum_{j=1}^{n}b_j=b_{n+1}$，因而可以添加一个冗余约束 $\sum_{i=1}^{m}x_{i,n+1}=b_{n+1}$，将式(3-7)变为产销平衡的运输问题。

$$\min z=\sum_{j=1}^{n}\sum_{i=1}^{m}c_{ij}x_{ij}$$

$$\text{s.t.}\begin{cases}\sum_{j=1}^{n}x_{ij}+x_{i,n+1}=a_i, & i=1,2,\cdots,m\\ \sum_{i=1}^{m}x_{ij}=b_j, & j=1,2,\cdots,n\\ \sum_{i=1}^{m}x_{i,n+1}=b_{n+1}, & \\ x_{ij}\geqslant 0, & i=1,2,\cdots,m;\ j=1,2,\cdots,n,n+1\end{cases}$$

事实上，上面的模型就是 m 个产地和 $n+1$ 个销地的产销平衡运输问题，相当于增加了一个“虚拟”销地，由于该销地并不存在，每个产地的剩余物资只能留在原产地，因此产地 A_i 运到销地 B_{n+1} 的单位运价为 $c_{i,n+1}=0$，而该销地的销量是 b_{n+1}。因而供大于求运输问题的求解思路是添加一个虚拟销地，转化为平衡运输问题来处理。

2. 供不应求的运输问题

供不应求的运输问题，即在 $\sum_{i=1}^{m}a_i<\sum_{j=1}^{n}b_j$ 的情况下，求 $\min z=\sum_{j=1}^{n}\sum_{i=1}^{m}c_{ij}x_{ij}$，得线性规划模型为

$$\min z=\sum_{j=1}^{n}\sum_{i=1}^{m}c_{ij}x_{ij}$$

$$\text{s.t.}\begin{cases}\sum_{j=1}^{n}x_{ij}=a_i, & i=1,2,\cdots,m\\ \sum_{i=1}^{m}x_{ij}\leqslant b_j, & j=1,2,\cdots,n\\ x_{ij}\geqslant 0, & i=1,2,\cdots,m;\ j=1,2,\cdots,n\end{cases}\tag{3-8}$$

这时可加入一个虚设的产地 A_{m+1} 去生产不足的物资，相当于后面 n 个约束条件中都添加一个松弛变量。假设它的供给量为 $\sum_{j=1}^{n}b_j-\sum_{i=1}^{m}a_i=a_{m+1}$，以其生产的物资去弥补各销地需求量的不足；实际上各销地得不到该产地提供的物资，因而产地 A_{m+1} 到销地 B_j 的运费应为 $c_{m+1,j}=0$，从而将供不应求的运输问题转化为产销平衡的运输问题。

【例 3.8】某公司在不同地区有 A_1、A_2 和 A_3 三个工厂，产品将运往 B_1、B_2、B_3 和 B_4 四个地区销售，其单位运价表见表 3-26，试建立产销平衡的运输问题的数学模型。

表 3-26 单位运价表

产地	销地				供应量 a_i
	B_1	B_2	B_3	B_4	
A_1	6	10	16	8	60
A_2	14	8	16	12	100
A_3	20	6	10	4	120
需求量 b_j	30	20	80	90	220/280

例 3.8

解：这是一个供大于求的物资调运问题，故增加一个虚拟的销地 B_5， B_5 的需求量为 $b_5 = 280 - 220 = 60$，令 $c_{i5} = 0$， $i = 1, 2, 3$，该供需平衡运输问题的数学模型为

$$\min z = \sum_{j=1}^{5}\sum_{i=1}^{3} c_{ij} x_{ij}$$

$$\text{s.t.} \begin{cases} \sum_{j=1}^{5} x_{ij} = a_i, & i = 1, 2, 3 \\ \sum_{i=1}^{3} x_{ij} = b_j, & j = 1, 2, 3, 4, 5 \\ x_{ij} \geqslant 0, & i = 1, 2, 3;\ j = 1, 2, 3, 4, 5 \end{cases}$$

实际上，上述模型可以从单位运价表 3-27 简单明了地得出。

表 3-27　单位运价表

产　　地	销　　地					供应量 a_i
	B_1	B_2	B_3	B_4	B_5	
A_1	6	10	16	8	0	60
A_2	14	8	16	12	0	100
A_3	20	6	10	4	0	120
需求量 b_j	30	20	80	90	60	280

该问题的最优调运方案见表 3-28。

表 3-28　最优调运方案

产　　地	销　　地					供应量 a_i
	B_1	B_2	B_3	B_4	B_5	
A_1	30			30		60
A_2		20	20		60	100
A_3			60	60		120
需求量 b_j	30	20	80	90	60	280

3.3.2　禁运与封锁的运输问题

在实际的物资运输管理中常遇到以下情况，某种物资不能从产地 A_i 运往销地 B_j，或者销地 B_j 不接收从产地 A_i 调入的物资，称前者为产地 A_i 对销地 B_j 的禁运，后者为销地 B_j 对产地 A_i 的封锁。造成禁运或封锁的因素很多，例如产地 A_i 与销地 B_j 之间没有运输线，或者由于自然灾害造成了原有交通运输线的中断，这样就形成了产地 A_i 对销地 B_j 的禁运；如果物资需通过铁路、航空运输，由于运输能力有限，有关部门暂时禁止这批物资通过其所管辖的路段，也人为地造成了产地 A_i 对销地 B_j 的禁运；由于某种经济原因，如质量问题或合同约束，销地 B_j 拒绝接收产地 A_i 的物资，从而形成销地 B_j 对产地 A_i 的封锁。

禁运和封锁给物资运输管理工作带来的后果是在制定物资调运方案时，必须使物资从产地 A_i 到销地 B_j 的调运量为零。也就是说，在数学模型中要增加约束条件 $x_{ij} = 0$，去掉这个约束条件使模型转化为运输问题的方法是：将产地 A_i 到销地 B_j 的运价 c_{ij} 修改为一个充

分大的正数M，从而使得任意一个含有$x_{ij} \neq 0$的调运方案均不可能成为最优方案，这样在得到了相应的运输问题的最优调运方案时，约束条件$x_{ij}=0$自动地得到了满足，与线性规划的大M法相对应。

【例 3.9】供需双方在协商后签订了一个供货合同，合同规定为6个地区(记为$B_1, B_2, \cdots, B_6$)提供某种物资并负责物资的运输，同时规定B_2和B_4的物资只能由产地A_1或A_2调入，各地的供给量、需求量和单位运价由表3-29给出，试求满足合同要求的最优调运方案。

表 3-29 单位运价表

产　地	销　地						供应量
	B_1	B_2	B_3	B_4	B_5	B_6	
A_1	3	5	7	9	2	8	150
A_2	1	3	2	6	4	5	180
A_3	2	2	6	3	4	6	120
需求量	70	80	40	140	60	60	450

解：合同要求B_2和B_4的物资只能由A_1或A_2供给，形成了B_2和B_4对A_3的封锁。将c_{32}和c_{34}改为M，见表3-30。

表 3-30 单位运价表

产　地	销　地						供应量
	B_1	B_2	B_3	B_4	B_5	B_6	
A_1	3	5	7	9	2	8	150
A_2	1	3	2	6	4	5	180
A_3	2	M	6	M	4	6	120
需求量	70	80	40	140	60	60	450

应用表上作业法求解该运输问题，得到最优调运方案，见表3-31。

表 3-31 最优调运方案

产　地	销　地						供应量
	B_1	B_2	B_3	B_4	B_5	B_6	
A_1	10	80			60		150
A_2			40	140			180
A_3	60					60	120
需求量	70	80	40	140	60	60	450

3.3.3 运力限制的运输问题

在制定物资调运方案时，管理人员应该考虑物资所经路段的运输能力。设A_i到B_j路段的运输能力为d_{ij}，如果A_i的供应量和B_j的需求量都大于d_{ij}，则从A_i到B_j的物资调运量至多为d_{ij}。也就是说，在物资调运时，A_i到B_j路段存在运输能力的限制，此时相应的数学模型中应增加运输能力约束条件，即有$x_{ij} \leqslant d_{ij}$。将这种类型的问题转化为运输问题模型时，B_j 可以想象为两个销地 B'_j 和 B''_j，规定 B'_j 的需求量为 d_{ij}，从而使得 A_i 到 B'_j(实际上为 A_i 到 B_j)路段不再有运输能力的限制，同时规定 B''_j 的需求量为 $b_j - d_{ij}$，且 B''_j 对 A_i 封锁，这样就不会有多于 d_{ij} 的物资经过 A_i 到 B_j 的路段。

【例 3.10】某运输公司可承担某种物资的运输任务，有关数据由表 3-32 给出，其中 c_{ij} 表示单位物资从 A_i 到 B_j 的运价。有关部门在 A_1 到 B_3、A_2 到 B_1、A_2 到 B_4 3 个路段给出该公司的物资通过限量分别为 15、15 和 10。应如何制定物资调运方案，才能使运输的总成本最小。

表 3-32　单位运价表 1

产　地	销　地				供应量
	B_1	B_2	B_3	B_4	
A_1	9	5	3	10	25
A_2	6	3	7	2	55
A_3	3	8	4	2	20
需求量	45	15	20	20	100

解：由于 A_2 的供应量和 B_1 的需求量都大于该路段的限制量，上述问题在 A_2 到 B_1 路段具有运输能力限制。为建立该问题的运输问题模型，将 B_1 视为两个销地 B'_1 和 B''_1，需求量分别为 15 和 30，且 B''_1 对 A_2 封锁。同样处理另外两个有运输能力限制的路段，A_1 到 B_3 和 A_2 到 B_4，具体的处理结果见表 3-33。

表 3-33　单位运价表 2

产　地	销　地							供应量
	B'_1	B''_1	B_2	B'_3	B''_3	B_4	B''_4	
A_1	9	9	5	3	M	10	10	25
A_2	6	M	3	7	7	2	M	55
A_3	3	3	8	4	4	2	2	20
需求量	15	30	15	15	5	10	10	100

应用表上作业法求解，得到最优调运方案，见表 3-34。

表 3-34　最优调运方案

产　地	销　地							供应量
	B'_1	B''_1	B_2	B'_3	B''_3	B_4	B''_4	
A_1		20		5				25
A_2	15		15	10	5	10		55
A_3		10					10	20
需求量	15	30	15	15	5	10	10	100

将 B'_j 和 B''_j 合并视为 B_j $(j=1,3,4)$，就得到可行的调运方案，见表 3-35。

表 3-35 可行调运方案

产 地	销 地				供应量
	B_1	B_2	B_3	B_4	
A_1	20		5		25
A_2	15	15	15	10	55
A_3	10			10	20
需求量	45	15	20	20	100

3.3.4 弹性需求的运输问题

在现实供应链中，终端需求常常是变化的，所以其产量和销量并不是一个确定的数值，而可能在某个范围内取值。这个问题的处理方法一般有两种，一是根据所取范围的最大值和最小值，适当增加产地或销地，将问题转化为产销平衡的运输问题；二是直接建立数学模型求解。下述示例为第一种解决问题的方法。

【例 3.11】设有 3 个化肥厂(A)供应 4 个地区(B)的农用化肥，假定等量的化肥在这些地区使用效果相同，已知各化肥厂年产量、各地区的需要量及从各化肥厂到各地区的单位运价表如表 3-36 所示，试给出总运费最少的调运方案。

表 3-36 产地到销地的单位运价表

产 地	销 地				供应量
	B_1	B_2	B_3	B_4	
A_1	16	13	22	17	50
A_2	14	13	19	15	60
A_3	19	20	23	—	50
最低需求量	30	70	0	10	
最高需求量	50	70	30	不限	

解：地区 B_4 的最高需求是当其他地区最低需求被满足时，供应该销地的数量。

地区 B_4 的最高需求=50+60+50−30−70=60

总产量=50+60+50=160

最低需求量=30+70+10=110

最高需求量=50+70+30+60=210

根据上面的计算和 A_3 到 B_4 不能调运化肥，将其运价改写为 M，如表 3-37 所示。

表 3-37 调整后的单位运价表

产 地	销 地				供应量
	B_1	B_2	B_3	B_4	
A_1	16	13	22	17	50
A_2	14	13	19	15	60
A_3	19	20	23	M	50
A_4	0	0	0	0	50
最低需求量	30	70	0	10	
最高需求量	50	70	30	60	

这就是具有弹性需求的运输问题，要将问题转化为产销平衡问题进行求解，需进行以下几个方面的调整。

(1) 将地区划分为刚性需求地区和弹性需求地区。弹性需求地区要求满足该地区的最低需求，最高需求和最低需求之差应尽可能满足，运价不变。为此将弹性需求地区的需求按最低需求拆分为刚性需求部分(最低需求)和弹性需求部分(最高需求和最低需求之差)，为简化描述，将它们仍称为刚性需求地区和弹性需求地区。

(2) 增加一个虚拟化肥厂 A_4，使其产销平衡。

(3) 刚性需求地区的需求必须满足，因此虚拟化肥厂不能向刚性需求地区运输化肥，即将虚拟化肥厂到刚性需求地区的运费设为无限大 M 。

因此，新的产销量及单位运价表如表 3-38 所示。

表 3-38　平衡化后的单位运价表

产　　地	销　　地						供应量
	B_1'	B_1''	B_2	B_3	B_4'	B_4''	
A_1	16	16	13	22	17	17	50
A_2	14	14	13	19	15	15	60
A_3	19	19	20	23	M	M	50
A_4	M	0	M	0	M	0	50
需求量	30	20	70	30	10	50	210\210

该问题可转化为 4 个产地和 6 个销地的运输问题，应用表上作业法可得最优调运方案，见表 3-39 所示。

表 3-39　最优调运方案

产　　地	销　　地						供应量
	B_1'	B_1''	B_2	B_3	B_4'	B_4''	
A_1			50				50
A_2			20		10	30	60
A_3	30	20					50
A_4				30		20	50
需求量	30	20	70	30	10	50	210\210

最后将表 3-39 需求地区的运量按行合并，即原来如何拆分就如何合并，得到该问题的最优调运方案。这类问题的处理方法是先将其化为平衡的运输问题，有时还需遵循禁运与封锁原则，即当物资不能从一个产地直接到达销地时，对这两地实行禁运与封锁，接着应用表上作业法求出其最优解。比较复杂的弹性需求问题也可借助第二类数学模型方法求解，具体问题具体分析。

3.4　指派问题

指派问题也称分配或配置问题，是资源合理配置或最优匹配问题。指派问题通常划分为标准和非标准的指派问题。

3.4.1 指派问题的引入

在现实生活中，有各种性质的指派问题。例如，有若干项工作需要分配给若干人(或部门)来完成；有若干项合同需要选择若干个投标者来承包；有若干个班级需要安排在若干个教室上课等。诸如此类的问题，它们的基本要求是在满足特定的指派要求条件下，使指派方案的总体效果最佳。

【例 3.12】某厂拟派 4 个维修小组去维修 4 台机车，他们相应地完成工作所需时间 c_{ij} $(i, j = 1, 2, 3, 4)$ 由表 3-40 给出。如何安排每个小组的工作才能使完成任务的总时间最少？

表 3-40 维修工作时间表 单位：天

小组	机车			
	1	2	3	4
1	2	15	13	4
2	10	4	14	15
3	9	14	16	13
4	7	8	11	9

解：该指派问题是安排维修小组去维修机车，其决策变量为

$$x_{ij} = \begin{cases} 1, & \text{指派第 } i \text{ 个小组维修第 } j \text{ 台机床} \\ 0, & \text{不指派第 } i \text{ 个小组维修第 } j \text{ 台机床} \end{cases} \quad i, j = 1, 2, 3, 4$$

由于第 j 台机车必须且只需有一个小组去维修，得任务约束条件为

$$\sum_{i=1}^{4} x_{ij} = 1, \quad j = 1, 2, 3, 4$$

同样，第 i 个小组能且只能维修一台机车，得人员约束条件为

$$\sum_{j=1}^{4} x_{ij} = 1, \quad i = 1, 2, 3, 4$$

例 3.12

目标函数为完成任务总时间最少，得该问题的数学模型为

$$\min z = \sum_{j=1}^{4}\sum_{i=1}^{4} c_{ij}x_{ij} = 2x_{11} + 15x_{12} + \cdots$$

$$\text{s.t.} \begin{cases} \sum_{j=1}^{4} x_{ij} = 1, \quad i = 1, 2, 3, 4 \\ \sum_{i=1}^{4} x_{ij} = 1, \quad j = 1, 2, 3, 4 \\ x_{ij} = 0, 1, \quad i, j = 1, 2, 3, 4 \end{cases}$$

【例 3.13】某商业公司计划开办 5 家新商店。为了尽早建成营业，商业公司决定由 5 家建筑公司分别承建。已知建筑公司 A_i $(i = 1, 2, 3, 4, 5)$ 对新商店 B_j $(j = 1, 2, 3, 4, 5)$ 的建造费用的报价(单位为万元)为 c_{ij} $(i, j = 1, 2, 3, 4, 5)$，见表 3-41。商业公司应当对 5 家建筑公司怎样分派建筑任务，才能使总的建筑费用最少？

表 3-41 建造费用报价 单位：万元

建筑公司	商店				
	B_1	B_2	B_3	B_4	B_5
A_1	4	8	7	15	12
A_2	7	9	17	14	10
A_3	6	9	12	8	7
A_4	6	7	14	6	10
A_5	6	9	12	10	6

解：该指派问题是安排建筑公司去承建商店，其决策变量为

$$x_{ij}=\begin{cases}1, & \text{指派 } A_i \text{ 承建商店 } B_j\\ 0, & \text{不指派 } A_i \text{ 承建商店 } B_j\end{cases} \quad i,j=1,2,3,4,5$$

则该问题的数学模型为

$$\min z=\sum_{j=1}^{4}\sum_{i=1}^{4}c_{ij}x_{ij}=4x_{11}+8x_{12}+\cdots$$

$$\text{s.t.}\begin{cases}\sum_{j=1}^{5}x_{ij}=1, & i=1,2,3,4,5\\ \sum_{i=1}^{5}x_{ij}=1, & j=1,2,3,4,5\\ x_{ij}=0,1, & i,j=1,2,3,4,5\end{cases}$$

显然指派问题与运输问题类似，该问题的指派平衡表见表 3-42。

表 3-42 指派平衡表

建筑公司	商店					任务
	B_1	B_2	B_3	B_4	B_5	
A_1	(4) x_{11}	(8) x_{12}	(7) x_{13}	(15) x_{14}	(12) x_{15}	1
A_2	(7) x_{21}	(9) x_{22}	(17) x_{23}	(14) x_{24}	(10) x_{25}	1
A_3	(6) x_{31}	(9) x_{32}	(12) x_{33}	(8) x_{34}	(7) x_{35}	1
A_4	(6) x_{41}	(7) x_{42}	(14) x_{43}	(6) x_{44}	(10) x_{45}	1
A_5	(6) x_{51}	(9) x_{52}	(12) x_{53}	(10) x_{54}	(6) x_{55}	1
公司数	1	1	1	1	1	5

3.4.2 标准指派问题的数学模型

指派问题的一般说法是：有 n 项任务，需分配给 n 个人员(或设备)去完成，已知每个人员完成某项工作的效率(或成本等)为 c_{ij}，如何给每个人员指派一项工作，使得完成任务的总效率最高(或总成本最少)，见表 3-43。

表 3-43 指派问题

人员	任务			
	1	2	…	n
1	c_{11}	c_{12}	…	c_{1n}
2	c_{21}	c_{22}	…	c_{2n}
⋮	⋮	⋮	⋮	⋮
n	c_{n1}	c_{n2}	…	c_{nn}

为了建立标准指派问题的数学模型，引入 n^2 个 0−1 变量：

$$x_{ij}=\begin{cases}1, & \text{指派第}\, i\, \text{个人做第}\, j\, \text{项工作} \\ 0, & \text{不指派第}\, i\, \text{个人做第}\, j\, \text{项工作}\end{cases} \quad i,j=1,2,\cdots,n$$

这样，该指派问题的数学模型可写成

$$\min z=\sum_{j=1}^{n}\sum_{i=1}^{n}c_{ij}x_{ij}$$

$$\text{s.t.}\begin{cases}\sum_{j=1}^{n}x_{ij}=1, \quad i=1,2,\cdots,n & (3\text{-}9) \\ \sum_{i=1}^{n}x_{ij}=1, \quad j=1,2,\cdots,n & (3\text{-}10) \\ x_{ij}=0,1, \quad i,j=1,2,\cdots,n\end{cases}$$

式(3-9)表示每件事必有且只有一个人去做，式(3-10)表示每个人必做且只做一件事。指派问题是产量(a_i)、销量(b_j)相等，且 $a_i=b_j=1(i,j=1,2,\cdots,n)$的运输问题。

表 3-43 中的数据可用一个矩阵 $\boldsymbol{C}$ 表示，称为效率矩阵(在其他问题中，可根据实际意义称为费用矩阵等)，其元素 c_{ij} 体现了第 i 个人完成第 j 项工作时的效率，即

$$\boldsymbol{C}=[c_{ij}]_{n\times n}=\begin{bmatrix}c_{11} & c_{12} & \cdots & c_{1n} \\ c_{21} & c_{22} & \cdots & c_{2n} \\ \vdots & \vdots & & \vdots \\ c_{n1} & c_{n2} & \cdots & c_{nn}\end{bmatrix}$$

决策变量 x_{ij} 排成的 $n\times n$ 矩阵为

$$\boldsymbol{X}=[x_{ij}]_{n\times n}=\begin{bmatrix}x_{11} & x_{12} & \cdots & x_{1n} \\ x_{21} & x_{22} & \cdots & x_{2n} \\ \vdots & \vdots & & \vdots \\ x_{n1} & x_{n2} & \cdots & x_{nn}\end{bmatrix}$$

称为决策变量矩阵。

指派问题解的特征是：它有 n 个 1，其他都是 0，即这 n 个 1 位于决策变量矩阵的不同行、不同列，每一种情况为指派问题的一个可行解，共有 $n!$ 个解。指派问题是：把这 n 个 1 放到 $\boldsymbol{X}$ 的 n^2 个位置的什么地方可使耗费的总资源最少(解最优)？

对于效率矩阵 $\boldsymbol{C}=\begin{bmatrix}5 & 0 & 2 & 0\\2 & 3 & 0 & 0\\0 & 5 & 6 & 7\\4 & 8 & 0 & 0\end{bmatrix}$，决策变量矩阵为

$$\boldsymbol{X}^{(1)}=\begin{bmatrix}0 & 1 & 0 & 0\\0 & 0 & 0 & 1\\1 & 0 & 0 & 0\\0 & 0 & 1 & 0\end{bmatrix},\qquad \boldsymbol{X}^{(2)}=\begin{bmatrix}0 & 1 & 0 & 0\\0 & 0 & 1 & 0\\1 & 0 & 0 & 0\\0 & 0 & 0 & 1\end{bmatrix}$$

都是指派问题的最优解。

3.4.3 指派问题的求解

指派问题既是一类特殊的整数规划问题，又是特殊的运输问题，因此可以用多种相应的解法来求解，然而这些解法都没有充分利用指派问题的特殊性质，有效地减少计算量，直到 1955 年库恩提出的匈牙利法才有效地解决了指派问题。

1. 匈牙利法的理论基础

定义 3.2 独立零元素组 在效率矩阵 $\boldsymbol{C}$ 中，有一组在不同行不同列的零元素，称为独立零元素组，其每个元素称为独立零元素。

【例 3.14】已知效率矩阵 $\boldsymbol{C}=\begin{bmatrix}5 & 0 & 2 & 0\\2 & 3 & 0 & 0\\0 & 5 & 6 & 7\\4 & 8 & 0 & 0\end{bmatrix}$，求其独立零元素组。

解：可行解 $\{c_{12}=0, c_{24}=0, c_{31}=0, c_{43}=0\}$ 是一个独立零元素组，$c_{12}=0$，$c_{24}=0$，$c_{31}=0$，$c_{43}=0$ 分别称为独立零元素；$\{c_{12}=0, c_{23}=0, c_{31}=0, c_{44}=0\}$也是一个独立零元素组；而$\{c_{14}=0, c_{23}=0, c_{31}=0, c_{44}=0\}$ 就不是一个独立零元素组，因为 $c_{14}=0$ 与 $c_{44}=0$ 这两个零元素位于同一列。

根据上述对效率矩阵中零元素的分析，令效率矩阵 $\boldsymbol{C}$ 中出现的独立零元素组中零元素所处的位置 x_{ij} =1，其余的 x_{ij} =0，就可找到指派问题的一个最优解。

例 3.14 的解 $\boldsymbol{X}^{(1)}=\begin{bmatrix}0 & 1 & 0 & 0\\0 & 0 & 0 & 1\\1 & 0 & 0 & 0\\0 & 0 & 1 & 0\end{bmatrix}$，$\boldsymbol{X}^{(2)}=\begin{bmatrix}0 & 1 & 0 & 0\\0 & 0 & 1 & 0\\1 & 0 & 0 & 0\\0 & 0 & 0 & 1\end{bmatrix}$都是其最优解。

但是有的问题的效率矩阵 $\boldsymbol{C}$ 中独立零元素的个数不够 n 个，这样就无法求出最优指派方案，需进行进一步的分析。

定理 3.3 设指派问题的效率矩阵为 $\boldsymbol{C}=[c_{ij}]_{n\times n}$，若将该矩阵的某一行(或某一列)的各个元素都减去同一个常数 k (k 可正可负)，得到新的效率矩阵 $\boldsymbol{C}'=[c'_{ij}]_{n\times n}$，则以 $\boldsymbol{C}'$ 为效率矩阵的新的指派问题与原指派问题的最优解相同。

推论 若将指派问题的效率矩阵每一行或每一列分别减去各行或各列的最小元素，则得到的新的指派问题与原指派问题有相同的最优解。

定理 3.4 效率矩阵 $\boldsymbol{C}$ 中独立零元素的最多个数等于能覆盖所有零元素的最少直线数。

2. 匈牙利法求解步骤

基于上面的定理，匈牙利法可分为以下 4 个步骤，如图 3-4 所示。

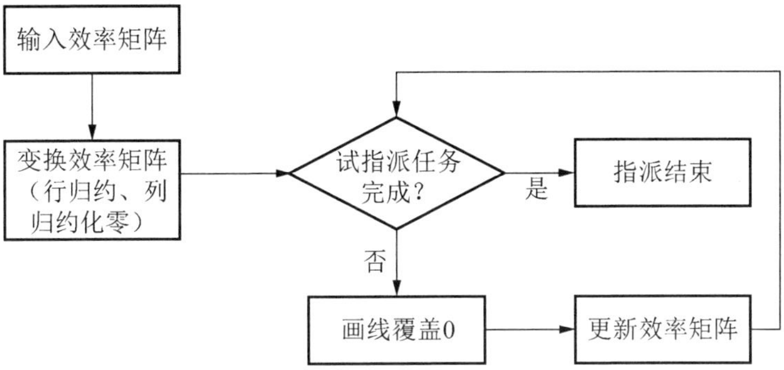

图 3-4 匈牙利法步骤

1) 变换效率矩阵，将各行各列都减去当前各行、各列中最小元素

若第 i 行只有一个零元素 $c_{ij}=0$，表示第 i 个人做第 j 件工作效率最高，因此优先指派第 i 个人做第 j 件工作。

变换效率矩阵 $\boldsymbol{C}=[c_{ij}]$。

$$[c_{ij}]=\begin{bmatrix} 2 & 15 & 13 & 4 \\ 10 & 4 & 14 & 15 \\ 9 & 14 & 16 & 13 \\ 7 & 8 & 11 & 9 \end{bmatrix}\begin{matrix} 2 \\ 4 \\ 9 \\ 7 \end{matrix} \rightarrow \underset{\begin{matrix} 0 & \ 0 & \ 4 & \ 2 \end{matrix}}{\begin{bmatrix} 0 & 13 & 11 & 2 \\ 6 & 0 & 10 & 11 \\ 0 & 5 & 7 & 4 \\ 0 & 1 & 4 & 2 \end{bmatrix}} \rightarrow \begin{bmatrix} 0 & 13 & 7 & 0 \\ 6 & 0 & 6 & 9 \\ 0 & 5 & 3 & 2 \\ 0 & 1 & 0 & 0 \end{bmatrix}=[b_{ij}]$$

这样得到的新矩阵 $[b_{ij}]$ 中，每行每列都必然出现零元素。

2) 标记新矩阵的独立零元素

(1) 进行行检验。对变换后的效率矩阵进行逐行检验，若某行只有一个未标记的零元素，用“*”将该零元素做标记，然后将被标记的零元素所在列的其他未标记的零元素用“×”标记。

如 $[b_{ij}]$ 中第 3 行只有一个未标记的零元素，用“*”分别将它们做标记，然后用“×”标记第 1 列其他未被标记的零元素。重复行检验，直到每一行都没有未被标记的零元素或至少有两个未被标记的零元素。

(2) 进行列检验。与行检验过程类似，对进行了行检验的矩阵逐列进行检验，若每列只有一个未被标记的零元素，用“*”将该零元素标记，然后将该元素所在行的其他未被标记的零元素用“×”标记。重复上述列检验，直到每一列都没有未被标记的零元素或有两个未被标记的零元素。

这时可能出现以下 3 种情况：①每一行均有标记“*”出现，“*”的个数 m 恰好等于 n；②存在未标记的零元素，但它们所在的行和列中，未标记过的零元素均至少有两个；③不存在未被标记过的零元素，“*”的个数 $m<n$。

(3) 进行试指派。若情况①出现，则可进行试指派：令“*”记号的决策变量取值为 1，其他决策变量取值均为零，得到一个最优指派方案，停止计算。

$[b_{ij}]$标记后，出现了情况①，可令 $x_{14}=1$，$x_{22}=1$，$x_{31}=1$，$x_{43}=1$，其余 $x_{ij}=0$，即为最优指派。

$$[b_{ij}]=\begin{bmatrix} 0^{\times} & 13 & 7 & 0^{*} \\ 6 & 0^{*} & 6 & 9 \\ 0^{*} & 5 & 3 & 2 \\ 0^{\times} & 1 & 0^{*} & 0^{\times} \end{bmatrix} \qquad \boldsymbol{X}=\begin{bmatrix} 0 & 0 & 0 & 1 \\ 0 & 1 & 0 & 0 \\ 1 & 0 & 0 & 0 \\ 0 & 0 & 1 & 0 \end{bmatrix}$$

若情况②出现，则对每行、每列的其他未被标记的零元素任选一个，加上标记“*”，即给该零元素标记“*”，然后给同行、同列的其他未被标记的零元素加标记“×”，然后进行行、列检验，可能出现情况①或③，出现情况①就会得到最优指派，停止计算。

若情况③出现，则要转入下一步。

3) 作最少直线覆盖当前所有零元素

考虑例 3.13 指派问题，其效率矩阵为 $\boldsymbol{C}$，先将各行元素分别减去本行的最小元素，然后对各列也如此，即 $\boldsymbol{C}'$ 中各行各列都已出现零元素。

$$\boldsymbol{C}=\begin{bmatrix} 4 & 8 & 7 & 15 & 12 \\ 7 & 9 & 17 & 14 & 10 \\ 6 & 9 & 12 & 8 & 7 \\ 6 & 7 & 14 & 6 & 10 \\ 6 & 9 & 12 & 10 & 6 \end{bmatrix} \to \begin{bmatrix} 0 & 4 & 3 & 11 & 8 \\ 0 & 2 & 10 & 7 & 3 \\ 0 & 3 & 6 & 2 & 1 \\ 0 & 1 & 8 & 0 & 4 \\ 0 & 3 & 6 & 4 & 0 \end{bmatrix} \to \begin{bmatrix} 0 & 3 & 0 & 11 & 8 \\ 0 & 1 & 7 & 7 & 3 \\ 0 & 2 & 3 & 2 & 1 \\ 0 & 0 & 5 & 0 & 4 \\ 0 & 2 & 3 & 4 & 0 \end{bmatrix} = \boldsymbol{C}'$$

为了确定 $\boldsymbol{C}'$ 中的独立零元素，对 $\boldsymbol{C}'$ 中的零元素进行标记，即

$$\begin{array}{c} \quad\ \ \surd \\ \boldsymbol{C}'=\begin{bmatrix} 0^{\times} & 3 & 0^{*} & 11 & 8 \\ 0^{*} & 1 & 7 & 7 & 3 \\ 0^{\times} & 2 & 3 & 2 & 1 \\ 0^{\times} & 0^{*} & 5 & 0^{\times} & 4 \\ 0^{\times} & 2 & 3 & 4 & 0^{*} \end{bmatrix} \begin{array}{c} \\ \surd \\ \surd \\ \\ \\ \end{array} \end{array} \qquad \begin{bmatrix} 0 & 3 & 0 & 11 & 8 \\ 0 & 1 & 7 & 7 & 3 \\ 0 & 2 & 3 & 2 & 1 \\ 0 & 0 & 5 & 0 & 4 \\ 0 & 2 & 3 & 4 & 0 \end{bmatrix}$$

由于只有 4 个独立零元素，少于系数矩阵阶数 5，不能进行指派。为了增加独立零元素的个数，需要对矩阵进行进一步的变换，先确定覆盖当前零元素的最小直线数。

(1) 对 $\boldsymbol{C}'$ 中所有不含“*”元素的行打 √，如第 3 行。

(2) 对已打 √ 的行中所有零元素所在的列打 √，如第 1 列。

(3) 对所有打 √ 列中标记“*”元素所在的行打 √，如第 2 行。

(4) 重复上述步骤(2)，(3)，直到不能进一步打 √。

(5) 对未打 √ 的每一行画一直线，如第 1、4、5 行。对已打 √ 的每一列画一纵线，如第 1 列，即得到覆盖当前零元素的最少直线数。

4) 从矩阵未被直线覆盖过的元素中找最小元素

将打 √ 行的各元素减去这个最小元素，将打 √ 列的各元素加上这个最小元素(以避免打 √ 行中出现负元素)，这样就增加了零元素的个数，返回步骤 2)。

如 C' 未被直线覆盖过的元素中，最小元素为 $c_{22}=c_{35}=1$，对打 √ 的第 2、3 行各元素都减去 1，对打 √ 的第 1 列各元素都加上 1，得到矩阵 C''，返回到步骤 2)。

$$C'=\begin{bmatrix}0&3&0&11&8\\0&1&7&7&3\\0&2&3&2&1\\0&0&5&0&4\\0&2&3&4&0\end{bmatrix}\qquad C''=\begin{bmatrix}1&3&0&11&8\\0&0&6&6&2\\0&1&2&1&0\\1&0&5&0&4\\1&2&3&4&0\end{bmatrix}$$

对已增加了零元素的矩阵，再标记找出独立零元素组，一直进行下去。

$$C''=\begin{bmatrix}1&3&0^*&11&8\\0^\times&0^*&6&6&2\\0^*&1&2&1&0^\times\\1&0^\times&5&0^*&4\\1&2&3&4&0^*\end{bmatrix}\qquad X=\begin{bmatrix}0&0&1&0&0\\0&1&0&0&0\\1&0&0&0&0\\0&0&0&1&0\\0&0&0&0&1\end{bmatrix}$$

C'' 中已有 5 个独立零元素，故例 3.13 可得到指派问题的最优解 X，这样安排能使总的建造费用最少，建造费用为 $z=7+9+6+6+6=34$ (万元)。

3.4.4 非标准指派问题

在实际应用中，常会遇到非标准形式，如求最大值，人数与工作数不相等以及不可接受的配置(某人不可完成某项任务)等特殊指派问题。解决的思路是先将线性规划问题转换成标准型，然后用匈牙利法求解，即对效率矩阵进行适当变换使得其满足匈牙利法的条件后求解。

1. 最大化的指派问题

最大化指派问题的一般形式为

$$\max z=\sum_{i=1}^{n}\sum_{j=1}^{n}c_{ij}x_{ij}$$

$$\text{s.t.}\begin{cases}\sum_{i=1}^{n}x_{ij}=1, & j=1,2,\cdots,n\\ \sum_{j=1}^{n}x_{ij}=1, & i=1,2,\cdots,n\\ x_{ij}=0,1, & i,j=1,2,\cdots,n\end{cases}$$

解决办法：设最大化的指派问题的系数矩阵为 $C=[c_{ij}]_{n\times n}$， $M=\max\{c_{11},c_{12},\cdots,c_{nn}\}$，令 $B=[b_{ij}]_{n\times n}=[M-c_{ij}]_{n\times n}$，则以 B 为效率矩阵的最小化指派问题和以 C 为效率矩阵的原最大化指派问题有相同的最优解。

【例 3.15】某工厂有 4 名工人 A_1、A_2、A_3、A_4，分别操作 4 台车床 B_1、B_2、B_3、B_4。每小时产量见表 3-44，求产值最大的分配方案。

表 3-44　产量表

单位：万元

工　人	车　间			
	B_1	B_2	B_3	B_4
A_1	10	9	8	7
A_2	3	4	5	6
A_3	2	1	1	2
A_4	4	3	5	6

解：令 $\boldsymbol{C}=[c_{ij}]_{n\times n}=\begin{bmatrix}10&9&8&7\\3&4&5&6\\2&1&1&2\\4&3&5&6\end{bmatrix}$，$M=\max\{10,9,\cdots,6\}=10$

$$\boldsymbol{B}=[10-c_{ij}]_{n\times n}=\begin{bmatrix}0&1&2&3\\7&6&5&4\\8&9&9&8\\6&7&5&4\end{bmatrix}\rightarrow\begin{bmatrix}0&1&2&3\\3&2&1&0\\0&1&1&0\\2&3&1&0\end{bmatrix}\rightarrow\begin{bmatrix}0&0&1&3\\3&1&0&0\\0&0&0&0\\2&2&0&0\end{bmatrix}=\boldsymbol{B}'$$

$\boldsymbol{B}'$ 中有 4 个独立零元素，所以

$$\boldsymbol{X}=\begin{bmatrix}1&0&0&0\\0&0&0&1\\0&1&0&0\\0&0&1&0\end{bmatrix}$$

为最优解，最大产值为 $z=10+6+1+5=22$ (万元)。

2. 人数和事数不等的指派问题

若人数小于事数，可以添一些虚拟的“人”，此时这些虚拟的“人”做各件事的费用系数取为 0，理解为这些费用实际上不会发生；若人数大于事数，添一些虚拟的“事”，此时这些虚拟的“事”被各个人做的费用系数同样也取为 0。

【例 3.16】现有 4 个人，5 件工作，每人做每件工作所耗的时间见表 3-45。

表 3-45　耗时表

单位：天

工　人	工　作				
	B_1	B_2	B_3	B_4	B_5
A_1	10	11	4	2	8
A_2	7	11	10	14	12
A_3	5	6	9	12	14
A_4	13	15	11	10	7

问指派哪个人去完成哪项工作，可使总耗时最小？

解：添加虚拟人A_5，构造耗时矩阵为

$$C=\begin{bmatrix}10&11&4&2&8\\7&11&10&14&12\\5&6&9&12&14\\13&15&11&10&7\\0&0&0&0&0\end{bmatrix}\quad X=\begin{bmatrix}0&0&0&1&0\\1&0&0&0&0\\0&1&0&0&0\\0&0&0&0&1\\0&0&1&0&0\end{bmatrix}$$

应用匈牙利法求解，得到最优解$\boldsymbol{X}$，即指派$A_1\to B_4$、$A_2\to B_1$、$A_3\to B_2$、$A_4\to B_5$，最少耗时为$z=2+7+6+7=22$(天)。

3. 一个人可做几件事的指派问题

若某人可做几件事，则可将该人化作相同的几个“人”来接受指派。这几个“人”做同一件事的费用系数也是一样的。

【例3.17】对例3.13中的指派问题，为了保证工程质量，经研究决定，舍弃建筑公司A_4和A_5，让技术力量较强的建筑公司A_1、A_2、A_3来承建5家商店，其投标费用见表3-46。根据实际情况，允许每家建筑公司承建一家或两家商店，求使总费用最少的指派方案。

表3-46 投标费用表

建筑公司	商店				
	B_1	B_2	B_3	B_4	B_5
A_1	4	8	7	15	12
A_2	7	9	17	14	10
A_3	6	9	12	8	7

解：由于每家建筑公司最多可承建两家新商店，因此，把每家建筑公司化作相同的两家建筑公司(A_i和A_i'，$i=1,2,3$)，因而费用矩阵变为

$$C=\begin{bmatrix}4&8&7&15&12\\4&8&7&15&12\\7&9&17&14&10\\7&9&17&14&10\\6&9&12&12&7\\6&9&12&12&7\end{bmatrix}$$

上面的系数矩阵有6行5列，为了使“人”和“事”的数目相同，引入一件虚拟“事”，使之成为标准的指派问题，其效率矩阵为

$$C'=\begin{bmatrix}4&8&7&15&12&0\\4&8&7&15&12&0\\7&9&17&14&10&0\\7&9&17&14&10&0\\6&9&12&8&7&0\\6&9&12&8&7&0\end{bmatrix}\quad X=\begin{bmatrix}0&0&1&0&0&0\\1&0&0&0&0&0\\0&1&0&0&0&0\\0&0&0&0&0&1\\0&0&0&0&1&0\\0&0&0&1&0&0\end{bmatrix}$$

应用匈牙利法求解，得最优解 $\boldsymbol{X}$，指派 $A_1 \to B_3$、$A_1 \to B_1$、$A_2 \to B_2$、$A_3 \to B_5$、$A_3 \to B_4$，即 A_1、A_3 各承建两家商店，A_2 承建一家商店，总费用为 $z = 7+4+9+7+8=35$(万元)。

4. 某事不能由某人去做的指派问题

某事不能由某人去做，可将此人做此事的费用取作足够大的 M。

【例 3.18】分配甲、乙、丙、丁 4 个人去完成 A、B、C、D、E 5 项工作，每人完成各项工作的时间见表 3-47。由于任务重、人数少，要求：工作 E 必须完成，其他 4 项工作可选 3 项完成，但甲不能做 A 项工作，试确定最优分配方案，使完成工作的总时间最少。

表 3-47　耗时表　　单位：小时

工　人	工　作				
	A	B	C	D	E
甲	25	29	31	42	37
乙	39	38	26	20	33
丙	34	27	28	40	32
丁	24	42	36	23	45

解：这是一个人数与工作数不等的指派问题，由于工作数大于人数，所以需要有一个虚拟的“人”，设为戊。因为甲不能做 A 项工作，所以令甲完成工作 A 的时间为 M；又因为工作 E 必须完成，故设戊完成工作 E 的时间为 M，即戊不能做工作 E，其余的假想时间为 0，建立的效率矩阵为 $\boldsymbol{C}$。

$$\boldsymbol{C}=\begin{bmatrix} M & 29 & 31 & 42 & 37 \\ 39 & 38 & 26 & 20 & 33 \\ 34 & 27 & 28 & 40 & 32 \\ 24 & 42 & 36 & 23 & 45 \\ 0 & 0 & 0 & 0 & M \end{bmatrix} \qquad \boldsymbol{X}=\begin{bmatrix} 0 & 1 & 0 & 0 & 0 \\ 0 & 0 & 0 & 1 & 0 \\ 0 & 0 & 0 & 0 & 1 \\ 1 & 0 & 0 & 0 & 0 \\ 0 & 0 & 1 & 0 & 0 \end{bmatrix}$$

采用匈牙利法求得最优解 $\boldsymbol{X}$，即安排甲 $\to$ B、乙 $\to$ D、丙 $\to$ E、丁 $\to$ A，最少的耗时数 $z = 29+20+32+24=105$(小时)。

扩展性学习材料

供应链协同运输管理

供应链协同运输管理(Collaborative Transportation Management，CTM)是一种有效的供应链管理方法，旨在通过协调和整合各个参与方的运输活动，以实现成本降低和效率提高。在传统的供应链中，各个环节的运输往往是独立进行的，导致信息不对称、资源浪费和效率低下的问题。而供应链协同运输管理强调各个参与方之间的合作和协调，通过共享信息、资源和运输能力，以实现整体运输成本的降低。

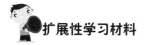

供应链协同运输管理能够优化运输路线和运输模式。通过共享运输需求和运输计划，各参与方可以协同安排货物的运输路线，选择最优的运输模式，减少运输距离和时间，从而降低成本。供应链协同运输管理可以实现运输资源的最优配置。通过共享运输能力和车辆利用率的信息，各参与方可以协同安排货物的

装载和运输，减少空载率和资源浪费，从而提高运输效率，降低成本。供应链协同运输管理强调信息共享和协同决策，各参与方可以共享实时的运输数据和需求信息，以便及时调整运输计划和应对变化，从而提高运输的灵活性和响应能力，减少运输延误和额外成本。

供应链协同运输管理是一种强调合作和协调的供应链管理方法，在实施供应链协同运输管理时，企业需要建立良好的合作关系和信息共享机制，利用先进的供应链技术和工具，以实现供应链运输的协同管理目标。

本章小结

运输和指派问题都是特殊的线性规划问题。运输问题考虑的是从产地运送货物到销地的调运方案的费用优化；指派问题分析的是一系列需要分配的任务与执行这些任务的被指派者的合理匹配。本章学习了运输问题的表上作业法和指派问题的匈牙利法，并就其在物流活动中的应用做了详细的探讨。

关键术语(中英文)

运输问题(Transportation Problem)
最小元素法(Matrix Minimum)
位势法(Potential Method)
表上作业法(Table Dispatching Method)
闭回路法(Loop Method)
指派问题(Assignment Problem)

知识链接

计划经济学家——康托罗维奇

康托罗维奇(1912—1986)是苏联数学家，出生于列宁格勒(现圣彼得堡)的一个医生家庭。康托罗维奇1930年毕业于列宁格勒大学，1934年成为该校最年轻的数学教授，1935年获该校数学博士学位，1948—1960年任列宁格勒科学院数学所研究室主任，1958年当选为苏联科学院通讯院士，并于1964年成为苏联科学院院士。他1960—1971年任苏联科学院西伯利亚分院数学所副所长，1971—1976年任苏联国家科学技术委员会国民经济管理研究所经济问题研究主任；1976年任苏联科学院系统分析所所长。他曾于1949年获斯大林数学奖，1965年获列宁经济学奖。康托罗维奇对经济学的贡献主要在于，他建立和发展了线性规划方法，并运用于经济分析，对现代经济应用数学的重要分支——线性规划方法的建立和发展作出了开创性贡献。他把资源最优利用这一传统的经济学问题，由定性研究和一般的定量分析推进到现实计量阶段，对于在企业范围内如何科学地组织生产和在国民经济范围内怎样最优地利用资源等问题做出了独创性的研究。康托罗维奇的主要著作包括《生产组织和计划的数学方法》(1939)，《资源最优利用的经济计算》(1959)，《经济最优决策》(1972，合著)，《最优规划文集》(1976)等。因他在创建和发展线性规划方法，以及革新、推广和发展资源最优利用理论方面所作出的杰出贡献，与美籍荷兰经济学家库普曼斯(1910—1985)一起分享1975年度诺贝尔经济学奖。

随后，康托罗维奇继续踏实地迈进，他发现一系列涉及如何科学地组织和计划生产的问题，都属于线性规划问题。比如，怎样最充分地利用机器设备，最大限度地减少废料，最有效地使用燃料，最合理地组织货物运输，最适当地安排农作物布局等。

习题 3

一、填空题

1. 有 m 个产地 n 个销地的平衡运输问题模型具有__________变量，__________约束。
2. 运输问题的检验数 σ_{ij} 与对偶变量 u_i 、 v_j 之间存在关系是__________。
3. 运输问题中 $m+n-1$ 个变量构成基变量的充要条件是__________。
4. 表上作业法的基本思想和步骤与单纯形法类似，因而给出的初始调运方案就相当于找到一个__________。
5. 若运输问题单位运价表的某一行元素分别加上一个常数 k ，最优调运方案将肯定__________变化。
6. 若调运方案中的某一空格检验数为 1，则在该空格的闭回路上调整单位运量而使总运费增加__________。

二、判断题

1. 产地数与销地数相等的运输问题是产销平衡运输问题。 (　　)
2. 运输问题中用位势法求得的检验数不唯一。 (　　)
3. 用最小元素法求得的初始解比用西北角法得到的初始解在一般情况下更靠近最优解。 (　　)
4. 对于供过于求的不平衡运输问题，虚设的需求地点与各供应地之间的运价为 M (M 为极大的正数)。 (　　)
5. 对于指派问题，在其效率矩阵[c_{ij}]中，各行或各列均减去一个常数，所求得的最优解不变。 (　　)

三、解答题

1. 表 3-48 所示为某一运输问题的单位运价表。

表 3-48　单位运价表

产　地	销　地			供应量
	B_1	B_2	B_3	
A_1	65	80	80	150
A_2	70	100	90	200
需求量	50	200	100	

试问：(1)指出该运输问题的类型；(2) 建立该运输问题的数学模型；(3)如果 A_1 的供应量降低到 100，建立该运输问题的数学模型；(4)如果 A_1 的供应量增加到 300，建立该运输问题的数学模型；(5)使用最小元素法给出表 3-48 的初始调运方案；(6)分别使用闭回路法和位势法计算问题(5)初始调运方案的空格检验数。

2. 已知某运输问题的供需关系及单位运价见表3-49。要求：(1)用表上作业法找出最优调运方案；(2)分析当该最优方案不变时，从A_2到B_3单位运价c_{23}的变化范围。

表3-49 单位运价表

产 地	销 地				供应量
	B_1	B_2	B_3	B_4	
A_1	10	1	20	11	8
A_2	12	5	9	20	7
A_3	2	14	16	18	4
需求量	**4**	**8**	**5**	**2**	

3. 在表3-50的运输问题中，总需求量超过总供应量(方框中的数字是单位运价)。假定对销地B_1、B_2和B_3未满足需求量的单位罚款成本是5、3和2，试建立该问题的数学模型，并探讨能否将其转变为产销平衡运输问题。

表3-50 单位运价表

产 地	销 地			供应量
	B_1	B_2	B_3	
A_1	5	1	7	10
A_2	6	4	6	80
A_3	3	2	5	15
需求量	75	20	50	

4. 在表3-51的不平衡运输问题中(方框中的数字是单位运价)，若产地i有单位物资未运出，就要发生存储成本。假定在产地A_1、A_2和A_3的单位存储成本是5、4和3，又假定产地A_2的供应量必须全部运出，试建立该问题的数学模型，并探讨能否将其转变为产销平衡运输问题。

表3-51 单位运价表

产 地	销 地			供应量
	B_1	B_2	B_3	
A_1	1	2	1	20
A_2	0	4	5	40
A_3	2	3	3	30
需求量	30	20	20	

5. 有甲、乙、丙3个城市，每年分别需要煤炭320万吨、250万吨、350万吨，由A、B两个煤矿负责供应。已知煤矿A年产量为400万吨、煤矿B年产量为450万吨，从两个煤矿至各城市煤炭运价(元/吨)见表3-52。由于需求量大于产量，经协商，甲城市必要时可少供0～30万吨，乙城市需求量须全部满足，丙城市需求量不少于270万吨。试求将甲、乙两煤矿的煤炭全部分配出去，满足上述条件又使总运费为最少的调运方案。

表 3-52　单位运价表　　单位：元/吨

煤　矿	城　市		
	甲	乙	丙
A	15	18	22
B	21	25	16

6. 分配甲、乙、丙、丁 4 个人去完成 A、B、C、D、E 5 项任务，每个人完成各项任务的时间见表 3-53。由于任务数多于人数，故要求：

(1) 任务 E 必须完成，其他 4 项任务中可任选 3 项完成；

(2) 其中有一人完成两项任务，其他每人完成一项任务。

试确定最优分配方案，使完成任务的总时间为最少。

表 3-53　每人完成各项任务的时间　　单位：小时

人　员	任　务				
	A	B	C	D	E
甲	25	29	31	42	37
乙	39	38	26	20	33
丙	34	27	28	40	32
丁	24	42	36	23	45

实际操作训练

某供应链企业经销汽车配件 A，下设 2 个分别位于沈阳和郑州的加工厂。该企业每月需要把各产地生产的产品分别运往北京、上海、广州 3 个销售点。在运输过程中，允许经天津、武汉 2 个中转站进行转运。供应链企业在租用运输车辆时，租赁公司给出的单位运价表见表 3-54。问在考虑到产销地之间直接运输和非直接运输的各种可能方案的情况下，如何将 2 个加工厂每月生产的产品运往销售地，使总的运费最少？

表 3-54　单位运价表　　单位：元/吨

产地和中转	中转和销地					
	天津 T_1	武汉 T_2	北京 B_1	上海 B_2	广州 B_3	供应量
沈阳 A_1	210	470	210	500	750	500
郑州 A_2	230	160	210	280	410	300
天津 T_1		160	100	170	300	
武汉 T_2	160		315	130	150	
需求量			300	400	100	

在线答题

第4章 图与网络

【本章知识架构】

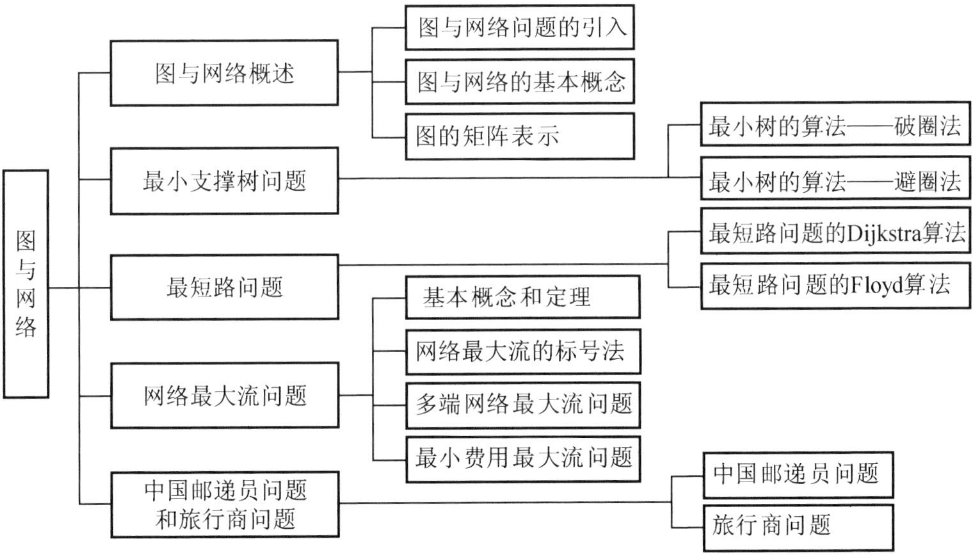

【本章教学目标与要求】

- 掌握图的相关概念，了解图的矩阵表示。
- 掌握最小树的破圈法、避圈法。
- 掌握最短路的 Dijkstra 和 Floyd 算法。
- 掌握最大流的标号算法，了解最小费用最大流问题算法。
- 了解中国邮递员问题和旅行商问题的实际背景及其求解方法。
- 针对实际情况，能够熟练识别、转换为各类典型网络问题，并能正确建模和求解。

导入案例

运储供应链物流的网络规划

供应链物流网络规划是供应链管理中关键的一环，对实现高效、灵活和成本效益的供应链运作至关重要。运储供应链物流网络规划包括物流节点布局、物流模式选择和运输模式优化。

在物流节点布局方面，合理的布局可以缩短物流路径，减少运输距离和时间，提高物流效率，并降低成本。这涉及确定供应商、制造商、分销商和最终用户之间的距离关系，以及选择适当的运输、仓储和生产设施位置。根据产品和市场需求选择合适的物流模式，如集中式物流适用于大规模生产和分销的产品，而分散式物流适用于区域市场或个性化需求较高的产品。选择适合的物流模式可以提高供应链的灵活性和适应性，降低物流成本。运输模式优化涉及选择合适的运输模式，如公路运输、铁路运输、水路运输或航空运输。根据货物特性、运输需求和地理条件选择运输模式，可以降低成本，缩短运输时间，提高交付效率。

供应链物流网络规划还需考虑供应链的柔性和可持续性。在规划物流网络时，应考虑供应链的应对能力和风险管理，以应对市场变化和不可预测事件。同时要注重环境保护和可持续发展，优化运输路线和模式，减少碳排放和资源消耗。

图是客观世界的抽象，是最直观的可视化沟通语言。图能够捕捉到事物之间的关系和相互作用。它不仅能够表示研究对象本身的属性，还能表达它们之间复杂的相互关联。在物流活动中，图可以清晰地展示货物的流动路径、仓库的位置、运输线路等信息。近年来，图与网络理论得到了迅猛发展，为理解复杂系统、分析社交网络、优化运输路径等提供了有力工具。

4.1 图与网络概述

图是由点和线段组成的几何形象，其中点代表具体事物或研究对象，而连接两点的线段则表示两个事物之间的特定联系，它们能够准确地描述事物之间的关系和特征。通过使用图，可将复杂的现实问题抽象为简洁的图模型；借助图论的工具和算法，可对图进行分析和处理。

4.1.1 图与网络问题的引入

图论的研究最早可追溯到著名的七桥问题。18 世纪欧洲的哥尼斯堡城(今俄罗斯加里宁格勒)中有一条河叫普雷格尔河，该河中有两个岛，河上有七座桥，如图 4-1 所示。当时人们就考虑：能否从 A、B、C、D 中任一地区出发，每座桥走且仅走一次，最后刚好回到出发点。

哥尼斯堡城七桥问题

欧拉为了解决这个问题，采用了建立数学模型的方法。他将每一块陆地用一个点来代替，将每一座桥用连接相应两点的一条线来代替，从而得到一个有 4 个“点”、7 条“线”的“图”，问题转化为从任一点出发一笔画出七条线再回到起点。欧拉考察了一笔画的结构特点，给出了一笔画的一个判定法则：这个图是连通的，且每个点都与偶数条线相关联，将这个判定法则应用于七桥问题，得到了“不可能走通”的结果，不但彻底解决了这个问题，而且开创了图论研究的先河。后来图论渐渐成为一个重要的数学模型工具，它提供了一种形式化和抽象化的方式来描述和解决各种经济管理问题。下面是一些经典的图与网络问题。

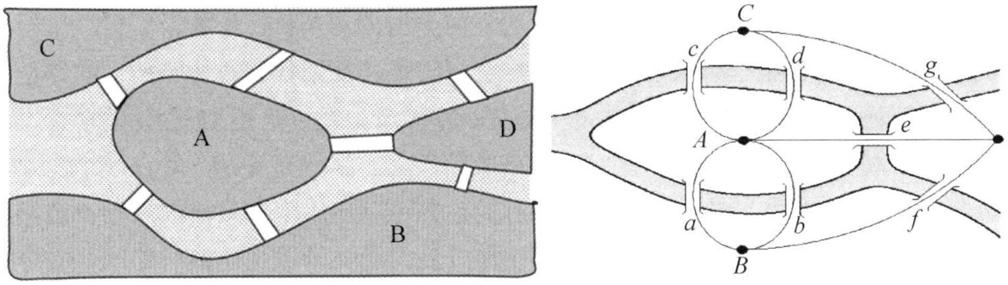

图 4-1　哥尼斯堡七桥问题

(1) 最小树问题。

最小树问题是指在一个连通图中找到一个子图，该子图包含了图中的所有节点，并且总权重最小。在经济管理中，最小树问题可以应用于网络设计、投资组合优化等领域。例如，在网络设计中，通过构建最小树，可以降低网络建设成本，优化网络拓扑结构，提高通信效率。在投资组合优化中，最小树可以用于构建投资组合的相关性图，帮助投资者进行资产配置和风险管理。

(2) 最短路问题。

最短路问题是图论中的一个经典问题，旨在寻找两个节点之间的最短路径。在经济管理中，最短路问题可以应用于物流运输、供应链管理等领域。例如，在物流运输中，寻找最短路径可以优化运输成本，减少物流时间，提高效率。在供应链管理中，通过找到最短路径，可以优化供应链中的物流和运输路线，减少库存成本和交通成本。

(3) 最大流问题。

最大流问题是指在一个网络中，从源节点到汇节点的最大流量。在经济管理中，最大流问题可以应用于交通网络规划、资源分配等领域。例如，在交通网络规划中，通过确定最大流量，可以优化交通流动，减少拥堵，提高运输效率。在资源分配中，最大流问题可以用于确定资源分配的最优方案，确保资源的充分利用和高效分配。

(4) 社交网络分析。

社交网络分析是指通过图论方法分析社交网络中的节点和关系。在经济管理中，社交网络分析可以应用于市场营销、品牌传播等领域。例如，在市场营销中，通过分析社交网络，可以了解消费者之间的互动关系和影响力，帮助企业精确定位目标消费者，并制定个性化的营销策略。在品牌传播中，社交网络分析可以帮助企业识别关键意见领袖和影响者，加强品牌传播的影响力。

(5) 最大匹配问题。

最大匹配问题是指在一个二分图中找到最大的边集，使得每个节点最多只与一条边相连。在经济管理中，最大匹配问题可以应用于市场配对、合作伙伴选择等领域。例如，在市场配对中，通过寻找最大匹配，可以优化市场交易，提高市场效率。在选择合作伙伴时，最大匹配可以帮助企业找到最佳合作伙伴，建立稳定和互利的合作关系。

(6) 环球旅行问题。

1857 年，哈密尔顿发明了一个注册名为“周游世界”的玩具，在正 12 面体的 20 个节点上分别标注北京、东京、柏林、巴黎、纽约、旧金山、莫斯科、伦敦、罗马、里约热内卢、布拉格、新西伯利亚、墨尔本、耶路撒冷、爱丁堡、都柏林、布达佩斯、安娜堡、阿姆斯特丹和华沙，要求从以上 20 个城市中的某一个城市出发，沿正 12 面体的棱行进，每个城市只到一次，再返回出发地。该问题就是鼎鼎大名的旅行商问题，即在一个图中，找到一条经过所有节点且路径最短的回路。旅行商问题可以应用于销售路线规划、巡回展销等领域。例如，在销售路线规划中，通过解决旅行商问题，可以优化销售路线，减少行程时间，提高销售效率。

以上问题都具有以下特征：①它们都是从多种可能的安排或方案中寻求最优解；②它们能够通过图形形式直观地表达和描述。这种与图相关的结构被称为网络，图与网络理论研究专注于解决管理活动中的优化问题。除了上面提到的经典问题，图论还可以应用于经济管理中的许多其他领域，如金融风险管理、市场竞争分析、网络优化等。通过利用图论的方法和技巧，经济管理者能够更好地理解和解决实际问题，提高决策的准确性和效率，推动经济管理的发展和创新。

4.1.2 图与网络的基本概念

这里所说的图与平面几何中的图不同，关注的是图中有多少个点，点与点之间有无线连接，至于连线的方式是直线还是曲线，点与点的相对位置如何，都是无关紧要的。下面介绍有关图的基本概念。

定义 4.1 图：图是点和线所组成的图形，即图是一个有序二元组(V,E)，记为$G=(V,E)$，其中$V=\{v_1,v_2,\cdots,v_n\}$是n个点的集合，$E=\{e_1,e_2,\cdots,e_q\}$是q条边的集合。V中的元素v_i称为顶点或节点，其所有元素的个数记为$|V|$，E中的元素e_k称为边。

图 4-2(a) 所示的图：$V=\{v_1,v_2,v_3,v_4,v_5\}$，$E=\{e_1,e_2,e_3,e_4,e_5,e_6\}$，其中$e_1=(v_1,v_2)$，$e_2=(v_1,v_3)$，$e_3=(v_2,v_3)$，$e_4=(v_3,v_2)$，$e_5=(v_4,v_4)$，$e_6=(v_3,v_4)$。

对于边(v_i,v_j)，称v_i、v_j为边(v_i,v_j)的端点，这时也称v_i、v_j相邻；若两条边有一个公共端点v，则称这两边相邻；若两个节点之间多于一条边，则称为多重边，如图 4-2(a)中的e_3、e_4；若一条边的两个端点相同，则称此为环(自回路)，如图 4-2(a)中的e_5。有时为了简便，也用顶点的编号表示顶点和边，后面这两种表示都会用到，不再赘述。

定义 4.2 简单图与多重图：不含环与多重边的图称为简单图，含有多重边的图称为多重图，图 4-2(a)就是一个多重图。

定义 4.3 无向图和有向图：在图$G=(V,E)$中，若对所有的边均有$e_k=(v_i,v_j)=(v_j,v_i)$，$k=1,2,\cdots,q$，则称G为无向图，记为$G=(V,E)$。若图中边(v_i,v_j)的端点是有序的，即以v_i为来点，v_j为去点，则称该图为有向图，记为$D=(V,A)$。在有向图中，把边改称为弧，A为D中弧的集合，见图 4-2(b)所示，无向图中的边可以看成两条方向相反的弧。

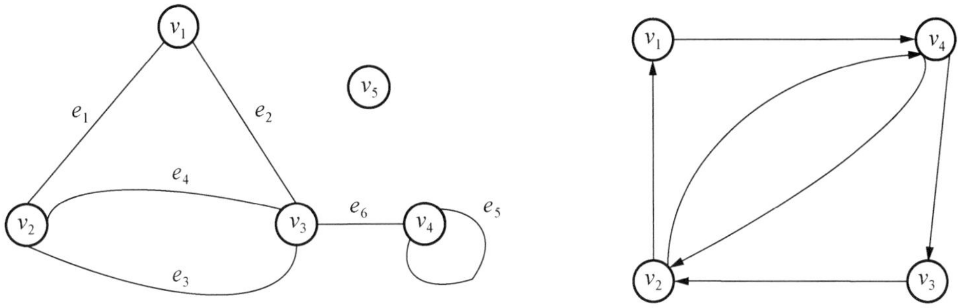

（a）无向图 （b）有向图

图 4-2 无向图和有向图

定义 4.4 链和路：在无向图 $G=(V,E)$ 中，称一个点和边交替的序列 $\{v_{i1},e_{i1},v_{i2},e_{i2},\cdots,e_{it-1},v_{it}\}$ 为连接 v_{i1} 和 v_{it} 的一条链，简记为 $\{v_{i1},v_{i2},\cdots,v_{it}\}$，其中 $e_{ik}=(v_{ik},v_{ik+1}),k=1,2,\cdots,t-1$。点边序列中无重复边的链称为简单链；点边序列中没有重复的点和重复边的链称为初等链；首尾相接的链称为圈。

在图 4-3(a) 中：$S_1=\{v_1,v_2,v_3,v_4\}$ 是一条连接 v_1 和 v_4 的简单链；$S_2=\{v_1,v_2,v_3\}$ 是一条连接 v_1 和 v_3 的初等链；$S_3=\{v_1,v_2,v_3,v_1\}$ 构成一个圈。

在有向图 $D=(V,A)$ 中，称一个点和弧交替的序列 $\{v_{i1},a_{i1},v_{i2},a_{i2},\cdots,a_{it-1},v_{it}\}$ 为连接 v_{i1} 和 v_{it} 的一条路，仍简记为 $\{v_{i1},v_{i2},\cdots,v_{it}\}$，若 $v_{i1}=v_{it}$，则称之为回路。

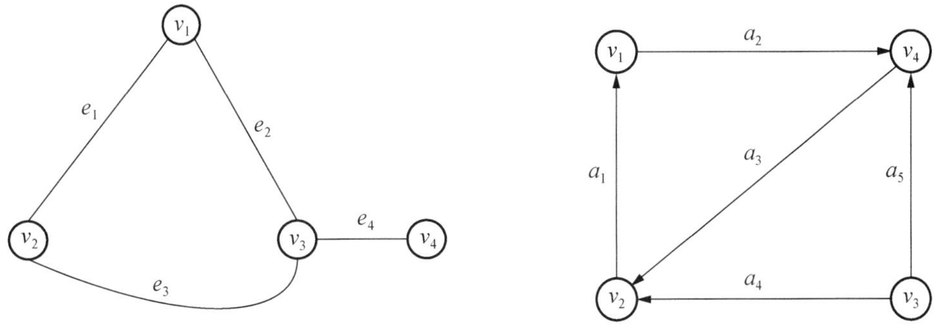

（a）无向图-链 （b）有向图-路

图 4-3 链和路

在图 4-3(b)中，$S_1=\{v_3,v_2,v_1,v_4\}$ 是一条连接 v_3 和 v_4 的路；$S_2=\{v_2,v_1,v_4,v_2\}$ 是一条回路。

定义 4.5 连通图：如果一个图中任意两点间至少有一条链相连，则称此图为连通图。图 4-4(a)就是一个连通图。

定义 4.6 子图和支撑子图：给定一个图 $G=(V,E)$，若图 $G_1=(V_1,E_1)$ 满足 $V_1\subset V$ 及 $E_1\subset E$，称图 G_1 是图 G 的子图，特别地，如果 $V_1=V$ 及 $E_1\subset E$，则称图 G_1 是图 G 的支撑子图。

图 4-4(b)就是图 4-4(a)的子图，同时也是支撑子图。支撑子图简化了原图的结构，是最常用的子图。

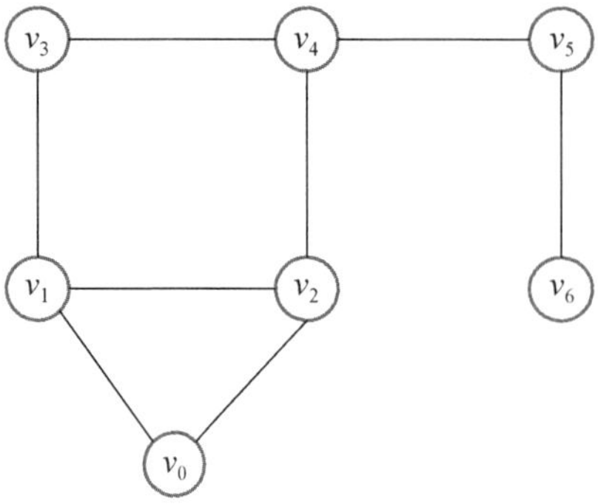

（a）连通图

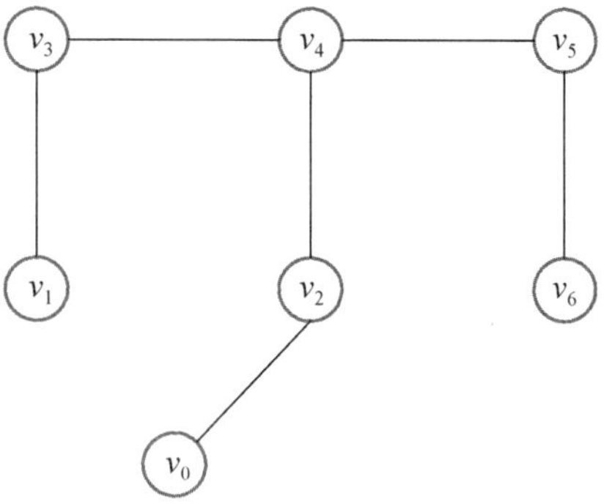

（b）子图

图 4-4　连通图和子图

定义 4.7　赋权图和网络：在经济管理问题中，仅用图来表述所研究对象之间的关系往往是不够的，通常还有与点或边有关的某些数量指标，通常称为“权”。权可以表示为距离、费用、车辆通行数量、货物通关量等，称含有数量指标的图为赋权图，记为 $G=(V, E, W)$。网络一般是指一个弧上有某种所谓“流转物”流动的有向赋权图，如交通网中的车辆和管道中流动的油气，记为 $D=(V,A,W)$ 。

鉴于无向图可看作有向图，在不引起混淆的前提下，无向图的有关概念也可用于有向图的描述中。

4.1.3　图的矩阵表示

图可通过多种矩阵进行表达和描述。其中，常用的矩阵表示包括邻接矩阵、权矩阵等。邻接矩阵用于描述顶点之间的连接关系，权矩阵表示顶点与边之间的关联关系。这些矩阵表示提供了一种数学上的形式化描述，方便进行图的计算和分析，从而揭示图的结构和特性。

1. 邻接矩阵

在图 $G=(V,E)$ (或 D)中构造一个矩阵 $\boldsymbol{A}=[a_{ij}]_{n\times n}$ ，其中 $a_{ij}=\begin{cases}1, & (v_i,v_j)\in E\\ 0, & 其他\end{cases}$ ，则称矩阵 $\boldsymbol{A}$ 为图 G (或D) 的邻接矩阵。无向图的邻接矩阵是对称矩阵。

图 4-5(a)和图 4-5(b)的邻接矩阵分别为

$$\boldsymbol{A}=\begin{bmatrix}0&1&1&1&0\\1&0&0&0&0\\1&0&0&1&0\\1&0&1&0&1\\0&0&0&1&0\end{bmatrix}\qquad \boldsymbol{A}=\begin{bmatrix}0&1&0&1\\0&0&1&0\\1&0&0&0\\0&0&1&0\end{bmatrix}$$

给出图的邻接矩阵就等于给出了图的结构信息，可以从邻接矩阵中得到图的很多重要特征，如节点的度、路径问题。图 4-5(b)中由邻接矩阵就可算出 D 中任一点与其他点之间是否有路可通，若有路，走几步可以到达该点？

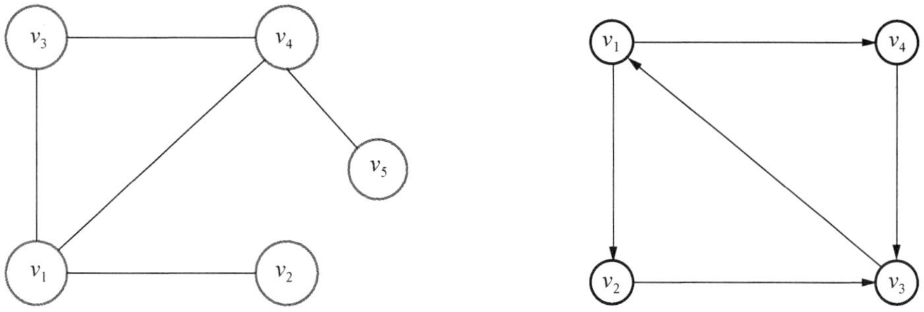

（a）无向图的邻接矩阵　　（b）有向图的邻接矩阵

图 4-5　无向图的邻接矩阵和有向图的邻接矩阵

下面通过邻接矩阵的计算来求解 $v_2 \to v_4$。

先求 $\boldsymbol{A}^2$，得

$$\boldsymbol{A}^2 = \boldsymbol{AA} = [a_{ij}^{(2)}] = \begin{bmatrix} 0 & 0 & 2 & 0 \\ 1 & 0 & 0 & 0 \\ 0 & 1 & 0 & 1 \\ 1 & 0 & 0 & 0 \end{bmatrix}$$

式中，$a_{ij}{}^{(2)} = \sum_{k=1}^{4} a_{ik} a_{kj}$。

可以理解，若 $a_{i1}a_{1j} = 1$，当且仅当 a_{i1} 和 a_{1j} 都等于 1，亦即表示从 v_i 到 v_j 有一条经过 v_1 的路 $v_i \to v_1 \to v_j$，也就是说，从 v_i 到 v_j 可两步(经过两条边)到达。根据计算过程，$a_{ij}^{(2)} = 1$ 一定是 $\boldsymbol{A}$ 的第 i 行与 $\boldsymbol{A}$ 的第 j 列中某个对应元素都等于 1，意味着从 v_i 到 v_j 可两步到达，继续计算 $\boldsymbol{A}^3$，得

$$\boldsymbol{A}^3 = \boldsymbol{A}^2\boldsymbol{A} = [a_{ij}^{(3)}] = \begin{bmatrix} 2 & 0 & 0 & 0 \\ 0 & 1 & 0 & 1 \\ 0 & 0 & 2 & 0 \\ 0 & 1 & 0 & 1 \end{bmatrix}$$

由于 $a_{24}^{(3)} = 1$，表明从 v_2 走三步可达 v_4，若要了解这条路沿途经过哪些顶点到达 v_4，只要回溯前面计算过程中的 $a_{24}^{(3)}$ 这个数是怎样计算的。因为 $a_{24}^{(3)}$ 是由 $\boldsymbol{A}^2$ 中的第二行与 $\boldsymbol{A}$ 中的第 4 列对应各数相乘而得，即是由 $a_{21}^{(2)} = 1$ 和 $a_{14} = 1$ 相乘而得，而 $a_{21}^{(2)} = 1$ 由 $a_{23} = 1$ 与 $a_{31} = 1$ 相乘而得，因此可知路径为 $v_2 \to v_3 \to v_1 \to v_4$。

2. 赋权邻接矩阵

邻接矩阵刻画了节点之间的关联，对于赋权图[图 4-6(a)]来说，有时也用到赋权邻接矩阵。在图 $G = (V, E, W)$ (或 D)中构造一个矩阵 $\boldsymbol{A} = [a_{ij}]_{n \times n}$，其中 $a_{ij} = \begin{cases} w_{ij}, & (v_i, v_j) \in E \\ 0, & 其他 \end{cases}$，则称矩阵 $\boldsymbol{A}$ 为图 G (或D) 的赋权邻接矩阵，如图 4-6(b)所示。

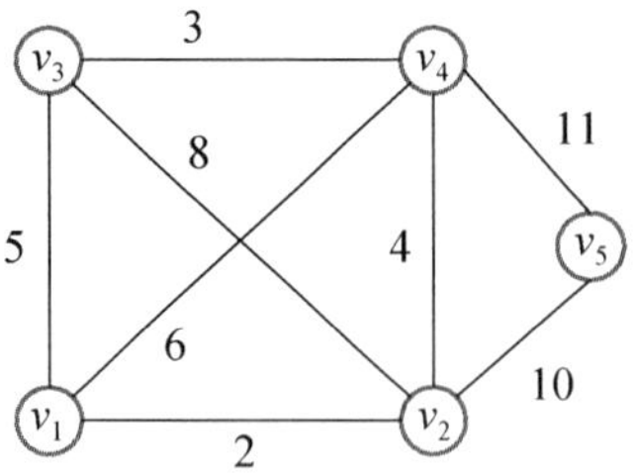

(a) 赋权图

$$A=\begin{bmatrix} 0 & 2 & 5 & 6 & 0 \\ 2 & 0 & 8 & 4 & 10 \\ 5 & 8 & 0 & 3 & 0 \\ 6 & 4 & 3 & 0 & 11 \\ 0 & 10 & 0 & 11 & 0 \end{bmatrix}$$

(b) 赋权邻接矩阵

图 4-6　赋权图及其赋权邻接矩阵

3. 可达矩阵

在图 $G=(V,E,W)$ (或 D)中构造一个矩阵 $\boldsymbol{A}=[a_{ij}]_{n\times n}$，其中 $a_{ij}=\begin{cases}1, & 若v_i可达v_j \\ 0, & 其他\end{cases}$ ，则称矩阵 $\boldsymbol{A}$ 为图 G (或D) 的可达矩阵。

可达矩阵用于描述一个图中，某一节点到另一节点之间是否存在路，描述图的连通性。如图 4-7(a)所示，由于在图中每个节点都能进能出，因此任何两个节点之间都有路，可达矩阵见图 4-7(b)。

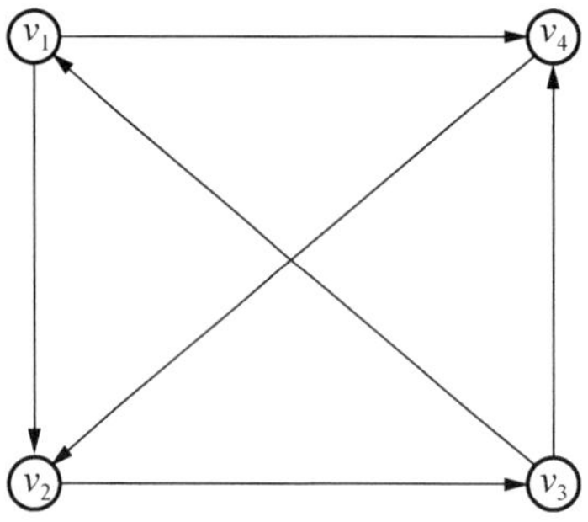

(a) 有向图

$$A=\begin{bmatrix} 1 & 1 & 1 & 1 \\ 1 & 1 & 1 & 1 \\ 1 & 1 & 1 & 1 \\ 1 & 1 & 1 & 1 \end{bmatrix}$$

(b) 可达矩阵

图 4-7　有向图及其可达矩阵

可达矩阵可由邻接矩阵的幂次进行布尔运算导出。

4. 权矩阵

网络 $G=(V,E,W)$(或D)，其边 (v_i,v_j) 的权重为 w_{ij}，构造矩阵 $\boldsymbol{A}=\left[a_{ij}\right]_{n\times n}$，其中 $a_{ij}=\begin{cases}w_{ij}, & (v_i,v_j)\in E \\ 0, & i=j \\ \infty, & 其他\end{cases}$ ，称矩阵 $\boldsymbol{A}$ 为网络 G(或D) 的权矩阵，其中主对角线上的元素 a_{ij} 均为零。赋权图及其权矩阵如图 4-8 所示。

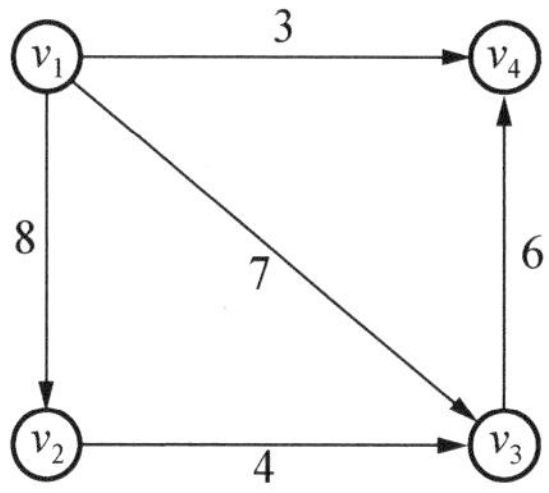

（a）赋权图

$$A=\begin{bmatrix} 0 & 8 & 7 & 3 \\ \infty & 0 & 4 & \infty \\ \infty & \infty & 0 & 6 \\ \infty & \infty & \infty & 0 \end{bmatrix}$$

（b）权矩阵

图 4-8　赋权图及其权矩阵

4.2　最小支撑树问题

树是最简化的图形结构，树的简洁性和清晰的层次结构使得它成为一种非常有用的抽象模型。最小支撑树是图的一个经典问题，它的目的是在给定一个连通图中寻找一棵支撑树，使得支撑树的边权值之和最小。

定义 4.8　树与支撑树：无圈的连通图称为树；若该连通图还是一个支撑子图，则称这棵树为支撑树，也叫生成树。

例如，6 个社区 v_1，v_2，v_3，v_4，v_5，v_6 组成的一个局域网络如图 4-9 所示。

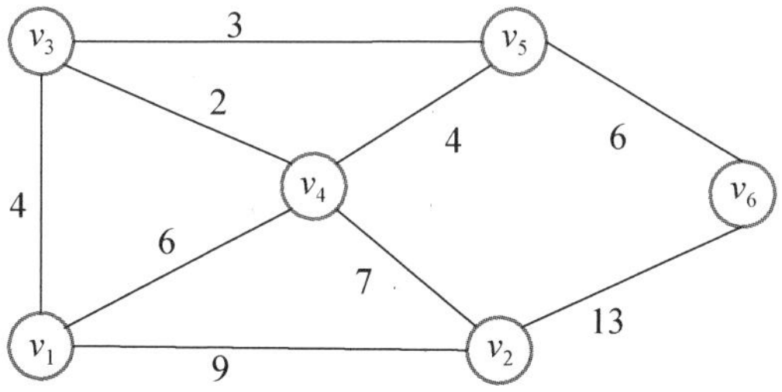

图 4-9　局域网络

图 4-10(a)既是图 4-9 的子图，又是图 4-9 的一棵支撑树；图 4-10(b)是一棵树，但不是图 4-9 的支撑树。

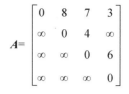

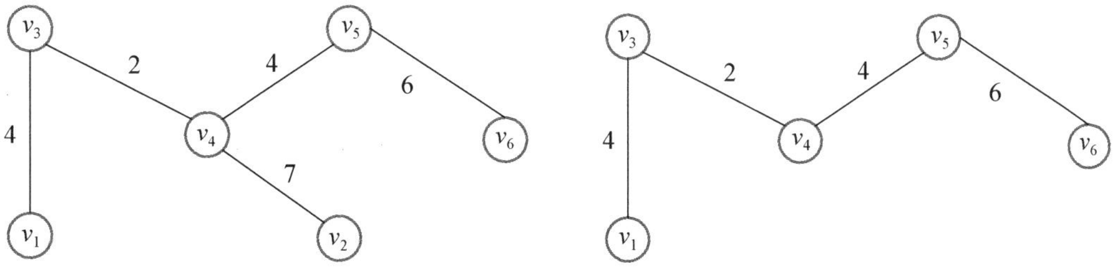

（a）支撑树　　（b）树图

图 4-10　支撑树和树图

树图具有下述重要性质。

定理 4.1　设 $T=(V,E)$ 是一个 $|V|\geqslant 3$ 的无向图，则下列关于树的命题是等价的：

(1) T 连通且无圈；

(2) T 的任何两个顶点间均必有一条且仅有一条通路相连；

(3) T 连通且有 $n-1$ 条边，这里 $n=|V|$；

(4) T 有 $n-1$ 条边且无圈，这里 $n=|V|$；

(5) T 无圈，但在 T 中任意两个不相邻的顶点间添加一条边，就可构成一个圈；

(6) T 连通，但去掉任意一条边后就不连通，即树 T 是连通且边数最少的图。

定义 4.9　最小支撑树：设 $G=(V,E,W)$ 是一个连通的赋权图，$T=(V,S)$ 是 G 的支撑树，把 T 中所有边的权之和称作树 T 的权，记作 $w(T)$，即

$$w(T)=\sum_{e\in S} w(e)$$

G 中权最小的支撑树 T 称为 G 的最小支撑树，简称最小树。

在现实生活中，比如在城市之间建立输电网络、电话线网或光纤网络时，我们希望找到一种最优的布线方案，使得总长度或总费用最小化。这类问题可以被转化为赋权图的最小树问题。

4.2.1　最小树的算法——破圈法

最常用的最小树的算法是由管梅谷给出的破圈法和 Kruskal(克鲁斯卡尔)给出的避圈法。破圈法的步骤(图 4-11)如下。

(1) 在给定的赋权图上任找一个圈。

(2) 在所找的圈中丢掉一条权数最大的边(若有两条或两条以上边都是权数最大的边，那么就任意丢掉其中一条)。

(3) 若所剩下的图中已经不含圈，则计算停止；否则，返回步骤(2)重新迭代计算。

直到得到一个不含圈的图，得到的图便是最小树。根据定理 4.1，这个过程不会一直继续下去，最后剩下 $n-1$ 条边结束。破圈法的思想是在保持图连通的基础上丢弃权数比较大的边，最后得到的树符合“最小”的含义，破圈法也称丢边法。

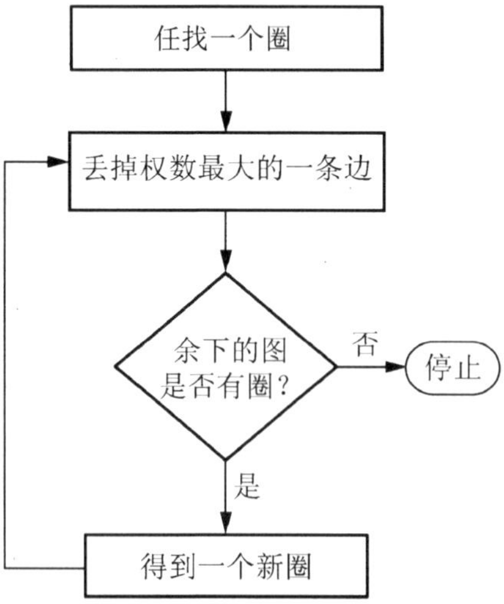

图 4-11　破圈法的步骤

【例 4.1】假设某区域物流网络规划了 7 个配送中心，拟修筑道路将它们连接起来。经规划设计，其道路可按图 4-12 的无向边铺设。现在每条边的长度(单位：百千米)已测出并标记在对应边上，为了既能节约费用，又能缩短工期，要求铺设的道路总长度最短，试给出铺设施工方案。

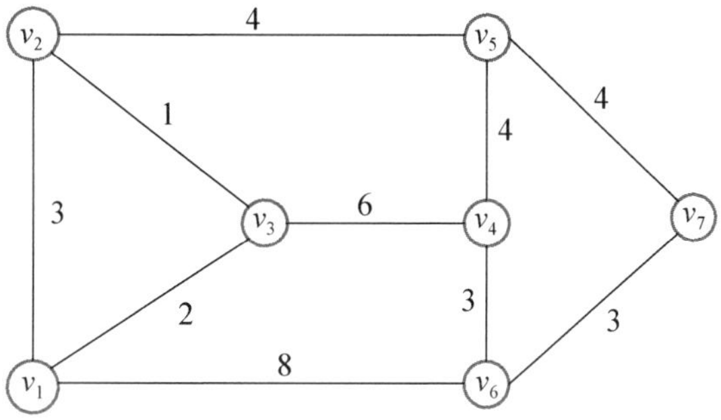

图 4-12 某地区配送中心网络

解：根据题中的要求，7 个配送中心必须连通且无圈，铺设方案最经济。铺设施工方案就是图 4-12 的最小树，寻找出最小树的步骤如图 4-13 所示。

(a) 破圈 $v_1 \to v_2 \to v_3$　　　　　　　　(b) 破圈 $v_1 \to v_3 \to v_4 \to v_6$

(c) 破圈 $v_2 \to v_3 \to v_4 \to v_5$　　　　　　(d) 破圈 $v_4 \to v_5 \to v_7 \to v_6$

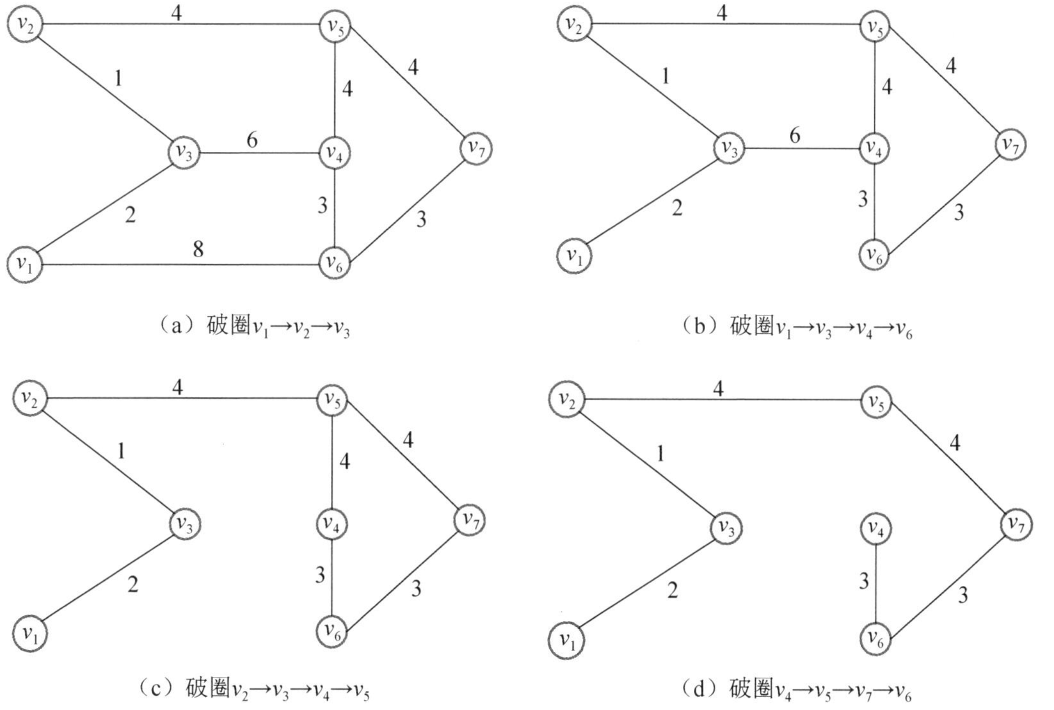

图 4-13 寻找最小树的步骤

此时图 4-13(d)已不含圈，所得图即为最小树，其权为 17，总计需铺设管道长度为 17 百千米，施工路线如图 4-13(d)所示。

4.2.2 最小树的算法——避圈法

避圈法也称加边法，开始选一条最小权数的边，以后每一步中，总从未被选中的边中选一条最小权数的边，使之与已选的边不构成圈，直到所有的边都检验完，即可得最小树(每步中，若有两条或两条以上的边都是权数最小的边，则从中任选一条)。其步骤如图 4-14 所示。

(1) 在给定的赋权图上找一条权数最小的边。

(2) 加入这条边，构建一个新图。

(3) 若在新图中找到了 $n-1$ 条边，则计算停止；否则，在原图中找一条与新图边相邻且权数最小的边，注意该边与新图现有的边不能构成圈，返回步骤(2)继续迭代计算。

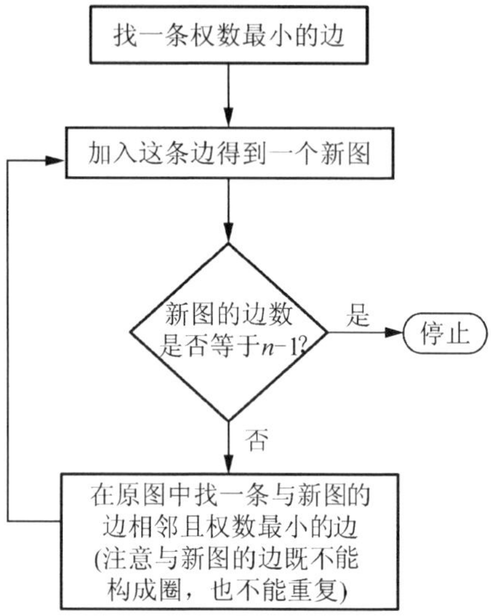

图 4-14 避圈法的步骤

【例 4.2】采用避圈法寻找例 4.1 中的最小树。

解：为便于计算，先对图 4-12 的各边依据权数从小到大排序。

(1) 选择边 (v_2, v_3)，构造一个新图，如图 4-15(a)所示。此时边数等于 1，小于树图要求的边数 7−1=6 (定理 4.1)，继续计算。

(2) 选择与 (v_2, v_3) 相邻的边 (v_2, v_1)、(v_2, v_5)、(v_3, v_1) 和 (v_3, v_4) 中权数最小的边 (v_3, v_1) 加入新图，如图 4-15(b)所示。**如果这些相邻的边中权数最小的有几个，可酌情加入新图，只要这些新加入边的图无圈即可。**这样新图已有 2 个边，2 小于 6，继续迭代。

如此继续下去，直至得到 6 条边，得最小树如图 4-15(f)所示。

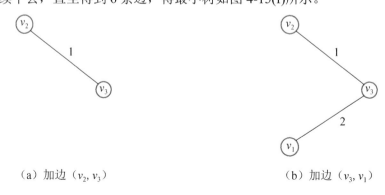

(a) 加边 (v_2, v_3)　　(b) 加边 (v_3, v_1)

图 4-15 避圈法的求解步骤

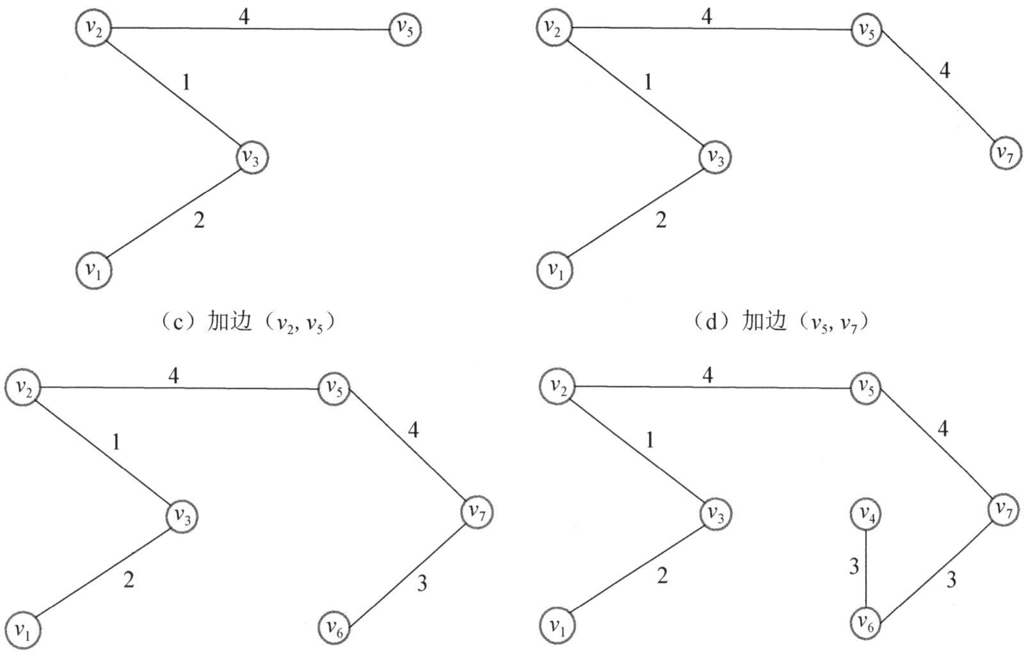

（c）加边（v_2, v_5）　　（d）加边（v_5, v_7）

（e）加边（v_7, v_6）　　（f）加边（v_6, v_4）

图 4-15　避圈法的求解步骤(续)

破圈法和避圈法是两种常用求解最小树的方法，破圈法通常在边数相对较少的情况下使用，它的基本思想是从图中选择一个圈丢掉权数最大的边；避圈法通常在边数较多的情况下使用，优先引入权数较小的边，避免形成圈。

4.3　最短路问题

最短路问题在许多领域都有重要应用，如管道铺设、设备更新、线路安排等。通过求解最短路问题，可以找到在不同约束条件下满足最短距离要求的最佳路径。最短路问题有许多解决方法，其中最简单、最常用的是 Dijkstra 算法和 Floyd 算法。Dijkstra 算法通过不断更新起点到其他节点的最短距离，逐步扩展路径，直到找到终点或所有节点都被访问。Floyd 算法通过构建一个距离矩阵来记录任意两点之间的最短距离。该算法通过对所有节点进行遍历，以及更新距离矩阵中的数值，最终得到所有节点之间的最短路径。

定义 4.10　最短路： 给定一个网络图 $D=(V,A,W)$，记 D 中每一条弧 $a_{ij}=(v_i,v_j)$ 上的权为 $w(a_{ij})=w_{ij}$。指定 D 的起点 v_s 和终点 v_t，设 P 是 D 中从 v_s 到 v_t 的一条路，则定义路 P 的权是 P 中所有弧的权之和，记为 $w(P)$，即

$$w(P)=\sum_{(v_i,v_j)} w_{ij}$$

若 P^* 是 D 中 v_s 到 v_t 的一条路，且满足

$$w(P^*)=\min\left\{w(P)\middle|P\text{是}v_s\text{到}v_t\text{的路}\right\}$$

式中，min 表示对 D 的所有从 v_s 到 v_t 的路 P 的权取最小，则称 P^* 为从 v_s 到 v_t 的最短路，$w(P^*)$ 为从 v_s 到 v_t 的最短距离。

在一个图 $D=(V,A,W)$ 中，求从 v_s 到 v_t 的最短路或最短距离的问题称为最短路问题。

4.3.1 最短路问题的 Dijkstra 算法

Dijkstra 算法是最短路问题的一个有效算法，它是荷兰计算机科学家 E. W. Dijkstra 于 1959 年提出的。Dijkstra 算法适用于所有边的权大于等于 0 的情况，它可以求从给定的一个顶点到其余所有顶点的最短路径及距离。

定理 4.2(Bellman 最优化原理) 若 P 是网络图 D 中从 v_s 到 v_t 的一条最短路，v_1 是 P 中除 v_s 与 v_t 外的任意一个中间点，则沿 P 从 v_s 到 v_1 的路 P_1 也是 v_s 到 v_1 的最短路。

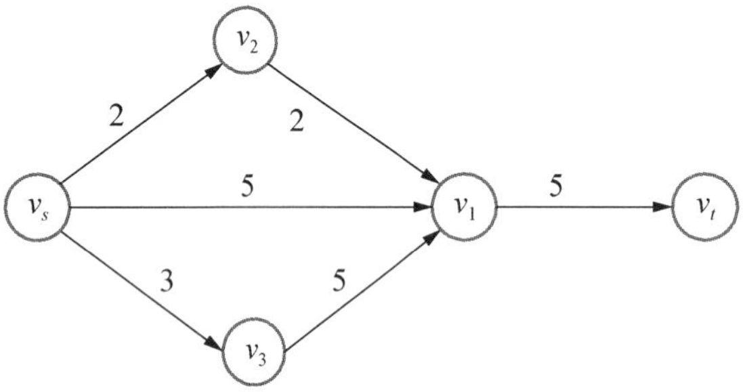

图 4-16 最优化原理示意图

图 4-16 中，从 v_s 到 v_t 有三条路：

① $v_s \to v_2 \to v_1 \to v_t$ (路权 9)；

② $v_s \to v_3 \to v_1 \to v_t$ (路权 13)；

③ $v_s \to v_1 \to v_t$ (路权 10)。

从 v_s 到 v_t 最短路是 $v_s \to v_2 \to v_1 \to v_t$，因此 $v_s \to v_2 \to v_1$ 也是 v_s 到 v_1 的最短路。

从定理 4.2 可得如下求解思路：

(1) 为求得 v_s 到 v_t 的最短路，可先求得 v_s 到中间点的最短路，然后由中间点再逐步过渡到终点 v_t。

(2) 在计算过程中，需要把顶点集 V 中“经判断为最短路 P 途经之点 i”和“尚未判断是否为最短路 P 途经之点 j”区分开来，为此可设置集合 I 和 J，前者归入 I，后者归入 J。

(3) 为区分中间点 v_i 是否已归入 I 中以及逆向追踪的便利，可在归入 I 中的点 v_i 给予双标号 (v_k, l_i)，此中 l_i 表示从 v_s 到 v_i 最短路的距离，而 v_k 则为从 v_s 到 v_i 最短路 P 中 v_i 的前一途经节点。

这样，可以归纳出简化的 Dijkstra 算法——双标号法，且能用其求解无向图的最短路径。

(1) 给起点 v_s 标号为 $(s,0)$，$I=\{v_s\}$，$J=V-\{v_s\}$，V 是所有顶点的集合。

(2) 基于标号集合 I，未标号集合 J，找出弧或边的集合 $A=\{(v_i,v_j) \mid v_i \in I, v_j \in J\}$。

(3) 如果弧的集 $A=\varnothing$，则计算结束。如果 v_t 已经标号 (k_t, l_t)，则从 v_s 到 v_t 的最短路长度为 l_t，而最短路径可从 k_t 点反向追踪到起点 v_s 获得。如果 v_t 未标号，则可以判定不存在从 v_s 到 v_t 的最短路径。如果弧的集合 $A \neq \varnothing$，则转下一步。

(4) 对集合 A 中的每一条弧，计算

$$\min_{i\in I}\{l_i + w_{ij} \mid v_j \in J\} = l_h + w_{hk} = l_k$$

则给顶点 v_k 标号为 (h, l_k)，$I=I+\{v_k\}$，$J=J-\{v_k\}$，返回步骤(2)。

双标号法流程图如图 4-17 所示。

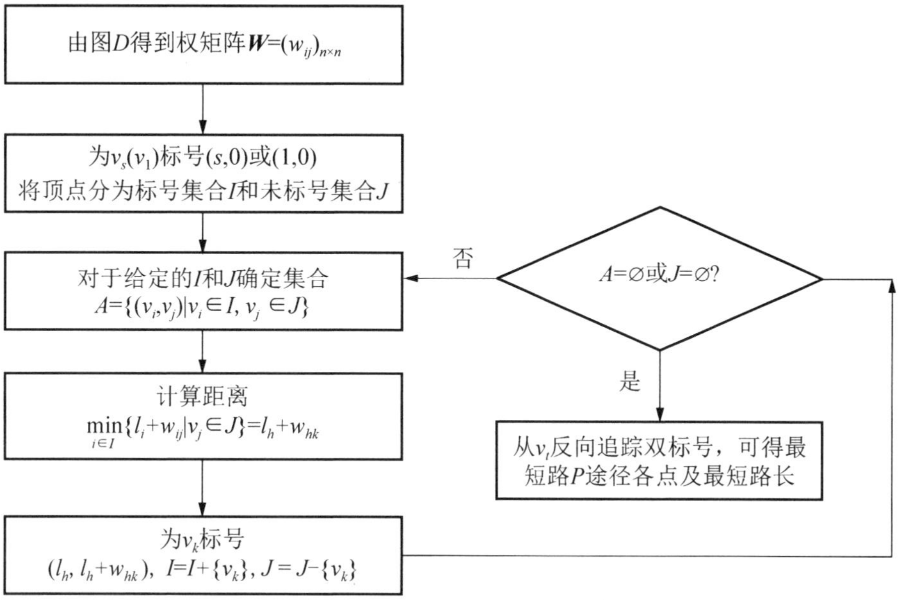

图 4-17　双标号法流程图

【例 4.3】某游客“五一”假期计划从自己所在城市 v_1 出发到某旅游小镇 v_7 去旅游，两点之间有多条路形成了一个路网，如图 4-18 所示。每一个顶点 v_i 代表一个可以路过的城镇，每一条边代表两个城镇之间的交通线，其距离标记在交通线上。请用双标号法帮助该游客寻找 v_1 到 v_7 的最短路径。

例 4.3

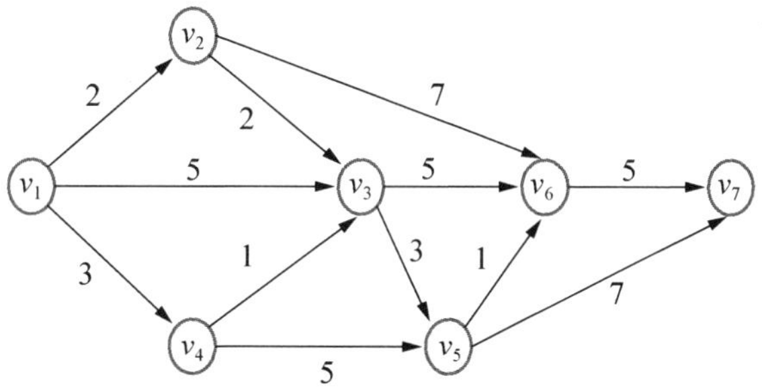

图 4-18　交通图

解：设置初始条件，给起点 v_1 标号为 $(1,l_1)=(1,0)$， $I=\{v_1\}$， $J=V-\{v_1\}$ 。

(1) 考察与 v_1 相邻的点 $\{v_2,v_3,v_4\}$，得

$$A=\{(v_1,v_2),(v_1,v_3),(v_1,v_4)\},$$

$$\min\{l_1+w_{12},l_1+w_{13},l_1+w_{14}\}=\min\{0+2,0+5,0+3\}=l_1+w_{12}=2$$

给顶点 v_2 标号为 $(1,2)$， $I=\{v_1,v_2\}$， $J=\{v_3,v_4,v_5,v_6,v_7\}$ 。

(2) 考察与 v_1 相邻的点 $\{v_3,v_4\}$，与 v_2 相邻的点 $\{v_3,v_6\}$，得

$$A=\{(v_1,v_3),(v_1,v_4),(v_2,v_3),(v_2,v_6)\},$$

$$\min\{l_1+w_{13},l_1+w_{14},l_2+w_{23},l_2+w_{26}\}=\min\{0+5,0+3,2+2,2+7\}=l_1+w_{14}=3$$

给顶点 v_4 标号为 $(1,3)$，$I=\{v_1,v_2,v_4\}$，$J=\{v_3,v_5,v_6,v_7\}$。

(3) 考察与 v_1 相邻的点 v_3，与 v_2 相邻的点 $\{v_3,v_6\}$，与 v_4 相邻的点 $\{v_3,v_5\}$，得

$$A=\{(v_1,v_3),(v_2,v_3),(v_2,v_6),(v_4,v_3),(v_4,v_5)\},$$

$$\min\{l_1+w_{13},l_2+w_{23},l_2+w_{26},l_4+w_{43},l_4+w_{45}\}$$

$$=\min\{0+5,2+2,2+7,3+1,3+5\}=\begin{Bmatrix}l_2+w_{23}\\l_4+w_{43}\end{Bmatrix}=4$$

给顶点 v_3 标号为 $(2,4)$ 或 $(4,4)$，$I=\{v_1,v_2,v_4,v_3\}$，$J=\{v_5,v_6,v_7\}$。

(4) 考察与 v_2 相邻的点 v_6，与 v_3 相邻的点 $\{v_5,v_6\}$，与 v_4 相邻的点 v_5，得

$$A=\{(v_2,v_6),(v_3,v_5),(v_3,v_6),(v_4,v_5)\},$$

$$\min\{l_2+w_{26},l_3+w_{35},l_3+w_{36},l_4+w_{45}\}=\min\{2+7,4+3,4+5,3+5\}=l_3+w_{35}=7$$

给顶点 v_5 标号为 $(3,7)$，$I=\{v_1,v_2,v_4,v_3,v_5\}$，$J=\{v_6,v_7\}$。

(5) 考察与 v_2 相邻的点 v_6，与 v_3 相邻的点 v_6，与 v_5 相邻的点 $\{v_6,v_7\}$，得

$$A=\{(v_2,v_6),(v_3,v_6),(v_5,v_6),(v_5,v_7)\},$$

$$\min\{l_2+w_{26},l_3+w_{36},l_5+w_{56},l_5+w_{57}\}=\min\{2+7,4+5,7+1,7+7\}=l_5+w_{56}=8$$

给顶点 v_6 标号为 $(5,8)$，$I=\{v_1,v_2,v_4,v_3,v_5,v_6\}$，$J=\{v_7\}$。

(6) 考察与 v_5 相邻的点 v_7，与 v_6 相邻的点 v_7，得

$$A=\{(v_5,v_7),(v_6,v_7)\},$$

$$\min\{l_5+w_{57},l_6+w_{67}\}=\min\{7+7,8+5\}=l_6+w_{67}=13$$

给顶点 v_7 标号为 $(6,13)$，$I=\{v_1,v_2,v_4,v_3,v_5,v_6,v_7\}$，$J=\varnothing$。

至此，已找到从起点 v_1 到 v_7 的最短路权为 13，即旅游的最短路长度为 13，如图 4-19 粗线路径，再根据第一个标号反向追踪得出最短路径为

$$v_1\to v_2\to v_3\to v_5\to v_6\to v_7,\ 或\ v_1\to v_4\to v_3\to v_5\to v_6\to v_7。$$

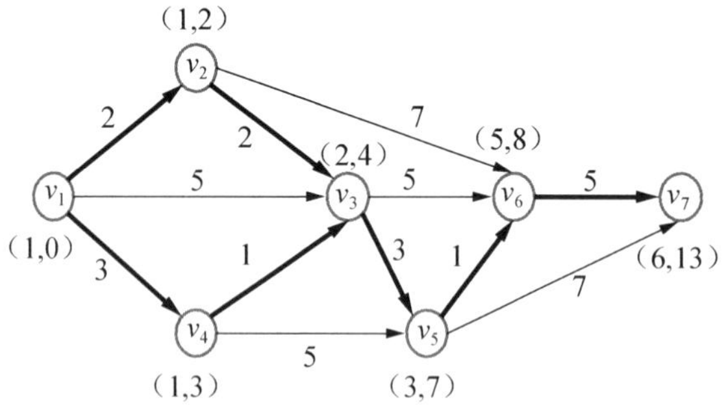

图 4-19 标号过程

4.3.2 最短路问题的 Floyd 算法

Floyd 算法是由 Robert Floyd 于 1962 年提出的。这种算法是使用矩阵迭代的方法来求解任意两点之间的最短路径问题，适用于各种网络问题，如最短路、混合图的最短路径以及含有负权边图的最短路径等。Floyd 算法是权矩阵迭代算法，记网络的权矩阵为 $\boldsymbol{L}=[d_{ij}]_{n\times n}$，$\boldsymbol{L}$ 也称一步到达的最短距离矩阵，其中

$$d_{ij}=\begin{cases}w_{ij}, & (v_i,v_j)\in E\\ 0, & i=j\\ \infty, & 其他\end{cases}$$

记 $\boldsymbol{L}^m=[d_{ij}^m]_{n\times n}$ 为 m 步到达的最短距离矩阵，Floyd 算法包括以下基本步骤。

(1) 令 $\boldsymbol{L}^1=\boldsymbol{L}$。

(2) 计算 $\boldsymbol{L}^k=[d_{ij}^k]_{n\times n}$，其中，$d_{ij}^k=\min\limits_{1\leqslant l\leqslant n}\{d_{il}^{k-1}+d_{lj}^{k-1}\}$。

(3) 比较矩阵 $\boldsymbol{L}^{k-1}$ 和 $\boldsymbol{L}^k$，当 $\boldsymbol{L}^{k-1}\neq\boldsymbol{L}^k$ 时，重复步骤(2)；当 $\boldsymbol{L}^{k-1}=\boldsymbol{L}^k$ 时，得到任意两点间的距离矩阵 $\boldsymbol{L}^k=[d_{ij}^k]_{n\times n}$，$d_{ij}^k$ 即为顶点 i 到 j 的最短路的距离。

若图的顶点数为 n 且 $d_{ij}\geqslant 0$，则迭代次数 k 满足

$$k-1<\frac{\lg(n-1)}{\lg 2}\leqslant k$$

注意：这里的 k 是迭代次数，不一定是网络图中某两点最短路经过的中间点的个数。

【例 4.4】 用 Floyd 算法计算图 4-20 中任意两个节点之间的最短路。

解：从图 4-20 可得出网络图的权矩阵 $\boldsymbol{L}$，如图 4-21 所示。因为顶点 $n=6$，所以 $\lg 5/\lg 2\approx 2.32$，所以 $k=3$，即计算到 $\boldsymbol{L}^3$。

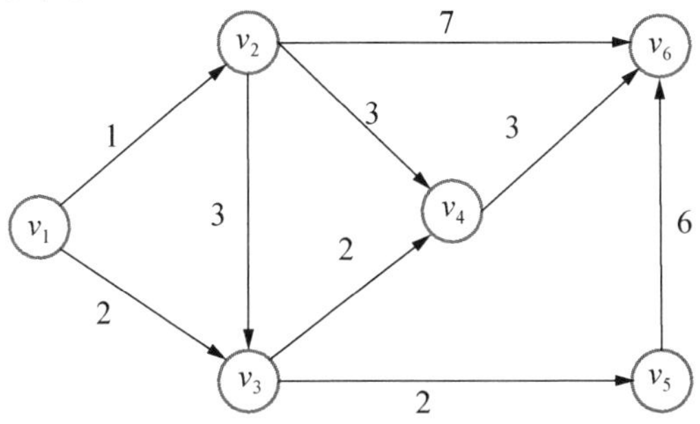

图 4-20　有向图

$$\boldsymbol{L}=\begin{bmatrix}0&1&2&\infty&\infty&\infty\\ \infty&0&3&3&\infty&7\\ \infty&\infty&0&2&2&\infty\\ \infty&\infty&\infty&0&\infty&3\\ \infty&\infty&\infty&\infty&0&6\\ \infty&\infty&\infty&\infty&\infty&0\end{bmatrix}$$

图 4-21　权矩阵

令 $\boldsymbol{L}^1=\boldsymbol{L}$，则

$$\boldsymbol{L}^1=\boldsymbol{L}=\begin{bmatrix}0&1&2&\infty&\infty&\infty\\ \infty&0&3&3&\infty&7\\ \infty&\infty&0&2&2&\infty\\ \infty&\infty&\infty&0&\infty&3\\ \infty&\infty&\infty&\infty&0&6\\ \infty&\infty&\infty&\infty&\infty&0\end{bmatrix}$$

按 $d_{ij}^2=\min\limits_{l}\{d_{il}^1+d_{lj}^1\}$，$d_{ij}^3=\min\limits_{l}\{d_{il}^2+d_{lj}^2\}$ 计算得

$$\boldsymbol{L}^2=\begin{bmatrix}0&1&2&4&4&8\\ \infty&0&3&3&5&6\\ \infty&\infty&0&2&2&5\\ \infty&\infty&\infty&0&\infty&3\\ \infty&\infty&\infty&\infty&0&6\\ \infty&\infty&\infty&\infty&\infty&0\end{bmatrix}\qquad \boldsymbol{L}^3=\begin{bmatrix}0&1&2&4&4&7\\ \infty&0&3&3&5&6\\ \infty&\infty&0&2&2&5\\ \infty&\infty&\infty&0&\infty&3\\ \infty&\infty&\infty&\infty&0&6\\ \infty&\infty&\infty&\infty&\infty&0\end{bmatrix}$$

这里 $d_{16}^3=7$ 表示 v_1 到 v_6 的最短路长度是 7，根据其计算过程

$$d_{16}^3=\min\left\{d_{11}^2+d_{16}^2, d_{12}^2+d_{26}^2, \cdots, d_{16}^2+d_{66}^2\right\}$$
$$=\min\{0+8, 1+6, 2+5, 4+3, 4+6, 8+0\}=7=d_{14}^2+d_{46}^2$$
$$d_{14}^2=\min\left\{d_{11}^1+d_{14}^1, d_{12}^1+d_{24}^1, \cdots, d_{16}^1+d_{64}^1\right\}$$
$$=\min\{0+\infty, 1+3, 2+2, \infty+0, \infty+\infty, \infty+\infty\}=4=d_{12}^1+d_{24}^1=d_{13}^1+d_{34}^1$$
$$d_{46}^2=\min\left\{d_{41}^1+d_{16}^1, d_{42}^1+d_{26}^1, \cdots, d_{46}^1+d_{66}^1\right\}$$
$$=\min\{\infty+\infty, \infty+7, \infty+\infty, 0+3, \infty+6, 3+0\}=3=d_{44}^1+d_{46}^1=d_{46}^1+d_{66}^1$$

确定 v_1 到 v_6 的最短路长度是 7，最短线路是 $v_1 \to v_2 \to v_4 \to v_6$ 和 $v_1 \to v_3 \to v_4 \to v_6$。

4.4　网络最大流问题

最大流问题是一类广泛应用的问题，涉及诸如公路系统中的车辆流量、供电系统中的电流分配以及通信网络中的信息传输等方面。最大流问题是 20 世纪 50 年代由福特和富克逊提出的“网络流理论”的重要组成部分。该理论基于网络图的概念，通过使用各种算法和技巧，如 Ford-Fulkerson 算法和 Edmonds-Karp 算法，可以有效地解决最大流问题。

4.4.1　基本概念和定理

定义 4.11　容量网络和流：对网络上每一条弧都给出一个最大的通过能力，称为该弧的容量(capacity)，记为 $c(v_i, v_j)$，简记为 c_{ij}，并称该网络为容量网络。容量网络规定一个发点(send) s，一个收点(take) t。流(flow)是指网络上各条弧的载荷量，记为 $f(v_i, v_j)$，简记为 f_{ij}。图 4-22 是连接某产品产地 v_s 和销地 v_t 的运输图。弧 (v_i, v_j) 表示从 v_i 到 v_j 的运输线，弧上括号内第 1 个数字表示这条运输线的最大通过能力 c_{ij}，括号内第 2 个数字表示该弧上的实际流 f_{ij}。

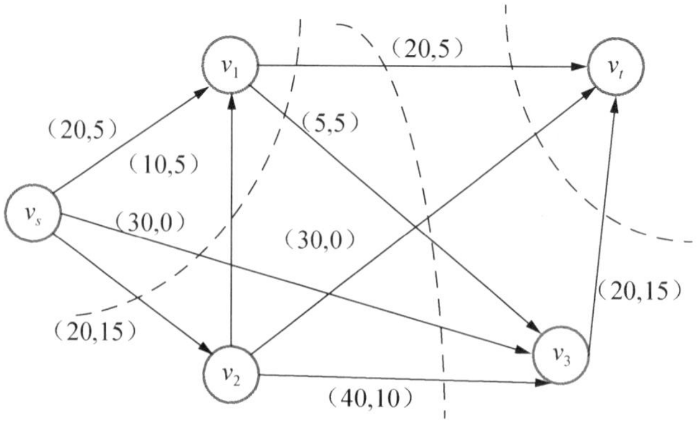

图 4-22　连接产地和销地的运输网络

定义 4.12　可行流：对于给定的容量网络 $D=(V, A, C)$ 和给定的流 $f=\left\{f(v_i, v_j)\right\}$，若 f 满足下列条件：

(1) 容量限制条件，对每一条弧 (v_i, v_j)，有 $0 \leqslant f_{ij} \leqslant c_{ij}$；

(2) 流量平衡条件，对于中间点，流出量=流入量，即对于每一个 $i\,(i \neq s, t)$，有

$$\sum_{(v_i, v_j) \in A} f_{ij} - \sum_{(v_j, v_i) \in A} f_{ji} = 0$$

对于发点 v_s，有

$$\sum_{(v_s, v_j) \in A} f_{sj} = v(f)$$

对于收点 v_t，有

$$\sum_{(v_j, v_t) \in A} f_{jt} = v(f)$$

则称 $f = \{f_{ij}\}$ 为一个可行流，$v(f)$ 称为这个可行流的流量。

注意：这里所说的发点 v_s 是指只有从 v_s 发出去的弧，而没有指向 v_s 的弧；收点 v_t 只有指向 v_t 的弧，而没有从 v_t 发出去的弧。

可行流总是存在的，例如，令所有弧上的流 $f_{ij} = 0$，就得到一个可行流(称为零流)，其流量 $v(f) = 0$。在图 4-22 中，每条弧上括号内的数字给出的就是一个可行流 $f = \{f_{ij}\}$，它满足可行流定义中的条件(1)和(2)，其流量 $v(f) = 5 + 0 + 15 = 20$。

所谓网络最大流问题就是求一个流 $f = \{f_{ij}\}$，使得总流量 $v(f)$ 达到最大，并且满足定义 4.12 中的条件(1)和(2)，即

$$\max v(f)$$
$$\begin{cases} \sum\limits_{(v_i, v_j) \in A} f_{ij} - \sum\limits_{(v_j, v_i) \in A} f_{ji} = 0 \quad \forall i, j \notin \{s, t\} \\ \sum\limits_{(v_s, v_j) \in A} f_{sj} = v(f) \\ \sum\limits_{(v_j, v_t) \in A} f_{jt} = v(f) \\ 0 \leqslant f_{ij} \leqslant c_{ij} \ (\forall i, j) \end{cases}$$

网络最大流问题是一类特殊的线性规划问题，可以利用线性规划方法求解。这一节将给出一种利用图的特点来解决这个问题的方法，相对而言比线性规划的一般方法要简便和直观得多。

定义 4.13　饱和弧和零流弧：在网络 $D = (V, A, C)$ 中，若给定一个可行流 $f = \{f_{ij}\}$，将网络中 $f_{ij} = c_{ij}$ 的弧称为饱和弧，将 $0 \leqslant f_{ij} < c_{ij}$ 的弧称为不饱和弧，将 $f_{ij} = 0$ 的弧称为零流弧，将 $0 < f_{ij} \leqslant c_{ij}$ 的弧称为非零流弧。

图 4-22 中的弧 (v_1, v_3) 是饱和弧；弧 (v_1, v_t) 是不饱和弧；弧 (v_s, v_3) 为零流弧。

若 μ 是网络中连接发点 v_s 和收点 v_t 的一条路，定义路的方向是从 v_s 到 v_t，则路上的弧被分为两类。

弧的方向与路的方向一致，称此类弧为前(或正)向弧，所有前向弧的集合记为 μ^+。

弧的方向与路的方向不一致，称此类弧为后(或逆)向弧，所有后向弧的集合记为 μ^-。

在图 4-22 中，$\mu = \{v_s, (v_s, v_1), v_1, (v_2, v_1), v_2, (v_2, v_3), v_3, (v_3, v_t), v_t\}$ 是一条从 v_s 到 v_t 的路，则

$$\mu^+ = \{ (v_s, v_1), (v_2, v_3), (v_3, v_t)\}, \quad \mu^- = \{ (v_2, v_1)\}$$

定义 4.14 增广路：设 $f=\{f_{ij}\}$ 是网络 $D=(V,A,C)$ 上的一个可行流，μ 是从 v_s 到 v_t 的一条路，若 μ 满足下列条件：

(1) 在弧 $(v_i,v_j)\in\mu^+$ 上，其流量 $f_{ij}<c_{ij}$，即 μ^+ 中的每一条弧都是非饱和弧；

(2) 在弧 $(v_i,v_j)\in\mu^-$ 上，其流量 $f_{ij}>0$，即 μ^- 中的每一条弧都是非零流弧，则称 μ 是关于 f 的一条增广路。

如前面提到的路 $\mu=\{v_s,(v_s,v_1),v_1,(v_1,v_2),v_2,(v_2,v_3),v_3,(v_3,v_t),v_t\}$ 就是一条增广路，因为其中 μ^+ 上的弧均非饱和；而 μ^- 上的弧为非零流弧，显然这样的增广路不止一条。

定义 4.15 截集：给定网络 $D=(V,A,C)$，若点集 V 被分割成两个非空集合 V_1 和 V_2，使得 $V=V_1\cup V_2,V_1\cap V_2=\varnothing$(空集)，且 $v_s\in V_1,v_t\in V_2$，则把发点在 V_1，收点在 V_2 的弧的集合称为分离 v_s 到 v_t 的一个截集，记为 (V_1,V_2)。

在图 4-22 中，设 $V_1=\{v_s,v_1\}$，$V_2=\{v_2,v_3,v_t\}$，则截集为

$$(V_1,V_2)=\{(v_s,v_2),(v_s,v_3),(v_1,v_3),(v_1,v_t)\}$$

参看图 4-22 中的虚线穿过的弧，而弧 (v_2,v_1) 不是该集中的弧，因为这条弧的起点在 V_2 中，与定义 4.15 要求不符。显然，容量网络的截集有很多，在图 4-22 中还可取 $V_1'=\{v_s,v_1,v_2\}$，$V_2'=\{v_3,v_t\}$，则截集为

$$(V_1',V_2')=\{(v_s,v_3),(v_1,v_3),(v_1,v_t),(v_2,v_3),(v_2,v_t)\}$$

若把网络 $D=(V,A,C)$ 中某截集的弧从该网络中去掉，则从 v_s 到 v_t 便不存在路，所以直观上说，截集是从 v_s 到 v_t 的必经之弧，这也是截集命名的由来。

定义 4.16 截量：在网络 $D=(V,A,C)$ 中，给定一个截集 (V_1,V_2)，则把该截集中所有弧的容量之和，称为这个截集的容量，简称截量，记为 $c(V_1,V_2)$，即

$$c(V_1,V_2)=\sum_{(v_i,v_j)\in(V_1,V_2)}c_{ij}$$

例如，在上面所举的两个截集中，有

$$c(V_1,V_2)=c_{s2}+c_{s3}+c_{13}+c_{1t}=20+30+5+20=75$$

而

$$c(V_1',V_2')=c_{s3}+c_{13}+c_{1t}+c_{23}+c_{2t}=30+5+20+40+30=125$$

显然，截集不同截量也不同。根据截集的定义，截集的个数是有限的，故其中必有一个截集的容量是最小的，称为最小截集，也就是通常所说的“瓶颈”。

关于网络最大流，有下面重要的定理。

定理 4.3 在网络 $D=(V,A,C)$ 中，可行流 $f^*=\{f_{ij}^*\}$ 是最大流的充要条件是 D 中不存在关于 f^* 的增广路。

定理 4.4 (最大流–最小截集定理)对于任意给定的网络 $D=(V,A,C)$，从发点 v_s 到收点 v_t 的最大流的流量必等于分割 v_s 到 v_t 的最小截集 (V_1^*,V_2^*) 的容量，即

$$v(f^*)=c(V_1^*,V_2^*)$$

由定理 4.3 可知，给定一个可行流 $f=\{f_{ij}\}$，只要判断网络 D 有无关于 f 的增广路，就可判断该可行流是否为最大流。由定理 4.4 可知，获得最大流就可得到最小截集，在具

体计算时，用给顶点标号的方法将其分成两个互不相容的集合，如果标号过程无法进行下去，而仍有未标号的点存在，则表明不存在从发点到收点的增广路径，从而得到最大流。此时，将已标号的点(至少有一个点)放入最小截集 V_1^* 集合中，将未标号的点(至少有一个点)放入另一个 V_2^* 集合中，即得到一个最小截集 (V_1^*, V_2^*)。

4.4.2 网络最大流的标号法

通用的最大流标号法是由 Ford 和 Fulkerson 提出的，该算法的核心思想是不断寻找增广路径，并通过调整路径上的流量来增加总流量。在标号过程中，算法为每个节点分配标号，以指导增广路径的选择。在调整过程中，算法根据当前流量和剩余容量的情况，调整路径上的流量分配。计算流程如图 4-23 所示，从一个可行流出发 $f=\{f_{ij}\}$(若网络中没有给定 f，则可设 f 是零流)，经过标号过程与调整过程反复迭代，最终得到最大流。

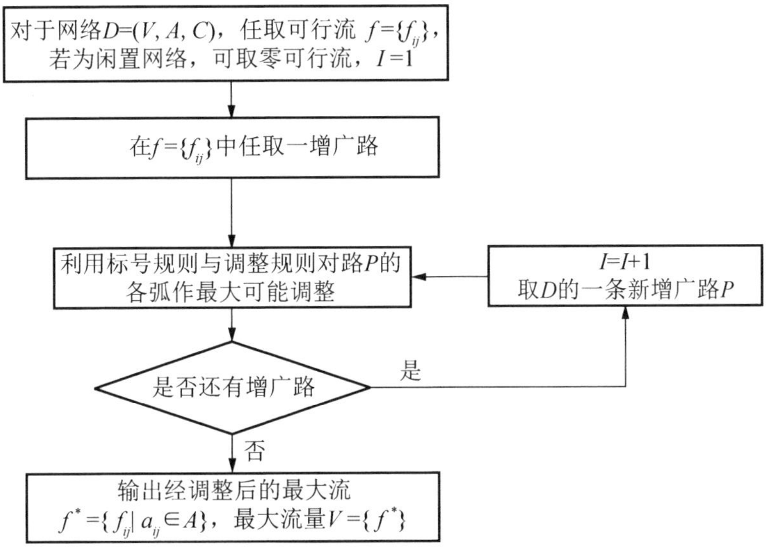

图 4-23 Ford-Fulkerson 标号法流程图

1. 标号过程

在标号过程中，网络中的点、标号点(又分为已检查和未检查两种)、未标号点的标号包含两部分：第一个标号表明它来自哪一点，以便找出增广路；第二个标号是为了确定增广路的调整量 θ。

标号过程开始，先给 v_s 标上(0,+∞)，这时 v_s 是标号而未检查的点，其余都是未标号点。一般情况下，取一个标号而未检查的点 v_i，对一切未标号点 v_j，有以下关系。

(1) 在弧上 (v_i, v_j)，若 $f_{ij} < c_{ij}$，则给 v_j 标号 $(i^+, l(v_j))$，这里 i^+ 表示前向弧上的来点编号，$l(v_j)=\min\{l(v_i), c_{ij}-f_{ij}\}$，这时点 v_j 成为标号而未检查的点。

(2) 在弧上 (v_j, v_i)，若 $f_{ji} > 0$，则给 v_j 标号 $(i^-, l(v_j))$，这里 i^- 表示后向弧上的来点编号，$l(v_j)=\min\{l(v_i), f_{ji}\}$，这时点 v_j 成为标号而未检查的点。

于是 v_i 成为标号且已检查过的点，重复上述步骤，一旦 v_t 被标上号，表明得到一条从 v_s

到 v_t 的增广路 μ，转入调整过程。

若所有标号都已检查，而标号过程进行不下去，则算法结束，这时的可行流就是最大流。

2. 调整过程

若标号过程获得 v_t 的标号，依据 v_t 及其他点的第一个标号，利用“反向追踪”法，找出增广路 μ。例如，若 v_t 的第一个标号为 i^+(或 i^-)，则弧 (v_i, v_t) [或相应的 (v_t, v_i)]是 μ 上的弧，再检查 v_i 的第一个标号，一直进行下去，直到 v_s。令调整量 $\theta = l(v_t)$，即 v_t 的第二个标号，调整网络中弧的流量，即

$$f'_{ij} = \begin{cases} f_{ij} + \theta & (v_i, v_j) \in \mu^+ \\ f_{ji} - \theta & (v_j, v_i) \in \mu^- \\ f_{ij} & (v_i, v_j) \notin \mu \end{cases} \tag{4-1}$$

得到新的可行流。去掉所有标号，对新的可行流 $f' = \{f'_{ij}\}$ 重新进行标号过程。

【例 4.5】图 4-24 所示为 6 个国内机场的容量网络(容量是虚构的)，用标号法求北京机场 v_1 到深圳机场 v_6 的最大流。

例 4.5

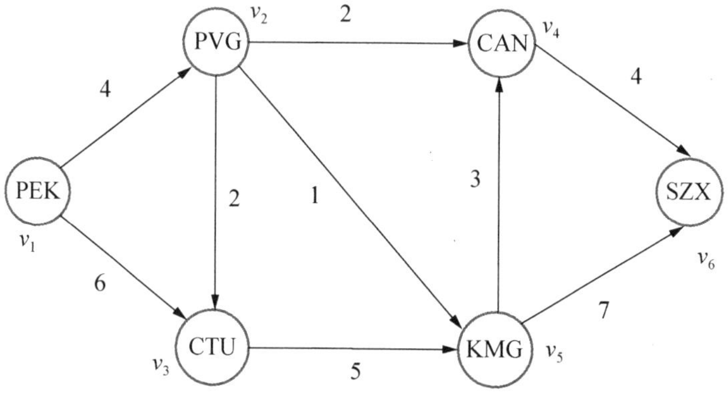

图 4-24　容量网络

解：图 4-24 中弧只给出了容量 c_{ij}，这时选择容量网络的初始可行流为零流，即所有弧的流量都为 $f_{ij}=0$。

(1) 对各顶点进行标号。

给 v_1 标号为$(0,+\infty)$，即 $l(v_1) = +\infty$。

检查 v_1：在弧 (v_1, v_2) 上，$0[f_{12}] < 4[c_{12}]$，

$$l(v_2) = \min\{l(v_1), c_{12} - f_{12}\} = \min\{+\infty, 4-0\} = 4$$

所以给 v_2 标号 $(1^+, 4)$，其中第一个标号表示弧 (v_1, v_2) 的端点是 v_1，第二个标号表示该弧的可调整量是 4 个单位；在弧 (v_1, v_3) 上，因为 $0[f_{13}] < 6[c_{13}]$，

$$l(v_3) = \min\{l(v_1), c_{13} - f_{13}\} = \min\{+\infty, 6-0\} = 6$$

所以给 v_3 标号 $(1^+, 6)$。

检查 v_2：在弧 (v_2, v_4) 上，$0[f_{24}] < 2[c_{24}]$，

$$l(v_4)=\min\{l(v_2), c_{24}-f_{24}\}=\min\{4, 2-0\}=2$$

所以给 v_4 标号 $(2^+, 2)$；在弧 (v_2, v_5) 上，$0[f_{25}]<1[c_{25}]$，

$$l(v_5)=\min\{l(v_2), c_{25}-f_{25}\}=\min\{4, 1-0\}=1$$

所以给 v_5 标号 $(2^+, 1)$；在弧 (v_2, v_3) 上，$0[f_{23}]<2[c_{23}]$，

$$l(v_3)=\min\{l(v_2), c_{23}-f_{23}\}=\min\{4, 2-0\}=2$$

所以给 v_3 标号 $(2^+, 2)$。

注意，前面已给 v_3 标过号 $(1^+, 6)$，现在又给 v_3 标号 $(2^+, 2)$，它们分别隶属两条不同的路线，不存在修改标号的问题(与最短路不同)。在找从 v_1 到 v_6 的增广路对已标号点 v_i 进行检查时，每次只检查一个相邻点 v_j (不论前向弧或后向弧均可)，进行标号即可，而不必检查所有与 v_i 相邻的点。事实上，其余的相邻点也不会漏掉，因为以后还要通过检查这些点来找出新的增广路。

检查 v_4：在弧 (v_4, v_6) 上，$0[f_{46}]<4[c_{46}]$

$$l(v_6)=\min\{l(v_4), c_{46}-f_{46}\}=\min\{2, 4-0\}=2$$

所以给 v_6 标号 $(4^+, 2)$。

至此，终点 v_6 已获得标号，于是找出一条从 v_1 到 v_6 的增广路。由第一个标号反向追踪找出路线，即 $\mu_1=\{v_1, v_2, v_4, v_6\}$，如图 4-25 所示。

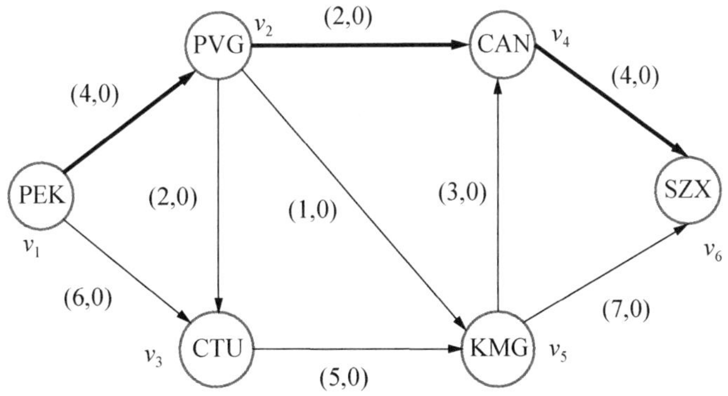

图 4-25 增广路 μ_1

(2) 进行调整。

这时的调整量 $\theta=l(v_6)=2$，按照式(4-1)调整。由于 μ_1 上各弧均为前向弧，故

$$f'_{12}=f_{12}+\theta=0+2=2$$
$$f'_{24}=f_{24}+\theta=0+2=2$$
$$f'_{46}=f_{46}+\theta=0+2=2$$

其余的 f_{ij} 不变，这样就得到新的可行流，如图 4-26 所示。

对这个新的可行流再进行标号，寻找增广路。给 v_1 标号为 $(0,+\infty)$，即 $l(v_1)=+\infty$。

检查 v_1：在弧 (v_1, v_2) 上，$2<4$，

$$l(v_2)=\min\{l(v_1), c_{12}-f_{12}\}=\min\{+\infty, 4-2\}=2$$

所以给 v_2 标号 $(1^+, 2)$。

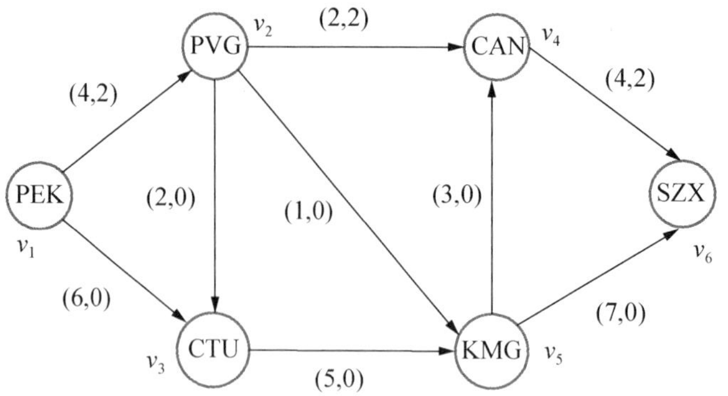

图 4-26 新可行流 1

检查 v_2：在弧 (v_2, v_3) 上，$0<2$，

$$l(v_3) = \min\{l(v_2), c_{23} - f_{23}\} = \min\{2, 2\} = 2$$

所以给 v_3 标号 $(2^+, 2)$。

检查 v_3：在弧 (v_3, v_5) 上，$0<5$，

$$l(v_5) = \min\{l(v_3), c_{35} - f_{35}\} = \min\{2, 5-0\} = 2$$

所以给 v_5 标号 $(3^+, 2)$。

检查 v_6：在弧 (v_5, v_6) 上，$0<7$，

$$l(v_6) = \min\{l(v_5), c_{56} - f_{56}\} = \min\{2, 7-0\} = 2$$

所以给 v_6 标号 $(5^+, 2)$。

至此，终点 v_6 已获得标号，于是找出一条从 v_1 到 v_6 的增广路。再由第一个标号反向追踪找出路线，即 $\mu_2 = \{v_1, v_2, v_3, v_5, v_6\}$，如图 4-27 所示。

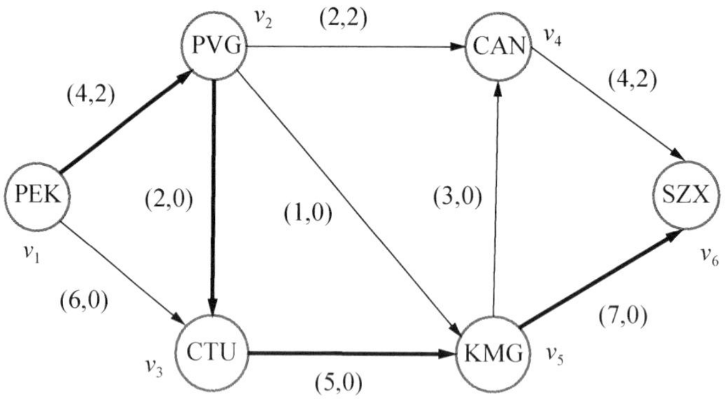

图 4-27 增广路 μ_2

这时的调整量 $\theta = l(v_6) = 2$，按照式(4-1)逐条调整

$$f'_{12} = f_{12} + \theta = 2 + 2 = 4$$
$$f'_{23} = f_{23} + \theta = 0 + 2 = 2$$
$$f'_{35} = f_{35} + \theta = 0 + 2 = 2$$
$$f'_{56} = f_{56} + \theta = 0 + 2 = 2$$

其余的 f_{ij} 不变，这样就得到了一个新的可行流，如图 4-28 所示，重新标号调整。

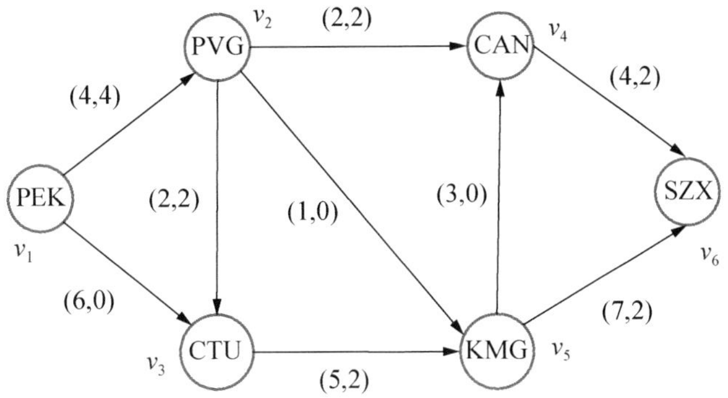

图 4-28　新可行流 2

对这个新的可行流再进行标号，寻找增广路。给 v_1 标号为$(0,+\infty)$，即 $l(v_1)=+\infty$ 。

检查 v_1：在弧 (v_1,v_3) 上，$0<6$，

$$l(v_2)=\min\{l(v_1),c_{13}-f_{13}\}=\min\{+\infty,6-0\}=6$$

所以给 v_3 标号 $(1^+,6)$ 。

检查 v_3：在弧 (v_2,v_3) 上，$0<2$，

$$l(v_2)=\min\{l(v_3),f_{23}\}=\min\{6,2\}=2$$

所以给 v_2 标号 $(3^-,2)$ 。

检查 v_2：在弧 (v_2,v_5) 上，$0<1$，

$$l(v_5)=\min\{l(v_2),c_{25}-f_{25}\}=\min\{2,1-0\}=1$$

所以给 v_5 标号 $(2^+,1)$ 。

检查 v_6：在弧 (v_5,v_6) 上，$2<7$，

$$l(v_6)=\min\{l(v_5),c_{56}-f_{56}\}=\min\{1,7-2\}=1$$

所以给 v_6 标号 $(5^+,1)$ 。

至此，终点 v_6 已获得标号，于是找出一条从 v_1 到 v_6 的增广路。再由第一个标号反向追踪找出路线，即 $\mu_3=\{v_1,v_3,v_2,v_5,v_6\}$，如图 4-29 所示。

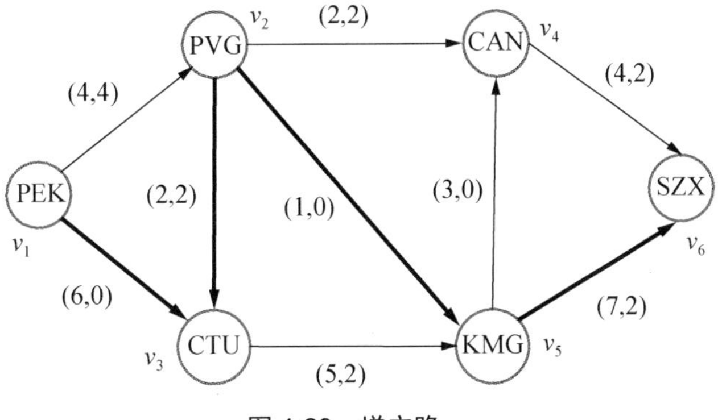

图 4-29　增广路 μ_3

这时的调整量$\theta = l(v_6) = 1$，由于μ_3上既有前向弧又有后向弧，逐条按照式(4-1)调整

$$f'_{13} = f_{13} + \theta = 0 + 1 = 1$$
$$f'_{23} = f_{23} - \theta = 2 - 1 = 1$$
$$f'_{25} = f_{25} + \theta = 0 + 1 = 1$$
$$f'_{56} = f_{56} + \theta = 2 + 1 = 3$$

其余的f_{ij}不变，这样就得到了一个新的可行流，如图 4-30 所示，重新标号调整。

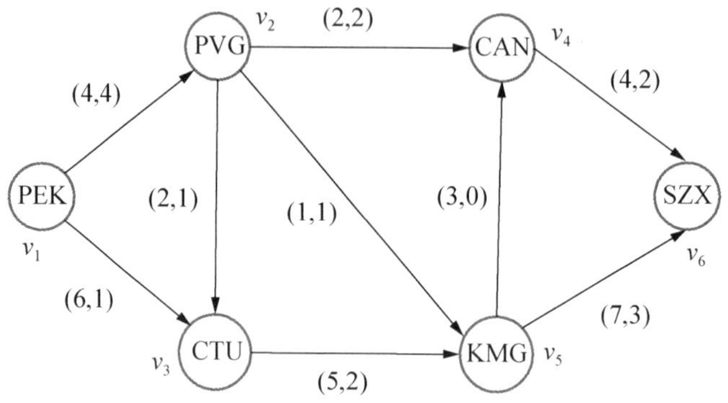

图 4-30　新可行流 3

同理，开始给v_1标号，得到一条增广路$\mu_4 = \{v_1, v_3, v_5, v_6\}$，如图 4-31 所示；然后进行调整，如图 4-32 所示，再重新进行标号寻找新的增广路。

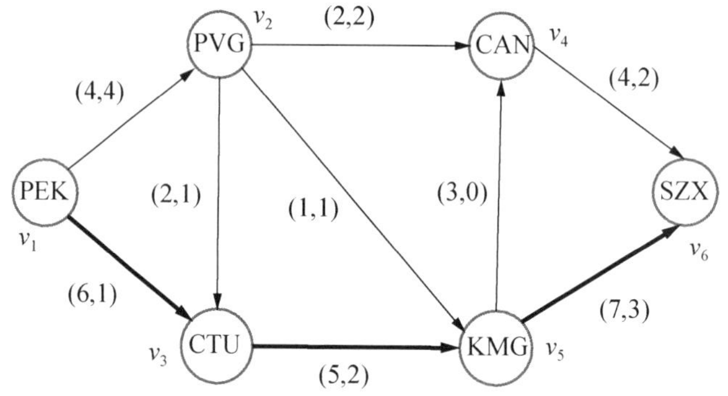

图 4-31　增广路μ_4

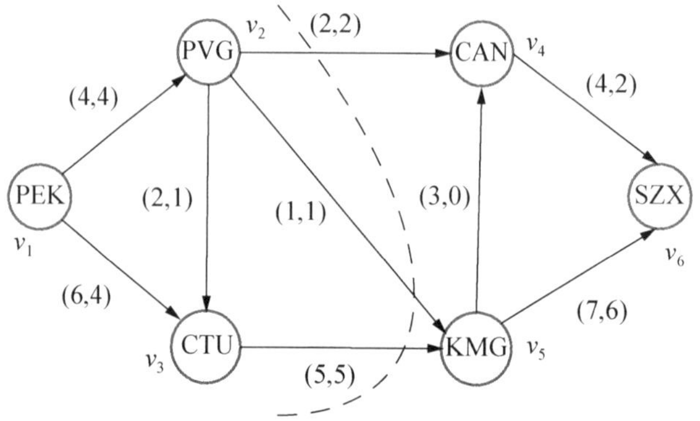

图 4-32　新可行流 4

开始给 v_1 标号为 $(0,+\infty)$，检查 v_2，这时弧 (v_1,v_2) 已饱和，不能给 v_2 标号，检查 v_3，还可以标号 $(1^+,2)$；从 v_3 检查 v_2，这时 v_2 [(v_2,v_3) 为逆向弧]还可以标号 $(3^-,1)$，再检查 v_4、v_5，不能标号；从 v_2 检查 v_4、v_5，也不能标号；标号无法进行，最后得到最大流 $f^*=\left\{f_{ij}^*\right\}$，如图 4-32 所示，最大流量为

$$v(f^*)=f_{12}^*+f_{13}^*=f_{24}^*+f_{25}^*+f_{35}^*=8$$

与此同时，也可找到最小截集 (V_1^*,V_2^*)，其中 V_1^* 为最后一轮已标号点的集合，V_2^* 为未标号点的集合，即

$$V_1^*=\{v_1,v_3,v_2\}\;;\qquad V_2^*=\{v_4,v_5,v_6\}$$

$$(V_1^*,V_1^*)=\{(v_2,v_4),(v_2,v_5),(v_3,v_5)\}$$

最小截量为 $c(V_1^*,V_2^*)=c_{24}+c_{25}+c_{35}=2+1+5=8$，如图 4-32 中的虚线。

由上述过程可知，用标号法找增广路求最大流的同时也得到一个最小截集。最小截集的容量大小对总通行能力有重要影响，因此在优化网络通行能力时需要考虑增大最小截集集合中各弧的容量，提高它们的通行能力。相反地，如果最小截集中弧的通行能力降低，就会限制流量通过最小截集的能力，从而降低总通行能力。因此，在设计网络或进行流量调度时，需要注意确保最小截集中的弧具有足够的容量。

4.4.3 多端网络最大流问题

多端网络最大流问题是指在一个网络中，有多个源节点和多个汇节点，并希望在节点之间进行最大流量的传输。多端网络最大流问题往往转化为单端网络最大流问题，可引入一个虚拟的超级源节点和超级汇节点。

先将多端网络中的每个源节点与超级源节点相连，这些虚拟弧的流量为源节点的流出流量；类似地，将多端网络中的每个汇节点与超级汇节点相连，弧的流量为汇节点的流入流量，保证流量平衡条件的要求。同样可以处理添加虚拟弧的容量(以不改变原网络的通行能力为基准)，也可选择容量为 $+\infty$。这样，就得到了一个等效的单端网络。

在转化后的单端网络中，应用标准的最大流算法(如 Ford-Fulkerson 算法或 Edmonds-Karp 算法)来计算超级源节点到超级汇节点的最大流量。这样就可以得到等效的单端网络最大流问题的解，从而解决了原始的多端网络最大流问题。

图 4-33 所示为有三个发点 $\{v_1,v_2,v_3\}$、两个收点 $\{v_7,v_8\}$ 的多端网络，可以转换成一个发点、一个收点的单端网络。注意添加虚拟弧的容量和流量的限制，一般容量可选大一些，流量满足平衡条件。

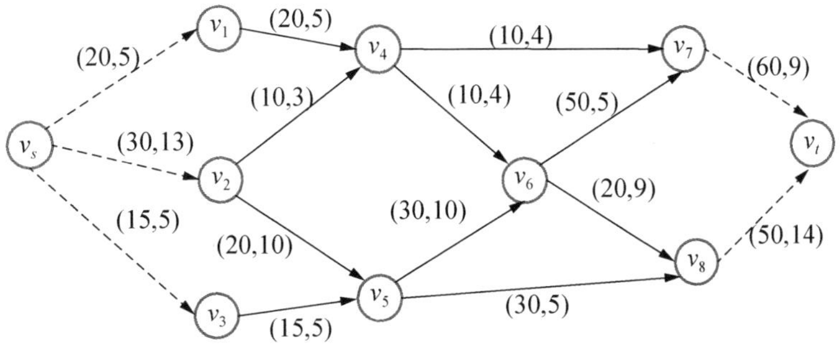

图 4-33 多端容量网络的转化

4.4.4　最小费用最大流问题

最小费用最大流是一种在网络中寻找最大流量的同时，又添加了对容量网络运作的经济性要求。它在各弧的容量限制和费用两个因素下进行优化，该问题在实际应用中具有广泛的背景和应用场景。例如，在供应链管理中，可以使用最小费用最大流算法来确定最佳的物流调配方案，使总成本最小化。在电力网络中，可以通过最小费用最大流算法来优化电力输送的方案，以最大程度地满足需求并降低能源成本。在交通管理中，可以使用最小费用最大流算法来规划最优的交通流动，以减少拥堵和交通成本。运输问题、最大流问题、最短路问题(距离代表单位流量的费用)都是其特例。

1. 费用的有关概念

设 $D=(V, A, C)$ 为一给定网络，对任意 $(v_i, v_j)\in A$ 除给出容量 c_{ij} 外，还给出了这段弧的单位流量的费用 b_{ij}。

定义 4.17　可行流的费用：对 D 上的一个可行流 $f=\{f_{ij}\}$，称 $B(f)=\sum\limits_{(v_i, v_j)\in A} b_{ij}f_{ij}$ 为可行流 f 的费用。

所谓最小费用最大流问题就是当最大流不唯一时，在这些最大流中求一个流，使得该流的总费用最小。下面介绍解决最小费用最大流问题的方法，其基本思想是在寻求最大流的算法过程中考虑费用最小的流。

定义 4.18　增广路的费用：μ 是一条关于可行流 f 的增广路，若以 θ 调整 f，得到新的可行流 f'，将

$$\begin{aligned}
B(f')-B(f) &= \sum_{(v_i, v_j)\in A} b_{ij}f'_{ij} - \sum_{(v_i, v_j)\in A} b_{ij}f_{ij} \\
&= \sum_{(v_i, v_j)\in \mu} b_{ij}f'_{ij} - \sum_{(v_i, v_j)\in \mu} b_{ij}f_{ij} \\
&= \left[\sum_{(v_i, v_j)\in \mu^+} b_{ij}f'_{ij} - \sum_{(v_i, v_j)\in \mu^+} b_{ij}f_{ij}\right] + \left[\sum_{(v_i, v_j)\in \mu^-} b_{ij}f'_{ij} - \sum_{(v_i, v_j)\in \mu^-} b_{ij}f_{ij}\right] \\
&= \theta\left[\sum_{(v_i, v_j)\in \mu^+} b_{ij}\right] - \theta\left[\sum_{(v_i, v_j)\in \mu^-} b_{ij}\right] = \theta\left[\sum_{(v_i, v_j)\in \mu^+} b_{ij} - \sum_{(v_i, v_j)\in \mu^-} b_{ij}\right]
\end{aligned}$$

称为增广路 μ 的费用。

2. 最小费用最大流的求解

若 f 是流量为 $v(f)$ 的所有可行流中费用最小者，而 μ 是关于 f 的费用最小的增广路，那么沿增广路 μ 去调整，得到的可行流 f'，就是流量为 $v(f')$ 的所有可行流中费用最小的流。因此最小费用最大流需先找一个最小费用流，然后找出最小费用增广路并进行调整，一直进行下去，直到找不出增广路，这时的可行流即为最小费用最大流。

如何寻找最小费用增广路呢？构造一个有向赋权图 $W(f)$，其顶点为原网络 D 的顶点，把 D 中的每条弧 (v_i, v_j) 变为两条相反方向的弧 (v_i, v_j)、(v_j, v_i)，并规定 $W(f)$ 中弧的权 w_{ij} 和 w_{ji} 分别为

$$w_{ij}=\begin{cases}b_{ij}, & f_{ij}<c_{ij}\\ +\infty, & f_{ij}=c_{ij}\end{cases}\qquad w_{ji}=\begin{cases}-b_{ij}, & f_{ij}>0\\ +\infty, & f_{ij}=0\end{cases}$$

可以忽略长度为$+\infty$的弧的增广路，于是求最小费用增广路等价于在$W(f)$中求从v_s到v_t的最短路。

由上述讨论可得出求最小费用最大流的算法。

(1) 第 1 步取零流为初始最小费用可行流，记为$f^{(0)}$。

(2) 若第k步得到最小费用流$f^{(k)}$，构造一个有向赋权图$W(f^{(k)})$，在$W(f^{(k)})$中寻求从v_s到v_t的最短路。若不存在最短路，则$f^{(k)}$即为网络D的最小费用最大流；若存在最短路，则在原网络D中得到了相应的最小费用增广路μ，对$f^{(k)}$做调整，调整量为

$$\theta=\min\left\{\min_{(v_i,v_j)\in\mu^+}\left\{c_{ij}-f_{ij}^{(k)}\right\},\min_{(v_i,v_j)\in\mu^-}\left\{f_{ij}^{(k)}\right\}\right\}$$

调整$f^{(k)}$的各弧，得到新的可行流$f^{(k+1)}=\left\{f_{ij}^{(k+1)}\right\}$，重新计算。

【例 4.6】 求如图 4-34 网络的最小费用最大流，弧旁的数字为(b_{ij},c_{ij})。

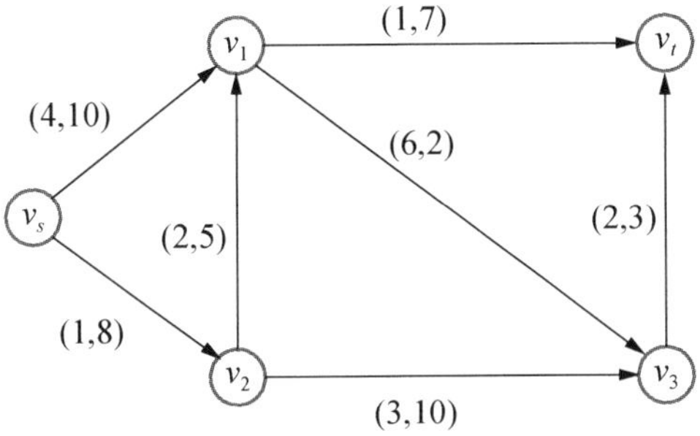

图 4-34　容量费用网络图

解：(1) 取$f^{(0)}$为初始可行流。

(2) 构造$W(f^{(0)})$，如图 4-35 所示，最短路为$\mu_0=\{v_s,v_2,v_1,v_t\}$，在$\mu_0$上进行调整，$\theta=\min\{8,5,7\}=5$，得到新的可行流$f^{(1)}$，如图 4-36 所示，弧旁括号中的数字为$(c_{ij},f_{ij})$。

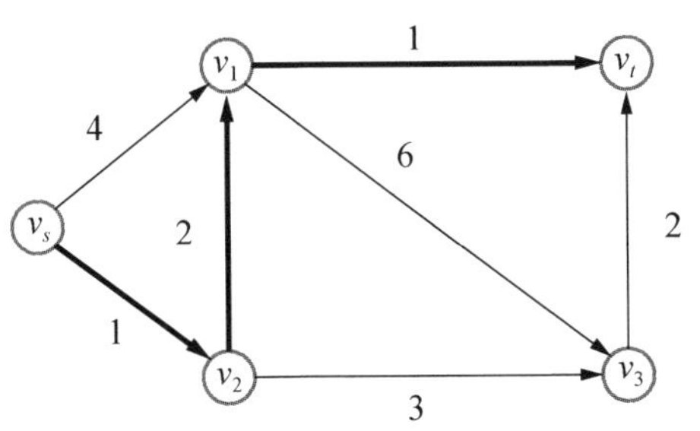

图 4-35　最短路μ_0

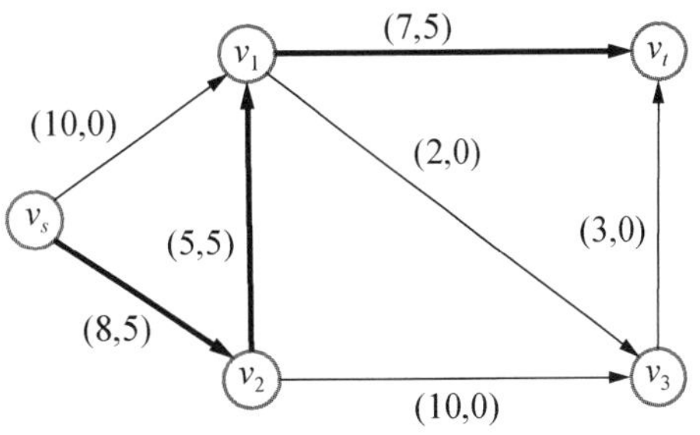

图 4-36　新可行流$f^{(1)}$

(3) 构造相应的有向赋权图$W(f^{(1)})$，如图 4-37 所示，最短路$\mu_1=\{v_s,v_1,v_t\}$，在μ_1上进行调整，得到新的可行流$f^{(2)}$，如图 4-38 所示。

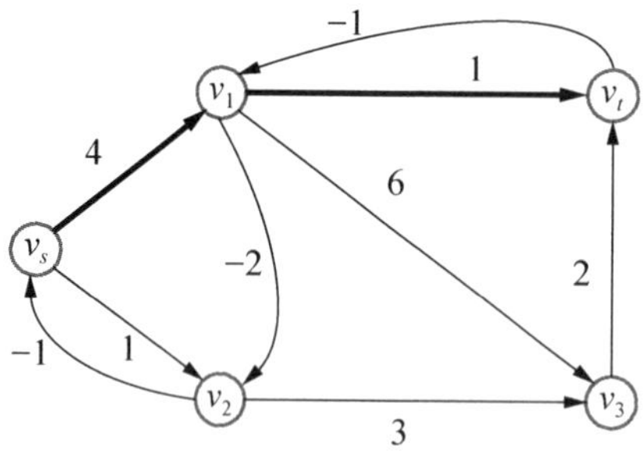

图 4-37　最短路 μ_1

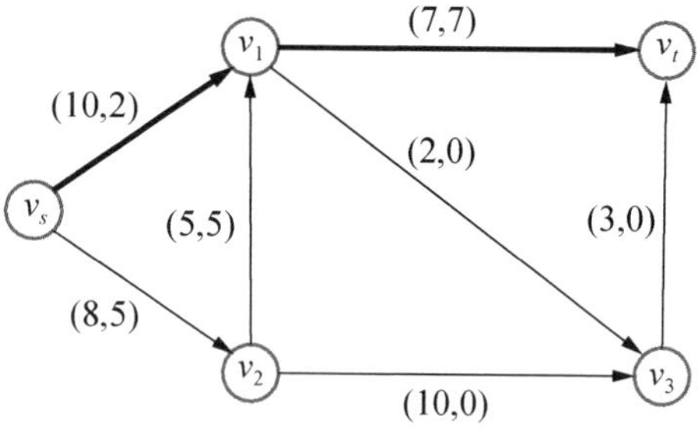

图 4-38　新可行流 $f^{(2)}$

(4) 构造相应的有向赋权图 $W(f^{(2)})$，如图 4-39 所示，最短路 $\mu_2=\{v_s,v_2,v_3,v_t\}$，在 μ_2 上进行调整，得到新的可行流 $f^{(3)}$，如图 4-40 所示。

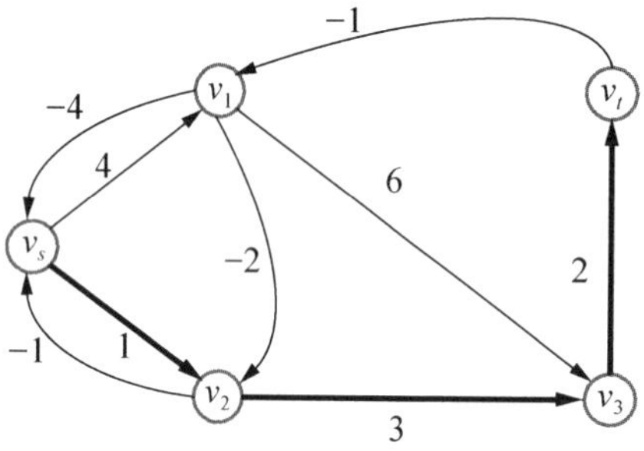

图 4-39　最短路 μ_2

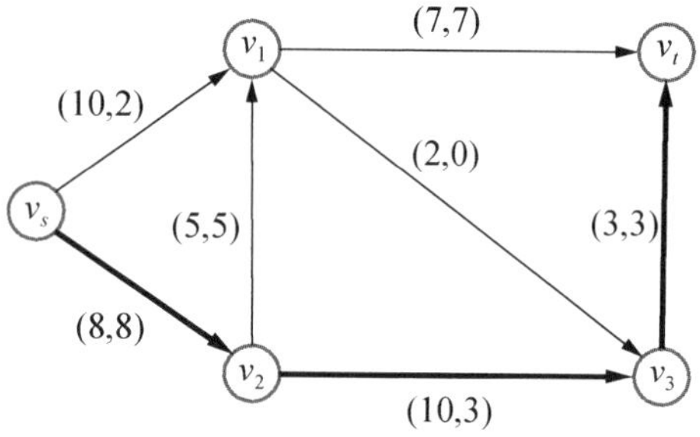

图 4-40　新可行流 $f^{(3)}$

(5) 可以看到 $W(f^{(3)})$ 中已不存在从 v_s 到 v_t 的路，如图 4-41 所示，所以 $f^{(3)}$ 为最小费用最大流，$v(f^{(3)})=10$，$B(f^{(3)})=48$，如图 4-42 所示。

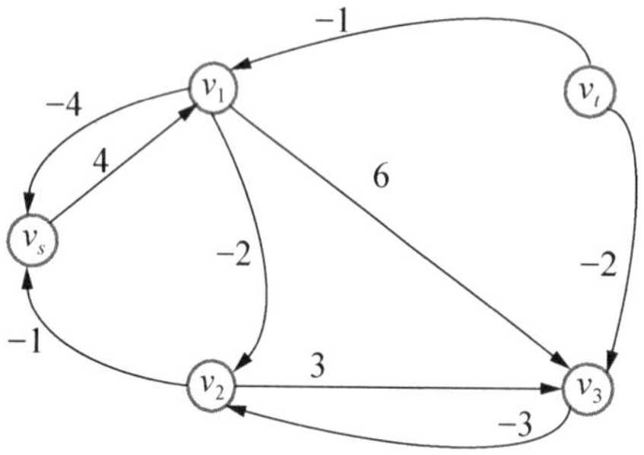

图 4-41　无最短路

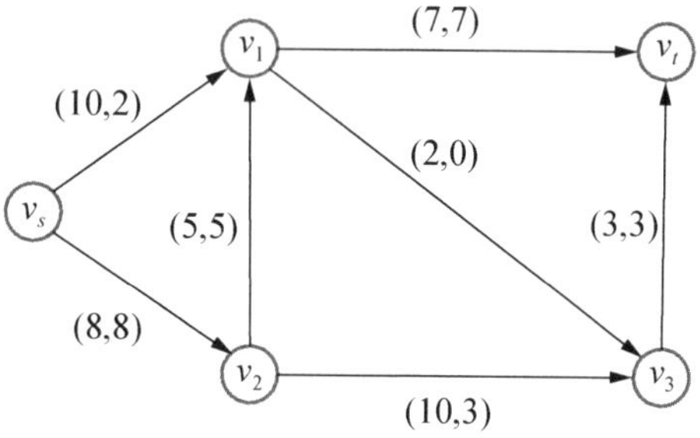

图 4-42　最小费用最大流

4.5　中国邮递员问题和旅行商问题

这一节简要介绍两个著名的图论问题：一是中国邮递员问题；二是旅行商问题。

4.5.1　中国邮递员问题

中国邮递员问题是一个经典的图论问题，旨在找到一条最短路径，使邮递员投递能够覆盖所有的街道或路线，并且回到起始点。该问题由我国数学家管梅谷在 1962 年首次提出，在国际上称为中国邮递员问题。管梅谷提出的奇偶点作业法是解决该问题的一种有效算法，通过添加一些附加的边，将图中所有点的度数调整为偶数。然后，通过最短路径算法计算任意两个节点之间的最短路径长度，并使用带权重的完美匹配算法来寻找最小权重的完美匹配。最后通过遍历欧拉回路或路径，得到满足要求的最短邮递路径。

1. 基本概念和理论

中国邮递员问题使用图论的术语描述，就是在一个连通的赋权图 $G(V, E)$ 中寻找一条回路，使该回路包含 G 中的每条边至少一次，且该回路的权数最小，也就是说要从包含 G 的每条边的回路中找一条权数最小的回路。

定义 4.19 欧拉回路： 设 $G(V, E)$ 为一个图，若存在一条回路，使它经过图中每条边且只经过一次又回到起始点，就称这种回路为欧拉回路，并称图 G 为欧拉图。

直观地讲，欧拉图就是从某个顶点出发经过每条边且只经过一次又回到起始点的那种图，即不重复地行遍所有的边再回到起始点。在本章提到的哥尼斯堡七桥问题中，欧拉证明了不存在这样的回路，使它经过图中每条边且只经过一次又回到起始点。

定义 4.20 度数： 图中连接某个节点的边的数目称为该节点的度数。度数为奇数的节点叫作奇数度节点；度数为偶数的节点叫作偶数度节点。

和欧拉图有关的结论参看下面的定理。

定理 4.5 若图 G 有奇数度节点，则 G 的奇数度节点必是偶数个。

定理 4.6 对于连通图 $G(V, E)$，G 为欧拉图的充分必要条件是 G 的每个节点的度数都是偶数。

应用定理 4.6 判断一个连通图是否为欧拉图比较容易，但要找出欧拉回路，当连通图比较复杂时就不太容易了。费罗莱(Fleury)算法是一种经典的寻找无向连通图中欧拉回路的算法。算法详细操作步骤如下。

(1) 选取一个起始节点作为当前节点，并将其标记为已访问。

(2) 检查当前节点的所有相邻边。如果当前节点的度为 0，说明已经找到了欧拉回路，算法结束。如果当前节点的度不为 0，则选择其中一条与当前节点相连的未被访问的边。

(3) 标记选中的边为已访问，移动到该边的另一个节点。如果移动后的节点没有其他未被访问的边，将其添加到欧拉回路中，并将其标记为已访问。

(4) 如果移动后的节点还有其他未被访问的边，则返回步骤(2)。

(5) 检查欧拉回路中的最后一个节点是否有未被访问的边。如果有未被访问的边，将最后一个节点设为当前节点，并返回步骤(2)。否则算法结束。

费罗莱算法的关键是在每次选择边时，要确保不会切断图的连通性。为了避免陷入子图的死胡同，当遇到桥边(即切断图的边)时，需要选择其他路径。因此，在选择边的过程中，必须确保每个节点都有其他未被访问的边可供选择。

对于中国邮递员问题来说，如果给出的街道图 G 是欧拉图，则很容易由弗罗莱算法求出一个欧拉回路。若街道图 G 不是欧拉图，即存在奇数度节点，则中国邮递员问题的解决要困难得多，根据定理 4.5，G 的奇数度节点必是偶数个，因而可将奇数度节点分为若干对，每对节点之间在 G 中有相应的最短路，将这些最短路画在一起构成一个附加的边子集 E'，令 $G' = G \cup E'$，即把附加边子集 E' 叠加在原图 G 上形成一个多重图 G'，这时 G' 中连接两个节点之间的边不止一条，显然 G' 是一个欧拉图，因而可以求出 G' 的欧拉回路。

G' 的欧拉回路不仅通过原图 G 中的每条边，而且还通过 E' 中的每条边，且仅一次。中国邮递员问题的难点是当 G 的奇数度节点较多时，可能有很多种配对方法，关键是怎样选择配对，才能使相应的附加边子集 E' 的权数 $w(E')$ 最小，可以参看定理 4.7。

定理 4.7　设 $G(V,E)$ 为一个连通的赋权图，使附加边子集 E' 的权数 $w(E')$ 为最小的充分必要条件是 $G\cup E'$ 中任意边至多重复一次，且 $G\cup E'$ 中的任意回路中重复边的权数之和不大于该回路总权数的一半。

2. 奇偶点图上作业法

基于定理 4.7，可归结出搜寻中国邮递员问题最优解的算法——奇偶点图上作业法，现举例如下。

【例 4.7】已知邮递员要投递的街道如图 4-43 所示，试求最优邮路。

解：先找出奇数度节点 $\{v_1,v_2,v_3,v_5\}$，对奇数度节点进行配对，不妨把 $\{v_1,v_2\}$，$\{v_3,v_5\}$ 配对。添加重复边，如图 4-44 所示，显然它不是最优解。

在回路 $v_1\to v_5\to v_3\to v_4\to v_1$ 中，回路总长为 11，而新增边 $v_5\to v_3$ 的长度为 6，大于回路长度的一半，所以删去这条边 $v_5\to v_3$，调整为 $v_1\to v_5$、$v_1\to v_4$ 和 $v_3\to v_4$，如图 4-45 所示。

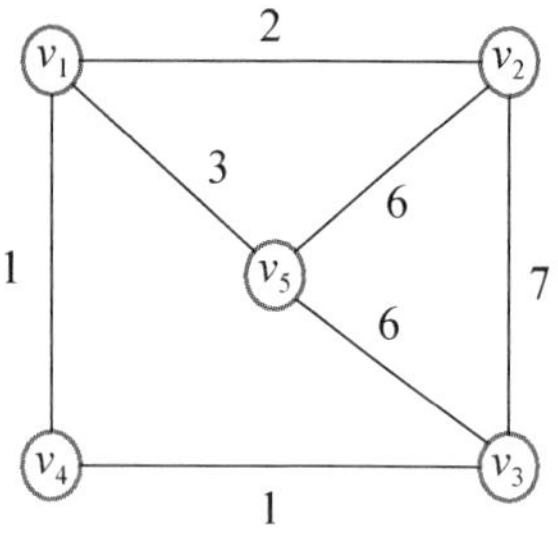

图 4-43　投递街道

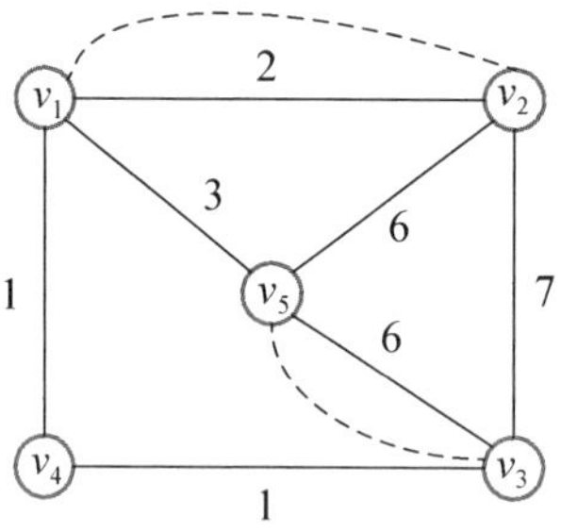

图 4-44　配对重复边 1

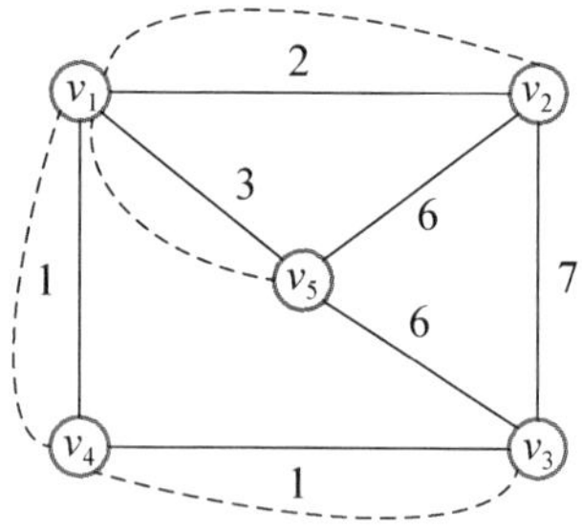

图 4-45　配对重复边 2

进行检查发现，既没有多于一条的重复边，也没有任何回路使其重复边的权数之和大于该回路的一半，因此图 4-45 中的曲线部分就是最优的附加边子集 E'，而 $G\cup E'$ 为欧拉图，再由弗罗莱算法找出最优邮路。

在现实生活中，很多问题都可以转化为中国邮递员问题。如在物流领域，通过建立物流网络的图模型，将配送点表示为节点，边表示路径或路段，找到一条经过所有路径且回到起始点的欧拉回路，可以实现运输路线最优的配送方案。在市场调研和调查中，欧拉回路也可以应用于优化样本选择和数据收集的路线规划。通过选择适当的路径，确保所有样本或调查点都被访问一次，并返回起始点，可以提高调研的效率和准确性。

4.5.2　旅行商问题

图论中还有一个看上去与欧拉回路问题很相似的问题——哈密尔顿(Hamilton)图问题。欧拉图问题考虑**边的**可遍行性，哈密尔顿图问题考虑**节点的**可遍行性。

定义 4.21　**哈密尔顿圈**：包含 G 的每个节点的路叫作哈密尔顿路；闭合的哈密尔顿路叫作哈密尔顿圈；含哈密尔顿圈的图叫作哈密尔顿图，如图 4-46 所示。

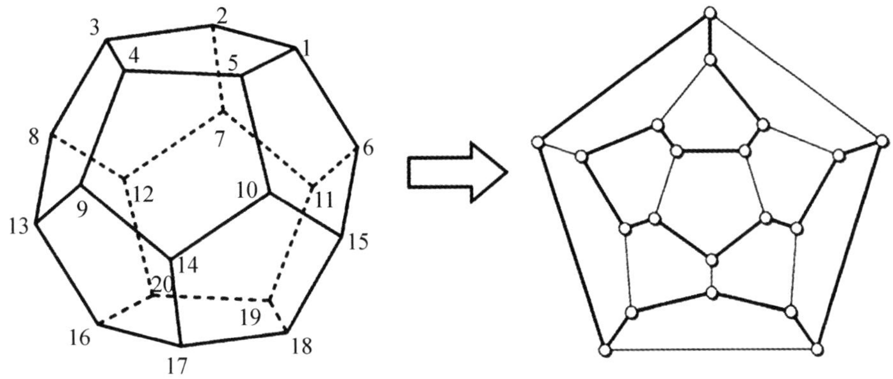

图 4-46 哈密尔顿图

直观地讲，哈密尔顿图就是从某个节点出发，经过每个节点且只经过一次能回到起始点的图，即不重复地行遍所有的节点再回到起始点。

旅行商问题(Traveling Salesman Problem，TSP)：一位旅行推销员想要访问 n 个城市，每个城市恰好访问一次，并且返回他的出发点。他应当以什么顺序访问这些城市以便旅行总距离最短？该问题可转化为以下的图论问题：设 G 是一个赋权完全图，各边的权非负，且有的边的权可能为∞(对应两城市之间无交通路线)，求 G 中一条最短的哈密尔顿回路。

【例 4.8】已知两个景点之间的最短距离如表 4-1 所示(单位：m)。设游客从 A 景石出发，步行游览以下景点：B 游客服务中心、C 阳光草坪、D 森林小剧场、E 儿童科普体验区、F 儿童戏水区、G 湿地博物馆和 H 湿地商业街。建立数学模型寻找以景石为起点，所有景点都至少浏览一次的最短路线。

表 4-1 景点之间的最短距离　　单位：m

	A	B	C	D	E	F	G	H
A 景石	0	300	360	210	590	475	500	690
B 游客服务中心	300	0	380	270	230	285	200	390
C 阳光草坪	360	380	0	510	230	765	580	760
D 森林小剧场	210	270	510	0	470	265	450	640
E 儿童科普体验区	590	230	230	470	0	515	260	450
F 儿童戏水区	475	285	765	265	515	0	460	650
G 湿地博物馆	500	200	580	450	260	460	0	190
H 湿地商业街	690	390	760	640	450	650	190	0

解：表 4-1 给出了图 $G=(V,E)$ 的权矩阵，设节点间的距离为 d_{ij}，令

$$x_{ij}=\begin{cases}1, & 若(i,j)在路径上\\ 0, & 其他\end{cases}$$

则其数学模型为

$$\min z=\sum_{i=1}^{n}\sum_{j=1}^{n}d_{ij}x_{ij}$$

$$\text{s.t.}\begin{cases}\sum\limits_{i=1}^{n}x_{ij}=1, & i\in V\\ \sum\limits_{j=1}^{n}x_{ij}=1, & j\in V\\ \sum\limits_{i\in S}\sum\limits_{j\in S}x_{ij}\leqslant |S|-1, & \forall S\subset V, 2\leqslant |S|\leqslant n-1\\ x_{ij}\in\{0,1\}\end{cases}$$

模型中，$|V|$为集合中元素的个数，表示图G的节点数，$|V|=n=8$，前两个约束意味着对每个节点来说，仅有一条边进和一条边出，第三个约束保证了没有任何子回路解的产生，模型的解就是满足条件的哈密尔顿回路。

旅行商问题就是找一个权值最短的哈密尔顿圈，最直截了当地求解旅行商问题的方法是检查所有可能的哈密尔顿回路并且挑选出总权值最小的一条回路。若在图中有n个城市，一旦选定了出发点，需要检查不同的哈密尔顿回路就有$(n-1)!/2$条，因为第二个节点有$n-1$种选择，第三个节点有$n-2$种选择，依此类推。

随着n的增长，$(n-1)!/2$增长极快，当有几十个城市时，试图用这种方法来求解旅行商问题就不切实际了。例如，有 25 个城市，那么就不得不考虑共$24!/2$(约 3.1×10^{23})条不同的哈密尔顿回路。假设检查每条哈密尔顿回路只花费 1ns(10^{-9}s)，那么就需要大约 1 000 万年才能求出这个图中长度最短的一条哈密尔顿回路。

1963 年美国《管理科学》杂志发表了一篇论文，探讨了旅行商问题。该论文中提到由于人类计算能力的限制，在解决旅行商问题上并没有取得很好的结果。人们现在越来越依赖计算机来进行计算，以获得近似解。尽管目前尚无一种通用且高效的方法来解决旅行商问题，但通过近似算法和启发式方法，我们能够获得接近最优解的结果，蚁群算法、遗传算法、模拟退火算法等都被广泛用于尝试解决该问题。这些方法通过迭代和搜索的方式，逐步优化路径，以便寻找更好的解决方案。

扩展性学习材料

车辆路径问题及智能启发式算法

车辆路径问题是供应链物流管理中的一个重要问题，涉及如何合理规划和优化车辆的路径和行程，以提高物流运输的效率和降低成本。车辆路径问题的目标是找到一组最佳路径，使得所有的送货点都能被访问到，并且在满足时间窗口、货物容量和车辆数量等限制条件下，使总体成本最小化。

解决车辆路径问题需要运用运筹学和优化算法等工具和技术。常见的解决方法包括贪婪算法、遗传算法、模拟退火算法、蚁群算法等。这些算法可以在考虑不同的变量和约束条件的情况下，寻找到最优的车辆路径方案。

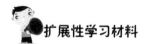

车辆路径问题的解决对供应链物流管理具有价值。首先，优化车辆路径可以降低物流运输的成本，通

过合理规划车辆的路径，减少运输距离和时间，可以降低燃料消耗和人力成本，提高运输效率，从而降低总体成本。其次，车辆路径问题的解决可以提高物流运输的效率，通过优化车辆的路径，可以避免交通拥堵和路线冲突，提高交付速度和准时性，减少货物滞留时间，提升客户满意度。此外，解决车辆路径问题还可以提高供应链的灵活性和响应能力，通过优化车辆路径，可以快速调整路线，适应市场变化和客户需求的变化，提高供应链的灵活性和敏捷性。车辆路径问题的解决也面临着一些挑战和限制，问题的复杂度随着送货点数量、时间窗口限制、车辆容量等因素的增加而增加，求解过程可能会遇到计算困难等问题；实际应用中还需要考虑实际路况、道路限制、交通规则等因素，增加了问题的复杂性。

本章小结

图与网络的内容非常丰富，本章首先阐述了图的基本概念和图的矩阵表示，然后详细讨论了最小支撑树、最短路、最大流，以及最小费用最大流问题及其算法，最后简要描述和分析了物流活动中的中国邮递员问题和旅行商问题。

关键术语(中英文)

图(Graph)	边(弧)[Edge(Arc)]
连通图(Connected Graph)	链(路)[Chain(Path)]
赋权图(Weighted Graph)	支撑子图(Spanning Graph)
破(避)圈法[Tear(Avoid) Cycle Method]	最短路(Shortest Path)
可行流(Feasible Flow)	增广路(Augmenting Path)
截集(Cut Set)	标号法(Labeling Method)
最大流(Maximum Flow)	最小费用(Minimum Cost)
中国邮递员问题(Chinese Postman Problem)	旅行商问题(Traveling Salesman Problem)

知识链接

图论的开创者——欧拉

欧拉是 18 世纪瑞士数学家、物理学家。他的父亲是一位牧师和数学家，给了他在数学和科学方面的指导。欧拉非常善于解决各种问题，不断创新，因此被誉为“现代数学之父”。

欧拉在图论方面的贡献是卓著的。他于 1735 年提出了著名的“七桥问题”，这个问题成为图论的开端。欧拉证明了无法在哥尼斯堡城的七座桥上一次不重复走遍每座桥，他用到了后来称为“欧拉图”的图形概念，这被认为是现代图论的基础。欧拉图是指一个图，它可以在不重复遍历边的情况下回到起点。欧拉图和欧拉回路(即遍历每一条边一次的路径)的概念对现代图论的发展有着巨大的影响。

欧拉在图论领域的贡献远不止于此。他还发明了拓扑学的基本概念和术语，如“欧拉特性”“欧拉公式”等，这些概念在数学、物理学、化学和工程学等领域中都有广泛的应用。欧拉的许多发现在当时并没有得到充分的认可，但随着时间的推移，他的成果被越来越多的人认识到，成为现代数学的基石。

除了图论，欧拉还在其他领域做出了许多重要贡献。他的工作涵盖了微积分、复数、力学、天文学、数论、几何学和光学等领域。他是第一个将三角函数应用于力学的人，并对欧几里得几何学做出了改进。他还提出了著名的欧拉公式，将 3 个基本数学常数——自然对数 e、虚数单位 i 和圆周率 π 联系了起来，被认为是数学中最美丽的公式之一。

习题 4

一、填空题

1. 图与网络中的图是反映对象之间关系的一种工具，它与图的几何形状__________关。
2. 树图是无圈的连通图，即树图的任意两个节点之间都只有__________的链路。
3. 在最大流问题的可行流中，源的净流出__________汇的净流入。
4. 设 P 是图从 v_s 到 v_t 的最短路，则 P 的权等于 P 中每条弧的权之__________。
5. 具有 8 个顶点的无向图至少应有__________条边才能确保是一个连通图。

二、判断题

1. 在图中通常用边表示研究对象，用点表示研究对象之间具有的特定关系。 (　　)
2. 在任一无向图中，支撑树是含边数最少的连通图。 (　　)
3. 图 G 的最小支撑树中从 v_s 到 v_t 的通路一定是图 G 从 v_s 到 v_t 的最短路。 (　　)
4. 最大流问题中任何可行流的流量不小于最小截集的截量。 (　　)
5. 最大流问题是找一条从发点到收点的路，使其通过这条路的流量最大。 (　　)

三、解答题

1. 北京(Pe)、东京(T)、纽约(N)、伦敦(L)、巴黎(Pa)各城市之间的航线距离如表 4-2 所示。求由该交通网络确定的最小生成树。

表 4-2　城市间的航线距离　　单位：百千米

	L	N	Pa	Pe	T
L	—	55	34	82	97
N	55	—	58	109	109
Pa	34	58	—	82	98
Pe	82	109	82	—	21
T	97	109	98	21	—

2. 某地区规划的通信网络如图 4-47 所示，假设其中标注的数字代表通信线路的长度(单位为 km)，求至少要铺设多长的光缆，才能保持 6 个城市的通信连通。

3. 图 4-48 是 6 个城市 $v_1, v_2, \cdots, v_6$ 之间的一个铁路网，每条铁路为图中的边，边上的权数表示该段铁路的长度(单位：百千米)。试给出：(1)图的权矩阵；(2)设你处在城市 v_1，那么从 v_1 到 v_6 应选择哪一路径使你的费用最省。

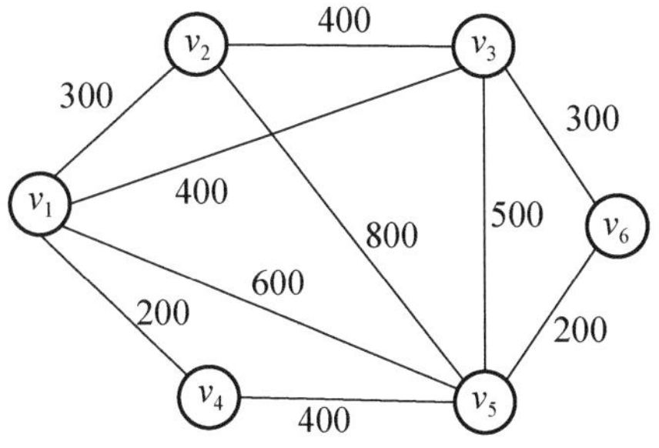

图 4-47　通信网络

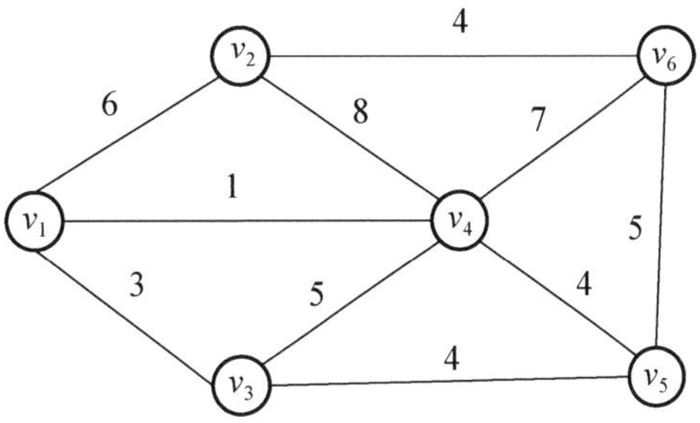

图 4-48　铁路交通网络

4. 图4-49是8个居民小区的地理位置，两个小区之间的连线表示它们之间的交通道路，连线上的数据为道路的长度。现要在 8 个小区中选择一个建立快速反应中心，问选在哪一个小区最合理？

5. 在某公园建设了一个人工湖 v_t，从水源地 v_s 到湖的补水网络如图 4-50 所示。试求：(1)该容量网络的两个截集；(2)单位时间由 v_s 到 v_t 的最大流量(单位：千吨)；(3)最小截集和截量。

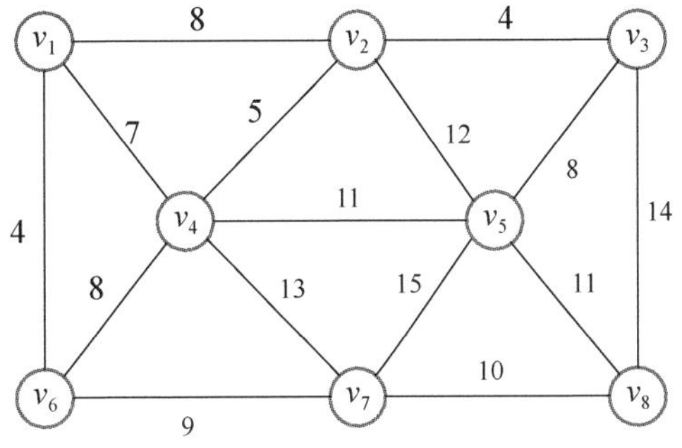

图 4-49　某区域小区布局图

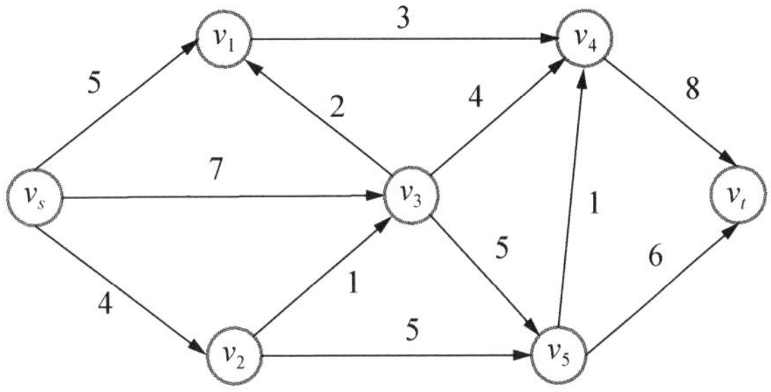

图 4-50　某公园补水容量网络

6. 某供应链物流部门拟将产品从仓库运往某市场销售。已知各仓库的可供量、各市场需求量，以及从 i 仓库至 j 市场的路径的运输能力，如表 4-3 所示(数字为 0 表示无路可通)，试求从仓库可运往市场的最大流量，各市场需求能否满足？

表 4-3　物流的相关数据

仓库 i	仓库 j			可供量
	1	2	3	
A	30	10	40	60
B	20	30	50	80
需求量	30	20	60	

提示：转变为容量网络求最大流，见图 4-51。

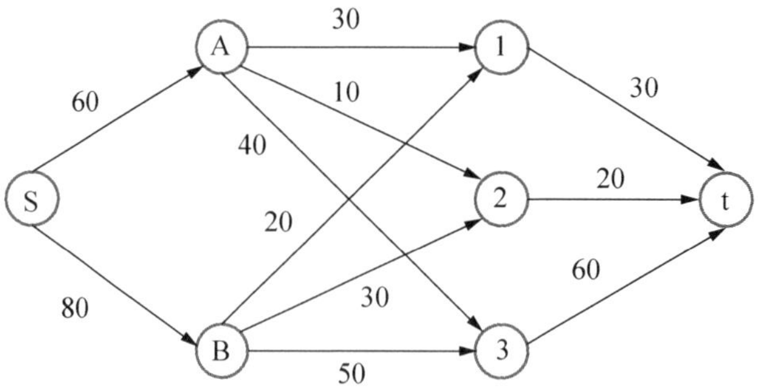

图 4-51 运输能力约束下的网络图

7. 求图 4-52 所示网络的最小费用最大流，图中弧旁数字为(b_{ij},c_{ij})，弧上的第 1 个数字为单位流的费用，第 2 个数字为弧的容量。

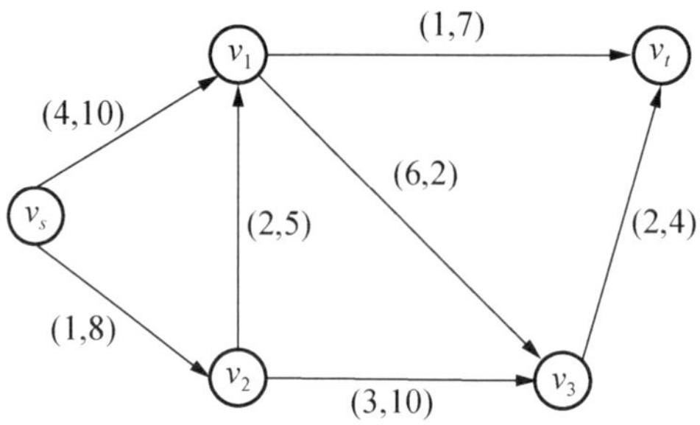

图 4-52 最小费用最大流网络图

8. 某供应链物流部门拟将产品从仓库运往某市场销售。已知各仓库的可供量、各市场需求量，以及从i仓库至j市场的单位运价为c_{ij}，如表 4-4 所示，试将其转化为最小费用最大流问题，作出网络图并求解。

表 4-4 单位运价表

仓库 *i*	仓库 *j*			可供量
	1	2	3	
A	20	24	5	8
B	30	22	20	7
需求量	4	5	6	

提示：转变为容量网络求最小费用最大流，见图 4-53。

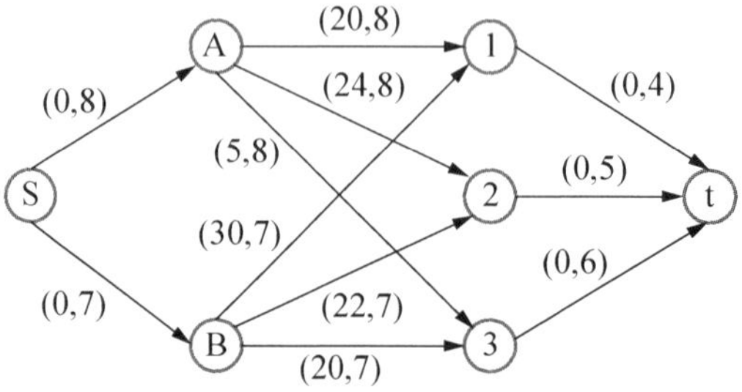

图 4-53 运输问题网络图

9. 已知某配送中心 1 服务下面 7 个点部(序号 2～8)，相互间距离如表 4-5 所示，问如何选择配送路线可以最快地完成配送服务？

表 4-5 点部间的距离

从 i	到 j						
	2	3	4	5	6	7	8
1	1.5	2.5	1	2	2.5	3.5	1.5
2		1	2	1	3	2.5	1.8
3			2.5	2	2.5	2	1
4				2.5	1.5	1.5	1
5					3	1.8	1.5
6						0.8	1
7							0.5

实际操作训练

已知某地区的配送网络如图 4-54 所示，图中粗黑色节点 0 表示配送中心，其他节点表示送货客户服务点，节点旁的数据表示需完成的送货需求。每辆车的最大容量为 15 吨，最大行驶距离为 250km，从 0 点出发运送货物再回到 0 点，求完成所有节点需求时的车辆最短运输路线？(为简化计算，车辆启动成本 C_0 取 30 元，车辆单位距离行驶成本 C_1 取 1 元)。

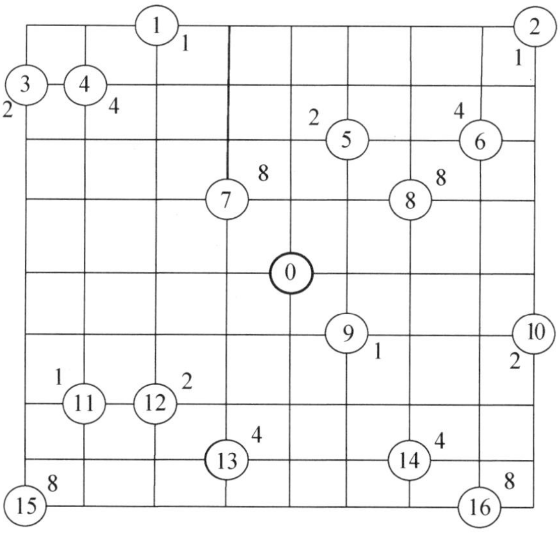

图 4-54 某地区配送网络

在线答题

第5章　网络计划

【本章知识架构】

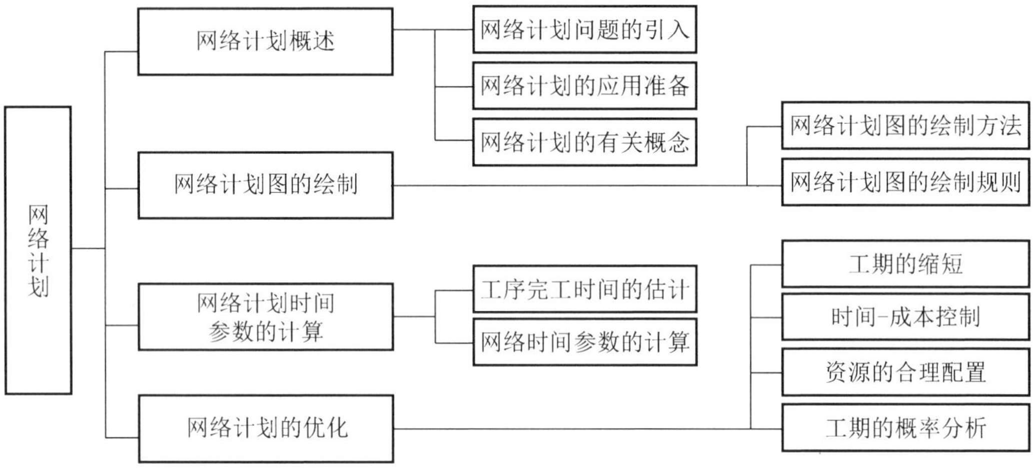

【本章教学目标与要求】

- 掌握网络计划图的有关概念，熟悉网络计划图的绘制规则，能依照作业明细表绘制网络计划图。
- 熟练掌握网络时间参数的计算方法，能利用网络时间参数确定关键路线。
- 熟练掌握网络计划的工期缩短的方法；掌握网络计划时间-成本优化方法；了解网络计划资源合理配置的方法。
- 了解 PERT 工序完工时间的估计公式；理解项目工期概率的计算思想。

导入案例

运储供应链数字孪生项目

数字孪生是通过构建实时虚拟模型来模拟和优化现实世界的过程，它可以帮助企业更准确地预测和应对问题，优化运营效率和决策制定。运储供应链数字孪生项目是通过构建实时虚拟模型来模拟和优化供应链运作的过程，其完成需以下6道工序：

①规划设计，确定数字孪生的目标和范围，明确应用的供应链环节和目标对象；②数据采集与整理，收集供应链的实时数据，包括物流运输数据、库存数据、订单数据等；③数字孪生建模，基于采集的数据和供应链的物理模型，构建数字孪生模型；④分析与优化，利用数字孪生模型进行供应链的数据分析和性能评估；⑤实施与监控，根据优化的决策方案，实施改进措施，并持续监控供应链的运行状况和绩效；⑥评估与持续改进，定期评估数字孪生项目的成果和效果，与最初设定的目标进行比较。

供应链数字孪生项目是一种创新的方法，也是数字化时代供应链管理的重要发展趋势之一。

有效的计划职能可以帮助企业降低风险，应对市场变化，实现供应链的灵活性和可持续发展，包括需求预测、采购计划、生产排程、运输调度等任务，以确保供应链的高效运作。特别是在当前复杂多变的环境中，制订计划的技术显得尤其重要，网络计划技术应运而生。网络计划技术基于项目工作的逻辑关系和时间约束，它的应用过程一般是绘制网络图、计算时间参数、优化和调整网络计划。

5.1 网络计划概述

网络计划技术是一种基于图形化展示的项目管理工具，用于确定任务的前后关系和持续时间。网络计划技术通过构建网络图和进行关键路径分析，帮助管理者识别项目中关键的任务路径，优化资源分配和任务调度，从而提高项目执行效率。网络计划技术还能够帮助识别项目进度延误的风险点，并进行相应的调整和控制，确保项目按计划进行。

5.1.1 网络计划问题的引入

网络计划技术是编制大型工程进度计划的有效方法。1917 年，科学管理的先驱者亨利·劳伦斯·甘特发明了著名的甘特图(横道图)，其横轴表示时间，纵轴表示活动(项目)，线条表示在整个期间上计划和实际的活动完成情况，可直观地表明任务计划在什么时候进行，以及实际进展与计划要求的对比。20 世纪 50 年代末，美国航空工业面临着日益复杂的项目管理挑战，为了有效规划和控制项目进度，开发了关键路径法(Critical Path Method，CPM)。CPM 强调识别项目中的关键路径，即决定项目最短完成时间的任务序列。与此同时，美国开发了计划评审技术(Program Evaluation and Review Technique，PERT)，主要用于管理波音 Polaris 导弹项目。PERT 考虑了不确定性因素，如任务持续时间的变动范围，以及不同任务之间的依赖关系。PERT 利用概率和统计方法，为任务的开始和完成时间提供了更全面的评估。20 世纪 70 年代，计算机的应用使得网络计划的计算更加高效和准确，图形评审技术通过绘制图表和流程图，使项目计划更加直观和易于理解。20 世纪 80 年代，随着项目的复杂性增加，风险评审技术开始应用于项目管理，通过系统性的方法，管理者可以确定风险的概率和影响程度，并为其分配优先级，从而在项目执行过程中采取适当的风险管理措施。

网络计划技术在我国的早期应用主要集中在基础设施建设领域。20 世纪 50 年代末，我国面临着大规模的工业化和基础设施建设任务，这促使了对项目管理方法的需求，华罗庚提出的统筹法为网络计划技术的应用提供了重要的理论支持。统筹法在我国的项目管理中起到了重要作用，它强调整体观念和综合考虑，将项目的各个方面综合起来进行规划和管理。在基础设施建设领域，统筹法可以帮助决策者在资源有限的情况下，通过优化资源分配、合理安排工期和风险管理，实现项目的高效实施。恰如党的二十大报告所倡导的，要“推进各类资源节约集约利用”。

千古工程都江堰：都江堰始建于秦昭王末年(公元前 256—251 年)，是蜀郡太守李冰父子在前人鳖灵开凿的基础上组织修建的大型水利工程，由分水鱼嘴、飞沙堰、宝瓶口等部分组成，两千多年来一直发挥着防洪灌溉的作用，使成都平原由饱受洪水肆虐成为水旱从人，沃野千里的“天府之国”，是全世界迄今为止年代最久、唯一留存、仍在使用、以无坝引水为特征的宏大水利工程。都江堰在当时工程施工设备、金属制造、工程材料等比较落后的条件下，充分利用自然地形和现有条件，既达到了防洪、灌溉、排沙、抗旱等综合功能要求，又不对自然环境有太大的改造和破坏，凝聚着中国古代劳动人民的勤劳、勇敢和智慧。

港珠澳大桥

港珠澳大桥：港珠澳大桥的建设从 2009 年 12 月开工，至 2018 年 10 月开通运营。桥隧全长 55km，其中主体工程跨海段长约 29.6km、香港口岸至珠澳口岸 41.6km，是目前世界上最长的跨海大桥。港珠澳大桥因其超大的建筑规模、空前的施工难度和顶尖的建造技术而闻名世界。在建设过程中，港珠澳大桥创造了多个世界之最，如最长斜拉桥主跨、最长跨海隧道等。据报道，港珠澳大桥的建设总投资超千亿元，有通力协作的数百家企业近十万名员工参与，在技术和管理方式上不断创新，有相关的专利申请数量上千项。2020 年 8 月，港珠澳大桥获“2020 年国际桥梁大会（IBC）超级工程奖”。

载人航天工程：1992 年，我国政府提出了“三步走”空间技术发展战略，目标是逐步拥有可持续的载人航天能力。第一步，发射载人飞船，建成初步配套的试验性载人飞船工程，开展空间应用实验。第二步，突破航天员出舱活动技术、空间飞行器交会对接技术，发射空间实验室，解决有一定规模的、短期有人照料的空间应用问题。第三步，建造空间站，解决有较大规模的、长期有人照料的空间应用问题。

中国载人航天工程主要由中国国家航天局负责组织实施，涉及多个航天研究所、设计院和航天企业。在所有航天工程中，载人航天系统是最复杂的。立项之初，工程有七大系统，到空间站阶段增至十四大系统及上百个分系统，参与单位多达上千家，涉及数十万名科研工作者。载人飞船由 13 个分系统组成、涉及 300 多家协作单位，船上装有 300 多根电缆、600 多台设备、8 万多个接点、10 万多个元器件、50 多万条软件程序，每一个焊点、每一根导线、每一行代码都不能错。30 多年来，载人航天工程全线取得 4000 多项发明专利，推动航天产业跨越式发展，并辐射带动微电子、机械制造、化工、冶金、纺织、通信等领域的快速发展，极大地促进了我国科技水平整体提升，培养了一支高素质人才队伍，取得了巨大的社会效益和经济效益。

在项目管理中，未知因素和环境变化常常是无法完全预测和控制的，网络计划技术可以帮助项目团队应对这些挑战，它通过整合各种资源和任务的关系，建立灵活的项目计划，并通过实时监控和调整来适应变化。网络计划技术广泛应用于信息通信、互联网、物联网、电子商务、智能交通等领域，极具生命力，它通过优化资源分配、规划项目流程和协调各方面的工作，提高项目的效率和成功率，推动各行各业的发展和进步。

计划评审技术和关键路径法是网络计划技术的两个重要支柱。CPM 用于确定项目的关键路径和关键活动，以便有效地进行进度控制和资源分配。关键路径是指在没有延误整个项目进度的情况下，完成项目所需的最长时间路径。通过 CPM，项目管理者可以识别出哪些任务对项目的进度具有最大的影响，以便优先处理和调配资源，确保项目按时完成。PERT 是一种在项目规划阶段进行的系统性审查和评估方法。它通过组织专家和利益相关者的会议，对项目计划进行全面审查，以发现潜在的问题、风险和改进的机会。计划评审技术可以帮助项目团队发现计划中的逻辑错误、不一致性、资源冲突等问题，并提供合理的建议和解决方案。它有助于提高项目计划的质量和可行性，减少后期修正和调整的成本。

关键路径法和计划评审技术在项目管理中具有不同的侧重点。关键路径法使用确定性时间描述工序完工时间，用于确定关键路径和优化进度控制；而计划评审技术使用不确定性时间估计工序完工时间，用于审查和评估项目计划的质量和可行性。这些技术方法在不同的情况下，可以相互补充，帮助项目管理者成功完成项目。

5.1.2 网络计划的应用准备

网络计划一般用在复杂的项目管理中，网络计划必须做好下列准备工作。

1. 确定网络计划目标

网络计划的目标是多个方面和综合的目标，正是这个特点决定了网络计划的复杂性。一般按照不同管理的要求可以分成三类：一是时间要求；二是资源要求；三是费用要求。

2. 项目任务活动的分解

将整个项目根据技术上的需要分解为若干个互相独立的可执行的活动，通常把这种互相独立的活动称为工序或作业。

3. 确定各道工序的衔接顺序

明确各道工序之间的先后逻辑关系：工序之间存在执行的先后顺序关系，如需先完成 A 工序才能进行 B 工序，则称 A 为 B 的紧前工序，B 为 A 的紧后工序。列出工序明细，表示各道工序之间的相互关系，以便建立整个项目的网络图。

4. 确定各道工序时间

确定完成各道工序所需的时间、人力、物力。在项目实施中，时间是首要的管理目标，一般将完成工序所需要的时间称为工时。

2、3、4 准备工作常以工序明细表或作业明细表的形式给出，这些工作应在管理实践过程中完成，是管理经验的沉淀与总结。后续章节都默认这个工序明细表已经获得，所有分析都从这里展开。

【例 5.1】某物流企业拟进行管道改造，工程计划的工序明细见表 5-1。

表 5-1 工序明细表

单位：h

工　作	工作内容	紧前工序	工作时间	工　作	工作内容	紧前工序	工作时间
A	器材调查	—	8	E	准备阀门	A	225
B	停止管道工作	A	8	F	管道安装	A	300
C	搭脚手架	A	12	G	管道调试	F	40
D	拆除旧管道	B，C	35	H	恢复现场	F，G	25

5.1.3 网络计划的有关概念

网络计划的重要标志是网络图。网络图将项目中的所有活动之间的衔接关系表示出来。

1. 项目

项目(Project)也叫工程，它可以是一项科学科研、建筑工程、生产任务，也可以是较复杂的某项其他工作。

2. 工序和事项

使用箭线法编制网络图时，网络图中的箭线表示项目的工序；节点称为事项(事件)，代表一个工序开始或结束的时刻。某个工序的完成需要一定的时间与资源，事项不需要时间或所需时间忽略不计。

3. 网络图

网络图是由工序和事项组成的具有一个发点和收点的有向赋权图，发点表示整个计划的开始，收点表示整个计划的结束。网络图有两种编制方法：一种是箭线法(双代号法，Activity-on-Arrow，AOA)，用节点表示事项，用箭线表示工序；一种是节点法(单代号法，Activity-on-Node，AON)，用箭线表示事项，用节点表示工序。根据需要，网络图可以分为总图、分图和工序流程图。

4. 路线

在网络图中，从发点(最初事项)到收点(最终事项)由各道工序衔接组成的一条有向路称为路线。在网络计划分析中，最关注的是消耗时间最多的路线，这条路线所消耗的时间就是完成整个项目所需要的时间，叫作工期，并将这样的路线叫作关键路线，关键路线上的工序称为关键工序。

【例 5.2】某新产品开发项目由 10 道工序组成，工序明细见表 5-2。分别用双代号和单代号方法绘制该项目的网络图。

解：双代号网络图如图 5-1 所示，图中节点表示事项，如事项 4，表示工序 D 的完成，同时表示工序 G 的开始，描述了工序 D 和工序 G 的前后关系。只有当工序 D 完成后，工序 G 才能开始，工序 D 是工序 G 的紧前工序，显然工序 G 是工序 D 的紧后工序，同理工序 J 的紧前工序是 B、F、H、I。

表 5-2 工序明细表

序　　号	代　　号	工作名称	紧前工序	工作时间/天
1	A	产品设计	—	60
2	B	外购套件	A	45
3	C	锻件准备	A	10
4	D	工装制造 1	A	20
5	E	铸造部件	A	40
6	F	机械加工 1	C	18
7	G	工装制造 2	D	30
8	H	机械加工 2	E	15
9	I	机械加工 3	G	25
10	J	装配调试	B，F，H，I	35

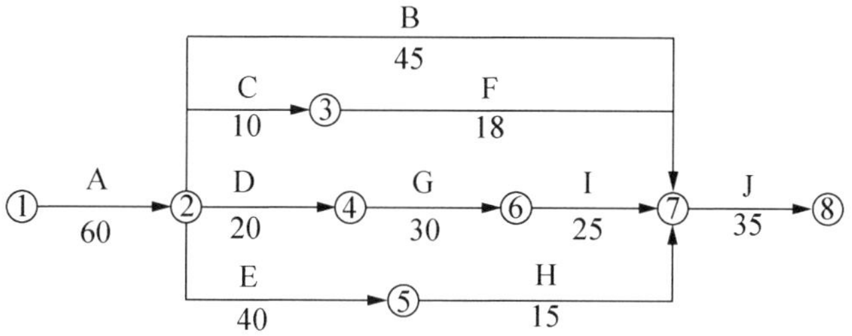

图 5-1　双代号网络图

单代号网络图如图 5-2 所示，图中箭线描述了工序之间的紧前和紧后关系，节点表示工序。

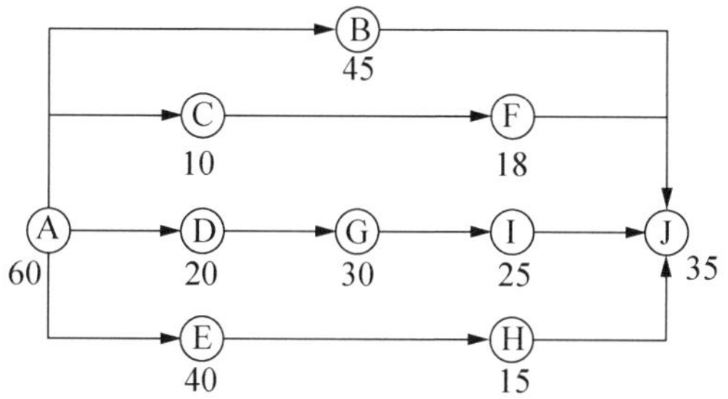

图 5-2　单代号网络图

在图 5-1 中，从事项 1 到事项 8 有 4 条路线，不难看出，最长的路线为 1→2→4→6→7→8，其完成时间为 170 天，是整个项目的完工工期，这条路线也是该网络图的关键路线，工序 A、D、G、I、J 都是关键工序。

双代号和单代号这两种网络图没有本质的区别，各有其优缺点。双代号网络图在我国应用较多，需引入虚工序，比较难画，手工较易分析，获得信息更多。相对而言，单代号网络图在国外应用较多，可以简明地表示出工作之间的逻辑关系，而且可以避免工作交叉时的线段相互重叠，绘图较简单但不够直观。项目管理软件 Project 绘制的网络图就是单代号网络图。本章主要介绍双代号网络图的绘制和优化方法。

5.2　网络计划图的绘制

网络计划技术是以网络图为基础的计划模型，优点是能直观地反映工序之间的相互关系，系统化表达整个计划，为实现计划的定量分析奠定基础。

5.2.1　网络计划图的绘制方法

绘制网络计划图时，先画草图，再逐步调整，一般有两种方法：顺推法和逆推法。顺推法从项目开工事项开始，依次确定各道工序之间的先后顺序，并从开工事项画到完工事项；逆推法从项目完工事项开始，依次确定各道工序之间的先后顺序，并从完工事项画到开工事项。

双代号网络计划图又称箭头图，由带箭头的线和点组成，箭线表示工序(或工作、活动、作业)，节点表示事项。工序的完成需要一定的时间与资源，事项与工序相比，它不需要时间和资源。例如，某工序 G 可以表示为图 5-3 所示。圆圈表示节点(事项)，里面的数字是各节点(事项)的编号，箭杆上标注工序的名称，箭杆下面标注完成工作所需时间(或其他资源)。图 5-3 表示工序 G 在事项 4 开始，在事项 6 结束，所消耗时间是 30 个单位，该工序也可表示为(4,6)。有时为了正确表示工序之间的先行后继关系，还需引入虚工序，如图 5-4 所示。虚工序不消耗资源，用来提示事项点之间的逻辑关系。其他常用的工序间的逻辑关系参看图 5-5 至图 5-8。

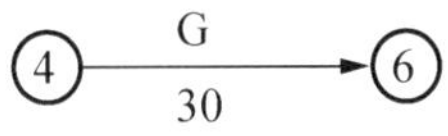

图 5-3　实工序

图 5-4　虚工序

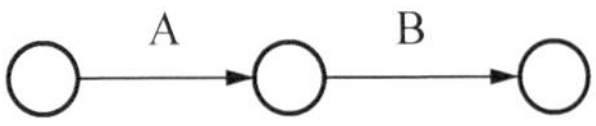

图 5-5　A 完成后进行 B

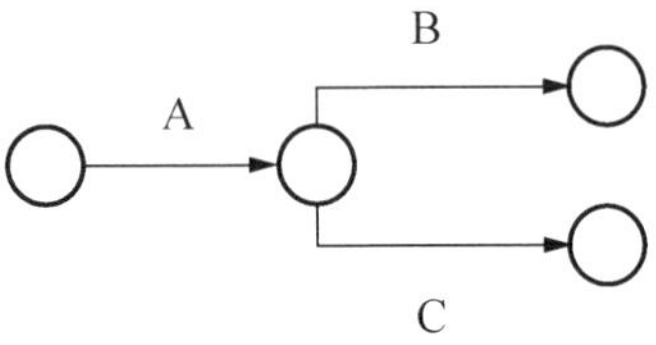

图 5-6　A 完成才能开始 B、C

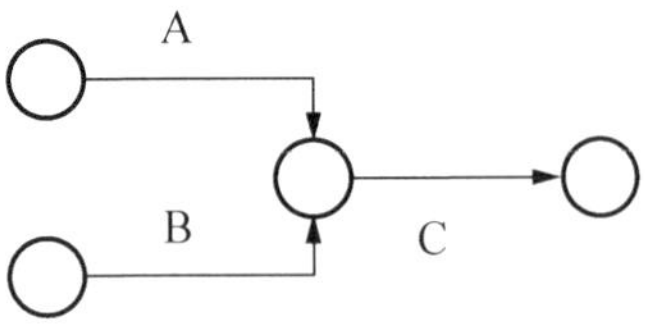

图 5-7　C 只能在 A、B 完成后才开始

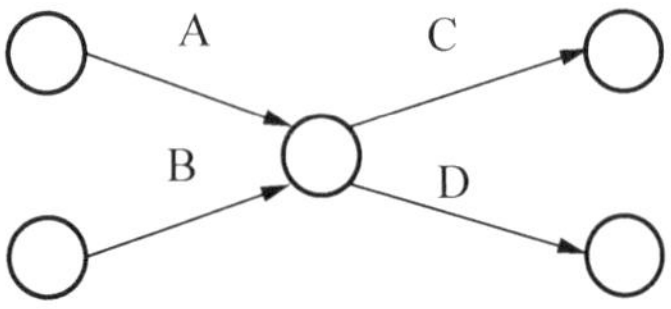

图 5-8　A、B 完成后 C、D 才开始

把表示各道工序的箭线按照先后顺序以及逻辑关系，由左至右排列画成图，再按从小到大、由左向右的顺序为节点统一编号，就得到网络计划图的雏形。网络计划图的绘制不能一蹴而就，需要反复修改。

5.2.2　网络计划图的绘制规则

1. 绘制网络计划图的基本规则

(1) 网络计划图只能有一个总开始事项，一个总结束事项。图 5-9 所示的网络计划图是错误的，因为有三个结束事项，分别为事项 4、事项 6、事项 9。

(2) 网络计划图是按时间发展顺序的有向图，不允许有回路，否则发生逻辑错误，工作永远不能完成，例如，类似图 5-10 所示的情形是不允许的。

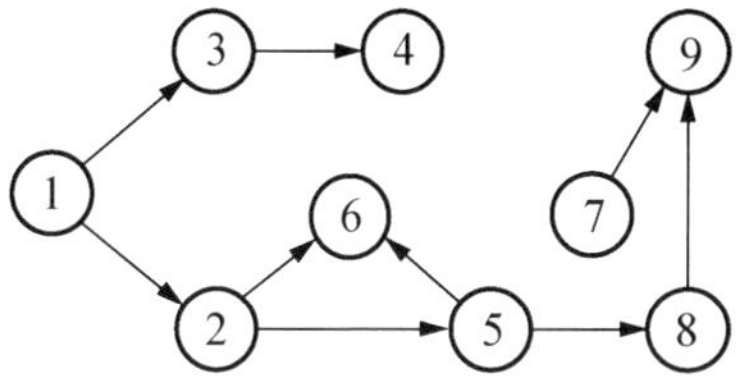

图 5-9　错误的网络计划图 1

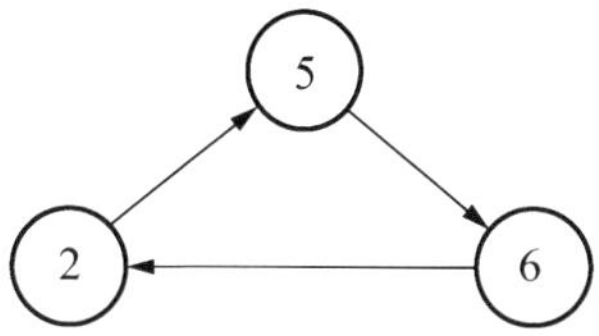

图 5-10　错误的网络计划图 2

(3) 两个事项之间不允许有两个或两个以上的工序，图 5-11 所示的网络计划图是错误的，调整的办法是引入一个新的事项，添加虚工序，如图 5-12 所示。

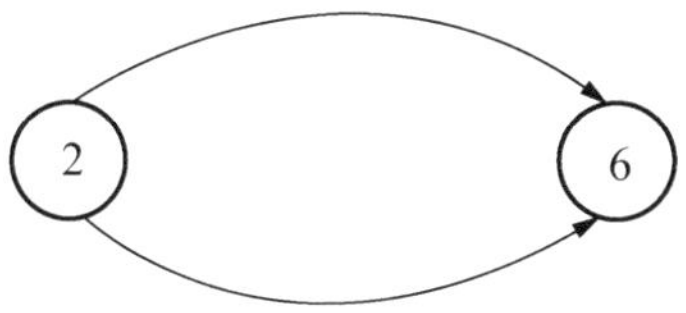

图 5-11　错误的网络计划图 3

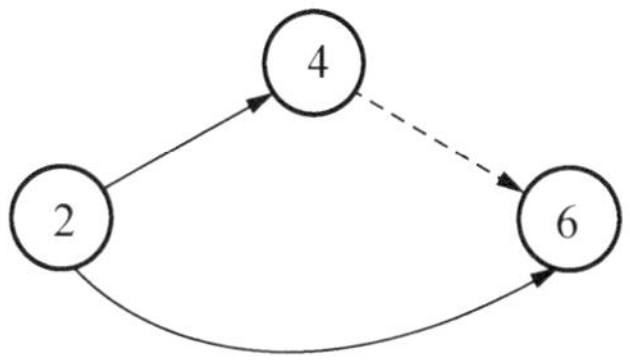

图 5-12　正确的网络计划图 1

(4) 必须正确表示工序之间的先行后继关系。如 4 道工序 A、B、C、D 的关系为：C 必须在 A、B 均完成之后才能开工，而 D 只需要在 B 完工后即可开工。图 5-13 所示的网络计划图是错误的，因为本来与工序 A 无关的工序 D 被错误地标为必须在 A 完成后才能开工，添加虚工序修改为图 5-14 所示的网络计划图。

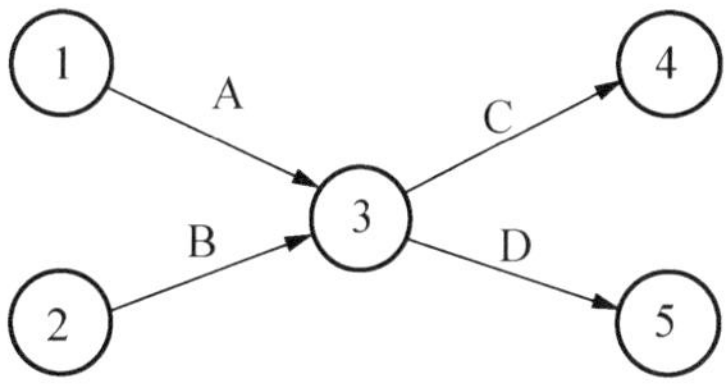

图 5-13　错误的网络计划图 4

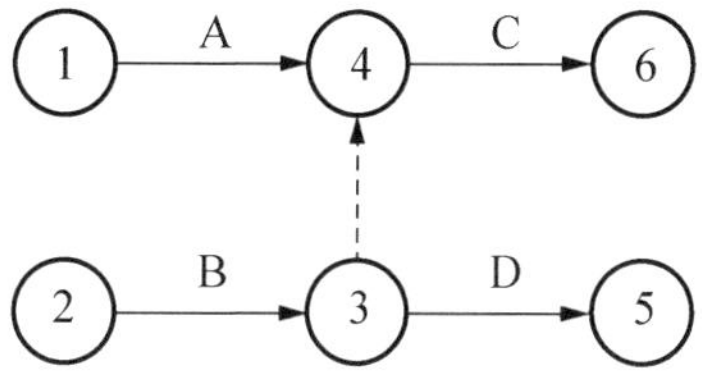

图 5-14　正确的网络计划图 2

(5) 虚工序的运用。虚工序在绘制网络计划图中运用很多，还可以用于正确表示平行工序与交叉工序。平行工序是指在同样两个事项之间进行的作业，交叉工序是指一项作业不必全部完工才开始下一道工序，而是前道工序完成一部分，就可以开始下一道工序。平行工序和交叉工序在绘制网络计划图中要引入虚工序进行调整，在绘制网络计划图时要特别留意。平行工序举例如图 5-15 和图 5-16 所示。

交叉工序举例，作业 A 与作业 B 分别为挖沟和埋管子，不必等沟全挖好后再埋管子，而是挖一段埋一段，就可以用交叉工序来表示。这时，把两道工序进行拆分，如 $A=A_1+A_2+A_3$，$B=B_1+B_2+B_3$，就表示为图 5-17 所示的网络计划图。

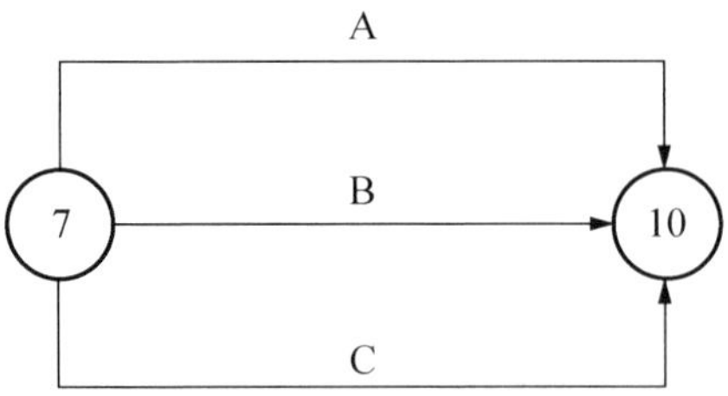

图 5-15　平行工序的错误表示

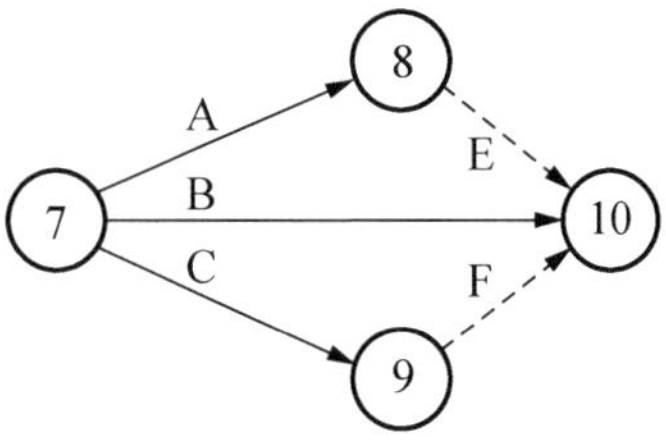

图 5-16　引入虚工序调整

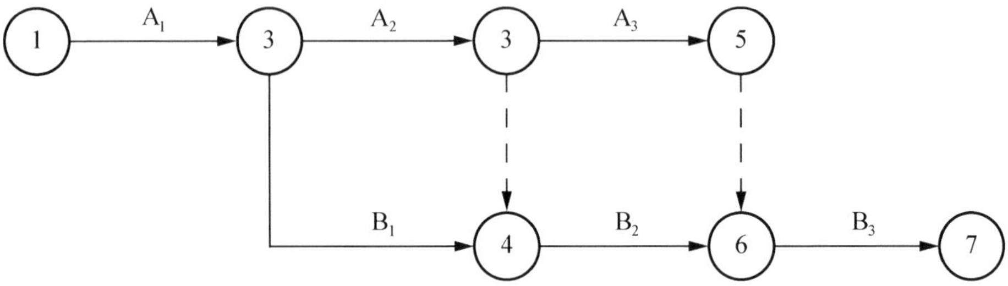

图 5-17　工序拆分后的网络计划图

2. 绘制网络计划图的注意事项

绘制网络计划图时，布局要条理清楚、重点突出，尽量把关键工作和关键路线布置在中心位置，尽可能把密切相连的工作安排在一起，尽量减少斜箭线而采用水平箭线，尽可能避免交叉箭线出现。给事项编号应在网络计划草图绘制完后进行，以便于阅读和计算。

【例 5.3】某项目由 10 道工序组成，工序明细表见表 5-3，试绘制双代号网络计划图。

表 5-3　工序明细表

工序	工序代号	紧后工序	所需时间/天	工序	工序代号	紧后工序	所需时间/天
1	A	D，E	3	6	F	G	1
2	B	C，F	2	7	G	H	7
3	C	D	2	8	H	I	2
4	D	J	1	9	I	J	2
5	E	J	3	10	J	—	1

解：因为工序明细表给出的是紧后工序，绘制逻辑从后往前，故用逆推法绘制更方便。根据经验，可先找出包含工序最多的路线，作为网络计划图的水平主线。先画草图，反复调整，最后画出网络计划图，如图 5-18 所示。

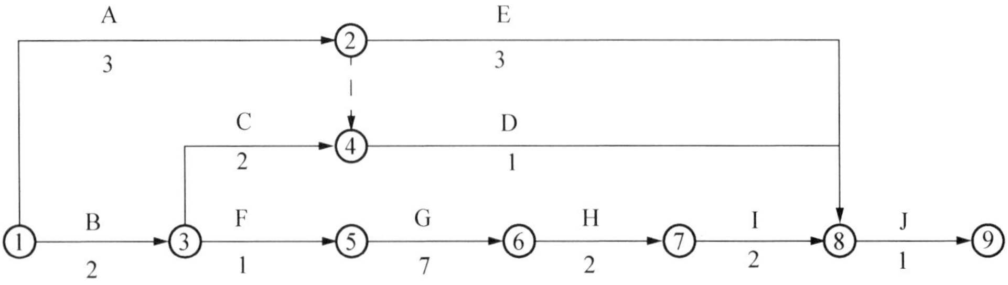

图 5-18　双代号网络计划图

5.3 网络计划时间参数的计算

网络计划图绘制完成(即模型建立)后，就可以计算网络计划图中有关的时间参数，找出关键路线，为网络计划的优化、调整和执行提供时间参考。网络计划时间参数计算的基础是估计工序的完工时间。为便于描述，下面设网络计划图共有 n 个事项，记为 $1,2,\cdots,n$，其中 1 为项目开工事项，n 为项目完工事项，并用 $t(i,j)$或 t_{ij} 表示起点、终点事项分别是 i、j 工序完工时间。

5.3.1 工序完工时间的估计

网络计划有 CPM 和 PERT 两种基本方法,它们的区别是工序完工时间的估计有所不同。CPM 采用单一时间计算，即各道工序的时间参数仅参考一个数值，估计时以完成工序的最大作业时间为准，通常就是作业明细表中的工时。

PERT 方法采用三点时间法计算工序完工时间，即预先估计三种时间。a 为最乐观时间，是指顺利完成工序的最短时间；b 为最悲观时间，是指考虑最坏条件下完成工序的最长时间；m 为最可能时间，是指正常条件下完成工序的最可能时间。三种时间发生的概率分别为$1/6$ 、$1/6$ 、$4/6$，则完工时间的期望值和方差为

$$\begin{aligned} E(t_{ij}) &= \frac{a_{ij}+4m_{ij}+b_{ij}}{6} \\ \sigma_{ij}^2 = D(t_{ij}) &= \left(\frac{b_{ij}-a_{ij}}{6}\right)^2 \end{aligned} \tag{5-1}$$

三点时间法的估计较为简单粗糙，只考虑了极端情况下的时间值。在实际处理中，通过考虑更多因素和不确定性，并基于实际情况、历史数据或专家意见对工序时间进行修正。PERT 方法的扩展还包括使用概率分布和模拟技术评估整个项目的进度和风险，提供更全面和准确的项目时间估计。

【例 5.4】某公司资源计划项目的工序明细表见表 5-4。

表 5-4 工序明细表

工序	紧前工序	工序的三种时间/天			工序	紧前工序	工序的三种时间/天		
		a	m	b			a	m	b
A	—	0.5	1	1.5	F	D	9	14	25
B	A	9	14	25	G	E	4	9	20
C	B	1	2	3	H	D	1	2	3
D	A	1	2	9	I	F，G，H	10	15	20
E	C，D	1	2	9	J	I	0.5	1	1.5

(1) 计算各工序完工时间的期望值和方差。

(2) 绘制项目的网络计划图。

解：(1) 根据三点时间法计算公式，工序完工时间的期望值和方差见表 5-5。

表 5-5 工序完工时间的期望值和方差

工 序	A	B	C	D	E	F	G	H	I	J
期望值/天	1	15	2	3	3	15	10	2	15	1
方 差	1/36	64/9	1/9	16/9	16/9	64/9	64/9	1/9	25/9	1/36

(2) 项目的网络计划图如图 5-19 所示，图中工序 F、G、H 是平行工序，必须添加一道虚工序。

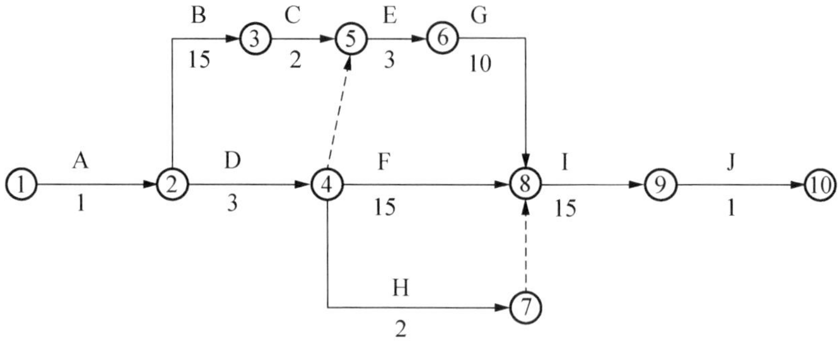

图 5-19 项目的网络计划图

5.3.2 网络时间参数的计算

网络时间参数主要包含事项时间参数和工序时间参数两大类，其中，事项时间参数包括最早开始时间、最迟结束时间和时差等。计算时都假设工程开始时间点为“0”。

1. 事项时间参数

(1) 最早开始时间 $t_E(j)$。

$t_E(j)$ 是指事项 j 的最早开始时间，是该事项所有紧前工序都已经完成的前提下，从该事项开始的各项作业最早可能的开始时间。

由于网络计划图是按照时间顺序安排的有向图，因此计算最早开始时间应选择工程开始的时间作为参照，从左向右逐步计算各事项的最早开始时间，直至终点事项，递推公式为

$$\begin{cases} t_E(1)=0 \\ t_E(j)=\max\limits_{i<j}\{t_E(i)+t(i,j)\} \end{cases} \qquad (j=1,2,\cdots,n)$$

最早开始时间递推公式示意图如图 5-20 所示，其迭代流程图如图 5-21 所示。

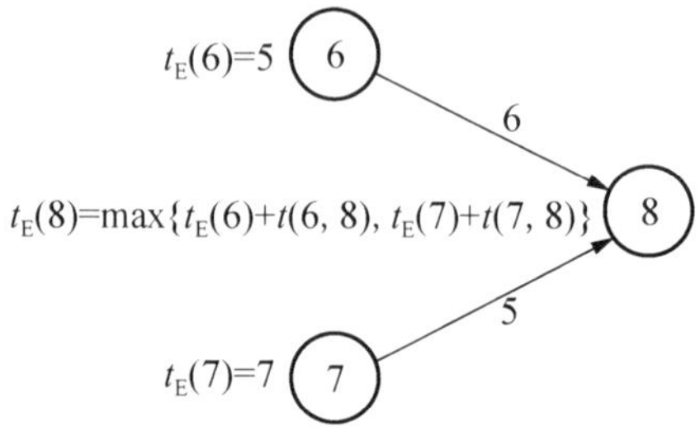

图 5-20 最早开始时间递推公式示意图

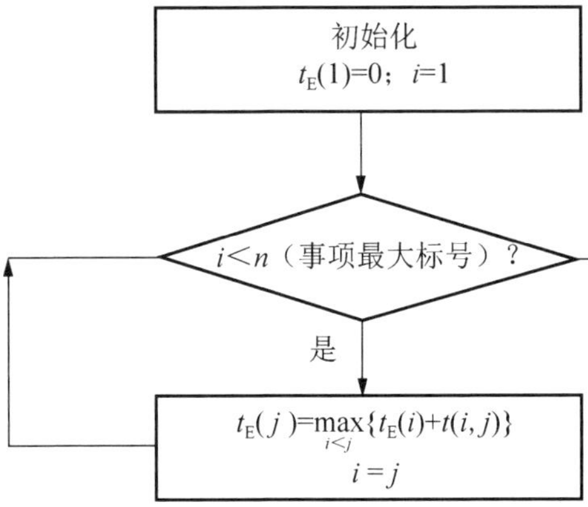

图 5-21　最早开始时间迭代流程图

将计算出来的最早开始时间写在各事项的指定位置，并用□括起来。

(2) 最迟结束时间 $t_L(j)$。

$t_L(j)$ 是指事项 j 的最迟结束时间，是在保证该事项所有紧后工序都不延误的前提下，该事项所有紧前工序的最迟结束时间。

最迟结束时间在计算时应选择项目结束的时间作为参照。计算方法是从结束事项开始，然后从右向左逐步计算各事项最迟结束时间，直至起点事项，递推公式为

$$\begin{cases} t_L(n)=t_E(n) \\ t_L(i)=\min\limits_{i<j}\{t_L(j)-t(i,j)\} \qquad (i=1,2,\cdots,n-1) \end{cases}$$

最迟结束时间递推公式示意图如图 5-22 所示，其迭代流程图如图 5-23 所示。

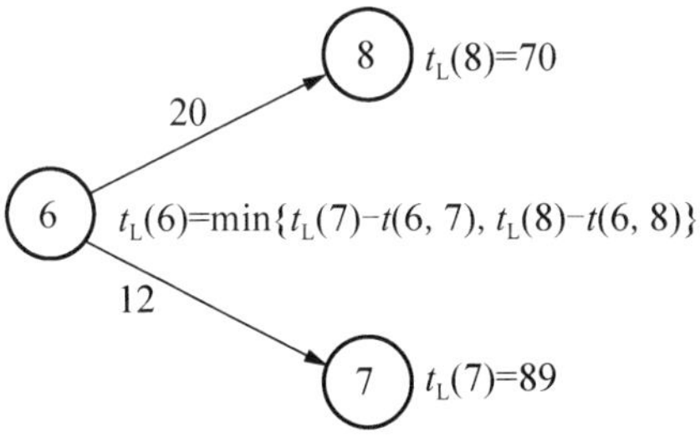

图 5-22　最迟结束时间递推公式示意图

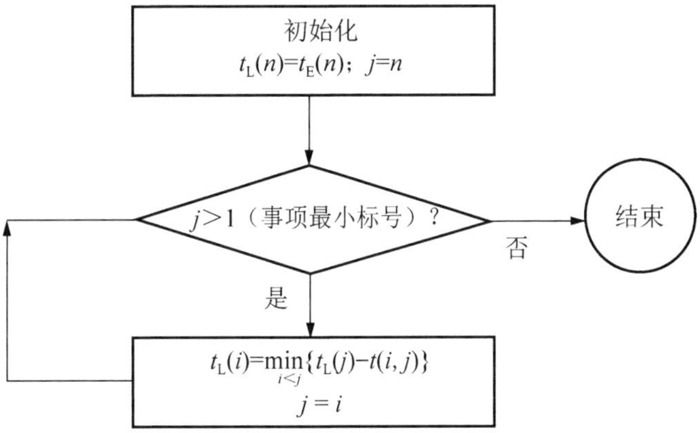

图 5-23　最迟结束时间迭代流程图

将计算出来的最迟结束时间写在各事项的指定位置，并用△括起来。

(3) 事项的时差 $R(i)$。

事项的时差公式如下：

$$R(i)=t_L(i)-t_E(i) \quad (i=1,2,\cdots,n)$$

2. 工序时间参数

(1) 工序 (i,j) 的最早开始时间 $t_{ES}(i,j)$。

工序 (i,j) 的起点是事项 i，所以其最早开始时间应为事项 i 的最早开始时间，即

$$t_{ES}(i, j) = t_E(i)$$

在网络计划图上，工序的最早开始时间和事项的最早开始时间同样表示。

(2) 工序 (i, j) 的最早结束时间 $t_{EF}(i, j)$。

工序 (i, j) 的最早开始时间为 $t_{ES}(i, j)$，所以其最早结束时间为

$$t_{EF}(i, j) = t_{ES}(i, j) + t(i, j)$$

(3) 工序 (i, j) 的最迟结束时间 $t_{LF}(i, j)$。

工序 (i, j) 的终点是事项 j，所以其最迟结束时间应为事项 j 的最迟结束时间，即

$$t_{LF}(i, j) = t_L(j)$$

在网络计划图上，工序的最迟结束时间和事项的最迟结束时间同样表示。

(4) 工序 (i, j) 的最迟开始时间 $t_{LS}(i, j)$。

工序 (i, j) 的最迟结束时间为 $t_{LS}(i, j)$，所以其最迟开始时间为

$$t_{LS}(i, j) = t_{LF}(i, j) - t(i, j)$$

(5) 工序总时差 $R(i, j)$。

在不影响总工期，即不影响其紧后工序按最迟开始时间开始的前提下，工序最早开始时间可推迟的一段时间，记为 R_{ij} 或 $R(i, j)$，用来表示工序安排上可以机动的时间。

$$R(i, j) = t_L(j) - t_{EF}(i, j) = t_{LF}(i, j) - t_{EF}(i, j) = t_{LS}(i, j) - t_{ES}(i, j)$$

(6) 工序单时差 $r(i, j)$。

在不影响紧后工序按最早开始时间开始的前提下，从工序最早开始时间算起可推迟开始的时间，记为 r_{ij} 或 $r(i, j)$。

$$r(i, j) = t_E(j) - t_{EF}(i, j)$$

单时差等于其紧后工序的最早开始时间与本工序的最早结束时间之差，单时差也叫工序的自由时差，描述一项工序在不影响其各项紧后工序按最早开始时间开始的条件下，单独拥有的机动时间，如图 5-24 所示。

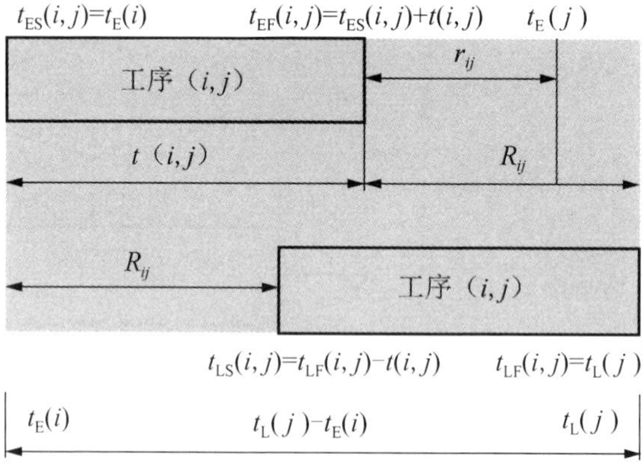

图 5-24 工序时间参数关系

将网络计划图中总时差为零的工序称为关键工序，表明在时间安排上没有机动，由关键工序组成的从起点到终点的路线称为关键路线。

【例 5.5】按照工序完工时间的期望值计算例 5.4 的网络计划图的时间参数，并给出关键路线，这是 PERT 计算时间参数和关键路线的示范。

例 5.5

解：首先计算网络计划图的事项时间参数。

(1) 事项的最早开始时间：从左向右计算事项最早开始时间参数 $t_E(i)$，得

$$t_E(1)=0$$
$$t_E(2)=t_E(1)+t(1,2)=0+1=1$$
$$t_E(3)=t_E(2)+t(2,3)=1+15=16$$
$$t_E(4)=t_E(2)+t(2,4)=1+3=4$$
$$t_E(5)=\max\begin{Bmatrix}t_E(3)+t(3,5)\\t_E(4)+t(4,5)\end{Bmatrix}=\max\begin{Bmatrix}16+2\\4+0\end{Bmatrix}=18$$
$$t_E(6)=t_E(5)+t(5,6)=18+3=21$$
$$t_E(7)=t_E(4)+t(4,7)=4+2=6$$
$$t_E(8)=\max\begin{Bmatrix}t_E(6)+t(6,8)\\t_E(4)+t(4,8)\\t_E(7)+t(7,8)\end{Bmatrix}=\max\begin{Bmatrix}21+10\\4+15\\6+0\end{Bmatrix}=31$$
$$t_E(9)=t_E(8)+t(8,9)=31+15=46$$
$$t_E(10)=t_E(9)+t(9,10)=46+1=47$$

整个工程的完成时间，即工期为 47。

(2) 事项的最迟结束时间：从右向左计算事项最迟结束时间参数 $t_L(i)$，得

$$t_L(10)=47$$
$$t_L(9)=t_L(10)-t(9,10)=47-1=46$$
$$t_L(8)=t_L(9)-t(8,9)=46-15=31$$
$$t_L(7)=t_L(8)-t(7,8)=31-0=31$$
$$t_L(6)=t_L(8)-t(6,8)=31-10=21$$
$$t_L(5)=t_L(6)-t(5,6)=21-3=18$$
$$t_L(4)=\min\begin{Bmatrix}t_L(5)-t(4,5)\\t_L(8)-t(4,8)\\t_L(7)-t(4,7)\end{Bmatrix}=\min\begin{Bmatrix}18-0\\31-15\\31-2\end{Bmatrix}=16$$
$$t_L(3)=t_L(5)-t(3,5)=18-2=16$$
$$t_L(2)=\min\begin{Bmatrix}t_L(3)-t(2,3)\\t_L(4)-t(2,4)\end{Bmatrix}=\min\begin{Bmatrix}16-15\\16-3\end{Bmatrix}=1$$
$$t_L(1)=t_L(2)-t(1,2)=1-1=0$$

将求出的事项时间参数填入网络计划图中，参考各事项的时差可以确定出关键路线，如图 5-25 中粗黑线所示。

(3) 工序时间参数：一般在事项时间参数计算的基础上利用表格计算，见表 5-6，表中第 2 行表示各列的列标号及它们之间的关系。例如，4(2+3)表示第 4 列是第 2 列与第 3 列的和，8($3_{j\min}$－4)表示第 8 列是由第 3 列中元素 $3_{j\min}$ 和第 4 列对应元素的差，其中 $3_{j\min}$ 代表事项 j 的最早开始时间，可由第 3 列工序最早开始时间导出，关键工序是工序总时差为零的工序。

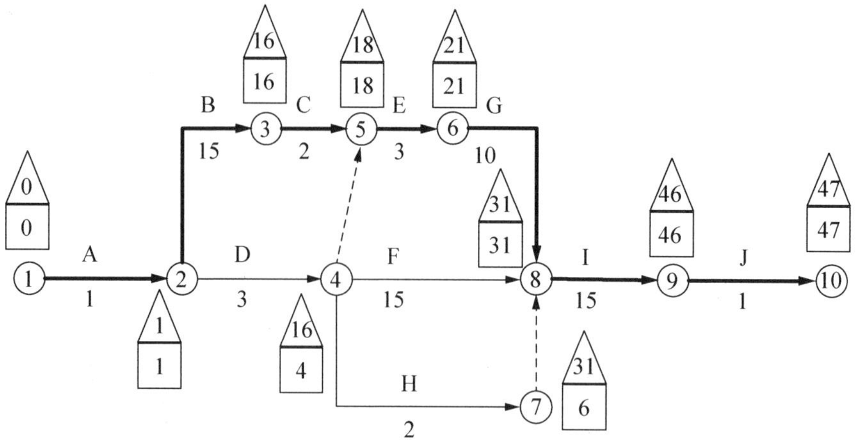

图 5-25　节点的时间参数

表 5-6　工序时间参数

工序 (i, j)	工时 t(i, j)	$t_{ES}(i, j)$	$t_{EF}(i, j)$	$t_{LF}(i, j)$	$t_{LS}(i, j)$	R(i, j)	r(i, j)	关键工序
1	2	3	4(2+3)	5	6(5−2)	7(5−4)	8($3_{j\,\min}$−4)	
~~A(1, 2)~~	1	0	1	1	0	~~0~~	0	是
~~B(2, 3)~~	15	1	16	16	1	~~0~~	0	是
~~C(3, 5)~~	2	16	18	18	16	~~0~~	0	是
D(2, 4)	3	1	4	16	13	12	0	
(4, 5)	0	4	4	18	18	14	14	
~~E(5, 6)~~	3	18	21	21	18	~~0~~	0	是
F(4, 8)	15	4	19	31	16	12	12	
~~G(6, 8)~~	10	21	31	31	21	~~0~~	0	是
H(4,7)	2	4	6	31	29	25	0	
(7,8)	0	6	6	31	31	25	25	
~~I(8, 9)~~	15	31	46	46	31	~~0~~	0	是
~~J(9,10)~~	1	46	47	47	46	~~0~~	0	是

最后得到关键工序和关键路线，总时差为零的工序为关键工序，A、B、C、E、G、I 和 J 都是关键工序；关键路线为 1→2→3→5→6→8→9→10，如图 5-25 中的粗黑线所示。

5.4　网络计划的优化

网络计划优化是指通过合理调整任务的顺序、安排资源的分配以及压缩任务的时间等方式，提高项目的效率和优化项目的进度。网络计划优化的内容有工期优化、资源优化、费用优化等。工期优化的目的是使网络计划满足工期的要求，保证按期完成工程任务，一般通过调整关键工序的持续时间来满足工期的要求。费用优化的目标是寻求直接费用和间接费用最小的工期，即最优工期。资源优化是在资源有限制的条件下使工期最短，或在工期固定的条件下使资源均衡，资源优化往往通过改变工序的开始时间，使资源按时间的分布展开优化。

5.4.1 工期的缩短

压缩项目工期是提高项目效率和满足紧迫交付需求的关键目标。常用的思路有以下几类。①重视关键路线：通过紧密监控和加快关键路线上的活动执行速度，确保关键任务按计划完成，从而缩短项目的总工期。②并行执行任务：将一些非关键路线上的任务与关键路线上的任务并行执行，以节省时间并加快项目进展。③延长工作时间：增加每天的工作时间或增加工作日，获得额外的工作时间，提高任务完成速度，从而加快项目的整体进度。④重叠活动：在任务执行的不同阶段，将前一阶段的输出作为后一阶段的输入，实现任务的重叠执行，从而减少项目工期。⑤增加资源投入：通过增加人力资源或其他必要的资源，加快任务的执行速度，提高工作效率，从而缩短项目的工期。⑥使用先进的技术和工具：采用高效的技术、工具和方法，如自动化工具、协作平台和项目管理软件等，提高团队协作和工作效率，减少时间浪费。

【例 5.6】已知某项目初始网络计划图如图 5-26 所示，图中箭线下方括号外数字为工序的正常完工时间，括号内数字为最短赶工时间；箭线上方括号内数字为优选系数。选择关键工作压缩其完工时间时，应选择优选系数最小的关键工作。若需要同时压缩多个关键工作的完工时间，则它们的优选系数之和(组合优选系数)最小者应优先作为压缩对象。现假设要求工期为 15，试对其进行工期优化。

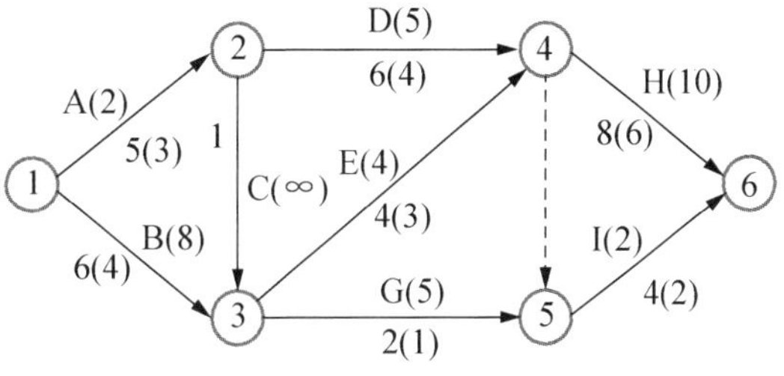

图 5-26 初始网络计划图

(注：赶工时间是指在项目延迟或进度受到挑战时，为了确保项目按时完成而需要的额外时间。这种额外的时间通常被用来缩短关键路径上的一些任务的持续时间，或者加入额外的资源来加速项目进度。优选系数是一个用于评估和选择最佳工序顺序的指标。它考虑了工序的重要性、可行性和依赖关系等因素，并根据这些因素为每个工序分配一个优选系数。通过分析和比较这些系数，可以确定哪些工序应该优先执行，最大限度地提高项目的进度和效率。优选系数作为项目管理术语，从经济的角度也可理解为后面的成本斜率，类似于优先级，优选系数越小优先级越高；优选系数越大优先级越低，∞ 为不选。)

提示：解决问题要围绕关键工序展开，这是因为它们决定网络计划的**计算工期** T_c(计算工期是根据项目的任务、资源和限制条件等因素，通过网络计划技术手段，推算出完成项目所需的时间)。按要求工期(**预期工期**) T_r 明确应缩短的时间(ΔT)，应缩短的时间等于计算工期与要求工期之差，即：$\Delta T = T_c - T_r$；根据优选系数选择应压缩的关键工序，将所选定的关键工序的作业时间压缩至最短，并重新确定计算工期和关键路线。若计算工期仍超过要求工期，则重复以上步骤，直到满足工期要求或工期已不能再缩短。

解：(1) 根据各道工序的正常完工时间，确定网络计划的计算工期和关键路线，如图 5-27 所示。此时关键路线为 1→2→4→6。

(2) 此时关键工序 A、D 和 H 中，A 的优选系数最小，故应将工序 A 作为优先压缩对象。

(3) 将关键工序 A 的正常工作时间 5 压缩至最短赶工时间 3，确定新的计算工期和关键路线，如图 5-28 所示。此时 A 被压缩成非关键工序，故将其工作时间 3 延长为 4，使之成为关键工序。工序 A 恢复为关键工序之后，网络计划图中出现两条关键路线，即：1→2→4→6 和 1→3→4→6，如图 5-29 所示。

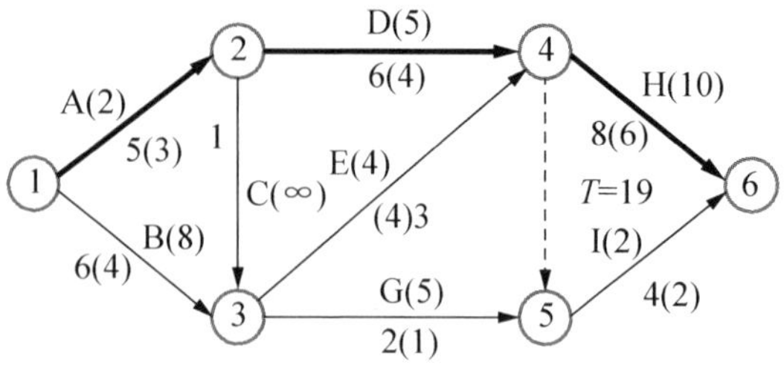

图 5-27　关键路线

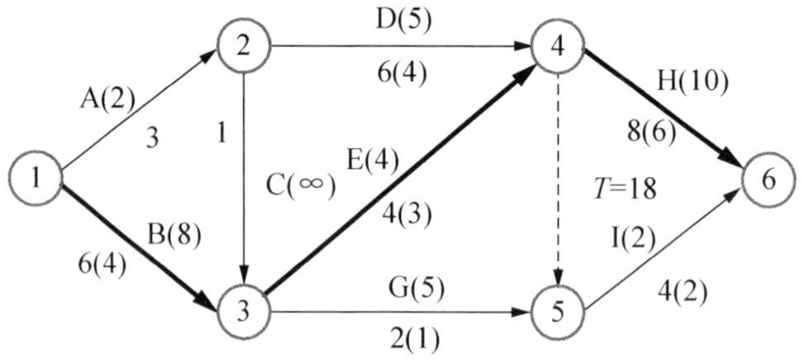

图 5-28　A 压缩至最短时间的关键路线

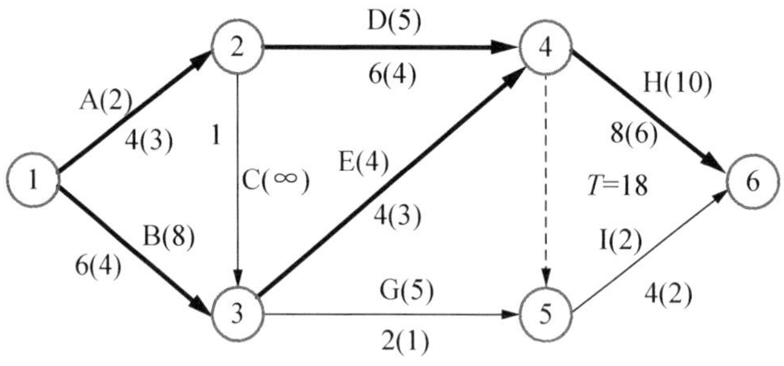

图 5-29　第 1 次压缩后的网络计划图

(4) 此时计算工期为 18，仍大于要求工期，故需继续压缩。需要缩短的时间：$\Delta T_1 = 18 - 15 = 3$。在图 5-30 所示的网络计划图中，有以下 5 个压缩方案：

同时压缩 A 和 B，组合优选系数为 2+8=10；

同时压缩 A 和 E，组合优选系数为 2+4=6；

同时压缩 B 和 D，组合优选系数为 8+5=13；

同时压缩 D 和 E，组合优选系数为 5+4=9；

压缩 H，优选系数为 10。

在上述 5 个压缩方案中，由于 A 和 E 的组合优选系数最小，故应选择同时压缩 A 和 E 的方案。将这两项作业的工作时间各压缩 1(压缩至最短)，确定计算工期和关键路线，如图 5-30 所示。此时关键路线仍为两条，即：1→2→4→6 和 1→3→4→6。

在图 5-30 中，关键工序 A 和 E 的工作时间已达最短，不能再压缩，它的优选系数变为无穷大。

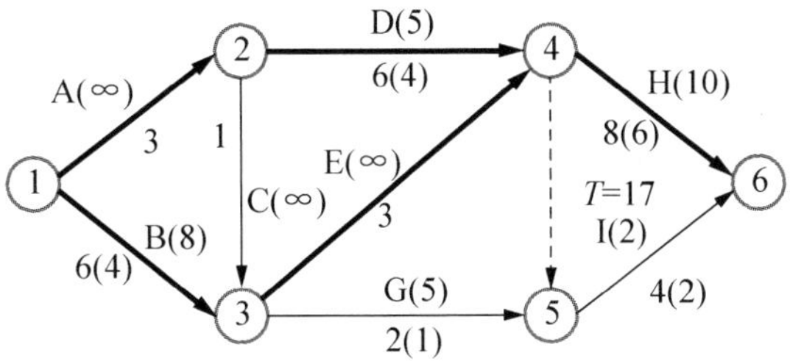

图 5-30　第 2 次压缩后的网络计划图

(5) 此时计算工期为 17，仍大于要求工期，故需继续压缩。需要缩短的时间：$\Delta T_2 = 17 - 15 = 2$。在图 5-30 所示的网络计划图中，由于 A 和 E 已不能再压缩，故此时只有两个压缩方案：

同时压缩 B 和 D，组合优选系数为 8+5=13；

压缩 H，优选系数为 10。

在上述两个压缩方案中，由于工序 H 的优选系数最小，故应选择压缩 H 的方案。将 H 的工作时间缩短 2，确定计算工期和关键路线，如图 5-31 所示。此时，计算工期为 15，等于要求工期，因此图 5-31 所示的网络计划图即为优化方案。

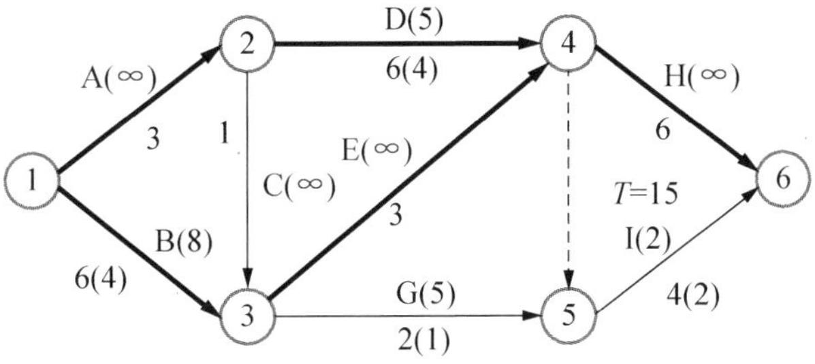

图 5-31　工期优化后的网络计划图

5.4.2　时间-成本控制

时间-成本控制是网络计划的一个重要组成部分，通过引入成本信息，可以分析时间和成本之间的关系，计算网络计划不同完工期相应的总成本，帮助项目经理做出权衡和决策。

工程项目的总费用由直接费用与间接费用两部分组成。这两种费用与时间的关系是：缩短工期，会引起直接费用 (能直接计入该对象的费用，如材料费等)的增加和间接费用 (不能直接计入工程项目的费用，须按一定比例分摊，如管理费) 的减少；而延长工期又会引起直接费用的减少和间接费用的增加，如图 5-32 所示。

工序时间的变化会带来工程完工期的变化，缩短项目的完工时间虽然要增加赶工成本，但同时也会增加收益，特别是时间的收益，比如提前完工因缩短时间而降低间接成本，有些项目提前完工就可以提前投产获得收益，有些公共项目还会获得更多的社会效益。就单个工序而言，缩短工序时间会增加成本，而对整个项目来说，缩短完工期有可能减少总成本。通过计算网络计划的不同完工期相应的总费用，求得成本最低的日程安排就是“最低成本日程”，又称“工期-成本”优化。

为便于叙述，将前面网络计划所述的工序时间称为工序的正常时间，项目的完工期称为正常完工期，正常时间内完成工序的成本称为正常成本。当需要将完工期缩短到正常时间以下时，就要对原计划进行调整，缩短工序的时间，采取一些应急措施，如增加设备、雇用临时工、采用新技术等，这些措施必然伴随着增加成本，因采取应急措施而额外增加的成本加上正常成本称为工序的赶工成本或应急成本，工序时间不能无限制地缩短，工序的最短完成时间称为赶工时间或应急时间。时间-成本控制研究的问题是：在采取赶工措施条件下，考虑工程项目完工期为多少时总成本最低；给定项目缩短时间，如何调整计划使得总成本最低；在不超过预算(总成本)的条件下，项目完工的最短时间是多少。

为分析这些问题，还需用到工序和项目的时间和成本的关系。

$$\text{单位时间工序的赶工增加成本}=\text{成本斜率}=\frac{\text{赶工成本}-\text{正常成本}}{\text{正常时间}-\text{赶工时间}}$$

成本斜率用来衡量工序缩短一个时间单位所增加的赶工成本，即直接投入的成本，一般不直接考虑间接费用，所以也称直接费用率。出于简化，常假设工序的成本斜率是常数，如图 5-33 所示。如某工序(i, j)正常工时为 5 天，成本为 600 元，按赶工工时 3 天进行，所需成本为 900 元，则该工序的成本斜率 $c_{ij}=(900-600)\text{元}/(5-3)\text{天}=150$ 元/天，即每缩短一天需增加费用 150 元。

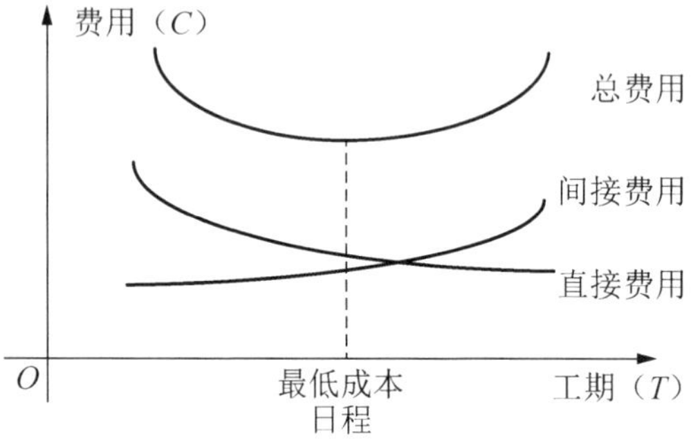

图 5-32　工期-费用关系

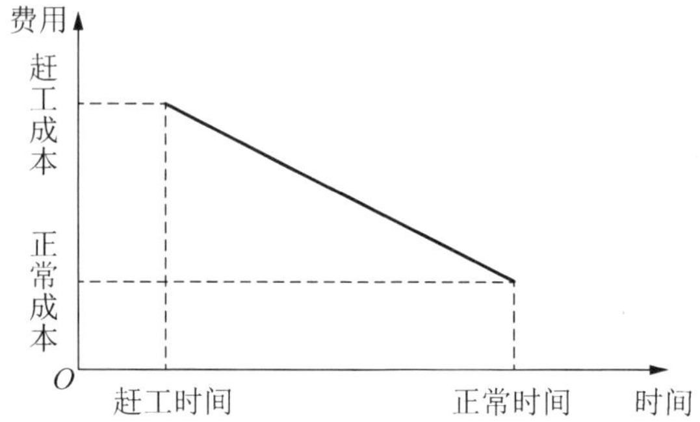

图 5-33　成本斜率-直接费用率

下面通过实例阐述时间-成本控制的分析方法。

【例 5.7】已知网络计划各工序的正常工时、赶工工时及相应费用如表 5-7 所示。设在正常工时下，任务总间接费用为 18000 元，工期每缩短 1 天，间接费用可节省 330 元。

表 5-7　工序的成本斜率

工　序	紧前工序	时间/天		成本/元		时间的最大压缩量	成本斜率(元/天)
		正　常	赶　工	正　常	赶　工		
A	—	24	16	5000	7000	8	250
B	—	30	18	9000	10200	12	100
C	A	22	18	4000	4800	4	200
D	B	26	24	10000	10300	2	150
E	B	24	20	8000	9000	4	250
F	C，D	18	18	5400	5400	0	—
G	E	18	10	6400	6800	8	50
总成本				47800	53500		

(1) 绘制网络计划图，按照正常时间计算完成项目的总成本和工期。

(2) 求项目的最低成本日程。

解：(1)网络计划图如图 5-34 所示，按工序正常时间完成项目的工期为 74 天，关键路线为 1→3→4→6，总成本为 47800+18000=65800(元)。

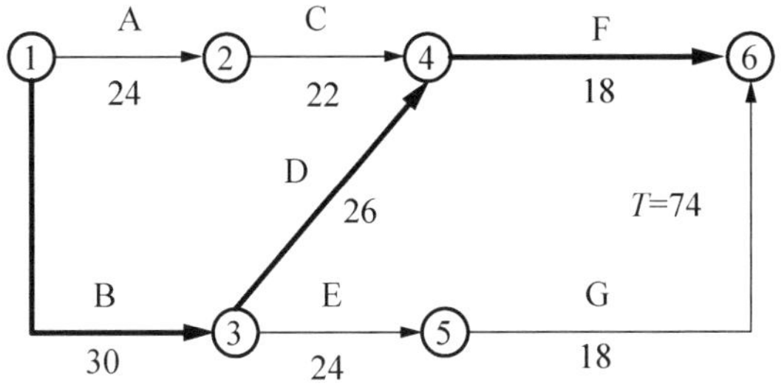

图 5-34　网络计划图

(2)以图 5-34 所示的原始网络为基础，按下列步骤进行计算。

①从关键工序中选出缩短工时所需直接费用最少的方案，并确定该方案可能缩短的天数。②按照工序的新工时，重新计算网络计划的关键路线及关键工序。③计算由于缩短工时所增加的直接费用，不断重复上述 3 个步骤，直到工期不能再缩短。

第一次调整：从图 5-34 可以看出，关键路线上的三道关键工序 B(1,3)、D(3,4)、F(4,6)中，工序 B(1,3)的成本斜率最小(100)，应选择在工序 B(1,3)上缩短工时，查表 5-7 可知，最多可缩短 12 天，即取工序 B(1,3)新工时为 30−12=18(天)。重新计算网络计划图时间参数，结果如图 5-35 所示，关键路线为 1→2→4→6，工期为 64 天，比工序正常完成时间只缩短了 10 天。这意味着工序 B(1,3)没有必要减少 12 天，B(1,3)应取 30−10=20(天)。重新计算结果如图 5-36 所示，总工期为 64 天，有两条关键路线：1→2→4→6 与 1→3→4→6，此次调整增加直接费用 10×100＝1000(元)，但间接费用减少了 10×330＝3300(元)，总费用减少了 2300 元。

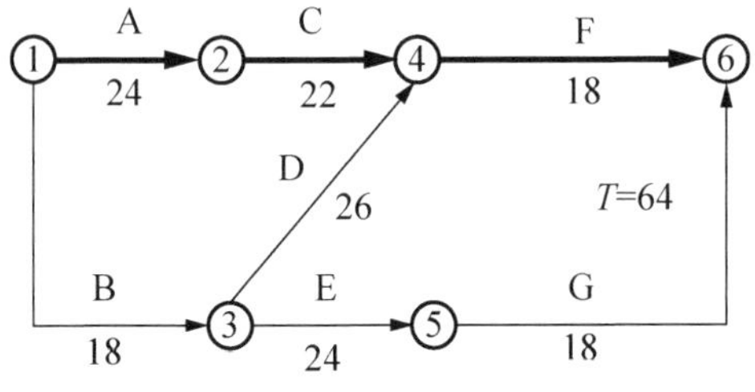

图 5-35　工序 B 缩短 12 天的网络计划图

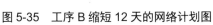

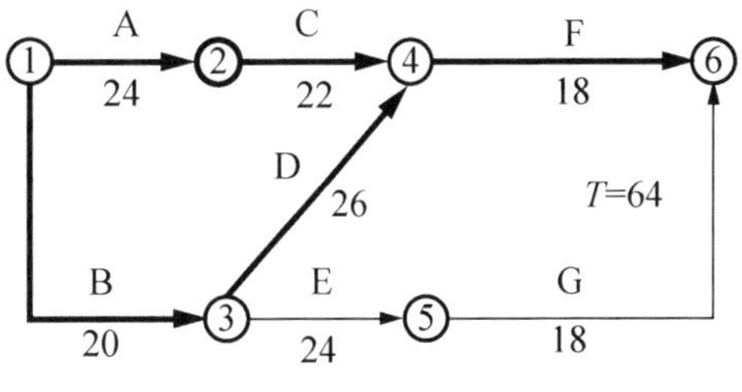

图 5-36　工序 B 缩短 10 天的网络计划图

第二次调整：重复步骤①～步骤③，要缩短工期，必须注意两条关键路线应同时缩短。有如下几个方案可选择：

B(1,3)与 A(1,2)同时缩短 1 天，需增加费用 100+250＝350(元)；

B(1,3)与 C(2,4)同时缩短 1 天，需增加费用 100+200＝300(元)；

D(3,4)与 A(1,2)同时缩短 1 天，需增加费用 150+250＝400(元)；

D(3,4)与 C(2,4)同时缩短 1 天，需增加费用 150+200=350(元)；

选择增加费用最小方案即同时压缩 B(1,3)与 C(2,4)，B(1,3)最多可缩短 2 天，C(2,4)可缩短 4 天，取其中小者，即将 B(1,3)与 C(2,4)的工作时间分别改为 20−2＝18(天)与 22−2＝20(天)。

重新计算网络计划图时间参数，结果如图 5-37 所示。总工期为 62 天，这时关键路线仍为两条：1→2→4→6 与 1→3→4→6，增加直接费用 2×300=600(元)，但间接费用减少了 2×330＝660(元)，总费用减少了 60 元。

第三次调整：选择增加费用最小的方案，这时只能选择工序 D(3,4)和 C(2,4)同时缩短 2 天，即 C(2,4)与 D(3,4)的工时分别改为 20−2＝18(天)与 26−2＝24(天)，重新计算网络计划图时间参数，结果如图 5-38 所示。总工期为 60 天，关键路线为：1→2→4→6，1→3→4→6 和 1→3→5→6，所增加的直接费用为 2×350＝700(元)，但间接费用减少了 2×330＝660(元)，总费用增加了 40 元。

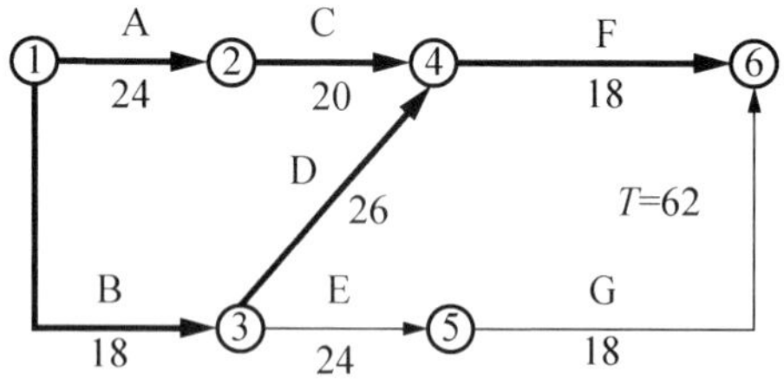

图 5-37　同时缩短工序 B 和 C 的网络计划图

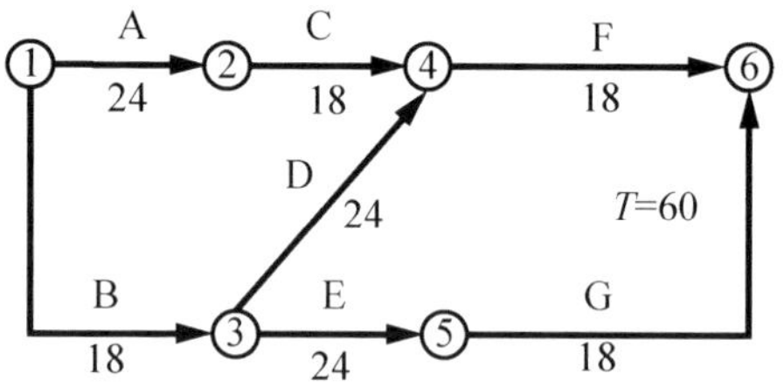

图 5-38　同时缩短工序 D 和 C 的网络计划图

由于关键路线 1→3→4→6 上各工序工时已不能缩短，计算结束。由调整过程可知，项目最低成本日程为 62 天，总成本为 63440 元。

关于项目最低成本日程的计算步骤，也可改为计算项目的总费用，并与上一次的总费用进行比较，若总费用不能再降低则停止计算。掌握了以上分析方法后，对于其他时间-成本控制问题都可以做类似的分析和求解。时间-成本分析是项目管理中重要的工具和技术，它们通过图形化表示任务和依赖关系，并引入成本信息，帮助项目经理规划、控制和优化项目的进度和资源分配。

5.4.3　资源的合理配置

项目的可用资源都是有限的，这由资源的稀缺性所决定，合理配置资源可以提高项目效率、降低成本并确保任务按时完成。在项目管理中，首先需要明确项目的资源需求，包括人力资源、物资和设备等；然后根据任务的优先级和依赖关系，进行资源分配和调度。资源的合理配置还需要考虑资源的可用性、技能和经验等因素，根据项目进展和需求变化，可以对资源进行动态调整，以满足项目的要求并处理潜在的风险和延误。

资源的合理配置大致包括几个方面：一是资源一定时，如何组织、安排和调配资源保证项目按期完成；二是资源不足时，如何协调内部资源和采取应急措施保证项目按期完成；三是资源、时间和成本的整体调整和系统优化。

下面通过一个人力资源安排的实例说明其原理。

【例 5.8】某项目各工序的时间和资源需求见表 5-8。

(1) 绘制网络计划图，按所需时间计算项目完工期。

(2) 为保证按期完工，如何安排使得用人总数最少，对网络计划进行优化分析。

解：(1) 绘制网络计划图，计算网络计划图的时间参数，如图 5-39 所示。箭线上 4(9)，括号外面的 4 表示工序完成时间，括号中标注数字为工序每天所需人数(假设所有工作都需要同一种专业工人)。项目完工期为 11 天，计算出关键路线为：1→2→3→5→6，总工期为 11 天。关键工序是 B、D、E 和 G，非关键工序是 A、C 和 F。

表 5-8　工序的时间和资源需求

工序	紧前工序	所需时间/天	需要人数/人	工序	紧前工序	所需时间/天	需要人数/人
A	—	3	3	E	D	3	5
B	—	2	6	F	A	3	4
C	—	4	9	G	E，F	4	1
D	B	2	7				

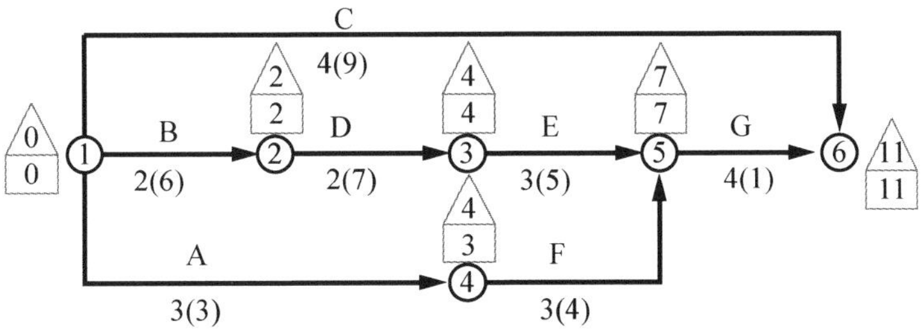

图 5-39　网络计划图的时间参数

(2) 画出带时间安排的网络计划图及资源动态曲线(**资源载荷图**)，如图 5-40 所示(图中虚线为非关键工序的总时差)。

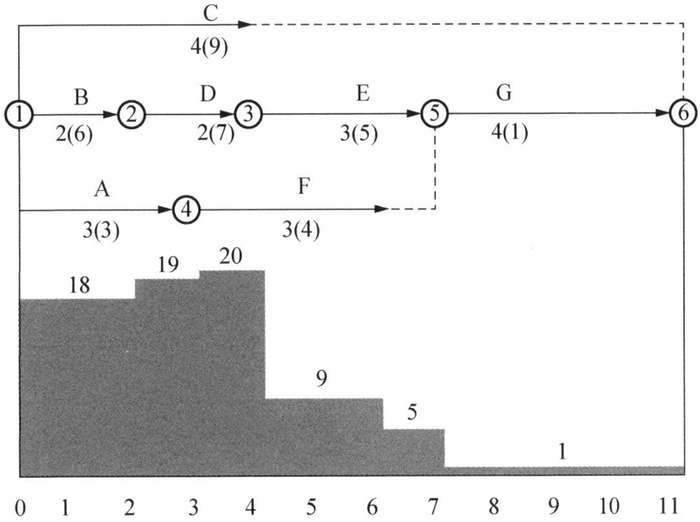

图 5-40　资源载荷图

由图 5-40 可知，若按每道工序的最早开工时间安排，人力需求很不均匀，最多者为 20 人/天，最少为 1 人/天，这种安排即使在人力资源充足的条件下也是很不经济的。现假设资源有限，每天可用人力为 10 人，下面进行计划调整，希望能不延迟总工期或尽量少延迟。先看第一个时间段为[0,2]，需求量为 18 人/天，在调整时要对本时间段内各工序按总时差的递增顺序排队编号，如工序 B(1,2)，总时差 0，编为#1；工序 A(1,4)，总时差 1，编为#2；工序 C(1,6)，总时差 7，编为#3。

对编号小的优先满足资源需求量，当累计和超过 10 人时，未得到人力安排的工作应移入下一时间段，本例中工序 B(1,2)与 A(1,4)人力日需求量为 9，而工序 C(1,6)需 9 人/天，所以应把 C(1,6)移出[0,2]时间段后开工，见图 5-41。

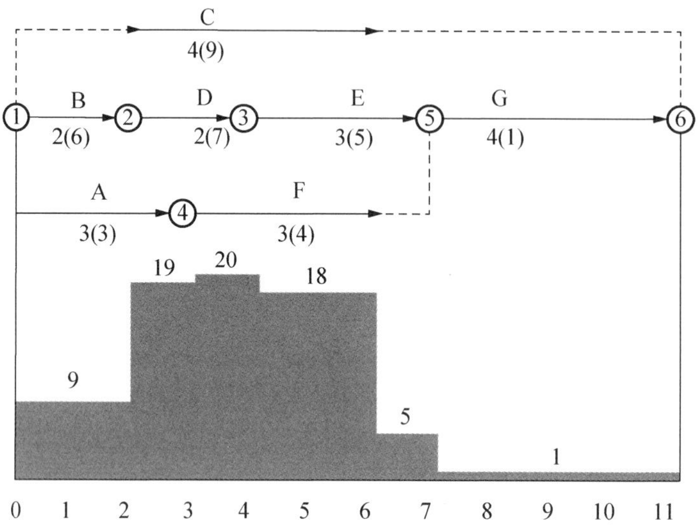

图 5-41　调整后的资源载荷图 1

接着调整[2,3]时间段。在编号时要注意，如果已进行的非关键工序不允许中断，则编号要优先考虑，把它们按照新的总时差与最早开始时间之和的递增顺序排列，否则同第一段的编号规则。A(1,4)为已进行中工序，假设不允许中断。而 D(2,3)为关键工序，C(1,6)还有时差 5 天，则编号顺序为：工序 A(1,4)，总时差 1，编为#1；工序 D(2,3)，总时差 0，编为#2；工序 C(1,6)，总时差 5，编为#3，累加所需人力资源数，工序 A(1,4)与 D(2,3)共需 10 人/天，所以工序 C(1,6)要移出[2,3]时间段，调整结果见图 5-42。

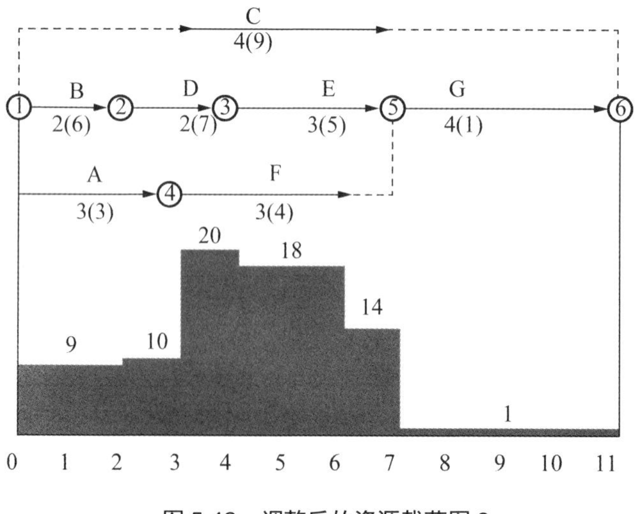

图 5-42　调整后的资源载荷图 2

以后各时间段类似处理，经过几次调整，可得图 5-43。此时人力日需求量已满足不超过 10 人的限制，总工期未受影响。这种方法也可用于多种资源的分配问题。需要说明的是，由于编号及调整规则只是一种原则，因此调整结果常常是较好的方案，不一定是工期最短方案，必要时总工期可能会延迟。

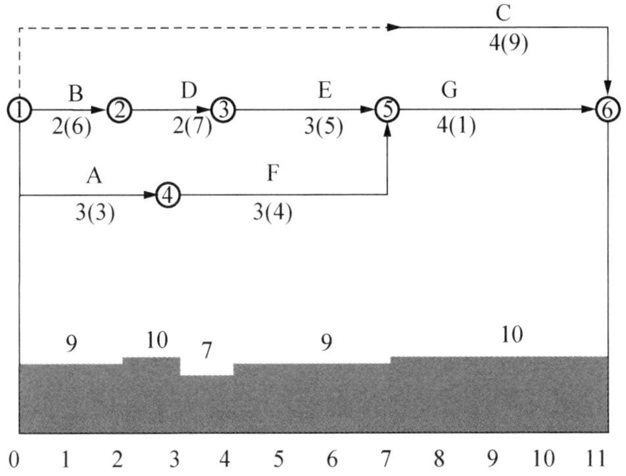

图 5-43 调整后的资源载荷图 3

5.4.4 工期的概率分析

计划评审技术认为工序 (i, j) 的完成时间是一个随机变量，给出完成时间的 3 个估计值，最乐观时间 a_{ij}、最悲观时间 b_{ij}、最可能时间 m_{ij}，完成该工序的期望时间和方差计算见公式(5-1)。

一个工程的完工期为关键路线上各工序工作时间之和，所以完工期也是一个随机变量，由概率论中心极限定理可知，若关键工序比较多，则工程的完工期就是一个服从正态分布的随机变量，其期望值 T_E 和方差 σ_E^2 可从关键工序的期望完工时间和方差计算出来，即

$$T_E = \sum_{(i,j)\in I} \frac{a_{ij} + 4m_{ij} + b_{ij}}{6}, \qquad \sigma_E^2 = \sum_{(i,j)\in I} \left(\frac{b_{ij} - a_{ij}}{6}\right)^2$$

式中，I 为关键路线上工序的集合，则工期 T 服从正态分布 $N(T_E, \sigma_E^2)$。

对于某个网络计划，只要算出关键路线上工序的期望完工时间和方差，就能对整个工程的完工时间进行概率估算。具体计算时要将该正态分布转化为标准正态分布 $N(0,1)$，然后查标准正态分布表就能得到在某个时间内完工的概率，当然也可在某个指定的概率下估计完工时间。

【例 5.9】 已知某网络计划(PERT)作业明细表 (时间单位为月)如表 5-9 所示。

表 5-9 网络计划作业明细表

工　序	紧前工序	a	m	b	$t(i,\ j)$	σ	t_{ES}	t_{LS}	R	关键工序
A	—	2	5	11	11/2	3/2	0	0	0	是
B	—	3	6	9	6	1	0	5	5	
C	A	2	3	4	3	1/3	11/2	11/2	0	是
D	A，B	8	12	16	12	4/3	6	11	5	
E	C	7	14	24	29/2	17/6	17/2	17/2	0	是
F	D，E	1	2	3	2	1/3	23	23	0	是

(1) 估计各工序的平均工时 $t(i, j)$ 及标准差 σ。

(2) 画出网络计划图，确定关键路线。

(3) 求在 26 个月前完工的概率。

(4) 求完工可能性达 95%的工期。

解： 根据表 5-9 中的有关数据，估计各工序的平均工时。

(1) 根据三点时间法估计公式计算出各工序的平均工时 t 和标准差 σ，填入表 5-9 第 6、7 列中。

(2) 根据表 5-9 所给的工序之间的相互衔接关系，绘制网络计划图，如图 5-44 所示。根据各工序的平均工时，计算各工序的时间参数，见表 5-9 第 8、9 和 10 列，从表中可知总时差为 0 的工序为 A(1,2)、C(2,3)、E(3,5)和 F(5,6)，所以关键路线为 1→2→3→5→6，完成总工期需 25 个月。

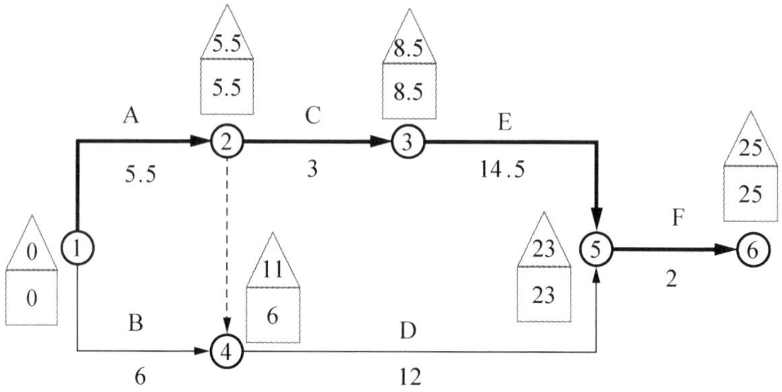

图 5-44　网络计划图

(3) 由于关键工序为 A(1,2)、C(2,3)、E(3,5)和 F(5,6)，所以

$$T_E = t(1,2) + t(2,3) + t(3,5) + t(5,6) = 25$$

$$\sigma_E^2 = (3/2)^2 + (1/3)^2 + (17/6)^2 + (1/3)^2 \approx (3.24)^2$$

所以工期服从正态分布 $N(25, 3.24^2)$，其在 26 个月前完工的概率为

$$P(T \leqslant 26) = \Phi\left(\frac{26-25}{3.24}\right) \approx \Phi(0.309)$$

查标准正态分布表得出 $\Phi(0.309)$=0.621 3，即此计划在 26 个月前完工的概率为 62.13%。

(4) 查标准正态分布表，知 $\Phi(1.64) = 0.95$，令 $\dfrac{T-25}{3.24} = 1.64$，得 $T \approx 30.31$ 月，所以完工可能性达 95%的工期是 30.31 个月。

网络计划技术是先进的科学方法，在制订时就包含着许多不确定的因素，所以在计划的实施阶段还必须不断检查、分析，及时地采取措施修订计划，才能确保计划的实现。如果计算的工期不符合预定工期，就需要进行调整，通过对计划、实际资源的研究，对网络计划的逻辑顺序、工作工时进行修订，使调整后的计划符合预定工期。

网络计划技术是一个管理系统，即最优计划、精确情报，再加上系统管理，才是网络计划技术的全部精髓。

扩展性学习材料

供应链流程再造

供应链流程再造是一种重塑和优化供应链运作的策略和方法。通过重新设计和改进供应链中的各个环节和流程，可提高供应链的效率、降低成本、增强供应链的灵活性和响应能力。该方法通常采用跨职能团队和跨部门合作的方式，聚焦供应链中的关键环节和关键决策点，以下是一些常见的作业步骤和考虑因素。

①识别目标和范围：明确供应链流程再造的目标和范围。确定重点改进的领域和关键问题，如库存管理、订单处理、物流配送等。②流程分析与评估：对供应链中的各个环节和流程进行深入分析和评估。收集和整理相关数据，识别瓶颈和低效点，并确定改进的机会和潜在收益。③设计优化方案：基于分析结果，设计并优化供应链流程。考虑使用先进的技术和信息系统，以提高流程的自动化和可视化。④跨职能合作：供应链流程再造需要跨职能团队和跨部门合作。确保各个环节和团队之间的紧密协作，推动流程改进的顺利实施。⑤技术支持与实施：根据优化方案，考虑引入适当的技术和信息系统来支持供应链流程再造。确保系统的有效实施和培训。⑥监控与持续改进：实施改进措施后，持续监控供应链的运作状况和绩效。通过关键指标和绩效评估，进行持续改进和优化。

供应链流程再造的综合应用可以带来众多优势。首先，它可以提高供应链的运作效率，减少时间和资源的浪费，降低成本。其次，它可以增强供应链的灵活性和响应能力，更好地适应市场变化和需求波动。最后，它还可以提高供应链的可靠性和客户满意度，提高企业的竞争力。

本 章 小 结

网络计划技术始于把一个项目分成多个独立的活动，明确各个活动的前后顺序，估计每一个活动的完工时间，建立作业明细表。然后，根据作业明细表绘制网络计划图，用网络计划图来直观地表示所有的这些信息。为了给管理人员提供日程安排的信息，进一步将这些信息转化，例如计算出最早开始时间、最迟结束时间以及每一个活动的时差等，确定项目的关键路线和项目完工时间。最后，为了便于管理整个工程的进度和资源，给出网络计划的优化方法，包括时间-成本控制、资源的合理配置，以及在不确定状态下工程完工期的概率估计。

关键术语(中英文)

关键路线法(Critical Path Method)　　三点时间法(Three Estimate Approach)

计划评审技术(Program Evaluation and Review Technique)

虚工序(Dummy Activity)　　工序(Activity)

关键工序(Critical Activity)　　节点(Node)

最早开始时间(Earliest Start Time)　　事项(Event)

最迟开始时间(Latest Start Time)　　交叉作业(Cross Job)

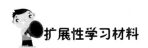

最早结束时间(Earliest Finish Time)
最迟结束时间(Latest Finish Time)
单时差(Single Slack Time)
总时差(Total Slack Time)
要求工期(Require Time)
平行作业(Parallel Job)
紧前工序(Immediate Predecessor)
紧后工序(Immediate Successor)
计算工期(Computer Time)
最低成本日程(Lowest Cost Schedule)
图形评审技术(Graphic Evaluation and Review Technique)
风险评审技术(Venture Evaluation and Review Technique)

知识链接

统筹法——华罗庚

华罗庚是中国现代代数学、数论、图论和组合数学的奠基人之一。他在代数学、组合数学、数论、概率论和运筹学等多个领域做出了杰出的学术贡献，被誉为中国数学史上的巨人。

华罗庚自幼聪慧过人，早年就开始接触古典数学，十四岁时已熟悉欧拉数学工具箱中的内容。后来，他考入北京大学数学系，成为著名数学家吴大猷的学生。在吴大猷的指导下，华罗庚开始深入研究抽象代数，提出了半群、环、域等概念，并将它们应用于解决数学问题。此外，他还发现了许多代数学的新结构和新规律，开创了代数学的新局面。

在运筹学领域，华罗庚在 1940 年代初就开始研究线性规划问题，并提出了优选法和统筹法两种方法。这些方法不仅在国内外得到广泛应用，也为国家的工业和国防建设做出了重大贡献。1955 年，华罗庚领导的代数学研究小组用时两年成功解决了“十二五”规划的线性规划问题。此外，他还提出了结构规划和数值规划的概念，并开创了对称性规划和二次规划等新领域。

华罗庚在数学研究和教育方面的贡献不仅表现在其丰富的学术成果上，还反映在他对数学事业的深刻思考和倡导上。他一生致力于推动中国数学事业的发展，提出了“中国数学家应该走自己的路”的口号，呼吁数学家们在发展数学的同时，坚持民族自信和独立精神。他还于 1956 年创办了中国科学院数学研究所，并担任首任所长，为中国数学事业的发展奠定了坚实的基础。华罗庚的杰出贡献和学术声誉使他成为中国数学界的领军人物。他的研究成果为现代数学的发展提供了重要的理论基础，为数学家们铺平了道路。他的思想和精神影响了数学界的许多学者，并培养了一大批杰出的数学人才。

习题 5

一、填空题

1. 双代号网络图中用__________表示出工序之间的连接关系。

2. 在双代号网络图中，将既不消耗资源，也不消耗时间，只表示前后相邻工序间的逻辑关系的工序称为__________。

3. 若用三点时间法计算作业时间，则其期望完工时间公式为__________。

4. 网络计划图中有若干条关键路线，那么这些关键路线持续时间之和__________。

5. 在网络计划图中，关键工序的总时差应为__________。

二、判断题

1. 网络计划中任何一项工作的完成时间发生拖延，均会导致总工期的延长。 (　　)

2. 在网络图中只能有一个始点和一个终点。 (　　)

3. 网络计划的工期优化，就是通过压缩网络中全部工序的完工时间，以达到缩短工期的目的。 (　　)

4. 关键路线是该网络中最长的路线，一个网络计划只有一条关键路线。 (　　)

5. 网络计划的关键工序进度落后必定会影响工期。 (　　)

6. 工序最早开始时间应为所有紧前工序最早完成时间的最大值。 (　　)

三、解答题

1. 某设备维修由 9 道工序组成，各项工作之间的网络逻辑关系如表 5-10 所示。

(1) 绘制双代号网络图。

(2) 如果缩短工序 F 的工期，是否会影响整个网络的工期？说明理由。

表 5-10　各项活动的明细

活动名称	紧前活动	工作时间/天
A	—	4
B	—	5
C	—	5
D	A	12
E	B	6
F	A，B	8
G	B，C	4
H	C	14
I	E，F，G	6

2. 分析图 5-45 所示的网络计划图。

(1) 这项工程最早可能在什么时间结束？

(2) 哪些活动是关键工序？画出由所有关键工序构成的图，指出哪些作业加速可使整个工程提前完成。

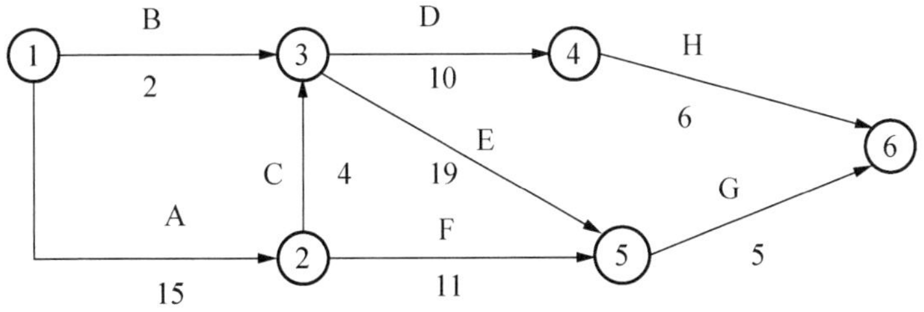

图 5-45　网络计划图

3. 某公司计划推出一款新型产品，需要完成的作业如表 5-11 所示。

表 5-11　工序明细表

工　序	作　业 内　容	紧前工序	计划完成 时间/周	最短完成 时间/周	缩短 1 周的 费用/元
A	设计产品	—	6	4	800
B	市场调查	—	5	3	600
C	原材料订货	A	3	1	300
D	原材料收货	C	2	1	600
E	建立产品设计规范	A，D	3	1	400
F	产品广告宣传	B	2	1	300
G	建立生产基地	E	4	2	200
H	产品运输到库	G，F	2	2	200

(1)画出网络计划图；(2)求完成新产品的最短时间，作表列出各作业时间参数，并给出关键路线；(3)假定公司计划在 17 周内推出该产品，各工序的最短完成时间和缩短 1 周的费用如表 5-11 所示，求产品在 17 周内上市所增加的最小费用。

4. 已知某项目的作业明细表如表 5-12 所示。

表 5-12　作业明细表

工　序	紧前 工序/天	正常进度		赶工进度			
		工序 时间	直接 费用/万元	工序 时间	直接 费用/万元	最大压 缩天数	赶工费用率/ (万元/天)
A	—	3	10	1	18	2	4
B	A	7	15	3	19	4	1
C	A	4	12	2	20	2	4
D	C	5	8	2	14	3	2
E	B，C	4	10	3	13	1	3

(1)绘制项目网络图；(2)计算工序的时间参数；(3)若每天间接成本为 2 万元，求最低成本日程。

5. 某工程的网络计划图如图 5-46 所示，箭线下括号外是正常的工作时间，括号内为该工序所需要的人力单位，假定每天只有 10 个人力单位可供使用，试进行人力资源优化配置。

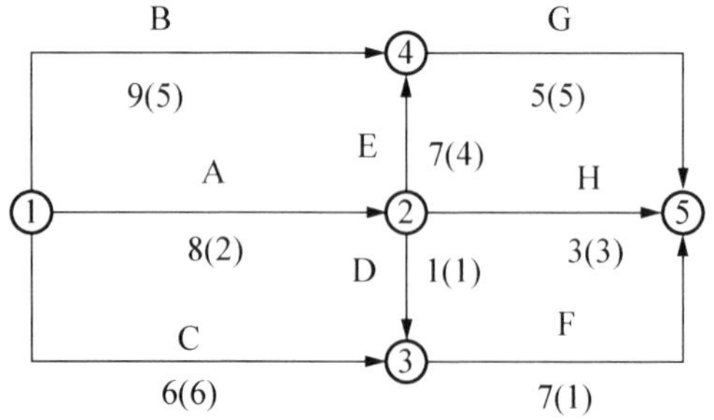

图 5-46　网络计划图

6. 某项目的作业明细表如表 5-13 所示。

(1)绘制网络计划图确定关键工序；(2)求工程在 30 周内(不超过 30 周)完成的概率；(3)计算工程期望工期提前 3 天的概率。

表 5-13 某项目的作业明细表

工　序	紧前工序	平均工序时间	估计的工序标准差 σ^2
A	—	1	0.67
B	—	1	0.67
C	A	1.4	3.00
D	B	1	1.78
E	A，D	2	1.67
F	A，D	7	2.78
G	E，F	5	1.11
H	F	4	1.11
I	G，H	12	2.66
J	I	1	0.00

实际操作训练

某项目的作业明细表如表 5-14 所示，时间单位为周，费用单位为万元。

表 5-14 某项目的作业明细表

工　序	紧前工序	工序时间/周	工　序	紧前工序	工序时间/周
A	—	3	F	B	1
B	—	2	G	F	7
C	A，B	2	H	G	2
D	C	1	I	H	2
E	A	3	J	E，D，I	1

(1)绘制双代号网络图，确定关键路线；(2)经项目管理团队分析，有几项作业可以增加人力压缩作业时间，见表 5-15，欲将工期压缩 4 周，请给出压缩方案和增加的成本。

表 5-15 工序压缩时间和成本

工　序	可压缩时间/周	压缩 1 天增加的成本/元
E	2	500
D	1	300
G	3	1 000
H	1	300

在线答题

第6章 决　策　论

【本章知识架构】

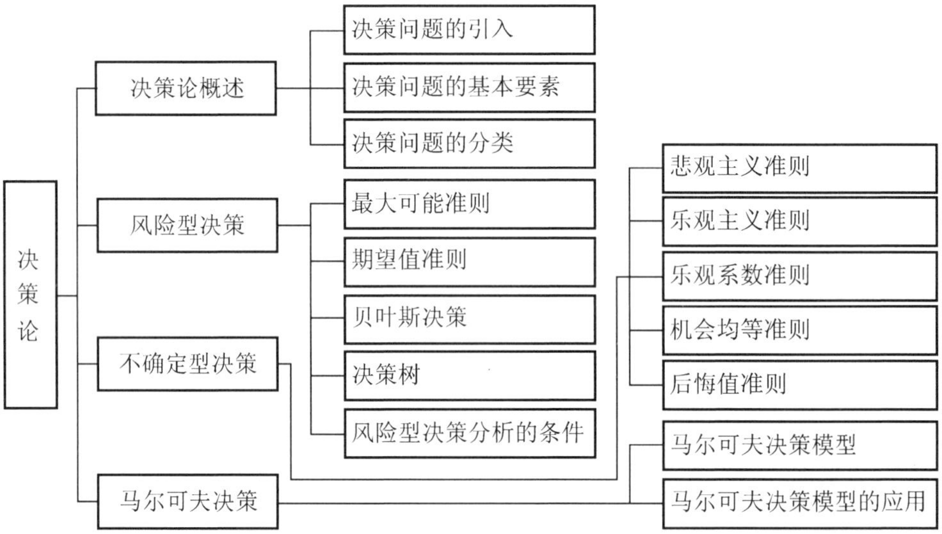

【本章教学目标与要求】

- 掌握决策问题的基本要素，特别是决策问题的状态空间、策略空间、损益函数和决策准则；熟悉决策问题的分类。
- 掌握风险型决策的各种准则和常用的方法。
- 掌握不确定型决策的准则：悲观主义准则、乐观主义准则、乐观系数准则、机会均等准则和后悔值准则。
- 了解马尔可夫决策的特点及其适合解决的问题。

导入案例

运储供应链物流的智能决策

供应链物流智能决策是利用先进的技术和算法来优化和改进供应链物流决策过程的方法。它借助人工智能、大数据分析和优化算法等技术，对供应链中的复杂问题进行建模、分析和优化，以提高决策的准确性、效率和可靠性。

运储供应链物流智能决策涵盖了各个层面的决策，既要关注库存管理、运输路线规划等运营层面的精细管理，确保物流效率和成本控制；又要考虑供应商选择、需求预测等战略层面的长远规划，提升供应链的韧性和竞争力；还要考虑跨国文化差异可能导致的语言障碍、商务礼仪误解，进而影响合规操作等。

供应链物流智能决策也面临着一些挑战，数据的质量和可靠是重中之重。准确、完整的数据是智能决策的基础，但数据的获取和整理可能面临困难。技术的复杂性和实施的成本也面临着挑战，需要企业投入足够的资源来支持智能决策系统的开发和运行。

西蒙认为：管理就是决策。决策在供应链管理中扮演着至关重要的角色，包括生产计划、库存水平设定、供应商选择、运输路线规划等。决策是决策人(主观)对可行方案(客观)的价值进行识别的过程，会受到各种决策环境、主观因素等的影响和干扰。随着计算机信息技术的发展，这在一定程度上替代了人们对一些常见问题的决策分析过程。

6.1 决策概述

决策是一项复杂的活动，依据所研究问题要达到的目标，按照一定的数量准则对可选方案进行比较和选择。决策问题是由决策者和决策域构成的，决策者是决策的主体，决策域由决策空间、状态空间和损益函数构成。

6.1.1 决策问题的引入

前面各章涉及决策问题的可选方案主要集中在某种确定环境上，例如线性规划问题在决策中都假定了从产品市场获得的利润是不变的，尽管也进行了一些灵敏度分析，但总体上考虑的仍然是一些微小的变化，目标函数的计算始终伴随着某些确定性的烙印，而现实中的决策问题所面临的环境充满了变数。

在日常生活和企业组织的经营管理中，经常会遇到以下一些决策问题。

(1) 宝洁、可口可乐公司开发的新产品进入市场。潜在顾客对新产品有什么反应？需投放多少新产品？在新产品投放整个市场之前是否要在某个区域进行试销？需投放多少广告费用配合新产品进入市场？

(2) 美国国际数据集团风险投资公司保障安全投资。经济发展的政策环境如何？哪一个行业有最好的发展机会？现行利率是多少？这些因素对投资决策有哪些影响？

(3) 政府部门招投标项目。投标项目对企业的资质有哪些要求？标价如何设置？如何使招投标做到公开、公正？

(4) 农业生产的合理安排。需要考虑作物轮作和种植结构优化、水资源利用与管理、施肥与农药使用情况、气候变化应对策略、农产品市场需求分析等。

以上决策问题都面临着各种各样的不确定性，本章将建立具有这种不确定性的决策问题的分析框架，给出用数量方法合理选择决策方案的分析模式和方法。

6.1.2 决策问题的基本要素

看下面两个案例。

案例 1：某企业经过市场调查和预测得知，某新产品在今后 5 年中的销售为畅销、一般、滞销的概率分别 0.3、0.5 和 0.2。为使该新产品投产，该企业有两种可供选择的行动方案：一种方案是投资 16 万元新建一车间，按这种方案，畅销、一般和滞销三种情况下的利润情况分别为获利 50 万元、25 万元和亏损 5 万元；另一种方案是投资 3 万元扩建原有车间，在这种方案下，畅销、一般和滞销三种情况下的利润情况分别为获利 35 万元、20 万元和 5 万元，则该企业应选择哪一种行动方案较为合适？

案例 2：某工厂须在今后两年内生产某设备 100 套。如果现在从其他国家进口设备，每套需要 450 万元。通过调查，依照目前国内的技术能力，在两年内此设备研制成功的概率为 0.7，研制费用为 2 000 万元，若研制成功，生产费用为每套 200 万元；研制失败后再进口国外设备费用为每套 500 万元。为了保证设备的配备，应当如何选择方案较为合适？

分析以上两个案例发现，这些决策问题都包括以下要素。

(1) 自然状态。

自然状态描述了决策问题所处的各种状态，也叫作状态空间。如投资问题有三种自然状态，即产品畅销、一般和滞销；设备问题有两种自然状态，即研制成功和研制失败，显然决策问题的自然状态是指一种客观存在。

(2) 可供选择的行动方案。

可供选择的行动方案是指为解决决策问题，决策者可采取的行动。例如，对于投资问题，决策者可采取的行动方案有两种，即新建车间和扩建车间；对于设备问题，决策者可采取的行动方案有两种，即自行研制和进口。可供选择的行动方案的全体也叫作策略空间。

损益表

(3) 损益函数。

损益函数是决策者采取了某一行动方案后可能产生的效果，也叫作结局或后果。对于投资问题，若采取新建车间的方案，有三种后果，即产品畅销时获利 50 万元、产品销路一般时获利 25 万元和产品滞销时亏损 5 万元；若采取扩建原有车间的方案，有三种后果，分别为产品畅销时获利 35 万元、产品销路一般时获利 20 万元和产品滞销时获利 5 万元。

由此可以看出，在上述决策问题中，由于自然状态的不确定性，不论决策者采取什么样的行动方案，都可能产生多种不同的结果，即决策后果具有不确定性。损益函数是在各种自然状态下对各种方案的一种价值评估，一般用损益表表示，其一般形式见表 6-1。

表 6-1 损益表

方案	状态			
	θ_1	θ_2	…	θ_n
	$P(\theta_1)$	$P(\theta_2)$	…	$P(\theta_n)$
d_1	u_{11}	u_{12}	…	u_{1n}
d_2	u_{21}	u_{22}	…	u_{2n}
…	…	…	…	…
d_m	u_{m1}	u_{m2}	…	u_{mn}

其中，$d_i\ (i=1,2,\cdots,m)$ 表示可供选择的方案；$\theta_j\ (j=1,2,\cdots,n)$ 表示自然状态；$P(\theta_j)$ 表示根据经验判断获得各种自然状态发生的概率；$u_{ij}\ (i=1,2,\cdots,m;\ j=1,2,\cdots,n)$ 表示在自然状态 θ_j 选择方案 d_i 的收益值。

基于表 6-1 的形式，案例 1 的损益表为表 6-2。

表 6-2 案例 1 的损益表

方案	状态		
	畅销(θ_1)	一般(θ_2)	滞销(θ_3)
	$P(\theta_1)$ =0.3	$P(\theta_2)$ =0.5	$P(\theta_3)$ =0.2
新建车间(d_1)	50	25	−5
原有车间(d_2)	35	20	5

损益表是决策技术应用的信息基础，其信息从管理的实践过程中获得，是决策方法与管理实践的接口。

(4) 决策准则。

为了判定各个方案效果的好坏，应拟定相应的原则和标准，作为选择决策方案的准绳，这就是决策准则。对于不同类型的决策问题，应采用不同的准则。

对于确定型决策，由于其状态是确定的，故只要直接比较各方案的效果——损益值，即可评定方案的好坏。在决策分析中常使用条件值这个名词，所谓条件值就是在一定条件(某一自然状态)下，采取某一方案所产生的效果，可能为条件盈利、条件收益、条件费用、条件损失等。因此确定型决策问题的决策准则是直接比较各策略的条件值。

对于不确定型决策，由于决策者不知道各自然状态发生的任何信息，因而其决策带有很强的主观性。选择什么样的准则，通常和决策人的心理因素有着密切联系。对于风险型决策，由于知道各自然状态发生的概率，故当采取某一方案时，则可算出相应于这一策略的期望收益(或损失)值，通过比较各策略的期望收益值，就可选定某一方案。

(5) 效用。

效用是指客观结果在决策者心中的价值，由于个人的心理特征不同，决策者对决策带来的结果的判断有着他个人独特的感觉和反应，这种感觉和反应就是决策者认为的效用。进行决策之前，决策者可能要进行客观结果与效用之间的转换，确定各种方案的各种结果的效用，选择效用最高的方案。这是由决策过程决定的，鉴于本书学习内容的特点，后面不再涉及。

6.1.3 决策问题的分类

决策所要解决的问题是多种多样的。按不同分类准则，决策可分为各种决策问题类型。按决策所依据的目标个数，决策可分为单目标决策与多目标决策；按决策者所面临的自然状态的确定与否，决策可分为确定型决策、风险型决策(又称统计型或随机型)和不确定型决策，其中风险型决策是本章讨论的重点。

1. 确定型决策

确定型决策是指研究环境条件为确定情况下的决策。例如，某工厂每种产品的销售量已知，研究生产哪几种产品获利最大，它的结果是确定的。确定型决策问题通常存在着一个确定的自然状态和决策者希望达到的一个确定目标(收益较大或损失较小)，以及可供决策者选择的多个行动方案，并且不同的决策方案可计算出确定的收益值。这种问题可以用数学规划，包括线性规划、非线性规划、动态规划等方法求得最优解。但许多决策问题不一定追求最优解，只要能达到满意解即可。

2. 风险型决策

风险型决策是指研究环境条件不确定，但以某种概率出现的决策。风险型决策问题通常存在着多个可以用概率事先估算出来的自然状态，以及决策者的一个确定目标和多个行动方案，并且可以计算出这些方案在不同状态下的收益值。

3. 不确定型决策

不确定型决策是指研究环境条件不确定，可能出现不同的情况(事件)，而情况出现的概率也无法估计的决策。这时，在特定情况下的收益是已知的，也可用损益表表示。

6.2 风险型决策

在风险型决策中，决策者在进行决策时并不确切知道哪一个事件(自然状态)将来一定发生，而只是根据已有的经验、资料和信息，设定或推算各个事件发生的概率，并据此进行决策。风险型决策准则包括最大可能准则、最大期望收益准则和最小(期望)机会损失准则，通常用的决策方法有损益表法和决策树法。

6.2.1 最大可能准则

从各状态中选择一个概率最大的状态来进行决策(因为一个事件，其概率越大，发生的可能性就越大)。在解决风险型决策问题时，选择一个概率最大的自然状态，把它看作将要发生的唯一确定的状态，而忽略其他概率较小的自然状态，这样就可以通过比较各行动方案对在最大概率的自然状态下的损益值进行决策。实质上是将风险型决策问题当作确定型决策问题来对待，当某一自然状态发生的概率比其他状态发生的概率大得多，而相应的损益值相差不大时，可采用该准则来进行决策。

【例 6.1】用最大可能准则求解表 6-3 所描述的风险型决策问题。

解：由表 6-3 可知，“极旱年”“旱年”“平年”“湿润年”“极湿年” 5 种自然状态发生的概率分别为0.1、0.2、0.4、0.2、0.1，显然“平年”天气状态的概率最大。按照最大可能准则，可以将“平年”的发生看作必然事件，而在“平年”状态下，各行动方案的收益分别是：水稻为18千元/平方米，小麦为17千元/平方米，大豆为23千元/平方米，燕麦为17千元/平方米。因种植大豆的收益最大，所以农场管理者选择种植大豆为最佳种植方案。

表6-3 损益表 单位：千元/平方米

农作物	天气类型				
	极旱年(θ_1)	旱年(θ_2)	平年(θ_3)	湿润年(θ_4)	极湿年(θ_5)
	$P(\theta_1)=0.1$	$P(\theta_2)=0.2$	$P(\theta_3)=0.4$	$P(\theta_4)=0.2$	$P(\theta_5)=0.1$
水稻	10	12.6	18	20	22
小麦	25	21	17	12	8
大豆	12	17	23	17	11
燕麦	11.8	13	17	19	21

6.2.2 期望值准则

期望值准则①就是把每个方案的损益值视为离散型随机变量的取值，求出它们的期望值，并以此作为方案比较的依据，选择平均收益最大或者平均损失最小的方案作为最佳决策方案。期望值准则包含最大期望收益和最小(期望)机会损失两种决策准则。

1. 最大期望收益准则

应用最大期望收益准则(Expected Monetary Value，EMV)要求对应的损益表中各元素代表每对“方案-自然状态”的收益值。

首先计算各方案损益值的期望值为

$$\mathrm{EMV}(d_i)=\mathrm{E}(d_i)=\sum_{j=1}^{n}P(\theta_j)u_{ij}$$

式中，$\mathrm{E}(d_i)$为第i个方案损益值的期望值，u_{ij}为第i个方案在第j种状态下的损益值，$P(\theta_j)$为第j种状态发生的概率。

然后从这些期望收益值中选取最大者，并以它所对应的方案作为决策方案，即

$$\max_{1\leqslant i\leqslant m}\{\mathrm{E}(d_i)\}\to d_k$$

【例6.2】某企业销售一种新产品，每箱成本为80元，销售单价为100元，如果产品当天卖不出去，就会因变质而失去其使用价值。目前对这种新产品的市场需求情况不太了解，但

① 期望本质上是一个加权平均数，在实际问题中具有重要的参考价值，可用均值的回归解释其重要作用。众所周知，每个学生在一次考试中的表现既取决于他的能力也取决于他在考试当天的心情所引起的随机误差，教师是不知道每个学生的具体能力的，但他知道平均水平的学生是可以在100分中得到70分的。如果一个学生只得了40分，那么教师对他的能力的评估应是多少呢？这一评估不应当是40分。有统计实验表明，那些只得了40分的学生中，有一半多的人在下一次考试中有望超过40分。由于这些表现不佳的学生们的分数是趋于均值70分上升的，故而这一现象被称为“均值的回归”(Regression to the Mean)，均值的回归是一个有着贝叶斯解释的古老统计学思想。

有去年同期类似产品的日销量资料可供参考，见表 6-4。现在要确定一个使企业获利最大的日进货量的方案。

表 6-4 日销量表

日销量/箱	完成天数/天	概　率
25	20	0.1
26	60	0.3
27	100	0.5
28	20	0.1
总计	200	1.0

解：根据去年同期类似产品的销售情况，可知产品的市场自然状态(日需求量)为 25 箱、26 箱、27 箱、28 箱，可行进货方案也应在这 4 种情况中选择，计算各种自然状态下各方案的损益值，填入表 6-5。

表 6-5 损益表　　单位：元

进货方案	状　态				期望值
	25 箱(θ_1)	26 箱(θ_2)	27 箱(θ_3)	28 箱(θ_4)	
	$P(\theta_1)=0.1$	$P(\theta_2)=0.3$	$P(\theta_3)=0.5$	$P(\theta_4)=0.1$	
25 箱	500	500	500	500	500
26 箱	420	520	520	520	510
27 箱	340	440	540	540	490
28 箱	260	360	460	560	420

根据题目条件，损益值的计算如下。

(1) 若方案为日进货 25 箱，则在 4 种自然状态下，假如该日能卖出 25 箱，则每箱毛利(100−80)元=20(元)，25 箱毛利 25 元×20=500 元；假如该日能卖出 26 箱，但是只进 25 箱。所以，收益只有 500 元，在 27 箱和 28 箱的自然状态下同理。

(2) 若方案为日进货 27 箱，则在 4 种自然状态下，卖出 25 箱，收益 500 元，但是损失两箱，80 元×2=160 元，所以，收益只有(500−160)元=340 元；卖出 26 箱，收益 520 元，但是损失一箱，(520−80)元=440 元；卖出 27 箱，收益 540 元，假如该日能卖出 28 箱，但是只进 27 箱，收益只有 540 元。

(3) 如以上方法逐一计算，就可以将 4 种进货方案在各种自然状态下的损益值算出来，填入表 6-5 中。

为选择最优方案，计算各方案的期望值(EMV)：

$$\text{EMV}(25)=(0.1\times500+0.3\times500+0.5\times500+0.1\times500)\text{元}=500\text{ 元}$$

$$\text{EMV}(26)=(0.1\times420+0.3\times520+0.5\times520+0.1\times520)\text{元}=510\text{ 元}$$

$$\text{EMV}(27)=(0.1\times340+0.3\times440+0.5\times540+0.1\times540)\text{元}=490\text{ 元}$$

$$\text{EMV}(28)=(0.1\times260+0.3\times360+0.5\times460+0.1\times560)\text{元}=420\text{ 元}$$

根据最大期望收益准则，选择期望值最大的 510 元所对应的进货方案，即每天进货 26 箱为决策方案。

2. 最小(期望)机会损失准则

应用最小(期望)机会损失准则(Expected Opportunity Loss，EOL)要求对应的损益表中各元素代表每对“方案-自然状态”的机会损失值。

首先计算各方案的期望机会损失值为

$$\mathrm{EOL}(d_i)=\sum_{j=1}^{n}P(\theta_j)u'_{ij}$$

式中，$\mathrm{EOL}(d_i)$ 为第 i 个方案期望损失值，u'_{ij} 为第 i 个方案在第 j 种状态下的损失值，$P(\theta_j)$ 为第 j 种状态发生的概率。

然后从这些期望机会损失值中选取最小者，并以它所对应的方案为决策方案，即

$$\min_{1\leqslant i\leqslant m}\{\mathrm{EOL}(d_i)\}\to d_k$$

【例 6.3】应用最小(期望)机会损失准则确定例 6.2 的最优决策方案。

这里的销售损失，包括进货量高于市场需求量而折价处理的损失，也包括进货量低于市场需求量造成缺货而失去销售机会的利润损失。计算步骤与最大期望收益准则相同，详细过程见表 6-6。

表 6-6　损益表　　单位：元

进货方案	状　态				期　望　值
	25 箱(θ_1)	26 箱(θ_2)	27 箱(θ_3)	28 箱(θ_4)	
	$P(\theta_1)$=0.1	$P(\theta_2)$=0.3	$P(\theta_3)$=0.5	$P(\theta_4)$=0.1	
25 箱	0	20	40	60	32
26 箱	80	0	20	40	22
27 箱	160	80	0	20	42
28 箱	240	160	80	0	112

解：根据已知条件，各方案的期望损失值计算方法如下。

(1) 若方案为日进货 25 箱，如遇到市场销售状态为 25 箱，损失为 0，如遇到市场销售状态为 26 箱，损失(100−80)元×1=20 元，遇到市场销售状态为 27 箱，损失(100−80)元×2=40 元，遇到市场销售状态为 28 箱，损失(100−80)元×3=60 元，将各种自然状态下的损失值填入表 6-6。

(2) 若方案为日进货 27 箱，如遇到市场销售状态为 25 箱，损失 80 元×(27−25)=160 元，同理遇到市场销售状态为 26 箱损失为 80 元，遇到市场销售状态为 27 箱，损失为 0，遇到市场销售状态为 28 箱，损失为(100−80)元×1=20 元，将各种自然状态下的损失值填入表 6-6，依此类推。

计算各方案的期望损失值如下。

EOL (25)=(0.1×0+0.3×20+0.5×40+0.1×60)元=32 元

EOL (26)=(0.1×80+0.3×0+0.5×20+0.1×40)元=22 元

EOL (27)=(0.1×160+0.3×80+0.5×0+0.1×20)元=42 元

EOL (28)=(0.1×240+0.3×160+0.5×80+0.1×0)元=112 元

比较各个方案的期望损失值，进货 26 箱的期望损失值最小，所以选择进货 26 箱这个方案为行动方案，该结果与最大期望收益准则的决策结果一致。

3. EMV 与 EOL 的关系

本质上，EMV 与 EOL 是相同的。设 u_{ij} 为决策矩阵的收益值，当市场所需的销售量(自然状态)等于所选策略的产量时，收益值最大，即收益矩阵对角线上的值都是其所在列中的最大者，期望损失值的求法见表 6-7。

表 6-7 期望损失值

方　案	状　态			
	θ_1	θ_2	…	θ_n
	$P(\theta_1)$	$P(\theta_2)$	…	$P(\theta_n)$
d_1	$u_{11}-u_{11}$	$u_{22}-u_{12}$	…	$u_{nn}-u_{1n}$
d_2	$u_{11}-u_{21}$	$u_{22}-u_{22}$	…	$u_{nn}-u_{2n}$
…	…	…	…	…
d_n	$u_{11}-u_{n1}$	$u_{22}-u_{n2}$	…	$u_{nn}-u_{nn}$

第 i 个方案的期望损失值为

$$\mathrm{EOL}(d_i)=\sum_{j=1}^{n}P(\theta_j)(u_{jj}-u_{ij})=\sum_{j=1}^{n}P(\theta_j)u_{jj}-\sum_{j=1}^{n}P(\theta_j)u_{ij}=\sum_{j=1}^{n}P(\theta_j)u_{jj}-\mathrm{EMV}(d_i)$$

故当 EMV 为最大时，EOL 便为最小，使用这两个决策准则得到的决策结果是一致的。

上述决策都从损益表出发，实施了计算各可行方案的期望值、比较各方案的期望值、选择最优可行方案的决策过程，以后将这样的决策方法称为损益表法。

4. 风险型决策的灵敏度分析

对于风险型决策问题，其各个方案的期望损益值是在状态概率准确预测的基础上求得的。由于状态概率的预测会受到许多不可控因素的影响，因此基于状态概率预测结果的期望损益值不可能与实际完全一致，会产生一定的误差。这样，就必须对可能产生的数据变动是否影响最佳决策方案的选择进行分析，这就是灵敏度分析。

【例 6.4】某企业拟增加销售收入，现有两种方案可供选择：一是降低销售价格；二是增加广告费用。该企业管理者经过研究，运用期望值决策法编制出决策分析表，见表 6-8。由于市场情况极其复杂，它受许多不可控因素的影响，因而销售状态的概率可能会发生变化。试针对这种情况，进行灵敏度分析。

表 6-8 损益表　　单位：万元

方案	状　态		期 望 值
	适销(θ_1)	滞销(θ_2)	
	$P(\theta_1)$ =0.7	$P(\theta_2)$ =0.3	
降低销售价格(d_1)	500	−200	290
增加广告费用(d_2)	300	−100	180

解：(1) 以最大期望收益准则确定最佳方案，各方案的期望值如下。

$$\mathrm{E}(d_1)=[0.7\times500+0.3\times(-200)]\text{万元}=290\text{万元}$$

$$E(d_2)=[0.7\times300+0.3\times(-100)]万元=180万元$$

所以，选择降低销售价格(d_1)为最佳行动方案。

(2) 灵敏度分析。

考虑市场销售状态中适销的概率由 0.7 变为 0.3，则两个方案的期望收益值的变化为

$$E(d_1)=[0.3\times500+0.7\times(-200)]万元=10 万元$$

$$E(d_2)=[0.3\times300+0.7\times(-100)]万元=20 万元$$

所以，在 0.7 与 0.3 之间一定存在一概率点 P，当适销状态的概率等于 P 时，降低销售价格与增加广告费用方案的期望收益值相等，P 称为转移概率。

令 $P\times500+(1-P)\times(-200)=P\times300+(1-P)\times(-100)$

得 $P=0.33$

所以，当 $P>0.33$ 时，降低销售价格(d_1)为最佳方案；当 $P<0.33$ 时，增加广告费用(d_2)为最佳方案；当 $P=0.33$ 时，两个方案没有差异。

6.2.3 贝叶斯决策

在风险决策中，自然状态未来发生概率的准确程度会直接影响方案的期望收益值，进而会影响最大期望收益值。为了提高决策的期望收益值，常需要进一步补充新信息，通过获得的新信息修正原先对自然状态发生概率的估计值，并利用修正的概率重新进行决策。由于修正概率是利用概率论中的贝叶斯公式来计算，故称这种决策为贝叶斯决策。一般贝叶斯决策包括先验分析、预验分析和后验分析三步。

1. 先验分析

决策者根据历史统计资料及经验等估计各自然状态出现的概率，称为先验概率，设为 $P(\theta_j), j=1,2,\cdots,n$，估计出各个方案在不同状态下的损益值，见表 6-1。

根据期望值准则，计算各方案的期望收益为

$$E(d_i)=\sum_{j=1}^{n}P(\theta_j)u_{ij} \qquad i=1,2,\cdots,m$$

然后根据最大期望收益准则选择出最优方案，同时得到相应的最优期望值，记为 EMV^*(先)，$EMV^*(先)=\max\limits_{1\leqslant i\leqslant m}E(d_i)=E(d_k)$。

2. 预验分析

为了更好地决策，在条件许可的情况下，往往需要进一步补充新的信息，这些新信息有助于修正原来对自然状态出现概率的估计值，如可以通过调查、咨询得到，而为了获得补充信息需支付一定的费用，这就是这些补充信息的价值。

在所有的信息中，完全可靠、准确无误的信息自然是最好的信息，即预报某自然状态在实际中必定出现的信息，称这种信息为完美信息。

在完美信息下，决策所能获得的期望收益值称为具有完美信息的期望收益值，记为 EPPI。若完美信息预报自然状态 θ_j 出现，风险型决策问题就变为确定型决策问题，相应的收益值 u_{ij} 自然为评价方案 d_i 的数量指标，最优方案由 $\max\limits_{1\leqslant i\leqslant m}u_{ij}$ 确定，因此具有完美信息的期望收益值为

$$\mathrm{EPPI}=\sum_{j=1}^{n}P(\theta_j)\max_{1\leqslant i\leqslant m}u_{ij}$$

EPPI 与 EMV*(先)之间的差额正是因为拥有完美信息而使决策期望收益值增加的部分，这里将其称为完美信息价值，记作 EVPI，即 EVPI = EPPI − EMV*(先)，显然任何信息的价值都不会超过完美信息价值。

【例 6.5】某化工企业由于某项工艺不够好，产品成本较高。现计划改进该项工艺，获得新工艺有 3 种方案：一是自行研发；二是从国内购买；三是从国外引进。根据市场需求分析和估计，产品销路为好、一般和差 3 种可能，且发生的可能性分别为 0.3、0.5 和 0.2。该项工艺改进后会直接影响企业的盈利状况，其相应的损益值见表 6-9，计算所述问题完美信息的价值。

表 6-9　损益表　　单位：万元

方案	状态		
	销路好(θ_1)	销路一般(θ_2)	销路差(θ_3)
	$P(\theta_1)$=0.3	$P(\theta_2)$=0.5	$P(\theta_3)$=0.2
自行研发(d_1)	50	20	−15
国内购买(d_2)	25	23	12
国外引进(d_3)	12	12	12

解：计算 3 种方案的期望收益值，根据最大期望收益准则得

$$\max_{1\leqslant i\leqslant 3}\mathrm{E}(d_i)=\max\{22,21.4,12\}=22(\text{万元})=\mathrm{E}(d_1)$$

求解得知，先验分析中最大期望收益值为 22 万元，所以

$$\mathrm{EMV}^*(\text{先})=\max_{1\leqslant i\leqslant 3}\mathrm{E}(d_i)=\mathrm{E}(d_1)=22\text{ 万元}$$

在完美信息下，若预报市场销路好，由 $\max\limits_{1\leqslant i\leqslant 3}u_{i1}=\max\{50,25,12\}=50$，选自行研制($d_1$)为最优方案；若预报市场销路一般，由 $\max\limits_{1\leqslant i\leqslant 3}u_{i2}=\max\{20,23,12\}=23$，选国内购买($d_2$)为最优方案；若预报市场销路差，由 $\max\limits_{1\leqslant i\leqslant 3}u_{i3}=\max\{-15,12,12\}=12$，选国内购买或国外引进($d_2$或 d_3)为最优方案。

具有完美信息的期望收益值为

$$\mathrm{EPPI}=\sum_{j=1}^{3}p(\theta_j)\max_{1\leqslant i\leqslant 3}u_{ij}=(0.3\times 50+0.5\times 23+0.2\times 12)\text{万元}=28.9\text{ 万元}$$

因此完美信息价值为 EVPI = EPPI − EMV*(先)=(28.9−22)万元=6.9 万元。

如上所述，记获得补充新信息支付的费用为 C_z，若 C_z 超过了其所能提高的期望收益值，则这样的补充信息是不合算的。预验分析就是在补充新信息前，首先对补充新信息是否合算进行分析，然后决定是否补充新信息。具体地说，就是先估算完美信息的价值 EVPI，并将其作为补充信息费用 C_z 的一个预算标准，如果补充信息费用 C_z 远低于这个标准，则这种补充信息是合算的；如果补充信息费用 C_z 接近甚至超过了这个标准，则这种补充信息是不合算的。

3. 后验分析

后验分析就是根据补充新信息，对先验概率进行修正得到后验概率，进而在此基础上

进行决策，同时计算出补充新信息的价值并最终作出正确的决策。后验分析的具体工作步骤包括补充新信息、计算修正(后验)概率、后验决策、计算补充新信息的价值和重新决策。

(1) 补充新信息。

补充新信息就是获知$e_1, e_2, \cdots, e_s$共s个状态中的哪一个状态将出现，同时通过相关资料获取实际出现自然状态θ_j而预报e_k的概率，即得条件概率为

$$P(e_k|\theta_j) \quad (k=1,2,\cdots,s;\ j=1,2,\cdots,n)$$

(2) 计算修正概率。

由先验概率$P(\theta_j)$ $(j=1,2,\cdots,n)$及条件概率$P(e_k|\theta_j)$ $(k=1,2,\cdots,s;\ j=1,2,\cdots,n)$，根据贝叶斯公式计算出修正概率，即后验概率为

$$P(\theta_j \mid e_k)=\frac{P(e_k \mid \theta_j)P(\theta_j)}{\sum_{j=1}^{n} P(e_k \mid \theta_j)P(\theta_j)} \quad (k=1,2,\cdots,s;\ j=1,2,\cdots,n)$$

上面的后验概率也可以在表格中计算，见表6-10。

表6-10 后验概率计算表

		自然状态和先验概率				
		θ_1	…	θ_j	…	θ_n
		$P(\theta_1)$	…	$P(\theta_j)$	…	$P(\theta_n)$
条件概率 $P(e_k\|\theta_j)$	e_1	$P(e_1\|\theta_1)$	…	$P(e_1\|\theta_j)$	…	$P(e_1\|\theta_n)$
	⋮	⋮	…	⋮	…	⋮
	e_i	$P(e_i\|\theta_1)$	…	$P(e_i\|\theta_j)$	…	$P(e_i\|\theta_n)$
	⋮	⋮	…	⋮	…	⋮
	e_s	$P(e_s\|\theta_1)$	…	$P(e_s\|\theta_j)$	…	$P(e_s\|\theta_n)$
乘积概率 $P(e_k\|\theta_j)P(\theta_j)$	e_1	$P(e_1\|\theta_1)P(\theta_1)$	…	$P(e_1\|\theta_j)P(\theta_j)$	…	$P(e_1\|\theta_n)P(\theta_n)$
	⋮	⋮	…	⋮	…	⋮
	e_i	$P(e_i\|\theta_1)P(\theta_1)$	…	$P(e_i\|\theta_j)P(\theta_j)$	…	$P(e_i\|\theta_n)P(\theta_n)$
	⋮	⋮	…	⋮	…	⋮
	e_s	$P(e_s\|\theta_1)P(\theta_1)$	…	$P(e_s\|\theta_j)P(\theta_j)$	…	$P(e_s\|\theta_n)P(\theta_n)$
后验概率 $P(\theta_j\|e_k)$	e_1	$P(\theta_1\|e_1)$	…	$P(\theta_j\|e_1)$	…	$P(\theta_n\|e_1)$
	⋮	⋮	…	⋮	…	⋮
	e_i	$P(\theta_1\|e_i)$	…	$P(\theta_j\|e_i)$	…	$P(\theta_n\|e_i)$
	⋮	⋮	…	⋮	…	⋮
	e_s	$P(\theta_1\|e_s)$	…	$P(\theta_j\|e_s)$	…	$P(\theta_n\|e_s)$

(3) 后验决策。

若补充新信息预报将出现状态e_k，则根据后验修正概率分布$P(\theta_j|e_k)$ $(j=1,2,\cdots,n)$，计算各方案的期望收益，即

$$\mathrm{E}(d_i \mid e_k)=\sum_{j=1}^{n} P(\theta_j \mid e_k)u_{ij} \quad (i=1,2,\cdots,m)$$

依据最大期望收益准则进行决策，即

$$\max_{1\leqslant i\leqslant m} \mathrm{E}(d_i \mid e_k) = \mathrm{E}(d_{i_k} \mid e_k)$$

因此 d_{i_k} 为预报将出现状态 e_k 时的最优选择方案，相应的预报将出现状态 e_k 时的期望收益值为

$$\mathrm{E}(e_k) = \mathrm{E}(d_{i_k} \mid e_k) = \max_{1\leqslant i\leqslant m} \mathrm{E}(d_i \mid e_k)，\quad k = 1, 2, \cdots, s$$

(4) 计算补充新信息的价值。

根据补充新信息预报出现状态的概率分布 $P(e_k)$ ($k = 1, 2, \cdots, s$)计算后验分析中的最大期望收益值，记为 EMV^*(后)，即

$$\mathrm{EMV}^*(\text{后}) = \sum_{k=1}^{s} P(e_k)\mathrm{E}(e_k)$$

显然获得新信息后增加的期望收益值为补充新信息的价值，即 EMV^*(后)－EMV^*(先)为补充信息的价值。

(5) 重新决策。

根据补充新信息的价值与获得新信息所付出的费用 C_z 比较决定是否补充新信息，即若 EMV^*(后)－EMV^*(先)> C_z 则选择补充新信息；若 EMV^*(后)－EMV^*(先)< C_z 则不补充新信息。

【例 6.6】某公司准备经营某种新产品，可以采取的行动有小批量生产、中批量生产和大批量生产。如果大批量生产，在畅销时可获利 100 万元，一般时可获利 30 万元，滞销时会亏损 60 万元；如果中批量生产，在畅销时可获利 50 万元，一般时可获利 40 万元，滞销时会亏损 20 万元；如果小批量生产，在畅销时可获利 10 万元，一般时可获利 9 万元，滞销时会亏损 6 万元。根据以往经验，同类产品为畅销、一般和滞销的概率分别是 0.2、0.5 和 0.3。现公司考虑委托专门机构对产品的销路进行预测，预测费用为 5 万元，预测结果为畅销、一般和滞销。资料显示其预测的准确程度见表 6-11。

表 6-11　先验概率

预测结果		状态		
		畅销(θ_1)	一般(θ_2)	滞销(θ_3)
		$P(\theta_1)$ =0.2	$P(\theta_2)$ =0.5	$P(\theta_3)$ =0.3
预测畅销 e_1	$P(e_1 \mid \theta_j)$	0.80	0.20	0.02
预测一般 e_2	$P(e_2 \mid \theta_j)$	0.15	0.70	0.08
预测滞销 e_3	$P(e_3 \mid \theta_j)$	0.05	0.10	0.90

问该公司应如何决策？

解：采用贝叶斯决策方法进行决策。

(1) 先验分析。

根据已知条件得出损益表，参见表 6-12。

表 6-12　损益表　　单位：万元

方　案	状　态		
	畅销(θ_1)	一般(θ_2)	滞销(θ_3)
	$P(\theta_1)$=0.2	$P(\theta_2)$=0.5	$P(\theta_3)$=0.3
大批量(d_1)	100	30	−60
中批量(d_2)	50	40	−20
小批量(d_3)	10	9	−6

计算 3 种方案的期望收益值为

$$\mathrm{E}(d_1)=P(\theta_1)u_{11}+P(\theta_2)u_{12}+P(\theta_3)u_{13}=[0.2\times100+0.5\times30+0.3\times(-60)]\text{ 万元}=17\text{ 万元}$$

$$\mathrm{E}(d_2)=P(\theta_1)u_{21}+P(\theta_2)u_{22}+P(\theta_3)u_{23}=[0.2\times50+0.5\times40+0.3\times(-20)]\text{ 万元}=24\text{ 万元}$$

$$\mathrm{E}(d_3)=P(\theta_1)u_{31}+P(\theta_2)u_{32}+P(\theta_3)u_{33}=[0.2\times10+0.5\times9+0.3\times(-6)]\text{ 万元}=4.7\text{ 万元}$$

根据最大期望收益准则，得

$$\max_{1\leqslant i\leqslant3}\mathrm{E}(d_i)=\max\{17,24,4.7\}=24\text{ 万元}=\mathrm{E}(d_2)$$

应选择方案 d_2，即企业应中批量生产，相应的最大期望收益为 EMV^*(先)=24(万元)。

(2) 预验分析。

具有完美信息的期望收益值为

$$\mathrm{EPPI}=\sum_{j=1}^{3}P(\theta_j)\max_{1\leqslant i\leqslant3}u_{ij}=[0.2\times100+0.5\times40+0.3\times(-6)]\text{万元}=38.2\text{ 万元}$$

完美信息的价值为

$$\mathrm{EVPI}=\mathrm{EPPI}-\mathrm{EMV}^*(\text{先})=(38.2-24)\text{万元}=14.2\text{ 万元}$$

因为信息资料费 $C_z=5<14.2$，所以初步认为委托专门机构预测是合算的。

(3) 后验分析。

① 补充新信息。专门市场预测机构将提供 3 种市场预测状态：预测畅销(e_1)、预测一般(e_2)和预测滞销(e_3)，其预测的准确程度条件概率 $P(e_k|\theta_j)$ 见表 6-11。

② 修正概率。由先验概率 $P(\theta_j)(j=1,2,3)$ 及条件概率 $P(e_k|\theta_j)$，应用贝叶斯公式计算出修正概率，即后验概率 $P(\theta_j|e_k)$，见表 6-13。

表 6-13　后验概率计算表

		自然状态和先验概率			
		θ_1	θ_2	θ_3	
		$P(\theta_1)$=0.2	$P(\theta_2)$=0.5	$P(\theta_3)$=0.3	
条件概率 $P(e_k\|\theta_j)$	e_1	0.80	0.20	0.02	
	e_2	0.15	0.70	0.08	
	e_3	0.05	0.10	0.90	
乘积概率 $P(e_k\|\theta_j)P(\theta_j)$	e_1	0.160	0.100	0.006	$P(e_1)=0.266$
	e_2	0.030	0.350	0.024	$P(e_2)=0.404$
	e_3	0.010	0.050	0.270	$P(e_3)=0.330$
后验概率 $P(\theta_j\|e_k)$	e_1	0.160/0.266	0.100/0.266	0.006/0.266	
	e_2	0.030/0.404	0.350/0.404	0.024/0.404	
	e_3	0.010/0.330	0.050/0.330	0.270/0.330	

(4) 后验决策。

若专门机构预测市场将出现状态 e_1 (畅销)，则根据后验概率分布 $P(\theta_j|e_1)$ ($j=1,2,3$)，计算各方案的期望收益值，即

$$\mathrm{E}(d_1 \mid e_1)=\sum_{j=1}^{3} P(\theta_j \mid e_1) u_{1j}=[(0.16\times100+0.10\times30-0.006\times60)/0.266]\text{万元}\approx70.08\ \text{万元}$$

$$\mathrm{E}(d_2 \mid e_1)=\sum_{j=1}^{3} P(\theta_j \mid e_1) u_{2j}=[(0.16\times50+0.10\times40-0.006\times20)/0.266]\text{万元}\approx44.66\ \text{万元}$$

$$\mathrm{E}(d_3 \mid e_1)=\sum_{j=1}^{3} P(\theta_j \mid e_1) u_{3j}=[(0.16\times10+0.10\times9-0.006\times6)/0.266]\text{万元}\approx9.26\ \text{万元}$$

依据最大期望收益准则进行决策，即

$$\max_{1\leqslant i\leqslant3}\mathrm{E}(d_i \mid e_1)=\max\{70.08,44.66,9.26\}=70.08\text{万元}=\mathrm{E}(d_1 \mid e_1)$$

因此 d_1 (大批量生产)为预测市场将出现状态 e_1 (畅销)时的最优选择方案，相应地预测出现状态 e_1 (畅销)的期望收益值为

$$\mathrm{E}(e_1)=\mathrm{E}(d_1 \mid e_1)=70.08\ \text{万元}$$

同样，若专门机构预测市场将出现状态 e_2 (一般)，则各方案的期望收益值为

$$\mathrm{E}(d_1 \mid e_2)=\sum_{j=1}^{3} P(\theta_j \mid e_2) u_{1j}=[(0.03\times100+0.35\times30-0.024\times60)/0.404]\text{万元}\approx29.85\ \text{万元}$$

$$\mathrm{E}(d_2 \mid e_2)=\sum_{j=1}^{3} P(\theta_j \mid e_2) u_{2j}=[(0.03\times50+0.35\times40-0.024\times20)/0.404]\text{万元}\approx37.18\ \text{万元}$$

$$\mathrm{E}(d_3 \mid e_2)=\sum_{j=1}^{3} P(\theta_j \mid e_2) u_{3j}=[(0.03\times10+0.35\times9-0.024\times6)/0.404]\text{万元}\approx8.18\ \text{万元}$$

依据最大期望收益准则进行决策，得

$$\max_{1\leqslant i\leqslant3}\mathrm{E}(d_i \mid e_2)=\max\{29.85,37.18,8.18\}=37.18\text{万元}=\mathrm{E}(d_2 \mid e_2)$$

因此 d_2 (中批量生产)为预测市场将出现状态 e_2 (一般)时的最优选择方案，相应地预测出现状态 e_2 (一般)的期望收益值为

$$\mathrm{E}(e_2)=\mathrm{E}(d_2 \mid e_2)=37.18\ \text{万元}$$

若专门机构预测市场将出现状态 e_3 (滞销)，则各方案的期望收益值为

$$\mathrm{E}(d_1 \mid e_3)=\sum_{j=1}^{3} P(\theta_j \mid e_3) u_{1j}=[(0.01\times100+0.05\times30-0.27\times60)/0.33]\text{万元}\approx-41.52\ \text{万元}$$

$$\mathrm{E}(d_2 \mid e_3)=\sum_{j=1}^{3} P(\theta_j \mid e_3) u_{2j}=[(0.01\times50+0.05\times40-0.27\times20)/0.33]\text{万元}\approx-8.79\ \text{万元}$$

$$\mathrm{E}(d_3 \mid e_3)=\sum_{j=1}^{3} P(\theta_j \mid e_3) u_{3j}=[(0.01\times10+0.05\times9-0.27\times6)/0.33]\text{万元}\approx-3.24\ \text{万元}$$

依据最大期望收益准则进行决策，即

$$\max_{1\leqslant i\leqslant3}\mathrm{E}(d_i \mid e_3)=\max\{-41.52,-8.79,-3.24\}=-3.24\text{万元}=\mathrm{E}(d_3 \mid e_3)$$

因此 d_3 (小批量生产)为预测市场将出现状态 e_3 (滞销)时的最优选择方案，相应地预测出现状态 e_3 (滞销)的期望收益值为

$$\mathrm{E}(e_3)=\mathrm{E}(d_3 \mid e_3)=-3.24\ \text{万元}$$

(5) 计算补充新信息的价值。

后验分析中的最大期望收益值为

$$\mathrm{EMV}^*(\text{后}) = \sum_{k=1}^{3} P(e_k)\mathrm{E}(e_k) = [0.266 \times 70.08 + 0.404 \times 37.18 + 0.330 \times (-3.24)]\text{万元} \approx 32.59\text{万元}$$

补充新信息的价值为 EMV^*(后)− EMV^*(先)=(32.59−24)万元=8.59 万元。

(6) 重新决策。

因为 EMV^*(后)− EMV^*(先)> C_z，因此应当选择专门预测机构做市场预测。

经贝叶斯决策分析，该公司委托专门机构做市场预测。若预测市场为畅销，则选择大批量生产；若预测市场为一般，则选择中批量生产；若预测市场为滞销，则选择小批量生产。

6.2.4 决策树

决策树是风险决策问题直观表示的图示法，因为图的形状像树，所以被称为决策树。当使用决策树法进行决策时，损益表表示的缺点均能被克服，同时决策树法方便简捷、层次清楚，能形象地显示决策过程。

决策树是一种可用以帮助决策者进行决策的树状图，如图 6-1 所示，它由决策节点、方案分支、事件节点、概率分支和结果节点按一定关系连接而成。决策节点常用小方框(□)代表，表示需在此处进行决策，从它向后引出的每一分支代表可能选取的一个策略或方案；事件节点用小圆圈(○)表示，从它引出的分支代表其后继状态，分支上标明的数字表明该状态发生的概率，常称这种分支为概率支；结果节点为决策树的末梢，用小三角形(△)表示，代表决策问题的一个可能结果，旁边的数字为这种情况下的损益值。连接两个节点的连线称为分支，根据所处的位置，可能代表某一策略(方案分支)，或代表某一状态(概率分支)。在决策树中，常在被淘汰的策略(方案)的分支上画上两根平行的短杠，将该分支切断，表示不选这一方案。

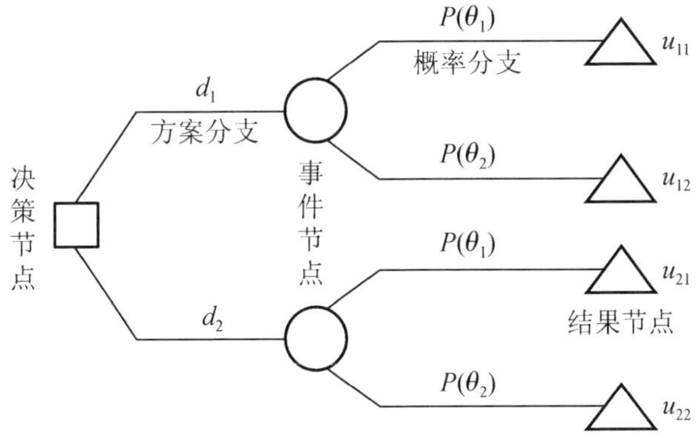

图 6-1 决策树符号示意图

注意：根节点一定是决策节点，决策树是为了选择决策方案。

【例 6.7】某企业为增加销售，拟定开发一个新产品，有两种方案可供选择。

方案一：投资 400 万元，建大车间。建成后，如果产品销路好，每年获利 75 万元；如果产品销路差，每年将亏损 10 万元，使用年限 10 年。

方案二：投资 150 万元，建小车间。建成后，如果产品销路好，每年获利 30 万元；如果产品销路差，每年将盈利 5 万元，使用年限 10 年。

据市场调查预测，新产品在今后 10 年内，产品销路好的概率是 0.7，产品销路差的概率是 0.3。决策哪个方案好。

解：采用决策树法进行决策。

(1) 依据题意，画出如图 6-2 所示的决策树图，图中标出的节点期望依照后续计算结果。

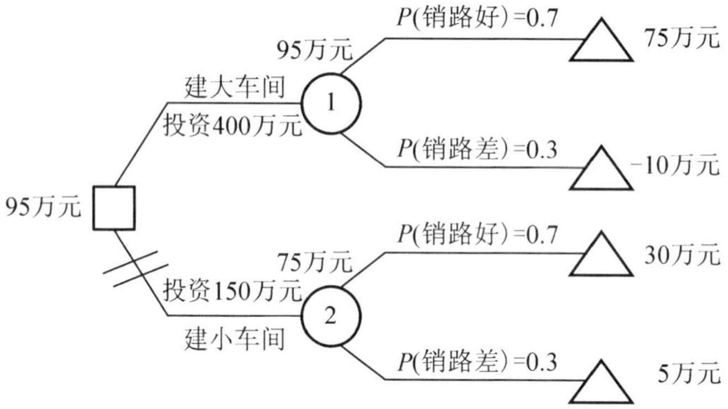

图 6-2　决策树

(2) 从右到左，计算各节点期望值。

节点 1 的期望值=$\{[0.7\times75+0.3\times(-10)]\times10-400\}$万元$=95$ 万元

节点 2 的期望值=$\{[0.7\times30+0.3\times5]\times10-150\}$万元$=75$ 万元

(3) 比较节点 1 和节点 2 的期望值，舍去节点 2，决策结果为选择建大车间的方案。

应用决策树来做决策的过程，是从右向左逐步后退进行分析。根据右端的损益值和概率分支的概率，计算出期望值的大小，确定方案的期望结果，然后根据不同方案的期望结果作出选择。方案的舍弃叫作修支，被舍弃的方案用“=”的记号来表示，最后的决策点留下一条分支，即为最优方案。

当所要的决策问题只需进行一次决策就可解决时，叫作单阶段决策问题，例 6.3 就是单阶段决策问题。如果问题比较复杂，而要进行一系列的决策才能解决，就叫作多阶段决策问题，多阶段决策问题采用决策树法比较直观。与损益表法相比，决策树法有许多优点，损益表法只能表示单阶段决策问题，且要求所有行动方案所面对的自然状态完全一致。

【例 6.8】某企业为了适应市场发展的需要，提出了扩大微波炉生产的两个方案：第一个方案是建设大工厂，第二个方案是建设小工厂。建设大工厂需要投资 600 万元，建设小工厂需要投资 280 万元，都可使用 10 年。在此期间，产品销路好的概率是 0.7；产品销路差的概率是 0.3。建大工厂，产品销路好可每年赚 200 万元，销路差就要亏 40 万元。建小工厂，产品销路好每年可赚 80 万元，销路差也可赚 60 万元，若产品销路好的市场状态出现，3 年后扩建，扩建需要投资 400 万元，可使用 7 年，每年盈利 190 万元。根据经验判断，后 7 年的市场情况与前 3 年的市场状态一致，试用决策树法选出合理的方案。

解：图 6-3 是例 6.8 的决策树，计算各点的期望值为

节点 2：$\{[0.7\times200+0.3\times(-40)]\times10-600$(投资)$\}$万元=680 万元

节点 5：$\{190\times7-400\}$万元=930 万元

节点 6：(80×7)万元=560 万元

比较决策节点 4 的方案。由于节点 5(930 万元)与节点 6(560 万元)相比，节点 5 的期望利润值较大，因此应采用扩建的方案，而舍弃不扩建的方案。把节点 5 的 930 万元移到节点 4 来，可计算出节点 3 的期望值。

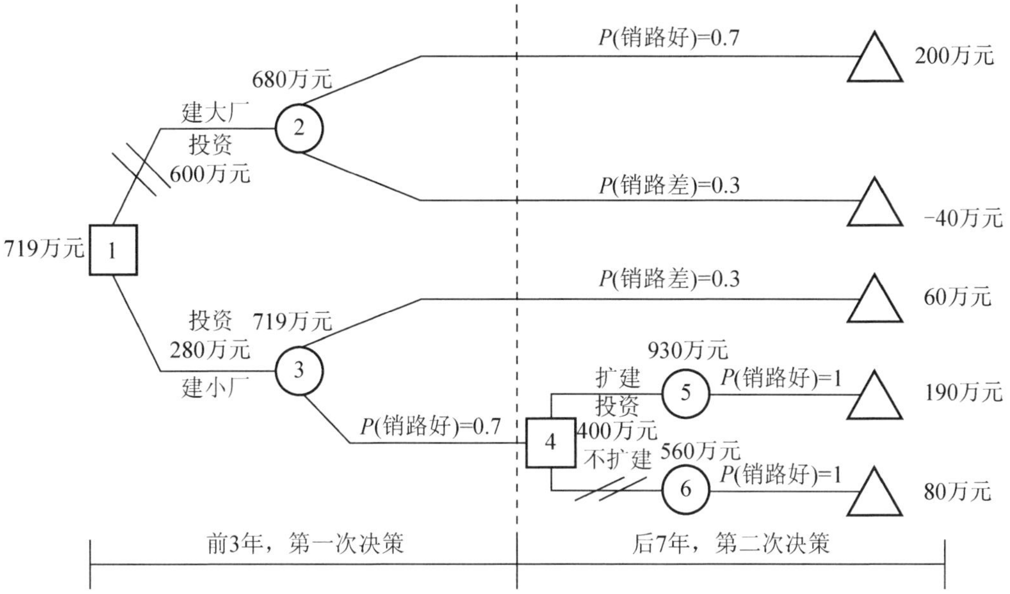

图 6-3　例 6.8 决策树

节点 3 的期望值为[0.7×80×3+0.7×930+0.3×60×(3+7)−280]万元=719 万元。

最后比较决策节点 1 的方案。由于节点 3(719 万元)与节点 2(680 万元)相比，节点 3 的期望值较大，因此取节点 3 而舍节点 2。这样，相比之下，建设大工厂的方案不是最优方案，合理的策略应采用前 3 年建小工厂，如产品销路好，后 7 年小工厂进行扩建。

【例 6.9】从事石油钻探工作的 B 企业与某石油公司签订合同，在一片含油的荒地钻探。B 企业可采用先做地震试验，然后由试验结果决定是否钻井；或不做地震试验，只凭自己的经验来决定是否钻井。已知做地震试验的费用每次为 0.3 万元，钻井费用为 1 万元。若 B 企业钻井出油，它可以收入 4 万元；若钻井但不出油，它将无任何收入。其先验概率和条件概率见表 6-14，试就该问题进行贝叶斯决策。

表 6-14　例 6.9 的先验概率和条件概率

状　态	先验概率 $P(\theta_i)$	条件概率 $P(H_k/\theta_i)$	
		试验结果好(H_1)	试验结果不好(H_2)
出油(θ_1)	0.55	0.93	0.07
不出油(θ_2)	0.45	0.2	0.8

解：这里采用决策树法进行贝叶斯决策。

(1) 计算后验概率，见表 6-15。

(2) 建立决策树，如图 6-4 所示。

(3) 对该决策树进行分析，计算各点的期望值。

节点 4：(0.55×4+0.45×0−1)万元=1.2 万元

节点 7：(0.85×4+0.15×0−1)万元=2.4 万元

节点 8：(0.10×4+0.90×0−1)万元=−0.6 万元

表 6-15 后验概率计算表

		自然状态和先验概率		
		出油(θ_1)	不出油(θ_2)	
		$P(\theta_1)=0.55$	$P(\theta_2)=0.45$	
条件概率 $P(H_k\|\theta_j)$	H_1	0.93	0.20	
	H_2	0.07	0.80	
乘积概率 $P(H_k\|\theta_j)P(\theta_j)$	H_1	0.511 5	0.09	$P(H_1)=0.60$
	H_2	0.038 5	0.36	$P(H_2)=0.40$
后验概率 $P(\theta_j\|H_k)$	H_1	0.85	0.15	
	H_2	0.10	0.90	

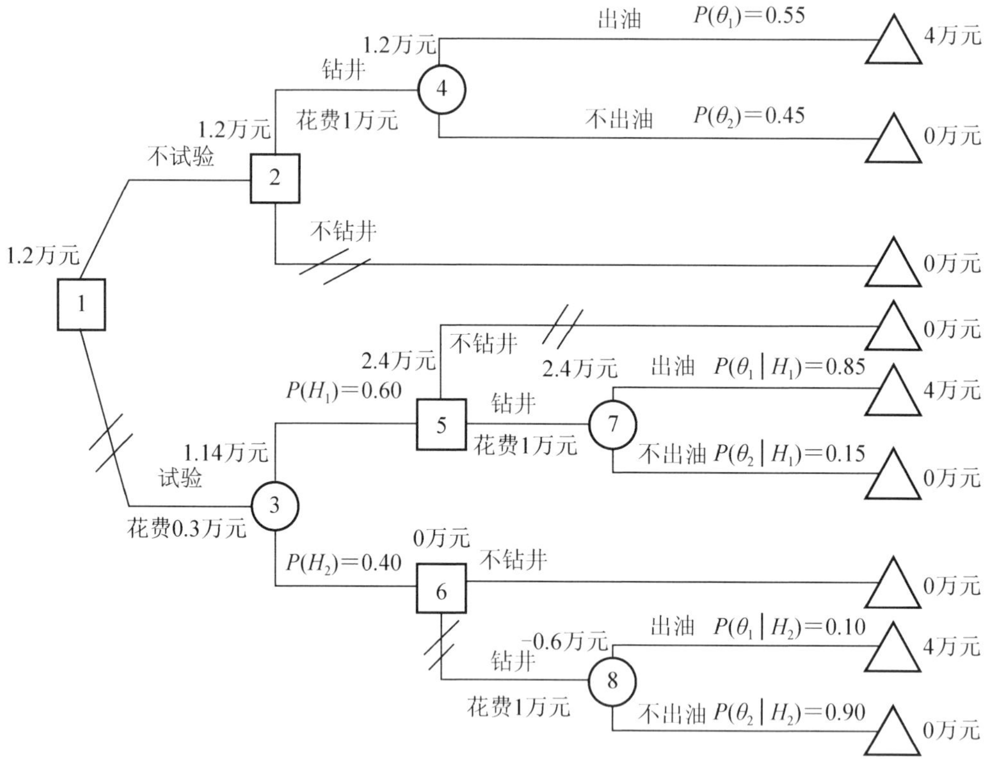

图 6-4 例 6.9 决策树

比较决策节点 2 的方案。由于钻井(1.2 万元)与不钻井方案(0 万元)相比，节点 4 的期望收益值较大，因此决策节点 2 选择钻井的决策方案，把节点 4 的 1.2 万元移到节点 2。同理决策节点 5 选择钻井的方案，决策节点 6 选择不钻井的方案。

节点 3 的期望值为(0.60×2.4+0.40×0−0.3)万元=1.14 万元，最后比较得出决策节点 1 的方案。由于节点 2(1.2 万元)与节点 3(1.14 万元)相比，节点 2 的期望值较大，因此取节点 2。

经过上面过程分析，最终选择不做地震试验并钻井的决策方案序列。

6.2.5　风险型决策分析的条件

人们做一项决策，可能成功也可能失败，也就是决策者要冒一定的风险。企业经营管理工作遇到的决策问题很多是属于风险型决策问题。风险型决策是指每个备选方案都会遇到几种不同的可能情况，而且已知出现每一种情况的可能性有多大，即发生的概率有多大，因此在依据不同概率所拟定的多个决策方案中，不论选择哪一种方案，都要承担一定的风险。在大多数情况下，要获得较高收益的决策，往往要冒较大的风险。对决策者来说，问题不在于敢不敢冒险，而在于能否估计各种决策方案存在的风险程度，以及在承担风险时所付出的代价与所得收益之间作出慎重的权衡，以便采取行动。

风险型决策方法不同于确定型决策方法，其适用的条件也不同。应用风险型决策方法必须具备以下条件。

(1) 具有决策者期望达到的明确目标。

(2) 存在决策者可以选择的两个以上的可行备选方案。

(3) 存在决策者无法控制的两种以上的自然状态(如气候变化、市场行情和经济发展动向等)。

(4) 不同备选方案在不同自然状态下的收益值或损失值(简称损益值)可以计算出来。

(5) 决策者能估计不同的自然状态发生的概率。

6.3　不确定型决策

不确定型决策的条件与风险型决策基本相同，只是无法测算各种状态出现的概率。这时的决策主要取决于决策者的经验、智慧和思维判断。由于决策者面临哪一种自然状态是完全不确定的，因而决策的结果也是完全不确定的，因此称为不确定型决策。不确定型决策有悲观主义准则、乐观主义准则、乐观系数准则、机会均等准则和后悔值准则。

不确定型决策

6.3.1　悲观主义准则

悲观主义准则也称保守主义决策准则或最大最小决策准则。当决策者面临着事物未来的自然状态的发生概率不清楚时，决策者从各方案的损益值中找出最坏的可能结果，再从其中选出最好的可能结果，并把它作为决策结果。用符号 max min 表示这种决策准则，采用这种方法是非常保守的，决策者唯恐决策失误造成较大的经济损失。因此在进行决策分析时，从最不利的客观条件出发来考虑问题，力求损失最小。

具体做法是：在收益矩阵中先从各方案所对应的各种自然状态下找出其收益的最小值，将它们列于矩阵表的最右列；再从此列中选出数值最大者，并以它对应的策略作为决策者应选的方案。上述决策过程可用公式表示为

$$\max_{i}\min_{j}\{u_{ij}\}\rightarrow d_k$$

【例 6.10】某公司为了扩大市场，要举行一个展销会。会址打算选择甲、乙、丙三地。获利情况除了与会址有关系，还与天气有关，天气分为晴、普通、多雨 3 种。在不同天气条件下采用不同方案的公司收益见表 6-16，试用悲观主义准则确定决策方案。

表 6-16 损益表

方　案	状　态			
	晴(θ_1)	普通(θ_2)	多雨(θ_3)	最小收益值
甲地 A_1	100	40	30	30
乙地 A_2	70	50	60	50
丙地 A_3	30	25	50	25
最小收益值中的最大收益				50
所选定的决策方案				A_2

解：求解过程参见表 6-16 最右侧的“最小收益值”列，悲观主义准则确定的决策方案为 A_2。

6.3.2 乐观主义准则

持乐观主义(max max)准则的决策者，对待风险的态度与持悲观主义准则决策者不同。当他面临情况不明的策略问题时，他宁可冒风险而决不放弃任何一个可获得最好收益的机会，以争取好中求好的乐观主义态度来选择其策略。这种方法的特点是，决策者对决策事件未来前景的估计乐观并有成功的把握。因此愿意以承担风险的代价去获得最大收益。

决策者在分析收益矩阵各策略所对应的各种自然状态时，从中选出最大收益值列于矩阵表的最右列；再从该列数值中选出最大值，以它所对应的策略作为决策方案。上述决策过程可用公式表示为

$$\max_i \max_j \{u_{ij}\} \to d_k$$

例 6.10 采用乐观主义准则确定的决策方案为 A_1，见表 6-17。

表 6-17 损益表

方　案	状　态			
	晴(θ_1)	普通(θ_2)	多雨(θ_3)	最大收益值
甲地 A_1	100	40	30	100
乙地 A_2	70	50	60	70
丙地 A_3	30	25	50	50
最大收益值中的最大收益				100
所选定的决策方案				A_1

6.3.3 乐观系数准则

这是介于悲观主义准则和乐观主义准则之间的一个准则，把自然状态好或差的概率变成人为地估计一种可能性，对乐观和悲观出现的可能性估计就是乐观系数。

决策者根据市场预测和经验判断并确定一个乐观系数 α 为主观概率，其值为 $0 \leqslant \alpha \leqslant 1$，则每个方案的估计损益期望值为

$$\alpha \times 最大损益值 + (1-\alpha) \times 最小损益值$$

如例 6.10 取乐观系数 α =0.8，则

方案 A_1 的损益期望值=0.8×100+0.2×30=86

方案 A_2 的损益期望值=0.8×70+0.2×50=66

方案 A_3 的损益期望值=0.8×50+0.2×25=45

根据各个方案估算损益期望值的大小，选择最大值 86 为决策方案，故应选方案 A_1。

乐观系数准则比较接近实际，但乐观系数的决定非常关键，常带有决策者的主观性。

6.3.4 机会均等准则

假定各个自然状态发生的概率相等，计算各个方案损益期望值，再比较损益期望值，选择最大期望值的方案。也就是说，对各种可能出现的状态“一视同仁”，再按照期望收益最大的原则选择最优方案。

如在例 6.10 中，各个方案的等可能期望值为

方案 A_1 的损益期望值=(100+40+30)×1/3=56.67

方案 A_2 的损益期望值=(70+50+60)×1/3=60

方案 A_3 的损益期望值=(30+25+50)×1/3=35

故以期望值最大的 A_2 方案为最优方案。

6.3.5 后悔值准则

这是考虑决策机会成本的准则，如果决策者当初并未采用这一方案，而采用了其他方案，必然感到后悔，后悔当初未选择最大收益值的方案。为避免决策的失误造成机会损失而后悔，决策目的是使后悔减少到最低程度，以各个方案机会损失大小来判定方案的优劣。

决策过程是先计算各个方案在各种自然状态下的后悔值，并从中选择每个方案的最大后悔值，然后从最大后悔值中选取最小者为决策方案。当某一自然状态发生时，即可明确哪个方案是最优的，其收益值是最大的。在所有方案中，在每一种自然状态中选出最大收益值作为理想目标值，最大收益值与所采取方案的收益值之差，称为后悔值。

如在例 6.10 中，按后悔值准则决策，参见表 6-18，应采用方案 A_1 或 A_2。

表 6-18 损益表

方案	状态			后悔值			最大后悔值
	θ_1	θ_2	θ_3	θ_1	θ_2	θ_3	
A_1	100	40	30	0	10	30	30
A_2	70	50	60	30	0	0	30
A_3	30	25	50	70	25	10	70
最大后悔值中的最小值	30						
所选定的决策方案	A_1 或 A_2						

以上 5 种准则作为不确定型决策优选方案的依据，都带有相当程度的随意性，从例 6.10 中可以看出，不同决策准则的决策结果是不一样的。因此，在具体管理工作中，决策准则的选择，还要取决于决策者的知识、经验、观念、综合分析判断能力和魄力。

6.4 马尔可夫决策

马尔可夫决策方法是应用马尔可夫链的基本原理和基本方法分析预测随机事件未来发展变化的趋势，也就是通过随机变量的现在状态和动向预测其将来的状态和动向，以便采取相应的对策。马尔可夫决策方法在市场预测和营销决策等方面有广泛的应用。

6.4.1 马尔可夫决策模型

在实际工作和生活中常常遇到随机运动的系统，系统不断地改变它的状态。马尔可夫模型是描述这类系统的有力工具，它是最简单的一类随机过程，在自然科学和社会科学的各个领域都有重要的作用。

定义 6.1 概率向量：若向量 $\boldsymbol{u}=(u_1\ u_2\ \cdots\ u_n)^{\mathrm{T}}$ 满足 $u_i \geqslant 0(i=1,2,\cdots,n)$ 且 $\sum_{i=1}^{n} u_i=1$，则称 $\boldsymbol{u}$ 为概率向量。若矩阵 $\left[a_{ij}\right]_{n\times n}$ 各个行向量均为概率向量，称矩阵 $\left[a_{ij}\right]_{n\times n}$ 为随机(概率)矩阵。

三阶方阵 $\boldsymbol{P}=\begin{bmatrix}0.8 & 0.15 & 0.05\\ 0.2 & 0.5 & 0.3\\ 0.1 & 0.2 & 0.7\end{bmatrix}$ 就是概率矩阵。

定义 6.2 马尔可夫链：设 $X_1,X_2,\cdots,X_n,\cdots$ 为离散的随机变量序列，简记为 $\{X_n\}$，X_n 的所有可能取值的全体称为 $\{X_n\}$ 的状态空间，记为 $E=\{x_1,x_2,x_3,\cdots\}$。若对任意的正整数 n 及任意的 $x_{i_1},x_{i_2},x_{i_3},\cdots,x_{i_n},x_{i_{n+1}}\in E$，只要

$$P(X_1=x_{i_1},X_2=x_{i_2},X_3=x_{i_3},\cdots,X_n=x_{i_n})>0$$

就有

$$P(X_{n+1}=x_{i_{n+1}}\big|X_1=x_{i_1},X_2=x_{i_2},X_3=x_{i_3},\cdots,X_n=x_{i_n})=P(X_{n+1}=x_{i_{n+1}}\big|X_n=x_{i_n})$$

则称 $\{X_n\}$ 为马尔可夫链，简称马氏链。

定义 6.3 齐次马氏链：$\{X_n\}$ 为马氏链，若对任意的 $x_i,x_j\in E$，总有

$$P(X_{n+1}=x_j\big|X_n=x_i)=P(X_{m+1}=x_j\big|X_m=x_i)$$

则称 $\{X_n\}$ 为齐次马氏链。

定义 6.4 转移矩阵：若 $\{X_n\}$ 为齐次马氏链，称 $P(X_{n+k}=x_j\big|X_n=x_i)$ 为 $\{X_n\}$ 从状态 x_i 到状态 x_j 的 k 步转移概率，记作 $p_{ij}(k)$；称以 $p_{ij}(k)$ ($x_i,x_j\in E$)为元素的矩阵为 $\{X_n\}$ 的 k 步转移矩阵，记作 $\boldsymbol{P}(k)$，特别地，将一步转移概率和一步转移矩阵分别记为 p_{ij} 和 $\boldsymbol{P}$。显然，一步转移矩阵和多步转移矩阵都是随机矩阵。

定义 6.5 极限矩阵：若矩阵 $\boldsymbol{A}(n)=\begin{bmatrix}a_{11}(n) & a_{12}(n) & \cdots & a_{1m}(n)\\ a_{21}(n) & a_{22}(n) & \cdots & a_{2m}(n)\\ \vdots & \vdots & & \vdots\\ a_{m1}(n) & a_{m2}(n) & \cdots & a_{mm}(n)\end{bmatrix}$ 中每一个元素 $a_{ij}(n)$ $(n=1,2,3,\cdots)$ 都是数列 $\{a_{ij}(n)\}$ 的项，称矩阵 $\boldsymbol{A}(n)$ 为数列矩阵；若对任意的 $i,j=1,2,\cdots,m$ 都

有 $\lim\limits_{n\to\infty} a_{ij}(n)=a_{ij}$ 成立，即每个数列的极限都存在，称矩阵 $\boldsymbol{A}(n)$ 在 $n\to\infty$ 时的极限为 $\boldsymbol{A}=[a_{ij}]$，$\boldsymbol{A}$ 是 $\boldsymbol{A}(n)$ 的极限矩阵。

定理 6.1　齐次马氏链的 k 步转移矩阵 $\boldsymbol{P}(k)=\boldsymbol{P}^k$。

定理 6.2　若齐次马氏链的 k 步转移矩阵 $\boldsymbol{P}(k)$ 在 $k\to\infty$ 的极限矩阵存在，记为 $\lim\boldsymbol{P}$，则 $\lim\boldsymbol{P}$ 是一个随机矩阵。该随机矩阵也是一个转移矩阵，且对任意的自然数 n，都有 $(\lim\boldsymbol{P})^n=\lim\boldsymbol{P}$。

若齐次马氏链的 k 步转移矩阵 $\boldsymbol{P}(k)$ 的极限矩阵存在，应用定理 6.2，则随着系统的不断演化，最终系统状态之间的转移概率保持不变，系统体现出统计规律性的特征，就演化为一个稳定的系统。为了研究问题方便起见，在实际问题中经常考虑有限个状态的齐次马氏链，它们的 k 步转移矩阵的极限矩阵总存在。

【例 6.11】 在某市销售的鲜牛奶主要由 3 个厂家提供。2023 年 12 月对 2 000 名消费者进行了调查，其中购买厂家 1 的消费者有 800 人，购买厂家 2 和厂家 3 的消费者均为 600 人。调查还显示有的消费者在 2024 年 1 月继续购买原厂家的牛奶，而有的消费者转向购买其他厂家的牛奶，具体调查结果见表 6-19。

表 6-19　牛奶市场消费调查表　　单位：人

		1 月			
		厂家 1	厂家 2	厂家 3	合　计
12 月	厂家 1	320	240	240	800
	厂家 2	360	180	60	600
	厂家 3	360	120	120	600

(1) 试写出牛奶消费者变化情况的一步转移矩阵。

(2) 若某消费者在 2023 年 12 月购买厂家 1 的牛奶，则他在 2024 年 2 月购买厂家 3 的概率是多大？

解：(1) 根据调查表，可得一步转移矩阵为

$$\boldsymbol{P}=\begin{bmatrix} p_{11} & p_{12} & p_{13} \\ p_{21} & p_{22} & p_{23} \\ p_{31} & p_{32} & p_{33} \end{bmatrix}=\begin{bmatrix} 320/800 & 240/800 & 240/800 \\ 360/600 & 180/600 & 60/600 \\ 360/600 & 120/600 & 120/600 \end{bmatrix}=\begin{bmatrix} 0.4 & 0.3 & 0.3 \\ 0.6 & 0.3 & 0.1 \\ 0.6 & 0.2 & 0.2 \end{bmatrix}$$

(2) 消费者在 2023 年 12 月购买厂家 1 的牛奶，则他在 2024 年 2 月购买厂家 3 牛奶的概率可由转移矩阵计算出来，即求消费者由厂家 1 经两次转移到厂家 3 的概率。

根据定理 6.1，先求两步转移矩阵为

$$\boldsymbol{P}(2)=\boldsymbol{P}^2=\begin{bmatrix} 0.4 & 0.3 & 0.3 \\ 0.6 & 0.3 & 0.1 \\ 0.6 & 0.2 & 0.2 \end{bmatrix}\begin{bmatrix} 0.4 & 0.3 & 0.3 \\ 0.6 & 0.3 & 0.1 \\ 0.6 & 0.2 & 0.2 \end{bmatrix}$$

消费者 2024 年 2 月购买厂家 3 牛奶的概率为 $\boldsymbol{P}(2)$ 中第一行第三列中元素值，即

$$[0.4 \quad 0.3 \quad 0.3]\times[0.3 \quad 0.1 \quad 0.2]^{\mathrm{T}}=0.4\times0.3+0.3\times0.1+0.3\times0.2=0.21$$

6.4.2 马尔可夫决策模型的应用

在经济等领域中，有许多系统具有马尔可夫链的特征，因此可以运用其方法原理加以分析研究，作出科学的预测决策。

【例 6.12】设某一地段有两家酒店，每天到这两家酒店用餐的顾客总数是固定的，不妨设顾客为200位，通过统计发现，今天在A酒店用餐的顾客，明天还在A酒店用餐的概率是0.8，而明天转到B酒店用餐的概率是0.2；同理，今天在B酒店用餐的顾客，明天还在B酒店用餐的概率是0.7，而明天转到A酒店用餐的概率是0.3，那么，经过一段时间后，这200位顾客在这两家酒店用餐的分布情况如何？

解：对一位顾客来说，他只有两种选择，要么到A酒店，要么到B酒店。用概率论的语言来描述，这个系统只有两种状态A和B，顾客可以在这两个状态中相互转移。虽然每次的转移是随机的、偶然的，但在大量和长期的转移过程中还是有一定的统计规律，其转移具有以下规律。

(1) A→A的概率是0.8，A→B的概率是0.2；B→B的概率是0.7，B→A的概率是0.3，数学上可用一个转移概率矩阵来描述，见表6-20。

表 6-20 转移概率矩阵

现状态	下一步状态	
	A	B
A	0.8	0.2
B	0.3	0.7

相应的转移矩阵为 $\boldsymbol{P}=\begin{bmatrix}0.8 & 0.2\\0.3 & 0.7\end{bmatrix}$。

(2) 上述的转移过程满足“若已知现在所处的状态，则将来的转移情况与过去所处的状态无关”，显然该转移过程是一个齐次马氏链。

假设开始到A、B酒店用餐的顾客各有100位，第二天原来在A酒店用餐的100位顾客中有$100\times0.8=80$位第二天仍然到A酒店用餐，而有$100\times0.2=20$位转移到B酒店用餐；同理，原来在B酒店用餐的100位顾客中有$100\times0.3=30$位转移到A酒店用餐，而仍然有$100\times0.7=70$位在B酒店用餐，若$\boldsymbol{M}_n$表示第n天后到A、B酒店用餐的人数，那么第一天的用餐人数矩阵是$\boldsymbol{M}_0=[100\quad 100]$，用矩阵表示上述转移情况就得

$$\boldsymbol{M}_1=[100\quad 100]\begin{pmatrix}0.8 & 0.2\\0.3 & 0.7\end{pmatrix}=\boldsymbol{M}_0\boldsymbol{P}$$

同理，$\boldsymbol{M}_2=\boldsymbol{M}_1\boldsymbol{P}$，$\boldsymbol{M}_3=\boldsymbol{M}_2\boldsymbol{P}$，…，$\boldsymbol{M}_n=\boldsymbol{M}_{n-1}\boldsymbol{P}$

一般情况下，有$\boldsymbol{M}_n=\boldsymbol{M}_{n-1}\boldsymbol{P}=\boldsymbol{M}_{n-2}\boldsymbol{P}\boldsymbol{P}=\boldsymbol{M}_{n-2}\boldsymbol{P}^2=\cdots=\boldsymbol{M}_0\boldsymbol{P}^n$，依次发展下去。因为有限个状态的齐次马氏链的极限矩阵总存在，则有$\lim\limits_{n\to\infty}\boldsymbol{M}_n=\lim\limits_{n\to\infty}\boldsymbol{M}_{n-1}\boldsymbol{P}$，记$\lim\limits_{n\to\infty}M_n=[x\quad y]$，也就有$[x\quad y]=[x\quad y]\boldsymbol{P}$，根据两个矩阵相等的充要条件是它们的对应元素相等，得

$$\begin{cases}x=0.8x+0.3y\\y=0.2x+0.7y\end{cases}$$

因两个方程同解，加上总人数是固定的，可得下面方程

$$\begin{cases} x+y=200 \\ x=0.8x+0.3y \end{cases}$$

解得 $x=120, y=80$，即如果不改变两家酒店的经营方式，则一般 A、B 酒店每天用餐顾客分别为 120 位和 80 位。

需要注意的是，虽然每位顾客到各个酒店用餐是随机的，但随着时间的推移，到各个酒店用餐的人数是固定的，体现出一定的统计规律性，这是酒店管理者需要了解的信息，以便进一步提高酒店管理和服务水平。

【例 6.13】银行为了对不良债务的变化趋势进行分析和预测，经常按以下方式对贷款情况进行划分：

N_1——逾期贷款，拖延支付本金利息达 0～60 天；

N_2——怀疑贷款，拖延支付本金利息达 61～180 天；

N_3——呆滞贷款，拖延支付本金利息达 181～360 天；

N_4——呆账贷款，拖延支付本金利息达 360 天以上；

N_5——付清本金利息。

若某银行当前贷款总额为 470 万元，其中属于逾期贷款 N_1=200 万元；属于怀疑贷款 N_2=150 万元；属于呆滞贷款 N_3=120 万元，根据隔月账面变化情况分析，近似得出状态之间的转移矩阵为

$$\boldsymbol{P}=[p_{ij}]_{5\times5}=\begin{bmatrix} 0.30 & 0.30 & 0.00 & 0.00 & 0.40 \\ 0.15 & 0.25 & 0.30 & 0.00 & 0.30 \\ 0.10 & 0.10 & 0.30 & 0.35 & 0.15 \\ 0.00 & 0.00 & 0.00 & 1.00 & 0.00 \\ 0.00 & 0.00 & 0.00 & 0.00 & 1.00 \end{bmatrix}$$

其中，p_{ij} 表示当前处于 N_i 状态的贷款，1 月后处于 N_j 的概率，当 $i>j$ 时，如 p_{21} 表示当前贷款处在已欠 61～180 天的 N_2 状态，而在本月中贷款者归还了部分本金利息，贷款转为状态 N_1 的转移概率。

令 X_t 表示第 t 月的贷款分布，$E=\{N_1,N_2,N_3,N_4,N_5\}$ 表示状态空间，根据上述信息，对不良贷款的变化趋势进行研究，寻求 k 步转移矩阵 $\boldsymbol{P}(k)$ 的极限矩阵，应用矩阵特征值理论，得 $\boldsymbol{P}=\boldsymbol{M}^{-1}\boldsymbol{D}\boldsymbol{M}$，其中

$$\boldsymbol{D}=\begin{bmatrix} 0.15 & 0.00 & 0.00 & 0.00 & 0.00 \\ 0.00 & 0.60 & 0.00 & 0.00 & 0.00 \\ 0.00 & 0.00 & 0.10 & 0.00 & 0.00 \\ 0.00 & 0.00 & 0.00 & 1.00 & 0.00 \\ 0.00 & 0.00 & 0.00 & 0.00 & 1.00 \end{bmatrix}$$

$$\boldsymbol{M}=\begin{bmatrix} -0.78 & -2.33 & 4.67 & -1.92 & 0.37 \\ 0.52 & 0.63 & 0.63 & -0.55 & -1.23 \\ 0.00 & -2.91 & 4.37 & -1.70 & 0.24 \\ 0.00 & 0.00 & 0.00 & 1.17 & 0.00 \\ 0.00 & 0.00 & 0.00 & 0.00 & 1.61 \end{bmatrix}$$

所以

$$\lim \boldsymbol{P}=\begin{bmatrix}0.00 & 0.00 & 0.00 & 0.10 & 0.90\\ 0.00 & 0.00 & 0.00 & 0.24 & 0.76\\ 0.00 & 0.00 & 0.00 & 0.55 & 0.45\\ 0.00 & 0.00 & 0.00 & 1.00 & 0.00\\ 0.00 & 0.00 & 0.00 & 0.00 & 1.00\end{bmatrix}$$

$$\begin{bmatrix}200\ 150\ 120\ 0\ 0\end{bmatrix}\begin{bmatrix}0.00 & 0.00 & 0.00 & 0.10 & 0.90\\ 0.00 & 0.00 & 0.00 & 0.24 & 0.76\\ 0.00 & 0.00 & 0.00 & 0.55 & 0.45\\ 0.00 & 0.00 & 0.00 & 1.00 & 0.00\\ 0.00 & 0.00 & 0.00 & 0.00 & 1.00\end{bmatrix}=\begin{bmatrix}0\ 0\ 0\ 122.46\ 347.54\end{bmatrix}$$

通过上述计算可知，最终可能有 122.46 万元成为呆账，只有 347.54 万元可能收回；也可以得到，在逾期贷款中，约 10%可能成为呆账，90%可能收回；在怀疑贷款中，约 24%可能成为呆账，76%可能收回；在呆滞贷款中，约 55%可能成为呆账，45%可能收回(见矩阵 $\lim \boldsymbol{P}$)。根据可回收的贷款预测数，可以合理地设定贷款利率。

【例 6.14】某出租汽车公司为宏观管理车辆，需对本公司的汽车流向进行预测。显然，出租汽车的流向是一个随机过程。设某市共有 4 个区，出租汽车在这 4 个区运营。假设出租汽车平均运营一次用 1h，在 n 时刻某车在 i 区接业务，在 $n+1$ 时刻到达 j 区完成业务下车。再设 X_n 表示 n 时刻出租车所在的区域，显然 $\{X_n\}$ 是一个马氏链，因为汽车在 $n+1$ 时刻到达 j 区只与 n 时刻在 i 区接业务有关，接着设出租车从 i 区到 j 区的转移概率 $p_{ij}=P\{X_{n+1}=j|X_{n=i}=i\}$ 与初始时刻 n 无关，则 $\{X_n\}$ 是一个齐次马氏链，且状态空间 $E=\{1,2,3,4\}$ 。

经统计，可进一步得出转移矩阵为

$$\boldsymbol{P}=\begin{bmatrix}0.4 & 0.2 & 0.3 & 0.1\\ 0.3 & 0.3 & 0.3 & 0.1\\ 0.2 & 0.2 & 0.4 & 0.2\\ 0.4 & 0.1 & 0.2 & 0.3\end{bmatrix}$$

求出 k 步转移矩阵 $\boldsymbol{P}(k)$ 的极限矩阵为

$$\lim \boldsymbol{P}=\begin{bmatrix}0.317 & 0.204 & 0.315 & 0.164\\ 0.317 & 0.204 & 0.315 & 0.164\\ 0.317 & 0.204 & 0.315 & 0.164\\ 0.317 & 0.204 & 0.315 & 0.164\end{bmatrix}$$

因为该极限矩阵的各行元素相同，且它们的和等于 1，称它们为马氏链 $\{X_n\}$ 的极限分布，记极限分布为 $\Pi=(0.317, 0.204, 0.315, 0.164)$，根据该极限分布可预测出各区运营车辆的情况，以便对车辆进行调控，对交通管理及停车场进行安排。

【例 6.15】某鞋厂生产高、中、低档三种类型的皮鞋，每月统计一次销售变化情况。令 X_n 表示客户定购的鞋型，它是一个随机变量，其状态空间为 $E=\{1,2,3\}$ ，其中 1、2、3 分别表示高、中、低档皮鞋。

经统计，可得一步转移矩阵为

$$P=[p_{ij}]=\begin{bmatrix}0.5 & 0.3 & 0.2\\0.4 & 0.4 & 0.2\\0.3 & 0.3 & 0.4\end{bmatrix}$$

其中，$p_{ij}=P\left\{X_{n+1}=j\middle|X_{n=i}=i\right\}$表示上月定购$i$型鞋的客户下月定购$j$型鞋的概率$(i,j=1,2,3)$。

假设客户转移概率不变，则$\{X_n\}$是一个齐次马氏链，求出其k步转移矩阵$\boldsymbol{P}(k)$的极限矩阵为

$$\lim\boldsymbol{P}=\begin{bmatrix}0.42 & 0.33 & 0.25\\0.42 & 0.33 & 0.25\\0.42 & 0.33 & 0.25\end{bmatrix}$$

马氏链的极限分布为Π=(0.42, 0.33, 0.25)，也就是客户对高、中、低档皮鞋的稳定购买率，对企业制订生产计划是极其重要的。

【例 6.16】某商店经营一种易腐食品，出售一个单位可获利 5 元。若当天售不出去，则每单位损失 3 元。该店经理统计了连续 40 天的需求情况(不是实际销售量)，统计数据如下。

3，3，4，2，2，4，2，3，4，4，4，3，2，4，2，3，3，4，2，2

4，3，4，3，2，3，4，2，3，2，2，3，4，2，4，4，3，2，3，3

经理想应用马氏链来预测需求量，确定明日进货量。(1)已知当天需求量为 3 个单位，明天应进货多少个单位？(2)若不知当天需求量，明天应进货多少个单位？

解：设状态N_1=需求量为 2 个单位，状态N_2=需求量为 3 个单位，状态N_3=需求量为 4 个单位，则根据统计结果可知状态转移的情况见表 6-21。

表 6-21　三种状态转移情况

	第二天状态 N_1	第二天状态 N_2	第二天状态 N_3
第一天状态 N_1	3	6	4
第一天状态 N_2	4	3	6
第一天状态 N_3	6	4	3

因此该马氏链的状态转移概率矩阵为

$$\boldsymbol{P}=\begin{bmatrix}3/13 & 6/13 & 4/13\\4/13 & 3/13 & 6/13\\6/13 & 4/13 & 3/13\end{bmatrix}$$

其极限矩阵为

$$\lim\boldsymbol{P}=\begin{bmatrix}1/3 & 1/3 & 1/3\\1/3 & 1/3 & 1/3\\1/3 & 1/3 & 1/3\end{bmatrix}$$

设明天的需求量为q个单位(显然q为随机变量)，明天的进货量为s个单位(s为决策变量)，则相应的利润为

$$L(s,q)=\begin{cases}5s & q\geqslant s\\8q-3s & q<s\end{cases}$$

(1) 若当天需求量为 3 个单位，属于状态 N_2，一步转移概率见矩阵 $\boldsymbol{P}$，则期望利润为

$$f(s)=E(L(s,q))=\frac{4}{13}L(s,2)+\frac{3}{13}L(s,3)+\frac{6}{13}L(s,4)=\begin{cases}5s & s\leqslant 2\\ \dfrac{64}{13}+\dfrac{33}{13}s & 2<s\leqslant 3\\ \dfrac{136}{13}+\dfrac{9}{13}s & 3<s\leqslant 4\\ \dfrac{328}{13}-3s & s>4\end{cases}$$

由最大期望收益准则得

$$\max_s f(s)=f(4)=172/13$$

因此，若当天的需求量为 3 个单位，则明天应进货 4 个单位。

(2) 若不知当天需求量，采用马氏链的极限分布概率计算，则期望利润为

$$f(s)=E(L(s,q))=\frac{1}{3}L(s,2)+\frac{1}{3}L(s,3)+\frac{1}{3}L(s,4)=\begin{cases}5s & s\leqslant 2\\ \dfrac{16}{3}+\dfrac{7}{3}s & 2<s\leqslant 3\\ \dfrac{40}{3}-\dfrac{1}{3}s & 3<s\leqslant 4\\ 24-3s & s>4\end{cases}$$

由最大期望收益准则得

$$\max_s f(s)=f(3)=37/3$$

因此，若不知当天需求量，则明天应进货 3 个单位。

马尔可夫是一类经常遇到的模型，在随机服务系统和可靠性系统中，马尔可夫模型有着不可替代的作用。

扩展性学习材料

供应链推拉决策点

在供应链管理中，顾客需求切入点(Customer Order Postponement Decoupling Point，CODP)是指在延迟制造中，推式流程与拉式流程的分界点，它是供应链中产品的生产从基于预测转向响应客户需求的转折点，也称推拉点。推拉点是供应链物流网络中的关键节点，用于平衡供应链的推动力和拉动力。推拉点的选择对于供应链的效率和灵活性具有重要影响。

供应链推拉点选择的关键因素：产品特性和需求波动性。对于需求波动性较大的产品，更适合采用拉动式的供应链模式，通过 CODP 实现根据实际需求进行生产和供应。而需求波动性较小的产品，可以采用推动式的供应链模式，通过 CODP 控制库存并推动产品流向市场。在现代供应链中，实时的数据共享和协同合作对于优化供应链效率至关重要，选择能够提供高度可见性和协同能力的推拉点，可以更好地协调供应链各环节的活动和决策。推拉点的选择应该能够最小化运输成本，并在合理的时间范围内实现产品的快速交付。这需要考虑供应链中的运输网络和物流基础设施，选择位于战略位置的推拉点，以优化运输路线和减少运输成本。推拉点的选择还需要考虑供应链风险管理。合理的推拉点布局可以降低供应链的风险敏感度，分散供应和需求风险。在供应链中设置备用的推拉点，可以应对突发事件或供应链中断的风险，确保供应链的稳定性和弹性。

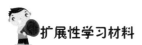

本章小结

本章首先通过案例引入决策的基本要素——状态空间、策略空间和损益表，给出了决策方法的分类；其次就最常用的风险型决策展开了详细的讨论，阐述了期望收益值等决策准则，探讨了决策树法和贝叶斯决策方法，然后就不确定型决策问题给出了相关的决策准则；最后介绍了马尔可夫决策模型及其决策方法的特点。

关键术语(中英文)

状态空间(State Space)
决策空间(Decision Space)
损益值(Pay-off Value)
决策准则(Decision Criterion)
确定型决策(Deterministic Type Decision)
风险型决策(Risk Type Decision)
不确定型决策(Nondeterministic Type Decision)
期望值准则(Expected Value Criterion)
决策树(Decision Tree)
贝叶斯决策(Bayesian Decision)
完全信息的期望收益(Expected Profit of Perfect Information)
先验分析(Prior Analysis)
完全信息的期望价值(Expected Value of Perfect Information)
后验分析(Postprior Analysis)
悲观主义准则(Pessimistic Criterion)
乐观主义准则(Optimistic Criterion)
乐观系数准则(Optimistic Coefficient Criterion)
后悔值准则(Regret Value Criterion)
机会均等准则(Equally Liability Criterion)
马尔可夫决策(Markov Decision)

知识链接

管理决策学派——西蒙

西蒙 1916 年出生于美国威斯康星州密歇根湖畔的密尔沃基，父亲是一位工程师，母亲是一位很有造诣的钢琴家。西蒙从小聪明好学，在密尔沃基的公立学校上学时跳了两级，因此在芝加哥大学注册入学时他才 17 岁。1936 年，西蒙获得芝加哥大学的学士学位，之后从事了几年编辑和行政工作。1943 年，西蒙获得芝加哥大学政治学博士学位。

西蒙的研究涉及人工智能、计算机科学、心理学、经济学、管理学等多个领域，对管理学、信息科学、行为科学等领域的发展有着重要的影响。西蒙提出的“有限理性模型”是他对决策理论的重要贡献之一，这一模型认为人在决策时，不是完全理性的，而是基于有限的知识和信息，采用启发式策略来作出决策。他将理性分为两种，一种是“完全理性”，即在可获得的所有信息和可选项的基础上，经过完全比较和计算得出最优解；另一种是“有限理性”，即在信息不完备的情况下，只能采用简化的决策策略，如基于经验的规则和简单的判断来处理问题。西蒙认为，在实践中，人往往采用的是有限理性决策，这一决策模式既快捷又省力，并可以在一定程度上保证决策质量。

西蒙多才多艺，兴趣广泛，会画画，会弹钢琴，既爱爬山、旅行，又爱学习各种语言，能流利地说多国语言。他和纽厄尔在 1975 年同获图灵奖，是因为他们在创立和发展人工智能方面的杰出贡献。西蒙在 1978 年荣获了诺贝尔经济学奖，1986 年他又因为在行为科学上的出色贡献而荣获美国全国科学奖章。

习题 6

一、填空题

1. 向量 $\boldsymbol{u}=(u_1,u_2,\cdots,u_n)$ 称为概率向量，若 $u_i\geqslant 0(i=1,2,\cdots,n)$，且__________。

2. 乐观系数准则(折中系数 α)假定每个方案中最大收益的概率为__________，最小收益的概率为__________。

3. 某商店在夏天炎热程度未知的情况下，决策是否大批量购进空调设备，这是在__________条件下的决策问题。如果预计天气炎热的概率为 40%，这是__________条件下的决策问题。

4. 如果有两个以上的决策自然条件，但决策人无法估计各自然状态出现的概率，那么这种决策类型称为__________型决策。

5. 在决策方法中，可用于解决多阶段决策问题的是__________。

6. 设某种产品市场占有率为 T，其转换概率矩阵为 $\boldsymbol{P}$，则下一时刻的市场占有率为__________。

二、判断题

1. 属于解决确定型决策的有线性规划、动态规划、盈亏分析和决策树等方法。(　　)

2. 属于解决风险型决策的基本准则有最大可能准则、乐观主义准则、机会均等准则和最大期望收益准则。(　　)

3. 在不确定的条件下进行决策，必须：①可拟订出两个以上的可行方案；②可以预测或估计出不同的可行方案在不同的自然状态下的收益值；③确定各种自然状态可能出现的概率值。(　　)

4. 矩阵 $\begin{bmatrix}0.6 & 0.4\\0.6 & 0.4\end{bmatrix}$、$\begin{bmatrix}0.5 & 0.5\\0.5 & 0.5\end{bmatrix}$、$\begin{bmatrix}1 & 1\\1 & 1\end{bmatrix}$ 都是概率矩阵。(　　)

5. 使用马尔可夫决策方法的步骤之一是建立状态转移矩阵。(　　)

三、解答题

1. 某公司正考虑为开发一种新型产品提供资金。可供选择的方案有 3 个，前景有成功、部分成功与失败。成功的概率为 0.35，部分成功的概率为 0.45，失败的概率为 0.20，其利润见表 6-22，要求：(1)确定最优决策方案；(2)若公司花费 0.2 万元进行一项调查，可以得到关于 3 个方案前景的更可靠的信息，该公司应进行这项调查吗？

表 6-22　利润　　单位：万元

方　案	自然状态		
	成　功	部分成功	失　败
方案 1	20	3	−18
方案 2	15	1	−10
方案 3	10	0	−2

2. 某服装厂设计了一款新式服装准备推向市场。如直接大批量生产与销售，主观估计成功与失败的概率各为 0.5，其分别获利为 300 万元与−250 万元，如取消生产销售计划，则损失设计与准备费用为 40 万元。根据以上数据画出决策树，按最大期望收益准则确定最优决策。

3. 某公司有 50 000 元流动资金，如用于某项开发研究估计成功率为 96%，成功时一年可获利 12%，一旦失败，有损失全部资金的风险。如果将资金放到银行里，则可稳得年利 6%。为保证合理投资，公司求助于咨询公司，咨询费用为 500 元，但咨询意见仅供参考，过去咨询公司 200 例意见的实施结果情况见表 6-23，试用决策树分析：

(1) 该公司是否值得求助于咨询公司？

(2) 该公司流动资金应如何合理使用？

表 6-23　咨询公司 200 例意见的实施结果情况

咨询意见	实施结果		合　计
	成　功	失　败	
可以投资	154	2	156
不宜投资	38	6	44
合　计	192	8	200

4. 国外某石油公司，为了从能源危机中获取巨额利润，试图从油母页岩中提取石油制品这一事件进行决策。从目前国际形势看，石油价格可能有 4 种变动状态：(1)价格下降，低于现价(低价)；(2)价格上涨，高于现价(高价)；(3)现价不变；(4)出现“禁运”，价格猛涨(禁运)。根据上述情况分析，公司制定在未来 10 年时间内开发油母页岩的 3 种策略：(1)研究，集中力量研究该油的炼油过程，以降低成本；(2)边研究、边开发，两者结合，但开发人员仍按现有工艺进行开发，会有亏损；(3)应急开发计划，按现有工艺尽快开发，风险更大。各方案的损益值见表 6-24，试求：

表 6-24　各方案的损益值　　单位：百万元

方　案	状　态		
	A 研究	B 边研究、边开发	C 应急开发
低价	−50	−150	−500
现价	0	−50	−200
高价	50	100	0
禁运	55	150	500

(1) 分别按不确定型决策的 5 种方法作出方案选择;

(2) 以你自己的个人价值观来进行决策，你会选取哪一种方案，为什么？

(3) 你如何看待决策中的风险性问题？

5. 某小镇有两种报纸(A 和 B)。居民人人读报，但只读一种。为了竞争，现两种报纸都拟改版。根据资料估计，改版后，原读报纸 A 的读者仍喜欢读报纸 A 的占 80%，改读报纸 B 的占 20%；原读报纸 B 的读者仍喜欢读报纸 B 的占 70%，改读报纸 A 的占 30%。试问经若干年后，状态达到平衡时，两种报纸的市场占有率各为多少？

6. 某商场对购买 A、B、C 三种型号的化妆品的顾客作抽样调查：原用 A 型号化妆品仍然继续使用 A 型号化妆品的顾客占 80%，改用 B 型号化妆品的顾客占 10%，改用 C 型号化妆品的顾客占 10%。原用 B 型号化妆品仍然继续使用 B 型号化妆品的顾客占 90%，改用 C 型号化妆品的顾客占 3%，改用 A 型号化妆品的顾客占 7%。原用 C 型号化妆品仍然继续使用 C 型号化妆品的顾客占 70%，改用 B 型号化妆品的顾客占 20%，改用 A 型号化妆品的顾客占 10%。试问：经过一段时间后，状态达到平衡时，这三种型号化妆品的市场占有率分别为多少？

实际操作训练

现今旅游成为时尚，许多游客常常会选择租车出行。某供应链公司拟在北京和天津两地开展汽车租赁业务，消费者可以从任意一个城市租车，也可任意还车到两个城市的不同网点。为简化考虑，共设 4 个租车点 a、b、c 和 d，经试运行获得一步转移矩阵为

$$
\begin{array}{c} \\ a \\ b \\ c \\ d \end{array}
\begin{array}{c}
\begin{array}{cccc} a & b & c & d \end{array} \\
\begin{bmatrix} 0.7 & 0.2 & 0.0 & 0.1 \\ 0.2 & 0.5 & 0.2 & 0.1 \\ 0.1 & 0.1 & 0.5 & 0.3 \\ 0.5 & 0.2 & 0.2 & 0.1 \end{bmatrix}
\end{array}
$$

若公司拟投入汽车 7 000 辆，问这些车辆如何分配布局到 4 个网点，可以让车辆利用率最高？

在线答题

第7章 动态规划

【本章知识架构】

- 动态规划
  - 动态规划概述
    - 动态规划问题的引入
    - 动态规划问题的特点和分类
  - 动态规划的基本概念和数学模型
    - 动态规划的基本概念
    - 动态规划的数学模型
  - 动态规划的最优化原理和基本方程
    - Bellman最优化原理
    - 动态规划的基本方程
  - 动态规划的应用
    - 生产库存问题
    - 资源分配问题
    - 系统可靠性问题
    - 设备更新问题
    - 背包问题

【本章教学目标与要求】

- 熟练掌握动态规划的基本要素——阶段变量、状态变量、决策变量、状态转移方程、指标函数等。
- 理解动态规划的基本思想，能够建立动态规划的基本方程。
- 熟练应用动态规划的逆序解法去解决一些典型的实际问题。

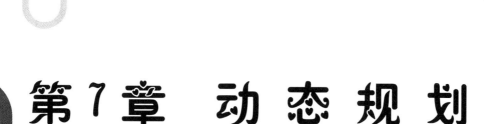

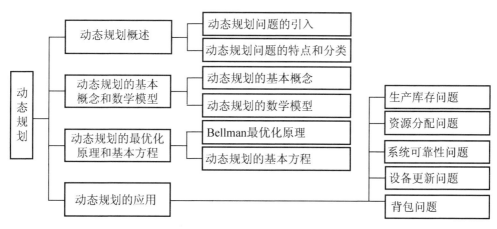

导入案例

运储供应链物流的多式联运

多式联运中心

供应链多式联运是一种以满足不同运输需求为目的的物流运输模式，它将不同的运输方式(如陆运、海运、空运等)有机地结合起来，形成一个相互补充、协调高效的运输网络，实现货物在运输过程中的高效、快捷、安全和低成本的流动。运储供应链的多式联运包括运输模式选择，根据货物的特性、运输距离、时效要求等因素，选择最优的运输模式组合，包括公路运输、铁路运输、水路运输和空运等；路线规划与优化，在供应链多式联运中，对货物运输路线进行规划和优化，包括选择最短路径、避开拥堵区域、考虑运输效率等因素；运输资源管理，管理和调度各种运输资源，包括车辆、船舶、机械设备等；运输信息管理，建立信息系统，实时追踪和监控货物在运输过程中的位置、状态和交付时间，提供供应链可见性；风险管理，评估和应对供应链多式联运中的各种风险，如交通事故、天气灾害等，制定应急预案和措施；合作伙伴管理，与供应商、承运商、仓储服务商等合作伙伴建立良好的合作关系，进行合同管理、绩效评估和协调沟通等。

动态规划是运筹学的一个重要分支，在供应链管理决策中有着广泛的应用。动态规划是 20 世纪 50 年代由美国数学家贝尔曼等人建立和发展起来的解决一类多阶段决策问题的优化方法。动态规划的思想是多种算法的基础，应用广泛，包括最短路问题、背包问题、网络流优化等。

7.1 动态规划概述

动态规划是解决一类多阶段决策问题的优化方法，提供了分析问题的一种途径和模式。所谓多阶段决策问题是指一类活动过程，它可按时间或空间把问题分为若干个相互联系的阶段。在每个阶段都要作出选择(决策)，该决策不仅仅决定这一阶段的效益，而且决定下一阶段的初始状态，从而决定整个过程的走向(动态含义)。当每个阶段的决策确定之后，就得到一个决策序列，称为策略。这类问题是求一个策略，使各个阶段的效益总和达到最优。如果可将一个问题的过程划分为若干个相互联系的阶段问题，且它的每个阶段都需进行决策，一般可用动态规划方法进行求解。

7.1.1 动态规划问题的引入

下面从实际问题中引出动态规划。

【例 7.1】 一个工厂生产某种产品，需要制订第一季度的生产计划。已知 1—4 月生产成本和产品需求量的变化情况见表 7-1。为了调节生产和需求，工厂设有一个产品仓库，库容量 $H=10$，已知期初库存量为 1，要求期末(4 月底)库存量为 0，每个月生产的产品在月底入库，并根据当月需求发货。求能满足各月的需求，并使总生产成本最低的各月生产量。

表 7-1 成本需求表

月份(k)	1	2	3	4
生产成本(c_k)	13	9	15	18
需求量(d_k)	0	8	5	6

问题是求在满足需求的情况下生产产品，使得生产成本最小。由于每月的生产成本不同，因而每月生产的多少都影响总成本，因此每月生产量就是管理者要做的决策，某月的生产量决策又影响其后续月份的生产决策，最终各月生产决策构成一个决策序列。这是一个多阶段决策问题。

【例 7.2】一艘货轮在 A 港装货后驶往 F 港，中途须靠港加油和加淡水 3 次，从 A 港到 F 港全部可能的航行路线及两港之间的距离如图 7-1 所示，F 港有 3 个码头，试求最合理的停靠的码头及航线，使总路程最短。

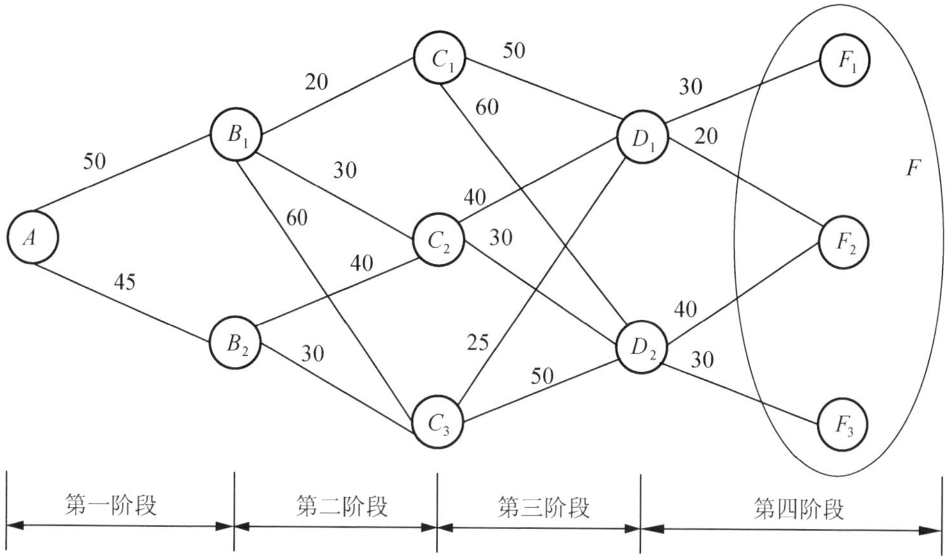

图 7-1　*A* 港到 *F* 港的航行路线

问题是求 A 港到 F 港最短路程，但从 A 港到 F 港不能直接到达，中途须靠港加油和加淡水 3 次，即必须经过 B_1、B_2，C_1、C_2、C_3，D_1、D_2 中的一个港口加油和加淡水。这样的问题可看成一个多阶段决策问题，第一阶段考虑货轮到 B_1 港还是到 B_2 港；第二阶段考虑货轮到 C_1 港、C_2 港还是到 C_3 港？第三阶段考虑货轮到 D_1 港还是到 D_2 港；第四阶段考虑货轮到 F_1 港、F_2 港还是到 F_3 港；依此类推，最后获得货轮从 A 港到 F 港的一条路径。显然这样的路径有很多，问题是选择一条最优路径，使得总的路程最短，这是一个典型的动态规划问题。

【例 7.3】物流运作的最短路问题。生产商 Q 到销售商 T 路线有关数据如图 7-2 所示，试求如何选择路线，使得总运费最低？

问题中虽然要求的是运费最低，但实际上还是最短路问题。根据常识，运费与路程的长短是成正比的。该问题可以按空间活动顺序划分阶段，这是一个多阶段决策问题，它可分为 4 个阶段：第一阶段，从 Q(生产商)到 A(出口港)；第二阶段，从 A(出口港)到 B(进口港)；第三阶段，从 B(进口港)到 C(城市)；第四阶段，从 C(城市)到 T(销售商)，每个阶段选取的路线不同，对应从生产商 Q 到销售商 T 就有一系列不同的运输路线。该问题考虑的是从生产商 Q 到销售商 T 选择哪条路线，使总运费最低(路程最短)。

例 7.3

从上面的实例可知，多阶段决策问题可将其过程划分为若干个相互联系的阶段，且它的每个阶段都需进行决策，该决策既依赖当前的决策条件，又影响以后的决策环境，当每个阶段的决策确定后，就构成了一个决策序列，因而就形成了一个过程完整的活动路线。

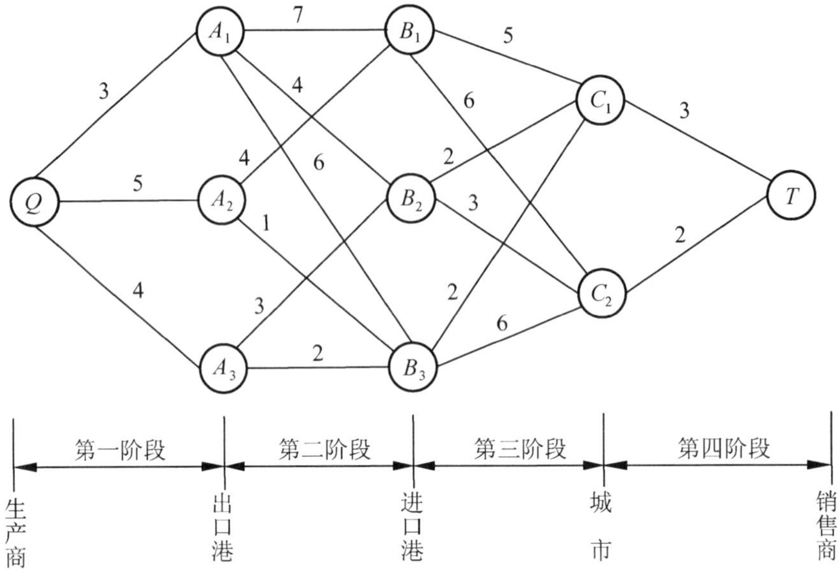

图 7-2　物流运输网络图

一般情况下，一个 n 阶段的动态规划问题可以描述为图 7-3 所示的模式，其中状态 s_k 表示第 k 个阶段开始时的已知决策条件；u_k 表示在这种决策环境下第 k 个阶段所采取的决策，选择这个方案获得的收益为 $v(u_k)$；该决策也决定了第 $k+1$ 个阶段的状态 s_{k+1}，状态 s_{k+1} 确定依赖于状态之间的关系方程 T_k，$k=1,2,\cdots,n$。

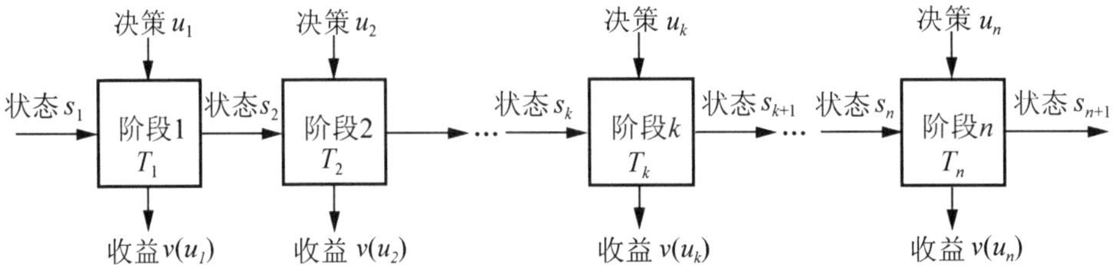

图 7-3　n 阶段的动态规划问题

【例 7.4】 资源分配问题。设有 6 万元资金用于 4 个工厂的扩建，已知每个工厂的投资收益(万吨)同投资额的大小有关，见表 7-2(表内数据是收益 $g_i(u_j)$，即工厂 i 投资额为 u_j 所能获得的产出)，应如何确定对这 4 个工厂的投资额，使总投资收益最大？

表 7-2　投资收益表　　单位：万吨

工厂(i)	投资额(j)						
	0	1	2	3	4	5	6
1	0	20	42	60	75	85	90
2	0	25	45	57	65	70	73
3	0	18	39	61	78	90	95
4	0	28	47	65	74	80	85

可以把对 4 个工厂的投资依次看成 4 个阶段的决策过程，对第 i 个工厂的投资额看成第 i 个阶段的决策，$i=1,2,3,4$，如图 7-4 所示。第一个阶段开始时拥有的资金为 6 万元，即

考虑工厂 1 投资决策时的资金额是 6 万元，投资工厂 1 的资金额为u_1，所以在考虑工厂 2 投资时剩余的资金额为$6-u_1$，依此类推，第 4 阶段的决策是将剩余资金都投入建厂，这样第 5 阶段的投资额为 0，即$s_5=0$。

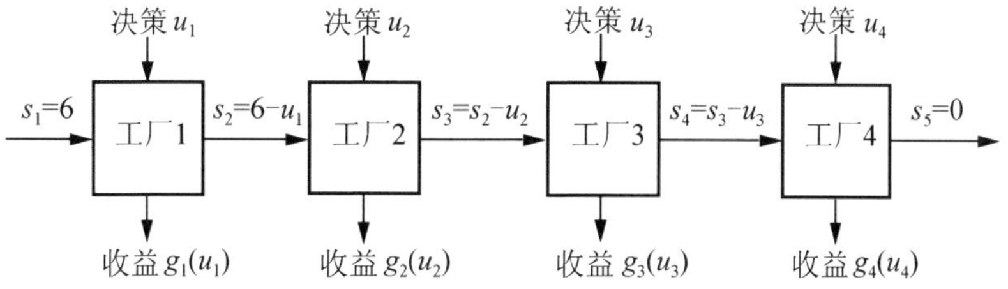

图 7-4 4 阶段动态规划问题

在多阶段决策过程中，动态规划是既把当前的一段和未来的各段分开，又把当前效益和未来效益结合起来考虑的一种最优化方法。动态规划主要用于求解以时间划分阶段的动态过程优化问题，但是一些与时间无关的静态规划(如线性规划、非线性规划)，只要人为地引进时间因素，将它视为多阶段决策过程，也可用动态规划方法处理，如例 7.4。

7.1.2 动态规划问题的特点和分类

通常多阶段决策过程的发展是通过状态的一系列变换来实现的。一般情况下，系统在某个阶段状态的决定除与本阶段的状态和决策有关外，还可能与系统过去经历的状态和决策有关，这样问题的求解就比较困难复杂。适合用动态规划方法求解的只是一类特殊的多阶段决策问题，即具有“无后效性”的多阶段决策过程。无后效性又称马尔可夫性，是指系统从某个阶段往后的发展，仅由本阶段所处的状态及其往后的决策所决定，与系统以前经历的状态和决策(历史)无关。

这个性质也可以形象地理解为动态规划问题结构上的可分性和自相似性。图 7-5(a)和图 7-5(b)是图 7-3 的子部分，也是图 7-3 的子问题，在结构上和图 7-3 是相似的，解决这个子问题的思想、方法与图 7-3 所给的全局问题完全一致。后面讨论的多阶段决策问题都具有这种马尔可夫性，这里不再赘述。

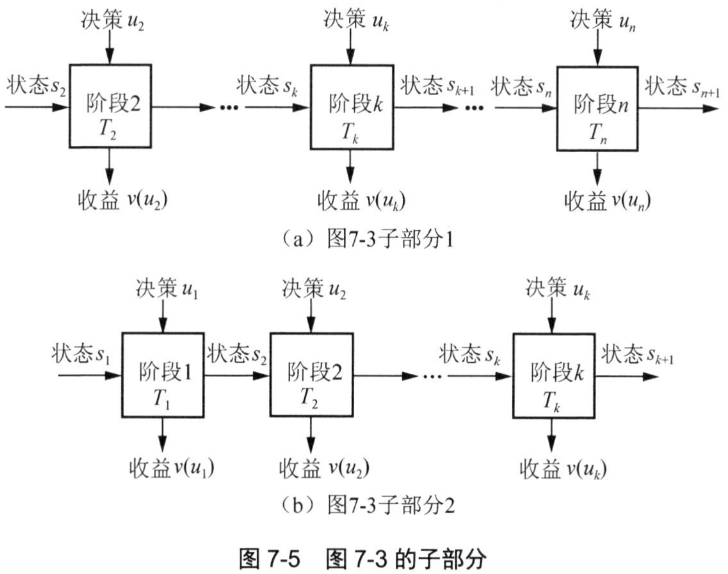

图 7-5 图 7-3 的子部分

在动态规划中，根据决策变量(决策方案)取值(连续或离散)的情况，将动态规划分为连续型、离散型动态规划；根据决策状态(确定或随机)，将动态规划分为确定型、随机型动态规划。这样动态规划有以下 4 种类型：离散确定型、离散随机型、连续确定型和连续随机型，其中应用最广的是确定型动态规划。

7.2　动态规划的基本概念和数学模型

7.2.1　动态规划的基本概念

为了描述动态规划的数学模型，需先给出描述动态规划的有关概念。

1. 阶段与阶段变量

动态规划基本概念

将所给动态规划问题的决策过程划分为若干个相互联系的阶段，可以按照时间或空间的自然特征来分割，构建一个多阶段决策问题。描述决策阶段多少的变量叫作阶段变量，一般用 k 来表示。例如，例 7.1 的阶段可以按照时间安排为 4 个，阶段变量取值为 $k-1, 2, 3, 4$；例 7.4 的阶段可以按照所投资的 4 个工厂的顺序划分为 4 个，阶段变量取值也为 $k=1, 2, 3, 4$。

2. 状态与状态变量

状态表示每个阶段开始所处的自然状态和客观条件，也就是该阶段决策所依赖的初始条件。状态是决策的环境，是不可控因素。例如，例 7.3 各阶段的状态就是每一阶段的左端点，即各阶段的起始位置。每个阶段的状态可能不止一个，将第 k 阶段的状态集合用 S_k 表示，称为第 k 阶段可达状态集合。由于第三阶段有 3 个初始状态，则 $S_3=\{B_1, B_2, B_3\}$；第四阶段有 2 个初始状态，则 $S_4=\{C_1, C_2\}$。

描述状态的变量称为状态变量，第 k 阶段状态变量用小写 $s_k, k=1, 2, \cdots, n$ 表示。如例 7.3 处在状态 C_2 时，可表示为 $s_4=C_2$。

作为动态规划的状态变量，应满足无后效性(马尔可夫性)，之所以要求具有这种性质，是针对不具有无后效性的多阶段决策过程而言，熟悉和掌握前面状态的情况下，逐段递推求解，因此对实际问题来说，必须正确地选择状态变量，使它所确定的过程具有无后效性，否则，就不能用来构造动态规划模型，并应用动态规划方法求解。

3. 决策与决策变量

当过程处于第 k 个阶段的某个状态时，可以作出不同的决定(选择)，从而确定下一阶段的状态，这种选择就是决策。描述决策方案的变量，称为决策变量，其可以是一个数，一组数，常用 $u_k(s_k)$ 表示第 k 阶段处在状态 s_k 的决策变量，是状态变量的函数，在不会引起混淆的情况下，也可以简记为 u_k。在实际问题中，决策变量的取值受已知条件的限制，取值在一定范围之内，将决策变量的取值范围称为允许决策集合，常用 $D_k(s_k)$ 表示第 k 阶段处在状态 s_k 的决策方案集合，显然，$u_k(s_k) \in D_k(s_k)$。

例 7.2 处在状态 C_2 时，$D_3(C_1)=\{D_1, D_2\}$。

4. 策略与最优策略

动态规划的每一阶段都需要决策，则由第 1 阶段到第 n 阶段全过程的决策所构成的任一可行决策序列，称为一个策略，记为 $p_{1n}(s_1)$，或简记为 p_{1n}，即

$$p_{1n}(s_1) = p_{1n} = \{u_1(s_1), u_2(s_2), \cdots, u_n(s_n)\}$$

从第 k 阶段到第 n 阶段的过程称为全过程的 k 后部子过程，其相应的决策序列称为 k 后部子策略，简记为 p_{kn}，即

$$p_{kn}(s_k) = p_{kn} = \{u_k(s_k), u_{k+1}(s_{k+1}), \cdots, u_n(s_n)\} \quad k = 1, 2, \cdots, n$$

在实际问题中，由于每个阶段都有若干个状态，针对每一个状态，又有不同的决策，从而组成了不同的决策函数序列，即存在许多策略可供选择。这种可供选择的策略范围，称为允许策略集合，记为 P，从允许策略集合中找出使问题达到最优效果的策略称为最优策略，记作 p_{1n}^*，即

$$p_{1n}^*(s_1) = p_{1n}^* = \{u_1^*(s_1), u_2^*(s_2), \cdots, u_n^*(s_n)\}$$

并称由第 k 阶段到第 n 阶段的最优策略为 k 后部最优子策略，记为 $p_{kn}^*(s_k)$，即

$$p_{kn}^*(s_k) = p_{kn}^* = \{u_k^*(s_k), u_{k+1}^*(s_{k+1}), \cdots, u_n^*(s_n)\}$$

同样可以定义和描述动态规划的前部子策略和最优子策略，动态规划问题就是在允许策略集中选择最优策略。

5. 状态转移方程

多阶段决策过程是一个序贯决策过程，如果已给定第 k 阶段的状态变量 s_k，则在该阶段的决策变量 u_k 确定之后，第 $k+1$ 阶段的状态 s_{k+1} 也就随之确定，这样，可以把 s_{k+1} 看作 s_k、u_k 的函数，即 $s_{k+1} = T_k(s_k, u_k)$。这一关系指明了由第 k 阶段到第 $k+1$ 阶段的状态转移规律，称为状态转移方程或状态转移函数。

例 7.4 的第三阶段到第四阶段的状态转移方程为 $s_4 = s_3 - u_3$，其中 u_3 表示第三阶段所作的决策。

6. 指标函数与阶段指标函数

动态规划主要是用来解决多阶段过程最优化问题，因而要有一个用来衡量所实现过程优劣的一种数量指标，以便对某给定的策略进行评价，这就是指标函数。阶段指标函数(又称阶段效益)记为 $v_k(s_k, u_k)$，它表示在第 k 阶段处于 s_k 状态下，经过决策 u_k 后在本阶段获得的收益。图 7-2 所示阶段指标就是相邻两点间的距离，$B_1 \to C_2$ 的距离是 6。

过程指标函数(又称目标函数)是用来衡量过程所实现优劣的一种数量指标，它是定义在全过程和所有后部子过程上的数量函数，记为 V_{kn}，即

$$V_{kn}(s_k) = V_{kn}(s_k, u_k, s_{k+1}, u_{k+1}, \cdots, s_n, u_n) \quad k = 1, 2, \cdots, n$$

其中，u_k 表示第 k 阶段的决策，s_{k+1} 由 s_k 和 u_k 确定，其余同理，特别地，当 $k=1$ 时就是全过程的指标函数。

当初始状态给定时，若过程的策略也确定了，则指标函数也就确定了，故指标函数也是初始状态和策略的函数，即 $V_{kn}(s_k) = V_{kn}(s_k, p_{kn}(s_k)),\ \ k = 1, 2, \cdots, n$。

(1) 由于动态规划方法是逐段递推求解的，作为动态规划模型的指标函数应满足的条件如下。

① 指标函数应在全过程和所有后部子过程上有定义。

② 指标函数应具有可分离性。可分离性要求指标函数满足递推关系：对于任意 k ($1\leqslant k\leqslant n$)，有

$$V_{kn}(s_k)=\psi_k(s_k,u_k,V_{k+1,n}(s_{k+1},u_{k+1},\cdots,s_n,u_n))$$

即指标函数 V_{kn} 可表达成第 k 阶段指标函数与从第 $k+1$ 阶段开始的后部子过程指标函数的一个函数关系，即 V_{kn} 能从函数关系 ψ_k 中由 $V_{k+1,n}$ 和 s_k,u_k 得到。

③ 函数 ψ_k 对其变元 $V_{k+1,n}$ 来说要严格单调。此条件是为了保证目标函数在发展方向上的统一，不然目标就会发生混乱。

这些要求是保证动态规划递推求解的关键，不过在实际应用中也不需考虑，因为以后用到的指标函数是最常见的两种——和指标函数与积指标函数，都满足上面的要求。

在例 7.3 中，如选择的策略是 $Q\to A_1\to B_2\to C_1\to T$，则全过程的指标为各阶段的指标之和，即 3+4+2+3=12。选择的策略不同，全过程的指标函数值也不同，因而指标函数是全过程(或后部子过程)各阶段的状态和决策的函数。

(2) 在实际问题中，常用的指标函数有两种基本形式。

① 全过程和它的任一后部子过程的指标函数等于各阶段指标函数之和，称为和指标函数，即

$$V_{kn}=\sum_{i=k}^{n}v_i(s_i,u_i)=v_k(s_k,u_k)+\sum_{i=k+1}^{n}v_i(s_i,u_i)=v_k(s_k,u_k)+V_{k+1,n}\quad k=1,2,\cdots,n$$

其中，$v_k(s_k,u_k)$ 表示第 i 阶段的阶段指标函数。有时指标函数要表达为阶段初始状态和策略的函数，因而上式又可写成

$$V_{kn}(s_k,p_{kn}(s_k))=v_k(s_k,u_k)+V_{k+1,n}(s_{k+1},p_{k+1,n}(s_{k+1}))\quad k=1,2,\cdots,n$$

② 全过程和它的任一后部子过程的指标函数等于各阶段指标函数之积，称为积指标函数，即

$$V_{kn}=\prod_{i=k}^{n}v_i(s_i,u_i)=v_k(s_k,u_k)\times\prod_{i=k+1}^{n}v_i(s_i,u_i)=v_k(s_k,u_k)\times V_{k+1,n}\quad k=1,2,\cdots,n$$

7. 最优值函数

指标函数 V_{kn} 的最优值，称为最优值函数，记为 $f_k(s_k)$，它表示从第 k 阶段的状态 s_k 出发到过程结束时所获得的指标函数的最优值，即所有 k 后部子过程指标函数的最优值。

$$f_k(s_k)=\underset{u_k,\cdots,u_n}{\text{opt}}\{V_{kn}(s_k,u_k,\cdots,s_n,u_n)\}$$

其中，opt 是最优化(Optimization)的缩写，可根据题意而取 max 或 min。

从上面描述可知，最优值函数又可写成

$$f_k(s_k)=\underset{u_k,\cdots,u_n}{\text{opt}}\{V_{kn}(s_k,p_{kn}(s_k))\}=V_{kn}(s_k,p_{kn}^*(s_k))$$

其中，$p_{kn}^*(s_k)$ 表示初始状态为 s_k 时的后部子过程所有子策略中的最优子策略。

要特别注意最优值函数的符号表示，$f_k(s_k)$ 仅与其后部子过程的初始状态 s_k 有关，因为这个值(最优)可由初始状态完全确定，而指标函数除了依赖初始状态，还取决于所选择的过程子策略。

7.2.2 动态规划的数学模型

有了前面的概念，就可以建立动态规划方法的数学模型为

$$f_1 = f_1(s_1) = \underset{u_1 \sim u_n}{\mathrm{opt}} \{V_{1n}(s_1, u_1, s_2, u_2, \cdots, s_n, u_n)\}$$

$$\begin{cases} s_{k+1} = T_k(s_k, u_k) \\ s_k \in S_k \\ u_k \in U_k \\ k = 1, 2, \cdots, n \end{cases} \tag{7-1}$$

对于给定的多阶段决策过程，寻求一个(或多个)最优策略或最优决策序列 $u_1^*, u_2^*, \cdots, u_n^*$ 就是模型的解，使之既满足式(7-1)给出的全部约束条件，又使式(7-1)的目标函数取得极值，同时也能给出执行该策略时过程状态的演变序列。

7.3 动态规划的最优化原理和基本方程

根据上面的讨论，求动态规划模型的解，就是求指标函数的最优值，即由函数 $f_1(s_1)$ 确定。从 $f_1(s_1)$ 的表达式可知，其已是一个多变量的最优化问题，求解仍然困难复杂。如例 7.3，用完全枚举法，可供选择的路线有 40 条，将其一一比较才可找出最短路线，显然这样查找的方法是不经济的，特别是当阶段数很多，各阶段可供的选择也很多时，这种解法甚至用计算机也不能完成。运筹大师 Bellman 等人根据多阶段决策问题的特点，提出了“最优化原理”作为动态规划的理论基础，它能解决许多类型的多阶段决策过程的最优化的问题。

7.3.1 Bellman 最优化原理

Bellman 最优化原理：作为整个过程的最优策略具有这样的性质，即无论过去的状态和决策如何，对于先前的决策所形成的状态而言，余下的诸决策必然构成最优策略。简言之，一个最优策略的子策略总是最优的。

基于 Bellman 最优化原理，考虑整个过程的最优策略，可以从子策略入手，从最优子策略中搜寻整个过程的最优策略，即从一个阶段的最优子策略，搜寻两个阶段的最优子策略，再搜寻 3 个阶段的最优策略，一直继续下去，就可以得到 n 个阶段的最优策略。

利用动态规划问题的特点，就可以按图 7-3 所示，将一个多阶段决策过程转化为一个连贯的决策过程，即把一个含有 n 个变量的决策问题转化为 n 个单变量决策问题。但要实现这种转化，还要满足指标函数的可分性和状态变量的无后效性两个基本条件。

Bellman 最优化原理仅仅是策略最优性的必要条件，所以决定了动态规划求解思想是搜索过程，计算烦琐和复杂。计算机可以替代管理者做大量的重复工作，而他们只需熟悉解决问题的思路和途径。

7.3.2 动态规划的基本方程

在使用动态规划方法处理问题时，必须对实际问题建立动态规划模型，明确模型的变量和参数。与线性规划不同，动态规划模型没有统一的模式，它根据具体问题进行具体分析，在进行分析时，必须做到以下几点。

(1) 将实际问题恰当地划分为若干个阶段，一般是根据时间和空间的自然特性来划分，但要便于把问题的过程转化成多阶段决策的过程。

(2) 正确地选择状态变量 s_k，使它既能描述过程的演变特性，又要满足无后效性。

(3) 确定决策变量 u_k 及每个阶段的允许决策集合 $D_k(s_k)$。

(4) 正确写出状态转移方程 $s_{k+1}=T_k(s_k,u_k)$。

(5) 正确写出阶段指标函数 $v_k(s_k,u_k)$ 和过程指标函数 V_{kn}。

上面 5 点是构造动态规划模型的基础，是正确写出动态规划基本方程的基本要素。一个问题的动态规划模型构造是否合理，反映在要恰当地定义最优值函数、正确地写出递推关系和边界条件，下面就来讨论这个问题。

对于和指标函数而言，由最优值函数的定义可知

$$f_k(s_k)=\underset{u_k,\cdots,u_n}{\text{opt}}\left\{V_{kn}(s_k,p_{kn}(s_k))\right\}=\underset{u_k,\cdots,u_n}{\text{opt}}\left\{v_k(s_k,u_k)+V_{k+1,n}(s_{k+1},p_{k+1,n}(s_{k+1}))\right\}$$

其中，$s_{k+1}=T(s_k,u_k)$。因此

$$\begin{aligned}f_k(s_k)&=\underset{u_k,\cdots,u_n}{\text{opt}}\left\{v_k(s_k,u_k)+V_{k+1,n}(s_{k+1},p_{k+1,n}(s_{k+1}))\right\}\\&=\underset{u_k,p_{k+1,n}}{\text{opt}}\left\{v_k(s_k,u_k)+V_{k+1,n}(s_{k+1},p_{k+1,n}(s_{k+1}))\right\}\\&=\underset{u_k}{\text{opt}}\left\{v_k(s_k,u_k)+\underset{p_{k+1,n}}{\text{opt}}\left\{V_{k+1,n}(s_{k+1},p_{k+1,n}(s_{k+1}))\right\}\right\}\\&=\underset{u_k}{\text{opt}}\left\{v_k(s_k,u_k)+f_{k+1}(s_{k+1})\right\}\end{aligned}$$

若得到最优值函数 $f_{k+1}(s_{k+1})$，可以通过上述公式求出 $f_k(s_k)$，这样通过递推关系最终求出 $f_1=f_1(s_1)$，即整个问题的最优值，从而求出最优策略。为使递推过程顺利进行，还需添加边界条件 $f_{n+1}(s_{n+1})=0$。因为零元素在加法中不起作用，可以保证递推时不改变过程指标函数原来的数值，这样，就得到动态规划的基本方程或递推方程

$$\begin{cases}f_k(s_k)=\underset{u_k\in D_k(s_k)}{\text{opt}}\left\{v_k(s_k,u_k)+f_{k+1}(s_{k+1})\right\}\\f_{n+1}(s_{n+1})=0\\s_{k+1}=T_k(s_k,u_k)\quad k=n,n-1,\cdots,1\end{cases}\tag{7-2}$$

由于递推方程是从 $k=n$ 开始往前向 $k=1$ 递推，方程(7-2)又称逆序递推方程。在递推过程中，需将 s_{k+1} 用状态转移方程 $s_{k+1}=T_k(s_k,u_k)$ 替换。

同理，对于积指标函数，也可写出它的一组基本方程

$$\begin{cases}f_k(s_k)=\underset{u_k\in D_k(s_k)}{\text{opt}}\left\{v_k(s_k,u_k)\times f_{k+1}(s_{k+1})\right\}\\f_{n+1}(s_{n+1})=1\\s_{k+1}=T_k(s_k,u_k)\quad k=n,n-1,\cdots,1\end{cases}\tag{7-3}$$

递推求解的一般过程是：运用边界条件，从 $k=n$ 开始，由后向前逆推，从而逐步求得

各阶段的最优决策和相应的最优值，最后求出 $f_1(s_1)$ 就是全过程的最优值，将 s_1 的值代入计算即得最优值，然后由 s_1 和 u_1^* 利用状态转移方程计算出 s_2，从而确定 u_2^*，依此类推，最后确定 u_n^*，于是得最优策略 $p_{1n}^* = \left\{u_1^*, u_2^*, \cdots, u_n^*\right\}$。后面的计算过程称为“回代”，又称“反向追踪”，动态规划的计算过程是由递推和回代两部分组成。

此外，动态规划解的寻找途径可以分为顺序和逆序两种方法。所谓顺序是指寻优过程与阶段进展的次序一致；所谓逆序是指寻优过程与阶段进展的次序相反。

与逆序递推方程推导的方法类似，设动态规划演化的终止状态为 s_{n+1}，并用 $f_k(s)$ 表示第 k 阶段末的结束状态为 s 时，从第 1 阶段到第 k 阶段所获得的最优值，其他符号的含义不变，可得顺序递推方程如下。

对于和指标函数，有

$$\begin{cases} f_k(s_{k+1}) = \underset{u_k \in D_k'(s_{k+1})}{\mathrm{opt}} \left\{v_k(s_{k+1}, u_k) + f_{k-1}(s_k)\right\} \\ f_0(s_1) = 0 \\ s_k = T_k'(s_{k+1}, u_k) \quad k = 1, 2, \cdots, n \end{cases} \tag{7-4}$$

对于积指标函数，有

$$\begin{cases} f_k(s_{k+1}) = \underset{u_k \in D_k'(s_{k+1})}{\mathrm{opt}} \left\{v_k(s_{k+1}, u_k) \times f_{k-1}(s_k)\right\} \\ f_0(s_1) = 1 \\ s_k = T_k'(s_{k+1}, u_k) \quad k = 1, 2, \cdots, n \end{cases} \tag{7-5}$$

其中，$s_k = T_k'(s_{k+1}, u_k)$ 是状态转移方程的变形，就是说要从 s_{k+1}, u_k 中反求 s_k，与前面给出的状态转移方程有所区别；$u_k \in D_k'(s_{k+1})$ 是指能到达状态 s_{k+1} 的所有第 k 阶段的决策；$v_k(s_{k+1}, u_k)$ 是经过决策 u_k 到达状态 s_{k+1} 的阶段指标函数，这些在顺序递推中需谨记。

从上面的描述不难得出：当阶段的初始状态给定时，用逆序递推的方式比较好；当终止状态给定时，用顺序递推的方式比较好。逆序法表示较为符合人的思维习惯，表达较为简洁，实际中初始状态给定的情况居多，用逆序递推的方式也比较多。

从递推方程可以看出，动态规划是一种在数学和计算机科学中使用的，用于求解包含重叠子问题的最优化问题的方法。动态规划的有效之处是，把一个 n 阶段决策问题变换为 n 个单阶段最优化问题，一个一个地求解。这是经典极值方法所做不到的，它几乎超越了所有现存的计算方法，特别是经典优化方法。另外，动态规划能够求出全局极大或极小，这也是其他优化方法很难做到的。动态规划方法的基本思想体现了多阶段性、无后效性、递归性、全局优化性。动态规划是考察问题的一种途径，而不是一种特殊的算法，它不像线性规划那样有统一的数学模型和算法(如单纯形法)，而必须对具体问题进行具体分析。针对不同的问题，运用动态规划的原理和方法，建立相应的模型，然后用动态规划方法去求解。因此在学习时，除了要正确理解动态规划的基本原理和方法，还要以丰富的想象力去建立模型，用灵活的技巧去求解。

【例 7.5】 求解例 7.3 中的动态规划问题。

解：采用逆序法和顺序法求该动态规划问题的最优策略，逆序法是从 $T \to Q$ 递推，顺序法是从 $Q \to T$ 递推，显然这是一个四阶段动态规划问题。

（1）逆序法求解。

明确动态规划基本要素，建立动态规划基本方程。该题是一个最短路问题，其阶段指标表示相邻两个位置的距离，所以采用和指标函数，并求最小值，得

$$\begin{cases} f_k(s_k) = \min\limits_{u_k \in D_k(s_k)} \{v_k(s_k, u_k) + f_{k+1}(s_{k+1})\} \\ f_5(T) = 0 \\ s_{k+1} = T_k(s_k, u_k) \quad k = 4, 3, 2, 1 \end{cases}$$

① 第四阶段($k=4$)。

此时 $S_5=\{T\}$、$S_4=\{C_1,C_2\}$，从 C_1,C_2 到 T 都只有一条路线，将所选择路线的终点记为决策方案，因为这个记法可以追寻到所走的路线，即 $D_4(C_1)=\{T\}$、$D_4(C_2)=\{T\}$，$v_4(C_1,T)=3$、$v_4(C_2,T)=2$，则

$$f_4(C_1) = \min_{u_4 \in D_4(C_1)} \{v_4(C_1,u_4) + f_5(s_5)\} = \min_{u_4 \in D_4(C_1)} \{v_4(C_1,T) + f_5(T)\} = \min_{u_4 \in D_4(C_1)} \{3+0\} = 3$$

其相应的最优决策是 $u_4^*(C_1)=T$，这说明从 C_1 到 T 的最短路线是 $C_1 \to T$，最短路线的长度是 $f_4(C_1)=3$。

同理，可得

$$f_4(C_2) = \min_{u_4 \in D_4(C_2)} \{v_4(C_2,u_4) + f_5(s_5)\} = \min_{u_4 \in D_4(C_2)} \{v_4(C_1,T) + f_5(T)\} = \min_{u_4 \in D_4(C_2)} \{2+0\} = 2$$

其相应的最优决策是 $u_4^*(C_2)=T$，这说明从 C_2 到 T 的最短路线是 $C_2 \to T$，最短路线的长度是 $f_4(C_2)=2$。

② 第三阶段($k=3$)。

此时 $S_3=\{B_1,B_2,B_3\}$，$D_3(B_1)=\{C_1,C_2\}$、$D_3(B_2)=\{C_1,C_2\}$、$D_3(B_3)=\{C_1,C_2\}$，$v_3(B_1,C_1)=5$、$v_3(B_1,C_2)=6$、$v_3(B_2,C_1)=2$、$v_3(B_2,C_2)=3$、$v_3(B_3,C_1)=2$、$v_3(B_3,C_2)=6$，则

$$f_3(B_1) = \min_{u_3 \in D_3(B_1)} \{v_3(B_1,u_3) + f_4(s_4)\} = \min_{u_3 \in D_3(B_1)} \begin{Bmatrix} v_3(B_1,C_1) + f_4(C_1) \\ v_3(B_1,C_2) + f_4(C_2) \end{Bmatrix} = \min_{u_3 \in D_3(B_1)} \begin{Bmatrix} 5+3 \\ 6+2 \end{Bmatrix} = 8$$

其相应的最优决策是 $u_3^*(B_1)=\{C_1,C_2\}$，这说明从 B_1 到 T 的最短路线有两条 $B_1 \to C_1 \to T$ 和 $B_1 \to C_2 \to T$，最短路线的长度是 $f_3(B_1)=8$。

$$f_3(B_2) = \min_{u_3 \in D_3(B_2)} \{v_3(B_2,u_3) + f_4(s_4)\} = \min_{u_3 \in D_3(B_2)} \begin{Bmatrix} v_3(B_2,C_1) + f_4(C_1) \\ v_3(B_2,C_2) + f_4(C_2) \end{Bmatrix} = \min_{u_3 \in D_3(B_2)} \begin{Bmatrix} 2+3 \\ 3+2 \end{Bmatrix} = 5$$

其相应的最优决策是 $u_3^*(B_2)=\{C_1,C_2\}$，这说明从 B_2 到 T 的最短路线有两条 $B_2 \to C_1 \to T$ 和 $B_2 \to C_2 \to T$，最短路线的长度是 $f_3(B_2)=5$。

$$f_3(B_3) = \min_{u_3 \in D_3(B_3)} \{v_3(B_3,u_3) + f_4(s_4)\} = \min_{u_3 \in D_3(B_3)} \begin{Bmatrix} v_3(B_3,C_1) + f_4(C_1) \\ v_3(B_3,C_2) + f_4(C_2) \end{Bmatrix} = \min_{u_3 \in D_3(B_3)} \begin{Bmatrix} 2+3 \\ 6+2 \end{Bmatrix} = 5$$

其相应的最优决策是 $u_3^*(B_3)=\{C_1\}$，这说明从 B_3 到 T 的最短路线是 $B_3 \to C_1 \to T$，最短路线的长度是 $f_3(B_3)=5$。

③ 第二阶段($k=2$)。

此时 $S_2=\{A_1,A_2,A_3\}$，$D_2(A_1)=\{B_1,B_2,B_3\}$、$D_2(A_2)=\{B_1,B_3\}$、$D_2(A_3)=\{B_2,B_3\}$，$v_2(A_1,B_1)=7$、$v_2(A_1,B_2)=4$、$v_2(A_1,B_3)=6$、$v_2(A_2,B_1)=4$、$v_2(A_2,B_3)=1$、$v_2(A_3,B_2)=3$、$v_2(A_3,B_3)=2$，则

$$f_2(A_1) = \min_{u_2 \subset D_2(A_1)} \{v_2(A_1,u_2) + f_3(s_3)\} = \min_{u_2 \in D_2(A_1)} \begin{Bmatrix} v_2(A_1,B_1) + f_3(B_1) \\ v_2(A_1,B_2) + f_3(B_2) \\ v_2(A_1,B_3) + f_3(B_3) \end{Bmatrix} = \min_{u_2 \in D_2(A_1)} \begin{Bmatrix} 7+8 \\ 4+5 \\ 6+5 \end{Bmatrix} = 9$$

其相应的最优决策是 $u_2^*(A_1)=\{B_2\}$，这说明从 A_1 到 T 的最短路线经过 B_2，最短路线的长度是 $f_2(A_1)=9$。

$$f_2(A_2)=\min_{u_2\in D_2(A_2)}\{v_2(A_2,u_2)+f_3(s_3)\}=\min_{u_2\in D_2(A_2)}\begin{Bmatrix}v_2(A_2,B_1)+f_3(B_1)\\v_2(A_2,B_3)+f_3(B_3)\end{Bmatrix}=\min_{u_2\in D_2(A_2)}\begin{Bmatrix}4+8\\1+5\end{Bmatrix}=6$$

其相应的最优决策是 $u_2^*(A_2)=\{B_3\}$，这说明从 A_2 到 T 的最短路线经过 B_3，最短路线的长度是 $f_2(A_2)=6$。

$$f_2(A_3)=\min_{u_2\in D_2(A_3)}\{v_2(A_3,u_2)+f_3(s_3)\}=\min_{u_2\in D_2(A_3)}\begin{Bmatrix}v_2(A_3,B_2)+f_3(B_2)\\v_2(A_3,B_3)+f_3(B_3)\end{Bmatrix}=\min_{u_2\in D_2(A_3)}\begin{Bmatrix}3+5\\2+5\end{Bmatrix}=7$$

其相应的最优决策是 $u_2^*(A_3)=\{B_3\}$，这说明从 A_3 到 T 的最短路线经过 B_3，最短路线的长度是 $f_2(A_3)=7$。

④ 第一阶段($k=1$)。

此时 $S_1=\{Q\}$，$D_1(Q)=\{A_1,A_2,A_3\}$，$v_1(Q,A_1)=3$、$v_1(Q,A_2)=5$、$v_1(Q,A_3)=4$，则

$$f_1(Q)=\min_{u_1\in D_1(Q)}\{v_1(Q,u_1)+f_2(s_2)\}=\min_{u_1\in D_1(Q)}\begin{Bmatrix}v_1(Q,A_1)+f_2(A_1)\\v_1(Q,A_2)+f_2(A_2)\\v_1(Q,A_3)+f_2(A_3)\end{Bmatrix}=\min_{u_1\in D_1(Q)}\begin{Bmatrix}3+9\\5+6\\4+7\end{Bmatrix}=11$$

其相应的最优决策是 $u_1^*(Q)=\{A_2,A_3\}$，这说明从 Q 到 T 的最短路线经过 A_2 或 A_3，最短路线的长度是 $f_1(Q)=11$。

最后逐段追溯回去，可知最短路线有两条：$Q\to A_2\to B_3\to C_1\to T$ 和 $Q\to A_3\to B_3\to C_1\to T$，得到两个最优策略，其最短路线的长度为 11。

（2）顺序法。

根据式(7-4)，建立动态规划基本方程，得

$$\begin{cases}f_k(s_{k+1})=\min\limits_{u_k\in D_k'(s_{k+1})}\{v_k(s_{k+1},u_k)+f_{k-1}(s_k)\}\\f_0(Q)=0\\s_k=T_k'(s_{k+1},u_k)\quad k=1,2,3,4\end{cases}$$

有关数据在逆序法已经用到，下面简要给出计算过程。

① 第一阶段($k=1$)。

此时 $S_1=\{Q\}$、$S_2=\{A_1,A_2,A_3\}$，为便于追寻所走的路线，将所有路线的起点记为决策方案，因为在第一阶段到达 A_1 只有 $Q\to A_1$ 一条路线，即 $D_1'(A_1)=\{Q\}$，则

$$f_1(A_1)=\min_{u_1\in D_1'(A_1)}\{v_1(A_1,u_1)+f_0(s_1)\}=\min_{u_1\in D_1'(A_1)}\{v_1(A_1,Q)+f_0(Q)\}=\min_{u_1\in D_1'(A_1)}\{3+0\}=3$$

其相应的最优决策是 $u_1^*(A_1)=\{Q\}$ (到达状态 A_1 所采取的决策)，这说明从 Q 到 A_1 的最短路线经过 Q，最短路线的长度是 $f_1(A_1)=3$。

$$f_1(A_2)=\min_{u_1\in D_1'(A_2)}\{v_1(A_2,u_1)+f_0(s_1)\}=\min_{u_1\in D_1'(A_2)}\{v_1(A_2,Q)+f_0(Q)\}=\min_{u_1\in D_1'(A_2)}\{5+0\}=5$$

其相应的最优决策是 $u_1^*(A_2)=\{Q\}$ (到达状态 A_2 所采取的决策)，这说明从 Q 到 A_2 的最短路线经过 Q，最短路线的长度是 $f_1(A_2)=5$。

$$f_1(A_3)=\min_{u_1\in D_1'(A_3)}\{v_1(A_3,u_1)+f_0(s_1)\}=\min_{u_1\in D_1'(A_3)}\{v_1(A_3,Q)+f_0(Q)\}=\min_{u_1\in D_1'(A_3)}\{4+0\}=4$$

其相应的最优决策是$u_1^*(A_3)=\{Q\}$(到达状态A_3所采取的决策)，这说明从Q到A_3的最短路线经过Q，最短路线的长度是$f_1(A_3)=4$。

② 第二阶段($k=2$)。

此时$S_3=\{B_1,B_2,B_3\}$，根据递推方程，得

$$f_2(B_1)=\min_{u_2\in D_2'(B_1)}\{v_2(B_1,u_2)+f_1(s_2)\}=\min_{u_2\in D_2'(B_1)}\begin{Bmatrix}v_2(B_1,A_1)+f_1(A_1)\\v_2(B_1,A_2)+f_1(A_2)\end{Bmatrix}=\min_{u_2\in D_2'(B_1)}\begin{Bmatrix}7+3\\4+5\end{Bmatrix}=9$$

其相应的最优决策是$u_2^*(B_1)=\{A_2\}$，这说明从Q到B_1的最短路线经过A_2，最短路线的长度是$f_2(B_1)=9$。

同理，可知

$$f_2(B_2)=\min_{u_2\in D_2'(B_2)}\{v_2(B_2,u_2)+f_1(s_2)\}=\min_{u_2\in D_2'(B_2)}\begin{Bmatrix}v_2(B_2,A_1)+f_1(A_1)\\v_2(B_2,A_3)+f_1(A_3)\end{Bmatrix}=\min_{u_2\in D_2'(B_2)}\begin{Bmatrix}4+3\\3+4\end{Bmatrix}=7$$

其相应的最优决策是$u_2^*(B_2)=\{A_1,A_2\}$，这说明从Q到B_2的最短路线经过A_1或A_2，最短路线的长度是$f_2(B_2)=7$。

$$f_2(B_3)=\min_{u_2\in D_2'(B_3)}\{v_2(B_3,u_2)+f_1(s_2)\}=\min_{u_2\in D_2'(B_3)}\begin{Bmatrix}v_2(B_3,A_1)+f_1(A_1)\\v_2(B_3,A_2)+f_1(A_2)\\v_2(B_3,A_3)+f_1(A_3)\end{Bmatrix}=\min_{u_2\in D_2'(B_3)}\begin{Bmatrix}6+3\\1+5\\2+4\end{Bmatrix}=6$$

其相应的最优决策是$u_2^*(B_3)=\{A_2,A_3\}$，这说明从Q到B_3的最短路线经过A_2或A_3，最短路线的长度是$f_2(B_3)=6$。

③ 第三阶段($k=3$)。

此时$S_4=\{C_1,C_2\}$，根据递推方程，得

$$f_3(C_1)=\min_{u_3\in D_3'(C_1)}\{v_3(C_1,u_3)+f_2(s_3)\}=\min_{u_3\in D_3'(C_1)}\begin{Bmatrix}v_3(C_1,B_1)+f_2(B_1)\\v_3(C_1,B_2)+f_2(B_2)\\v_3(C_1,B_3)+f_2(B_3)\end{Bmatrix}=\min_{u_3\in D_3'(C_1)}\begin{Bmatrix}5+9\\2+7\\2+6\end{Bmatrix}=8$$

其相应的最优决策是$u_3^*(C_1)=\{B_3\}$，这说明从Q到C_1的最短路线经过B_3，最短路线的长度是$f_3(C_1)=8$。

$$f_3(C_2)=\min_{u_3\in D_3'(C_2)}\{v_3(C_2,u_3)+f_2(s_3)\}=\min_{u_3\in D_3'(C_2)}\begin{Bmatrix}v_3(C_2,B_1)+f_2(B_1)\\v_3(C_2,B_2)+f_2(B_2)\\v_3(C_2,B_3)+f_2(B_3)\end{Bmatrix}=\min_{u_3\in D_3'(C_2)}\begin{Bmatrix}6+9\\3+7\\6+6\end{Bmatrix}=10$$

其相应的最优决策是$u_3^*(C_2)=\{B_2\}$，这说明从Q到C_2的最短路线经过B_2，最短路线的长度是$f_3(C_2)=10$。

④ 第四阶段($k=4$)。

此时$S_5=\{T\}$，根据递推方程，得

$$f_4(T)=\min_{u_4\in D_4'(T)}\{v_4(T,u_4)+f_3(s_4)\}=\min_{u_4\in D_4'(T)}\begin{Bmatrix}v_4(T,C_1)+f_3(C_1)\\v_4(T,C_2)+f_3(C_2)\end{Bmatrix}=\min_{u_4\in D_4'(T)}\begin{Bmatrix}3+8\\2+10\end{Bmatrix}=11$$

其相应的最优决策是$u_4^*(T)=\{C_1\}$，这说明从Q到T的最短路线经过C_1，最短路线的长度是$f_4(T)=11$。

最后逐段追溯回去，可知最短路线有两条：$T \to C_1 \to B_3 \to A_2 \to Q$ 和 $T \to C_1 \to B_3 \to A_3 \to Q$，有两个最优策略，其最短路线的长度为 11，如图 7-6 的箭线所指路线。

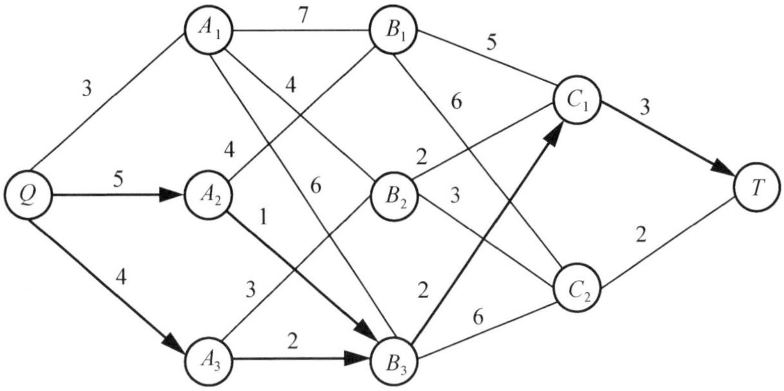

图 7-6　最短路线

从上述内容可知，顺序法与逆序法的结果完全一样，但递推路线相反，建议以后尽量用逆序递推的方法求解动态规划。

【例 7.6】 求解例 7.2 中的动态规划问题，如图 7-7 所示。

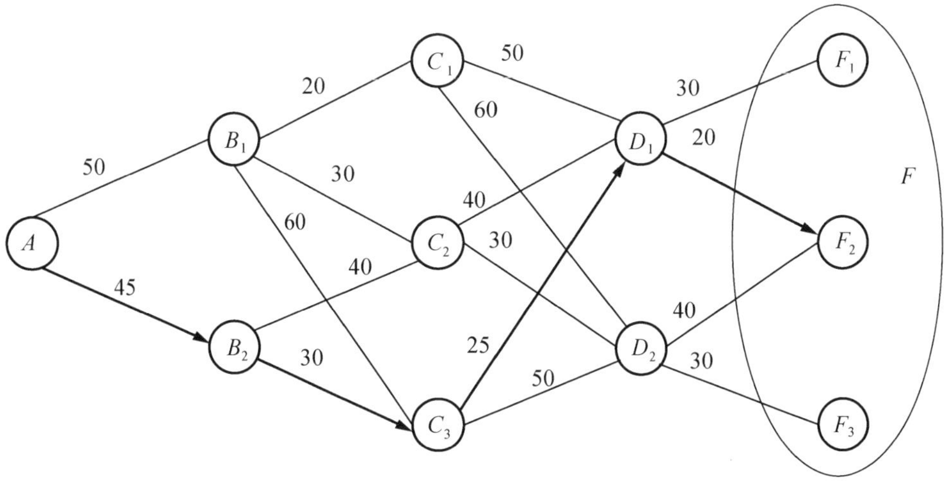

图 7-7　例 7.6 图

解：应用逆序法求解从终点 F 到起点 A 的最优路线。

考虑到该题的特殊性，第 4 阶段结束状态不唯一(3 个港口)，造成边界条件设置上的困难，因此在建立动态规划模型时首先要处理这个难点。处理的方法很多，一是将该问题拆分为 3 个动态规划问题，F_1、F_2 和 F_3 各作为一个目的码头讨论其最优策略，最后比较这 3 个策略的最短路线，获得原问题的最优策略；二是引入一个新的虚拟码头，使得其与 F_1、F_2 和 F_3 距离为零，增加一个阶段求解该问题，这样也不改变问题的最优路线；三是将 F_1、F_2 和 F_3 都作为终点，设其初始条件为零，求解该问题。为了简便求解，这里选用第 3 种方法，设置 3 个初始条件。

明确该问题的基本要素，这是一个四阶段动态规划问题，其阶段指标表示相邻两个位

置的距离，采用和指标函数考量最优策略，建立动态规划基本方程，得

$$\begin{cases} f_k(s_k) = \min\limits_{u_k \in D_k'(s_k)} \{v_k(s_k, u_k) + f_{k+1}(s_{k+1})\} \\ f_0(F_i) = 0 \quad i = 1, 2, 3 \\ s_{k+1} = T_k(s_k, u_k) \quad k = 4, 3, 2, 1 \end{cases}$$

由于该问题的状态和决策的取值都是离散的，为便于叙述，特引入表格将相关要素组织在一起，计算各阶段的最优值，在解决实际问题中可模仿应用。

(1) 第四阶段($k=4$)(见表 7-3)。

表 7-3　第四阶段

s_4	$D_4(s_4)$	s_5	$v_4(s_4,u_4)$	$v_4(s_4,u_4)+f_5(s_5)$	$f_4(s_4)$	最优决策 $u_4(s_4)$
D_1	$D_1 \to F_1$ $D_1 \to F_2$	F_1 F_2	30 20	30+0 20+0	20	$D_1 \to F_2$
D_2	$D_2 \to F_2$ $D_2 \to F_3$	F_2 F_3	40 30	40+0 30+0	30	$D_2 \to F_3$

(2) 第三阶段($k=3$)(见表 7-4)。

表 7-4　第三阶段

s_3	$D_3(s_3)$	s_4	$v_3(s_3,u_3)$	$v_3(s_3,u_3)+f_4(s_4)$	$f_3(s_3)$	最优决策 $u_3(s_3)$
C_1	$C_1 \to D_1$ $C_1 \to D_2$	D_1 D_2	50 60	50+20 60+30	70	$C_1 \to D_1$
C_2	$C_2 \to D_1$ $C_2 \to D_2$	D_1 D_2	40 30	40+20 30+30	60	$C_2 \to D_1$ $C_2 \to D_2$
C_3	$C_3 \to D_1$ $C_3 \to D_2$	D_1 D_2	25 50	25+20 50+30	45	$C_3 \to D_1$

(3) 第二阶段($k=2$)(见表 7-5)。

表 7-5　第二阶段

s_2	$D_2(s_2)$	s_3	$v_2(s_2,u_2)$	$v_2(s_2,u_2)+f_3(s_3)$	$f_2(s_2)$	最优决策 $u_2(s_2)$
B_1	$B_1 \to C_1$ $B_1 \to C_2$ $B_1 \to C_3$	C_1 C_2 C_3	20 30 60	20+70 30+60 60+45	90	$B_1 \to C_1$ $B_1 \to C_2$
B_2	$B_2 \to C_2$ $B_2 \to C_3$	C_2 C_3	40 30	40+60 30+45	75	$B_2 \to C_3$

(4) 第一阶段($k=1$)(见表 7-6)。

表 7-6　第一阶段

s_1	$D_1(s_1)$	s_2	$v_1(s_1,u_1)$	$v_1(s_1,u_1)+f_2(s_2)$	$f_1(s_1)$	最优决策 $u_1(s_1)$
A	$A \to B_1$ $A \to B_2$	B_1 B_2	50 45	50+90 45+75	120	$A \to B_2$

从上面结果得出，A 到 F 距离最短的路线的长度是 120，最优路线为 $A \to B_2 \to C_3 \to D_1 \to F_2$，如图 7-7 中箭头所示的路线。

7.4 动态规划的应用

求解一个标准的动态规划框架，通常要求按以下几个步骤进行：划分阶段、选择状态、确定决策并写出状态转移方程、写出递推方程(包括边界条件)。动态规划的求解框架如图 7-8 所示。动态规划应用的主要难点是框架的设计，一旦设计完成，实现部分就会非常简单。根据动态规划的基本方程可以直接递推计算其最优值。由于动态规划模型与线性规划模型不同，动态规划模型没有统一的模式，建模时必须根据具体问题具体分析，只有通过不断的实践总结，才能较好地掌握建模方法与技巧。

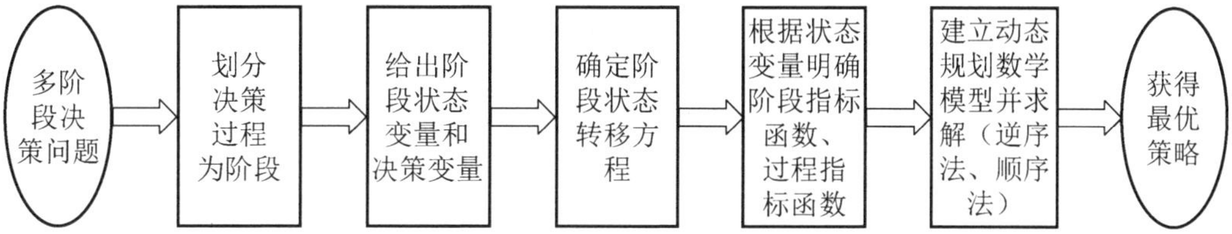

图 7-8　动态规划的求解框架

7.4.1 生产库存问题

【例 7.7】某工厂制订一种产品的年度生产(或采购)计划，预测不同季度产品的市场需求分别为 2、3、2、4 单位，单位产品的固定成本为 3 千元，可变成本为 1 千元，每季度最大产品生产能力 m =6 单位，每单位产品的季度存储费用为 500 元(计算时采用 0.5 千元)，库存容量不限，要求每年年末库存为 0。试问：如何安排生产与库存，才能使总成本最小？

解：明确动态规划的基本要素，建立动态规划递推方程。

按季度将该问题分为 4 阶段，$k=1,2,3,4$。

状态变量 s_k 为第 k 季度的库存数。

决策变量 x_k 为第 k 季度的产量，需求量为 d_k。

状态转移方程：$s_k = s_{k-1} + x_k - d_k$。

阶段指标函数为季度的生产成本和存储费用：$v_k(s_k, x_k) = c_k(x_k) + h_k(s_k)$。

其中，生产成本为

$$c_k(x_k) = \begin{cases} 0 & x_k = 0 \\ 3 + x_k & x_k = 1, \cdots, 6 \\ \infty & x_k > 6 \end{cases}$$

存储费用为 $h_k(s_k) = 0.5 s_k$。

动态规划的递推方程为

$$\begin{cases} f_k(s_k) = \min\limits_{u_k \in D_k(s_k)} \{v_k(s_k, x_k) + f_{k+1}(s_{k+1})\} \\ f_5(s_5) = 0 \quad k = 1, 2, 3, 4 \end{cases}$$

从边界条件出发，计算每个阶段 k 状态(库存水平)的总成本 $f_k(s_k)$，其中，第 k 阶段的库存上限为 $s_k \leqslant \max\left\{\sum_{j=k}^{n} d_j, m-d_k\right\}$，这是因为第 k 阶段能够用于库存的数量为最大产量减去本阶段的需求量，即 $m-d_k$，同时其库存数量也不超过后续所有阶段的总需求量 $\sum_{j=k}^{n} d_j$。

(1) 第四阶段($k=4$)。

到第四阶段时，初始库存为 s_4，根据题知 $s_4 \leqslant 4$，$s_5=0$。如果 $s_4>4$，就是第四季度不生产，到第四季度末库存仍不为零，不符合题意，迭代过程见表 7-7。

表 7-7　第四阶段

s_4	$D_4(s_4)$	s_5	$v_4(s_4,x_4)$	$v_4(s_4,x_4)+f_5(s_5)$	$f_4(s_4)$	最优决策 x_4
0	4	0	7+0.5×0	7+0	7	4
1	3	0	6+0.5×1	6.5+0	6.5	3
2	2	0	5+0.5×2	6+0	6	2
3	1	0	4+0.5×3	5.5+0	5.5	1
4	0	0	0+0.5×4	2+0	2	0

(2) 第三阶段($k=3$)。

到第三阶段时，初始库存为 s_3，因为每季度最大生产量都大于需求量，所以第三季度开始时的最大库存量应满足第三季度和第四季度的需求量，即 $s_3 \leqslant 6$，迭代过程见表 7-8。

表 7-8　第三阶段

s_3	$D_3(s_3)$	s_4	$v_3(s_3,x_3)$	$v_3(s_3,x_3)+f_4(s_4)$	$f_3(s_3)$	最优决策 x_3
0	2	0	5+0×0.5	5+7	11	6
	3	1	6+0×0.5	6+6.5		
	4	2	7+0×0.5	7+6		
	5	3	8+0×0.5	8+5.5		
	6	4	9+0×0.5	9+2		
1	1	0	4+1×0.5	4.5+7	10.5	5
	2	1	5+1×0.5	5.5+6.5		
	3	2	6+1×0.5	6.5+6		
	4	3	7+1×0.5	7.5+5.5		
	5	4	8+1×0.5	8.5+2		
2	0	0	0+2×0.5	1+7	8	0
	1	1	4+2×0.5	5+6.5		
	2	2	5+2×0.5	6+6		
	3	3	6+2×0.5	7+5.5		
	4	4	7+2×0.5	8+2		
3	0	1	0+3×0.5	1.5+6.5	8	0
	1	2	4+3×0.5	5.5+6		
	2	3	5+3×0.5	6.5+5.5		
	3	4	6+3×0.5	7.5+2		

续表

s_3	$D_3(s_3)$	s_4	$v_3(s_3,x_3)$	$v_3(s_3,x_3)+f_4(s_4)$	$f_3(s_3)$	最优决策 x_3
4	0	2	0+4×0.5	2+6	8	0
	1	3	4+4×0.5	6+5.5		
	2	4	5+4×0.5	7+2		
5	0	3	0+5×0.5	2.5+5.5	8	0
	1	4	4+5×0.5	6.5+2		
6	0	4	0+6×0.5	3+2	5	0

(3) 第二阶段($k=2$)。

第二阶段开始时的库存为s_2，考虑到第一个季度最多生产 6 个单位，满足第一季度的需求后，得$s_2 \leqslant 4$，迭代过程见表 7-9。

表 7-9 第二阶段

s_2	$D_2(s_2)$	s_3	$v_2(s_2,x_2)$	$v_2(s_2,x_2)+f_3(s_3)$	$f_2(s_2)$	最优决策 x_2
0	3	0	6+0×0.5	6+11	16	5
	4	1	7+0×0.5	7+10.5		
	5	2	8+0×0.5	8+8		
	6	3	9+0×0.5	9+8		
1	2	0	5+1×0.5	5.5+11	15.5	4
	3	1	6+1×0.5	6.5+10.5		
	4	2	7+1×0.5	7.5+8		
	5	3	8+1×0.5	8.5+8		
	6	4	9+1×0.5	9.5+8		
2	1	0	4+2×0.5	5+11	15	3
	2	1	5+2×0.5	6+10.5		
	3	2	6+2×0.5	7+8		
	4	3	7+2×0.5	8+8		
	5	4	8+2×0.5	9+8		
	6	5	9+2×0.5	10+8		
3	0	0	0+3×0.5	1.5+11	12.5	0
	1	1	4+3×0.5	5.5+10.5		
	2	2	5+3×0.5	6.5+8		
	3	3	6+3×0.5	7.5+8		
	4	4	7+3×0.5	8.5+8		
	5	5	8+3×0.5	9.5+8		
	6	6	9+3×0.5	10.5+5		
4	0	1	0+4×0.5	2+10.5	12.5	0
	1	2	4+4×0.5	6+8		
	2	3	5+4×0.5	7+8		
	3	4	6+4×0.5	8+8		
	4	5	7+4×0.5	9+8		
	5	6	8+4×0.5	10+5		

(4) 第一阶段($k=1$)。

第一阶段开始时的库存为$s_1=0$，迭代过程见表 7-10。

表 7-10 第一阶段

s_1	$D_1(s_1)$	s_2	$v_1(s_1,x_1)$	$v_1(s_1,x_1)+f_2(s_2)$	$f_1(s_1)$	最优决策 x_1
0	2	0	5+0×0.5	5+16	20.5	5
	3	1	6+0×0.5	6+15.5		
	4	2	7+0×0.5	7+15		
	5	3	8+0×0.5	8+12.5		
	6	4	9+0×0.5	9+12.5		

逐级向后追溯，可得各阶段的最优决策：$x_1=5,x_2=0,x_3=6,x_4=0$。

7.4.2 资源分配问题

资源分配问题就是将一定数量的一种或若干种资源(原材料、资金、设备等)合理分配给若干使用者，使得资源分配后总效果最优。

【例 7.8】求解例 7.4 中的动态规划问题。

解：把对 4 个工厂的投资依次看成 4 个阶段的决策过程，将第 k 个工厂的投资额看成第 k 阶段的决策，$k=1,2,3,4$。

状态变量 s_k：第 k 阶段决策时剩余的资金额。

决策变量 x_k：第 k 阶段对第 k 个工厂的投资额，允许决策集合 $D_k=\{0,1,\cdots,s_k\}$。

状态转移方程：$s_{k+1}=s_k-x_k$，$k=1,2,3,4$，其中 $s_1=6$万元。

阶段指标函数 $g_k(x_k)$：第 k 阶段投资 x_k 万元时的投资效益，见表 7-2。

最优指标函数 $f_k(s_k)$：第 k 阶段状态为 s_k 且对第 k 个工厂投资为 x_k 时，第 k 个工厂以及以后产生的总投资效益。

基本递推方程为

$$\begin{cases} f_k(s_k)=\max\limits_{0\leqslant x_k\leqslant s_k}\{g_k(x_k)+f_k(s_{k+1})\} & k=4,3,2,1 \\ f_5(s_5)=0 \end{cases}$$

用逆序法求解，可得 4 个最优策略：

$$x_1=0,\quad x_2=2,\quad x_3=3,\quad x_4=1;$$
$$x_1=2,\quad x_2=1,\quad x_3=2,\quad x_4=1;$$
$$x_1=1,\quad x_2=1,\quad x_3=3,\quad x_4=1;$$
$$x_1=2,\quad x_2=2,\quad x_3=0,\quad x_4=2。$$

最大投资效益为 $f_1(s_1)=f_1(6)=134$ 万吨。

【例 7.9】 某公司有 1 000 辆功能完好的运输卡车，在超负荷运输(即每天满载行驶 500km 以上)情况下，年利润为 25 万元/辆，这时卡车的年损坏率为 0.3；在低负荷运输(即每天行驶 300km 以下)情况下，年利润为 16 万元/辆，年损坏率为 0.1。现要制订一个 5 年计划，问每年年初应如何分配完好车辆(在两种不同的负荷下运输)，使其在 5 年内的总利润最大？

解：这是一个以时间为特征的多阶段决策问题。

阶段：将 5 年运输计划看成 5 个阶段的决策问题，$k=1,2,3,4,5$。

状态变量 s_k：第 k 阶段初完好的卡车数量，$s_1=1000$。

决策变量 x_k：表示第 k 阶段用于分配给超负荷运输的卡车数量，分配给低负荷运输的卡车数为 $s_k - x_k$。

状态转移方程：$s_{k+1} = (1-0.3)x_k + (1-0.1)(s_k - x_k) = 0.9s_k - 0.2x_k$。

阶段指标函数 $g_k(x_k)$：表示第 k 年度利润，$g_k(x_k) = 25x_k + 16(s_k - x_k) = 16s_k + 9x_k$。

最优指标函数 $f_k(s_k)$：第 k 年度初完好车辆数为 s_k 时，采用最优策略到第 5 年年末所产生的最大利润，递推方程为

$$\begin{cases} f_k(s_k) = \max\limits_{0 \leqslant x_k \leqslant s_k} \{g_k(x_k) + f_{k+1}(s_{k+1})\} & k = 5,4,3,2,1 \\ f_6(s_6) = 0 \end{cases}$$

用逆序法求解，可得最优策略：$x_1 = 0,\ \ x_2 = 0,\ \ x_3 = 810,\ \ x_4 = 567,\ \ x_5 = 396.9$，即第一年年初，1 000 辆车全部用于低负荷运输；第二年年初，还有 900 辆完好的车，也全部用于低负荷运输；第三年年初，还有 810 辆完好的车，全部用于超负荷运输；第四年年初：还有 567 辆完好的车，全部用于超负荷运输；第五年年初，还有 396.9 辆完好的车，全部用于超负荷运输；到第五年年末，即第六年年初，还剩余 277.83 辆完好的车。所创最大利润 $f_1(s_1) = f_1(1\,000)$ =74 747.5 万元。

【例 7.10】 一般的资源分配问题。资源数量为 a，将其分配给 n 个使用者，分配给第 i 个使用者数量 x_i 时，相应的收益为 $g_i(x_i)$，问如何分配使得总收益最大？该问题的数学模型为

$$\max z = g_1(x_1) + g_2(x_2) + \cdots + g_n(x_n)$$

$$\begin{cases} x_1 + x_2 + \cdots + x_n = a \\ x_i \geqslant 0 \quad i = 1,2,\cdots,n \end{cases}$$

解：该问题是一个线性规划问题，应用动态规划方法求解时可人为地赋予时间概念，将其看作一个多阶段决策问题。

按变量个数划分阶段，$k = 1, 2, \cdots, n$。

状态变量为 s_k：表示分配给第 k 个至第 n 个使用者的总资源数量。

决策变量 x_k：表示分配给第 k 个使用者的资源数量，允许决策集合

$$D_k(s_k) = \{x_k \mid 0 \leqslant x_k \leqslant s_k\}$$

状态转移方程：$s_{k+1} = s_k - x_k$，其中 $s_1 = a$。

阶段指标函数 $g_k(x_k)$：表示分配给第 k 个使用者 x_k 数量时的收益。

最优指标函数 $f_k(s_k)$：表示以 s_k 数量的资源分配给第 k 个至第 n 个使用者所得到的最大收益，则动态规划基本方程为

$$\begin{cases} f_k(s_k) = \max\limits_{0 \leqslant x_k \leqslant s_k} [g_k(x_k) + f_{k+1}(s_{k+1})] & k = n,\cdots,1 \\ f_{n+1}(s_{n+1}) = 0 \end{cases}$$

由后向前逐段递推，$f_1(a)$ 即为所求问题的最大收益。

7.4.3 系统可靠性问题

系统可靠性问题是指系统在给定条件下正常运行的概率。提升可靠性的方法有：多重冗余设计，如备份系统、冗余传感器；优化系统设计，降低单点故障概率；实施有效的故障恢复策略，缩短系统恢复时间等。动态规划通过分析系统组件的故障概率、修复时间等因素，可以最大限度地减少系统故障对整体性能的影响。

【例 7.11】考虑设计一种有 3 个主要元件的电气设备。这 3 个元件是串联的，一个元件发生故障，整个设备将不能正常工作。设备的可靠性可以通过在每个元件上并联(备用)元件进行改进，每个元件可以由 1 个、2 个或 3 个元件并联。设计这种设备的总资金为 10 万元，元件 $i(i=1,2,3)$ 配备 $m_i(m_i=1,2,3)$ 个元件后的可靠性为 $R_i(m_i)$，成本为 $C_i(m_i)$，具体数值由表 7-11 给出。试确定各元件并联的元件数目，使得在不超过总设计费用的前提下，设备的可靠性最大。

表 7-11　设备成本与可靠性表　　单位：万元

m_i	i=1		i=2		i=3	
	R	C	R	C	R	C
1	0.6	1	0.7	3	0.5	2
2	0.8	2	0.8	5	0.7	4
3	0.9	3	0.9	6	0.9	5

解：设备的可靠性 $R=R_1(m_1)R_2(m_2)R_3(m_3)$，其中 $R_i(m_i)$ 是第 i 个元件有 m_i 个并联元件时的可靠性。

阶段变量 $k=1,2,3$ 表示元件编号；状态变量 s_k 表示设计第 k 个元件前剩余的资金数，即第 k 个元件到第 n 个元件的总费用；决策变量 u_k 表示第 k 个元件的并联元件数。状态转移方程为 $s_{k+1}=s_k-C_k(u_k)$，基本递推方程为

$$\begin{cases} f_k(s_k)=\max\limits_{u_k\in D_k(u_k)}[R_k(u_k)f_{k+1}(u_{k+1})] \qquad k=3,2,1 \\ C_k(u_k)\leqslant s_k-\sum\limits_{i=k+1}^{3}C_i(1) \\ f_4(s_4)=1 \end{cases}$$

其中，$C_k(u_k)\leqslant s_k-\sum\limits_{i=k+1}^{3}C_i(1)$ 表示首先要保证设备正常使用，即至少要保证该设备的 3 个主要元件都要有一个，然后才能考虑增加备件可靠性的措施，实际上增加可靠性的资金只有 4 万元。

(1) 第三阶段($k=3$)。

s_3 满足 $C_3(u_3)\leqslant s_3$，$C_3(1)\leqslant s_3\leqslant s_1-C_2(1)-C_1(1)$，所以 $2\leqslant s_3\leqslant 6$，迭代过程见表 7-12。

表 7-12　第三阶段

s_3	$D_3(s_3)$	s_4	$R_3(u_3)$	$R_3(u_3)\times f_4(s_4)$	$f_3(s_3)$	最优决策 u_3
2	1	0	0.5	0.5×1	0.5	1
3	1	1	0.5	0.5×1	0.5	1
4	1	2	0.5	0.5×1	0.7	2
	2	0	0.7	0.7×1		
5	1	3	0.5	0.5×1	0.9	3
	2	1	0.7	0.7×1		
	3	0	0.9	0.9×1		
6	1	4	0.5	0.5×1	0.9	3
	2	2	0.7	0.7×1		
	3	1	0.9	0.9×1		

(2) 第二阶段($k=2$)。

s_2满足 $C_2(u_2)\leqslant s_2-C_3(1)$，$C_3(1)+C_2(1)\leqslant s_2\leqslant s_1-C_1(1)$，所以$5\leqslant s_2\leqslant 9$，迭代过程见表 7-13。

表 7-13　第二阶段

s_2	$D_2(s_2)$	s_3	$R_2(u_2)$	$R_2(u_2)\times f_3(s_3)$	$f_2(s_2)$	最优决策 u_2
5	1	2	0.7	0.7×0.5	0.35	1
6	1	3	0.7	0.7×0.5	0.35	1
7	1	4	0.7	0.7×0.7	0.49	1
	2	2	0.8	0.8×0.5		
8	1	5	0.7	0.7×0.9	0.63	1
	2	3	0.8	0.8×0.5		
	3	2	0.9	0.9×0.5		
9	1	6	0.7	0.7×0.9	0.63	1
	2	4	0.8	0.8×0.7		
	3	3	0.9	0.9×0.5		

(3) 第一阶段($k=1$)。

$s_1=10$，迭代过程见表 7-14。

表 7-14　第一阶段

s_1	$D_1(s_1)$	s_2	$R_1(u_1)$	$R_1(u_1)\times f_2(s_2)$	$f_1(s_1)$	最优决策 u_1
10	1	9	0.6	0.6×0.63	0.504	2
	2	8	0.8	0.8×0.63		
	3	7	0.9	0.9×0.49		

最优的设计方案是 1 号元件并联 2 个；2 号元件并联 1 个；3 号元件并联 3 个，系统的可靠性为 0.504。

【例 7.12】 二维系统的可靠性问题。某个机器工作系统由 n 个部件串联而成，其中只要有一个部件失效，则整个系统都不能正常工作，因此为了提高系统工作的可靠性，在设计时，每个主要部件上都装有备用元件，一旦某个主要部件失效，备用元件会自动投入系统工作，显然备用元件越多，系统工作可靠性越大，但是备用元件越多，系统的成本、质量、体积相应增大，工作精度降低，因此在上述限制条件下，应选择合理的备用元件数，使整个系统的工作可靠性最大。

解：设第 $i(i=1,2,\cdots,n)$ 个部件上装有 z 个备用元件，正常工作的概率为 $p_i(u_i)$，则整个系统正常工作的可靠性为 $P=\prod_{i=1}^{n}p_i(u_i)$，装第 i 个部件的费用为 c_i，质量为 z 。要求总费用不超过 c，总质量不超过 w，则线性规划数学模型为

$$\max P=\prod_{i=1}^{n}p_i(u_i)$$

$$\begin{cases} \sum_{i=1}^{n} c_i u_i \leqslant c \\ \sum_{i=1}^{n} w_i u_i \leqslant w \\ u_i \geqslant 0 \text{且为整数} \quad i=1,2,\cdots,n \end{cases}$$

应用动态规划方法求解的有关要素和动态规划基本方程如下。

按部件个数划分阶段，$k=1,2,\cdots,n$。

决策变量 μ_k 表示部件 k 上的备用元件数。

状态变量 x_k 表示从第 k 个到第 n 个部件的总费用，

y_k 表示从第 k 个到第 n 个部件的总质量。

状态转移方程为

$$x_{k+1}=x_k-c_k u_k，\quad y_{k+1}=y_k-w_k u_k$$

允许决策集合为

$$D_k(x_k,y_k)=\left\{u_k \middle| 0 \leqslant u_k \leqslant \min\left(\left[\frac{x_k}{c_k}\right],\left[\frac{y_k}{w_k}\right]\right)，\text{且} u_k \text{为整数}\right\}$$

阶段指标函数为 $p_k(u_k)$，表示第 k 个部件的正常工作概率。

最优指标函数 $f_k(x_k,y_k)$ 表示由状态 x_k、y_k 出发，从部件 k 到部件 n 的系统工作最大可靠性，则动态规划基本方程为

$$\begin{cases} f_k(x_k,y_k)=\max\limits_{u_k \in D_k(x_k,y_k)}[p_k(u_k)f_{k+1}(x_{k+1},y_{k+1})] & k=n,n-1,\cdots,1 \\ f_{n+1}(x_{n+1},y_{n+1})=1 \end{cases}$$

$f_1(c,w)$ 即为整个系统工作的最大可靠性。

7.4.4 设备更新问题

企业中经常会遇到一台设备应该使用多少年更新最合算的问题。一般来说，一台设备在比较新时，年运转量大、经济收入高、故障少、维修费用低，但随着使用年限的增加，其年运转量减少、经济收入减少、故障变多、维修费用增加。如果更新设备可提高年净收入，但是当年要支出一笔数额较大的购买费。

设备更新的一般提法为：在已知一台设备的效益函数 $r(t)$，维修费用函数 $u(t)$ 及更新费用函数 $c(t)$ 条件下，要求在 n 年中每年年初作出决策，是继续使用旧设备还是更换一台新设备，使 n 年总效益最大，参看例 7.13。

【例 7.13】某台新设备的年效益及年均维修费、更新费见表 7-15。试确定今后 5 年内的更新策略，使总收益最大。

表 7-15　新设备的年效益及年均维修费、更新费　　单位：万元

项　目	役　龄					
	0	1	2	3	4	5
效益 $r_k(t)$	5	4.5	4	3.75	3	2.5
维修费 $u_k(t)$	0.5	1	1.5	2	2.5	3
更新费 $c_k(t)$	0.5	1.5	2.2	2.5	3	3.5

解：定义动态规划基本要素，建立动态规划求解方程。

以年限划分阶段 k， $k=1,2,3,4,5$。

决策变量 x_k： $x_k\begin{cases}K, & \text{在第 } k \text{ 年年初保留使用}\\ R, & \text{在第 } k \text{ 年年初更新}\end{cases}$

状态变量 s_k：第 k 年年初，设备已使用过的年数，称为役龄。

状态转移方程： $s_{k+1}\begin{cases}s_{k+1}, & x_k=K\\ 1, & x_k=R\end{cases}$

$r_k(t)$：在第 k 年设备已使用过 t 年(或役龄为 t 年)，再使用 1 年时的效益。

$u_k(t)$：在第 k 年设备已使用过 t 年(或役龄为 t 年)，再使用 1 年时的维修费。

$c_k(t)$：在第 k 年卖掉一台役龄为 t 年的设备，买进一台新的设备的更新费，即 $c_k(t)=$ 买一台新设备的费用 − 卖一台 t 年役龄的旧设备的收益。

阶段指标函数

$$g_k(x_k)=\begin{cases}r_k(s_k)-u_k(s_k), & x_k=K\\ r_k(0)-u_k(0)-c_k(s_k), & x_k=R\end{cases}$$

最优指标函数 $f_k(s_k)$：第 k 年年初，一台已用了 s_k 年的设备，到第 5 年年末的最大效益，有

$$f_k(s_k)=\max\begin{cases}r_k(s_k)-u_k(s_k)+f_{k+1}(s_{k+1}), & x_k=K\\ r_k(0)-u_k(0)-c_k(s_k)+f_{k+1}(1), & x_k=R\end{cases}$$

建立逆序递推基本方程为

$$\begin{cases}f_k(s_k)=\max\limits_{x_k=K,R}\{g_k(x_k)+f_{k+1}(s_{k+1})\}, & k=5,4,3,2,1\\ f_6(s_6)=0\end{cases}$$

下面用逆序法求解。

(1) 第五阶段($k=5$)。

此时 s_5 的所有可能取值为 1、2、3、4，见表 7-16。

$$f_5(s_5)=\max_{x_5=K,R}\{g_5(x_5)+f_6(s_6)\}=\max\begin{cases}r_5(s_5)-u_5(s_5), & x_5=K\\ r_5(0)-u_5(0)-c_5(s_5), & x_5=R\end{cases}$$

表 7-16　第五阶段

s_5	$D_5(s_5)$	s_6	$g_5(x_5)$	$g_5(x_5)+f_6(s_6)$	$f_5(s_5)$	最优决策 x_5
1	K	2	4.5−1	4.5−1	3.5	K
	R	1	5−0.5−1.5	5−0.5−1.5		
2	K	3	4−1.5	4−1.5	2.5	K
	R	1	5−0.5−2.2	5−0.5−2.2		
3	K	4	3.75−2	3.75−2	2	R
	R	1	5−0.5−2.5	5−0.5−2.5		
4	K	5	3−2.5	3−2.5	1.5	R
	R	1	5−0.5−3	5−0.5−3		

(2) 第四阶段($k=4$)。

此时，s_4的所有可能取值为 1、2、3，见表 7-17。

表 7-17 第四阶段

s_4	$D_4(s_4)$	s_5	$g_4(x_4)$	$g_4(x_4)+f_5(s_5)$	$f_4(s_4)$	最优决策 x_4
1	K R	2 1	4.5−1 5−0.5−1.5	4.5−1+2.5 5−0.5−1.5+3.5	6.5	R
2	K R	3 1	4−1.5 5−0.5−2.2	4−1.5+2 5−0.5−2.2+3.5	5.8	R
3	K R	4 1	3.75−2 5−0.5−2.5	3.75−2+1.5 5−0.5−2.5+3.5	5.5	R

(3) 第三阶段($k=3$)。

此时，s_3的所有可能取值为 1、2，见表 7-18。

表 7-18 第三阶段

s_3	$D_3(s_3)$	s_4	$g_3(x_3)$	$g_3(x_3)+f_4(s_4)$	$f_3(s_3)$	最优决策 x_3
1	K R	2 1	4.5−1 5−0.5−1.5	4.5−1+5.8 5−0.5−1.5+6.5	9.5	R
2	K R	3 1	4−1.5 5−0.5−2.2	4−1.5+5.5 5−0.5−2.2+6.5	8.8	R

(4) 第二阶段($k=2$)。

此时，s_2的取值只能为 1，计算过程见表 7-19。

表 7-19 第二阶段

s_2	$D_2(s_2)$	s_3	$g_2(x_2)$	$g_2(x_2)+f_3(s_3)$	$f_2(s_2)$	最优决策 x_2
1	K R	2 1	4.5−1 5−0.5−1.5	4.5−1+8.8 5−0.5−1.5+9.5	12.5	R

(5) 第一阶段($k=1$)。

此时，s_1的取值只能是 0，所以

$$f_1(0)=\max\left\{\begin{matrix}5-0.5+12.5\\5-0.5-0.5+12.5\end{matrix}\right\}=17$$

此时最优决策$x_1=K$，按照上述计算递推回去，故本题最优策略为$\{K，R，R，R，K\}$，即第一年年初购买的设备到第二、三、四年年初各更新一次，用到第五年年末，其总效益为 17 万元。

7.4.5 背包问题

背包问题是经典的组合优化问题，在给定容量的背包内装入物品，以最大化总价值。集装箱装箱问题是其立方体版本，对供应链物流管理至关重要。

【例 7.14】 某人携带背包上山，其可携带物品的质量限度为 a 千克，现有 n 种物品可供选择，设第 i 种物品的单件质量为 a_i 千克，其在上山过程中的价值是携带数量 x_i 的函数 $c_i(x_i)$，问应如何安排携带各种物品的数量，使总价值最大。

解：背包问题的数学模型为

$$\max z = c_1(x_1) + c_2(x_2) + \cdots + c_n(x_n)$$

$$\begin{cases} a_1x_1 + a_2x_2 + \cdots + a_nx_n \leqslant a \\ x_i \geqslant 0 \text{且为整数} (i = 1, 2, \cdots, n) \end{cases}$$

下面用动态规划方法求解。

按照装入物品的种类划分阶段，$k = 1, 2, \cdots, n$。

状态变量 s_k，表示分配给第 k 个至第 n 种物品的总质量。

决策变量 x_k，表示装入第 k 种物品的件数，允许决策集合为

$$D_k(s_k) = \left\{ x_k \middle| 0 \leqslant x_k \leqslant \left[\frac{s_k}{a_k}\right],\ x_k \text{为整数} \right\}$$

其中，$\left[\frac{s_k}{a_k}\right]$ 表示不超过 $\frac{s_k}{a_k}$ 的最大整数。

状态转移方程：$s_{k+1} = s_k - a_k x_k,\ s_1 = a$。

阶段指标函数 $c_k(x_k)$：表示第 k 阶段装入第 k 种商品 x_k 件时的价值。

最优指标函数 $f_k(s_k)$：表示第 k 阶段装入物品总质量为 s_k 时的最大价值，动态规划递推方程为

$$\begin{cases} f_k(s_k) = \max\limits_{x_k = 0, 1, \cdots, \left[\frac{s_k}{a_k}\right]} [c_k(x_k) + f_{k+1}(s_{k+1})] \qquad k = n, n-1, \cdots, 1 \\ f_{n+1}(s_{n+1}) = 0 \end{cases}$$

由后向前逐段递推，$f_1(a)$ 即为所求问题的最大收益。

【例 7.15】 设有一辆载重量为 10t 的卡车，用以装载 3 种货物，每种货物的单件质量及单件价值见表 7-20。问各种货物应装多少件，才能既不超过总质量[以 t(吨)为单位计]又使总价值最大。

表 7-20　每种货物的单件质量及单件价值

货　物	1	2	3
单件质量/t	3	4	5
单件价值/万元	4	5	6

解：设 x_j 表示装载第 j 种货物的件数，$j = 1, 2, 3$，则问题可归结为

$$\max z = 4x_1 + 5x_2 + 6x_3$$

$$\begin{cases} 3x_1 + 4x_2 + 5x_3 \leqslant 10 \\ x_i \geqslant 0 \text{且为整数} (i = 1, 2, 3) \end{cases}$$

这是一个整数规划问题，下面用动态规划方法来解。

设阶段变量 $k = 1, 2, 3$ 共分 3 个阶段。

状态变量 s_k，表示从第 k 阶段至第 3 阶段可供装载的总质量。

决策变量 x_k，表示第 k 种货物装载的件数，且 x_k 取整数，允许决策集合为

$$D_k(s_k)=\left\{x_k \left| 0\leqslant x_k\leqslant\left[\frac{s_k}{a_k}\right], x_k\text{为整数}\right.\right\}$$

状态转移方程为 $s_{k+1}=s_k-a_kx_k$，其中，a_k 表示第 k 种货物的单件质量。

阶段指标函数 $c_k(x_k)$，表示第 k 阶段装入第 k 种商品 x_k 件时的价值。

最优指标函数 $f_k(s_k)$，表示第 k 阶段装入物品总质量为 s_k 时的最大价值，动态规划基本方程为

$$\begin{cases} f_k(s_k)=\max\limits_{x_k=0,1,\cdots,\left[\frac{s_k}{a_k}\right]}[c_k(x_k)+f_{k+1}(s_{k+1})] & k=3,2,1 \\ f_4(s_4)=0 \end{cases}$$

采用动态规划的逆序法，求解上面的动态规划。

(1) 第三阶段($k=3$)。

$$f_3(s_3)=\max_{0\leqslant x_3\leqslant\left[\frac{s_3}{5}\right]}\{6x_3+f_4(s_4)\}=\max_{0\leqslant x_3\leqslant\left[\frac{s_3}{5}\right]}\{6x_3\}=6\left[\frac{s_3}{5}\right],\quad x_3=\left[\frac{s_3}{5}\right]$$

其中，$[x]$ 表示不超过 x 的最大整数。因此当 $s_3=0,1,2,3,4$ 时，$x_3=0$；当 $s_3=5,6,7,8,9$ 时，x_3 可取 0 或 1；当 $s_3=10$ 时，x_3 可取 0、1 或 2，由此确定 $f_3(s_3)$，现将有关数据填入表 7-21。

表 7-21 第三阶段

s_3	$D_3(s_3)$	s_4	$6x_3$	$6x_3+f_4(s_4)$	$f_3(s_3)$	最优决策 x_3
0	0	0	0	0	0	0
1	0	1	0	0	0	0
2	0	2	0	0	0	0
3	0	3	0	0	0	0
4	0	4	0	0	0	0
5	0 1	5 0	0 6	0 6	6	1
6	0 1	6 1	0 6	0 6	6	1
7	0 1	7 2	0 6	0 6	6	1
8	0 1	8 3	0 6	0 6	6	1
9	0 1	9 4	0 6	0 6	6	1
10	0 1 2	10 5 0	0 6 12	0 6 12	12	2

(2) 第二阶段($k=2$)。

$$f_2(s_2)=\max_{0\leqslant x_2\leqslant\left[\frac{s_2}{4}\right]}\{5x_2+f_3(s_3)\}=\max_{0\leqslant x_2\leqslant\left[\frac{s_2}{4}\right]}\{5x_2+f_3(s_2-4x_2)\}$$

当 $s_2=0,1,2,3$ 时，$x_2=0$；当 $s_2=4,5,6,7$ 时，x_2 可取 0 或 1；当 $s_2=8,9,10$ 时，x_2 可取 0、1 或 2，由此确定 $f_2(s_2)$。现将有关数据填入表 7-22。

表 7-22 第二阶段

s_2	$D_2(s_2)$	s_3	$5x_2$	$5x_2+f_3(s_3)$	$f_2(s_2)$	最优决策 x_2
0	0	0	0	0+0	0	0
1	0	1	0	0+0	0	0
2	0	2	0	0+0	0	0
3	0	3	0	0+0	0	0
4	0	4	0	0+0	5	1
	1	0	5	5+0		
5	0	5	0	0+6	6	0
	1	1	5	5+0		
6	0	6	0	0+6	6	0
	1	2	5	5+0		
7	0	7	0	0+6	6	0
	1	3	5	5+0		
8	0	8	0	0+6	11	1
	1	4	5	5+6		
	2	0	10	10+0		
9	0	9	0	0+6	11	1
	1	5	5	5+6		
	2	1	10	10+0		
10	0	10	0	0+12	12	0
	1	6	5	5+6		
	2	2	10	10+0		

(3) 第一阶段($k=1$)。

$$f_1(s_1)=\max_{0\leqslant x_1\leqslant\left[\frac{s_1}{3}\right]}\{4x_1+f_2(s_2)\}=\max_{0\leqslant x_1\leqslant\left[\frac{s_1}{3}\right]}\{4x_1+f_2(s_1-3x_1)\}$$

因为 $s_1=10$，所以 x_1 可取 0、1、2 或 3，由此确定 $f_1(s_1)$。现将有关数据填入表 7-23。

表 7-23 第一阶段

s_1	$D_1(s_1)$	s_2	$4x_1$	$4x_1+f_2(s_2)$	$f_1(s_1)$	最优决策 x_1
10	0	10	0	0+12	13	2
	1	7	4	4+6		
	2	4	8	8+5		
	3	1	12	12+0		

由表 7-23 可知，$f_1(s_1)$ 取得最大值 13，最优解为 $x_1=2$，$x_2=1$，$x_3=0$，即第一种货物装 2 件，第二种货物装 1 件，第三种货物不装，可使总价值最大。

从上面的应用实例可知，只要多阶段决策问题满足无后效性，且整个过程具有递推性，这样的多阶段决策问题都可用动态规划方法来处理。运用动态规划解决实际问题易于确定全局最优解，但是动态规划方法也存在不足之处：一是没有统一的标准模型可供使用，建模时需要根据问题性质及数学特点加以解决，这就需要灵活的技巧及大量的实践；二是应用局限性，动态规划模型中的状态变量必须满足无后效性，而许多实际问题往往不能满足这一条件；三是存在“维数障碍”，即当变量个数(维数)太大时，问题虽然可以用动态规划方法来描述，但由于计算机内存容量的限制而难以求解，一般超过三维(含三维)的问题通常不采用动态规划方法来求解。

扩展性学习材料

动态规划在供应链物流管理中的应用

动态规划是将复杂问题分解成一系列较小的子问题，并在解决子问题时作出最优决策，从而找到全局最优解，它在供应链物流管理中可以帮助企业优化决策和解决各种复杂的问题。

库存管理：动态规划可以用于确定最优的库存策略，平衡库存水平和服务水平。通过考虑需求预测、供应能力、补货时间和成本等因素，动态规划可以帮助确定补货的时间和数量，以最小化库存持有成本和缺货风险。生产调度：在复杂的生产环境中，动态规划可以用于优化生产调度和资源分配。它可以考虑生产线的容量限制、产品优先级、交付时间窗口等因素，以最大化生产效率和满足客户需求。运输路线规划：供应链物流中的运输路线规划是一个典型的动态规划问题。通过考虑货物的起点、目的地、运输成本、运输能力、时间窗口等因素，动态规划可以找到最优的运输路线和调度方案，以降低运输成本、缩短交付时间。资源分配和调配：在供应链中，动态规划可以帮助决策者优化资源的分配和调配，以满足需求并最大化利用率。例如，在多个项目或订单之间分配有限的生产资源，动态规划可以找到最优的资源分配方案，最大限度地满足需求并提高资源利用率。

动态规划在供应链物流管理中的应用不仅能够优化决策过程，还能够应对不确定性和变化性。它可以帮助供应链决策者更好地理解和处理复杂的供应链挑战，提供决策支持和优化方案。

本 章 小 结

动态规划是研究多阶段决策的最优化方法，多阶段决策问题含有一个描述过程时序或空间演变的阶段变量，将复杂问题划分成若干阶段，根据动态规划“最优性原理”，逐段解决而最终实现全局最优。本章阐述了动态规划基本要素、最优化原理和基本方程，通过资源分配和生产与存储等问题，示范了动态规划解决多阶段决策问题的过程，将动态规划应用到经济、管理、工业生产、工程技术等领域。

关键术语(中英文)

动态规划(Dynamic Programming)
阶段变量(Stage Variable)
状态变量(State Variable)
指标函数(Indicator Function)
最优性原理(Principle of Optimality)
生产存储问题(Production and Inventory Problem)

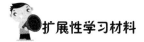

决策变量(Decision Variable)
策略(Policy)
阶段指标(Stage Indicator)
多阶段决策问题(Multistage Decision Problem)
设备更新问题(Equipment Replacement Problem)
基本方程(Basic Equation)
逆序解法(Inverse Order Method)
顺序法(Order Method)
状态转移方程(State Transition Equation)
背包问题(Knapsacks Problem)

知识链接

动态规划——贝尔曼

贝尔曼(1920—1984)，美国数学家，美国科学院院士，动态规划的创始人。1941 年，贝尔曼在布鲁克林学院毕业，获理学学士学位，1943 年在威斯康星大学获理学硕士学位，1946 年在普林斯顿大学获博士学位。1946—1948 年在普林斯顿大学任助理教授，1948—1952 年在斯坦福大学任副教授，1953—1956 年在美国兰德公司任研究员，1956 年后在南加利福尼亚大学任数学教授、电气工程教授和医学教授。

贝尔曼因提出动态规划而获美国数学会和美国工程数学与应用数学会联合颁发的第一届维纳应用数学奖(1970)，卡内基梅隆大学颁发的第一届迪克森科学奖(1970)，美国管理科学研究会和美国运筹学会联合颁发的冯·诺依曼理论奖(1976)。1977 年，贝尔曼当选为美国艺术与科学研究院院士和美国工程科学院院士。

贝尔曼因在研究多阶段决策过程中提出动态规划而闻名于世。1957 年他的专著《动态规划》出版后，被迅速翻译成俄文、日文、德文和法文，对控制理论界和数学界有深远影响。贝尔曼还把不变嵌入原理应用于理论物理和数学分析方面，把两点边值问题化为初值问题，简化了问题的分析和求解过程。1955 年后贝尔曼开始研究算法、计算机仿真和人工智能，把建模与仿真等数学方法应用到工程、经济、社会和医学等方面，取得许多成就。贝尔曼在稳定性的矩阵理论、时滞系统、自适应控制过程、分岔理论、微分和积分不等式等方面都有过贡献。贝尔曼曾是《数学分析与应用杂志》及《数学生物科学杂志》的主编，《科学与工程中的数学》丛书的主编。

习题 7

一、填空题

1. 动态规划是解决__________决策过程中最优化问题的一种方法。
2. 动态规划中的 Bellman 最优性原理是______________________________。
3. 对于多阶段决策问题来说，状态不仅要描述过程的具体特征，而且一个根本的要求是必须满足__________。
4. 用动态规划方法求解背包问题时，将装载的__________作为状态。
5. 在生产与存储问题中，状态变量为__________，决策变量是__________。

二、判断题

1. 动态规划的基本方程是将一个多阶段的决策问题转化为一系列具有递推关系的单阶段决策问题。 ( )
2. 最优指标函数 $f_k(s_k)$ 表示第 k 阶段状态为 s_k 时到下一阶段的最优指标值。 ( )

3. 动态规划数学模型由阶段、状态、决策与策略、状态转移方程及指标函数这 5 个要素组成。 (　　)

4. 连乘形式的递推方程的边界条件等于 1，连和形式的递推方程的边界条件等于 0。 (　　)

5. 动态规划是一种将问题分解为更小的、相似的子问题，并存储子问题的解而避免计算重复的子问题，以解决最优化问题的算法策略。 (　　)

三、解答题

1. 设某公司计划在 1—4 月从事某种商品经营。已知仓库最多可存储 600 件这种商品，已知 1 月初存货 200 件，根据预测可知 1—4 月的单位购货成本及销售价格见表 7-24，每月只能销售本月月初的库存，当月进货供以后各月销售。假设 4 月底库存为零，问如何安排进货量和销售量，使该公司 4 个月获得利润最大(仅要求列出动态规划的基本要素和基本方程，不求解)?

表 7-24　1—4 月的单位购货成本及销售价格

月　　份	购货成本 C	销售价格 P
1	40	45
2	38	42
3	40	39
4	42	44

2. 有一部货车沿着公路给 4 个零售店卸下 6 箱货物。如果各零售店出售该货物所得利润见表 7-25，试求在各零售店卸下多少箱货物，能使获得的总利润最大?

表 7-25　各零售店出售货物的利润表

箱　　数	零售店			
	1	2	3	4
0	0	0	0	0
1	4	2	3	4
2	6	4	5	5
3	7	6	7	6
4	7	8	8	6
5	7	9	8	6
6	7	10	8	6

3. 某企业有某种高效率设备 3 台，拟分配给所属甲、乙、丙车间，各车间得到设备后，获利情况见表 7-26，试给出最优分配方案。

表 7-26　收益表

设备台数	工　　厂		
	甲	乙	丙
0	0	0	0
1	3	5	4
2	7	10	6
3	9	11	11

4. 某工程在一年内拟进行 A、B、C 3 种新产品试制，由于资金不足，估计年内这 3 种新产品研制不成功的概率分别为 0.40、0.60、0.80，都研制不成功的概率为这 3 个概率的乘积(0.192)。为了保证 3 种新产品研制的成功率，决定增拨 2 万元的研制经费，并要求资金集中使用，以万元为单位进行分配，其增拨研制费与新产品不成功的概率见表 7-27。试问如何分配费用，使得 3 种新产品研制都不成功的概率为最小？

表 7-27　新产品研制不成功的概率

研制费	新产品不成功概率		
	甲	乙	丙
0	0.40	0.60	0.80
1	0.20	0.40	0.50
2	0.15	0.20	0.30

5. 某汽车公司的一个型号汽车，每辆车年均利润函数 $r(t)$ 与年均维修费用函数 $u(t)$ 见表 7-28，购买同型号新汽车每辆 20 万元，如果汽车公司将汽车卖出，其价格见表 7-28。该公司年初有一辆新汽车，试给出 4 年盈利最大的更新计划。

表 7-28　设备费用和收益表

役　龄	0	1	2	3
$r(t)$	20	18	17.5	15
$u(t)$	2	2.5	4	6
价格/(万元/辆)	17	16	15.5	15

6. 某工厂生产 3 种产品，每种产品质量与利润关系见表 7-29，现将此 3 种产品运往市场出售，运输能力总质量不超过 6 吨，问运输每种产品各多少件可使总利润最大？

表 7-29　运量利润表

产　品	质量/(吨/件)	利润/(千元/件)
1	2	80
2	3	130
3	4	180

实际操作训练

假设有一批货物以集装箱为单位需要从 A 城市运往 B 城市，中间有若干个中转节点，在整个运输过程中采用如图 7-9 所示的多式联运运输方式。

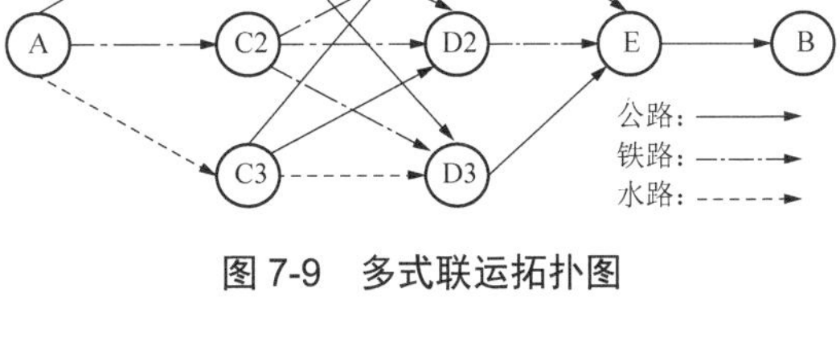

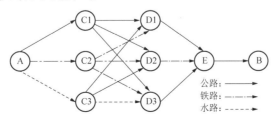

图 7-9　多式联运拓扑图

从图 7-9 中可知，从城市 A 去往城市 B 可能会用到 C、D、E 3 种不同的运输方式，为便于说明问题，从中抽取 4 个地点(福州，上海，烟台，大连)，这些城市间的运输费用具体测算结果如表 7-30 所示，中转费用如表 7-31 所示。

表 7-30　城市间各运输方式的费用表

运输方式	线　路		
	1 福州—上海	2 上海—烟台	3 烟台—大连
公路运输 A_1	1.5	1.3	1.5
水路运输 A_2	—	—	1.0
铁路运输 A_3	1.8	1.5	1.3

表 7-31　不同运输方式的中转费用

运输方式转换	从公路运输			从水路运输			从铁路运输		
	公路运输	水运运输	铁路运输	公路运输	水运运输	铁路运输	公路运输	水运运输	铁路运输
中转费用	0	3	2	3	0	3	2	3	0

对该问题运用动态规划的分析思想，每个节点相当于动态规划的一个阶段，利用逆序法依次求出节点间的最佳运输方式。

在线答题

第 8 章 排 队 论

【本章知识架构】

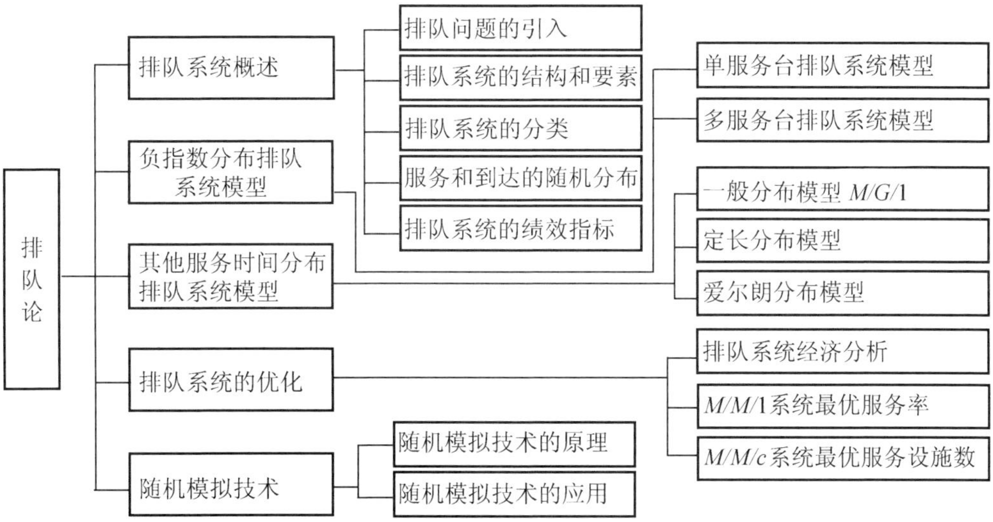

【本章教学目标与要求】

- 熟悉排队系统的基本结构与三大要素；掌握排队论的常用术语和记号；熟练识别康道尔排队系统的分类规则；熟悉排队系统常见的输入、输出分布。
- 熟练掌握负指数分布排队系统的绩效指标的计算方法，并能进行不同系统间的比较。
- 了解一般分布时间排队系统的绩效指标的计算方法。
- 掌握对简单排队系统的优化分析方法。
- 了解随机服务系统的模拟思路，能对简单排队系统进行模拟分析。

导入案例

运储供应链物流的订单管理系统

订单管理系统是保障运储供应链稳定、提升客户满意度不可或缺的部分。它涉及客户订单的接收、处理和执行，以确保订单的准确性、及时性和顺利交付。运储供应链通过在线商店接收客户订单并处理产品的交付，当客户通过在线商店提交订单时，订单管理系统接收订单并记录详细信息，如产品、数量、价格和交付要求等。这些信息被准确地记录下来，以便后续的订单处理。接下来，订单管理系统将订单分配给相应的团队或部门进行处理，库存管理团队会自动进行库存检查，以确保所需产品的可用性，物流团队会安排产品的运输和交付细节活动，以满足客户的要求。在订单执行过程中，订单管理系统跟踪订单的状态并提供实时信息。系统会自动发送订单确认、发货通知和交付确认等信息给客户，保持双方之间的沟通畅通。供应链管理人员可以通过系统随时了解订单的进展情况，并及时解决潜在的问题。订单管理系统与供应商管理、财务管理和客户关系管理等环节协同工作，以实现整体供应链的协调和顺畅运作。

排队论(Queuing Theory)，又称随机服务系统理论，是运筹学重要的分支学科，着重研究服务系统中排队现象的随机规律，解决相应排队系统的最优设计和最优控制问题。排队论的产生与发展来自实际的需要，广泛应用于通信、交通、存储、生产管理等资源共享的随机服务领域。

8.1 排队系统概述

排队是指在服务系统中要求服务的“顾客”所形成的等待线。鉴于服务系统中顾客的到达及服务时间和次序都是随机的，排队论通过对服务对象到来及服务时间的统计研究，得出这些数量指标(等待时间、排队长度、忙期长短等)的统计规律，然后根据这些规律来改进服务系统的结构或重新组织被服务对象，使得服务系统既能满足服务对象的需要，又能使服务机构的费用最经济或某些指标最优。

8.1.1 排队问题的引入

排队与人们日常生活密切相关，在饭店就餐、地铁站安全检查、医院看病时经常出现排队的情况。长时间的排队等待可能导致压力和焦虑，对人们的健康和心理状态产生不良影响；排队时间过长可能导致客户流失，影响商家的营业额和利润。据估计，美国人每年要花 370 亿小时(每人每年约为 150 小时)排队，相当于 2 000 万人一整年的有效工作时间，然而这些令人吃惊的数据还没有反映出过长的等待所造成的全部影响。例如，生产设备维修造成生产损失，运输工具因为等待卸货而耽误后面的运输，飞机延迟起飞或降落而打乱后面的飞行计划。排队论就是研究这些情况下的等待时间，为便于分析，常常使用排队模型来表示各种类型的排队系统，每个排队模型都描述了相应的工作原理，先看几个典型的排队问题。

医院挂号就诊。医院门诊是患者就诊的重要环节，也是医院服务质量的重要体现。然而由于门诊人流量大、就诊流程复杂、信息传递不畅等原因，导致门诊出现了排队拥挤、叫号混乱、就诊效率低下等问题，给患者和医生都带来了不便和困扰。若排队论应用于医院排队管理，可以通过分析患者的到达率、服务时间和医院的资源利用率等指标，制定最佳的排队策略，从而提高医疗服务的效率和质量，减少患者的等待时间，缓解医患矛盾。智慧分诊叫号系统可以优先安排急诊或重症患者，提高医疗资源的合理利用。

城市交通管理。城市交通系统作为城市发展的血脉，其发展程度是评判一个城市发展与人民生活水平的因素之一。汽车数量的快速增长给城市交通管理带来了巨大挑战，路面状况愈发复杂，导致基础建设的速度跟不上，很多城市都存在停车难的问题。尽管我国的道路建设也在不断完善，公共交通的质量却没有明显提高，不但影响了群众的出行，也加剧了交通管理的难度。智能交通管理应运而生，其核心目标是优化交通流动，减少交通拥堵和延误。它基于车辆流量、道路状况、交通信号等大数据，可以自动调整交通信号配时、路口优先级等参数，以最优的方式引导车辆流动。

景区旅游爆火。2023 年“五一”假期异常热闹。早在假期之前，部分火车站的始发火车票就售罄，一些酒店假期价格涨幅 400%～591%。“五一”假期过半，全国旅游景点游客络绎不绝，到处是热闹出游的火爆景象。中国旅游研究院预测，今年“五一”假期旅游人次有望突破 2019 年同期水平，达到 2.4 亿人次。旅游客流的暴增，从热门城市的排队情况也能窥得一斑，淄博烧烤餐饮和酒店住宿爆满；西安大唐不夜城由于太火爆，只能在“五一”期间将所有演出都调整至白天；不少景区都出现“人从众”的现象——参观 10 分钟、排队 2 小时已屡见不鲜。景区智慧管理平台赋能景区智慧管理，它通过集成物联网、大数据分析、人工智能等技术，旨在提高景区的管理效率、游客服务水平和资源利用率。运输服务中的排队系统，见表 8-1。

表 8-1 运输服务中的排队系统

系统类型	顾　　客	服　务　台
港口装卸区	轮船	装卸人员
停车场	汽车	停车可控关键
等待起飞的飞机	飞机	调度台
到达物流配送中心的商品	货物配送	物流配送中心
消防部门	火灾	急救车

行为科学家发现：无序排队是影响顾客流失的一个主要原因。研究结果表明：排队等候时间超过十分钟，顾客情绪开始急躁；排队等候时间超过二十分钟，顾客情绪表现厌烦；排队等候时间超过四十分钟，顾客常因恼火而离去，若中途出现“加塞”“插队”等现象，顾客的情况还将更加糟糕。服务窗口是树立银行、电信、航空、医院等企业公众形象的重要因素，如何解决长久以来枯燥的排队问题，创造一个轻松的个性化的窗口环境，就显得非常重要。

排队论研究的内容有 3 个方面：统计推断，根据资料建立模型；系统的性态，即和排队有关的数量指标的概率规律性；系统的优化问题，其目的是正确设计和有效运行各个服务系统，使之以最经济的服务机构满足顾客的需要。

8.1.2 排队系统的结构和要素

排队论里把要求服务的对象统称为“顾客”，而把提供服务的人或机构称为“服务台”，不同的顾客与服务台组成了各式各样的服务系统，顾客为了得到某种服务而到达系统，若不能立即获得服务而又允许排队等待，则加入等待队伍。一个典型的排队系统如图 8-1 所示。顾客一个挨着一个接受某种服务。如果一位到达的顾客不能立即接受服务，这个顾客就加入一个队列中(这个队列不包括正在接受服务的顾客，由排队规则决定)。在服务机构中有一个或多个服务台提供服务。每位顾客都被单独地安排在其中一个服务台接受服务，完成服务后自行离开。

服务系统的顾客，可以是人，也可以是一些机器设备。然而无论哪种服务系统，都可表示为图 8-1 所示的排队模式。一般排队系统由输入过程、排队规则和服务机构三要素组成。

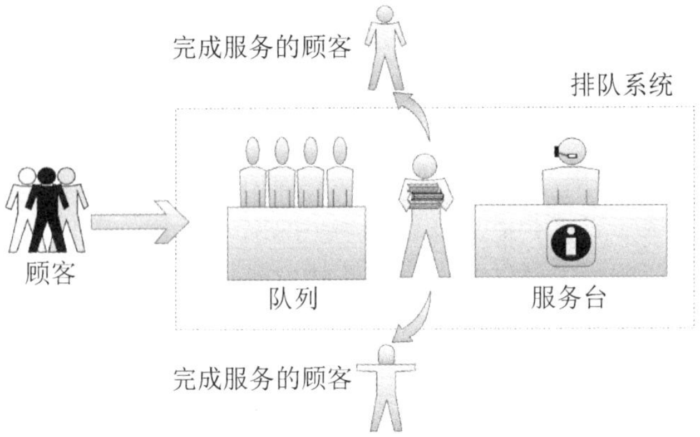

图 8-1 排队系统的结构

1. 输入过程

输入过程考察的是顾客到达服务系统的规律。它可以用一定时间内顾客的到达数或前后两个顾客相继到达的间隔时间来描述，一般分为确定型输入和随机型输入两种。例如，在生产线上加工的零件按规定的间隔时间依次到达加工地点，定期运行的班车、班机等都属于确定型输入。随机型输入是指在时间 t 内顾客到达数 $N(t)$ 服从一定的随机分布。下面将详细探讨随机型输入。

2. 排队规则

排队规则有以下 3 种。

1) 损失制

顾客到达时，若所有服务台都被占用，顾客随即离去，永不再来。例如，进入电话交换台的“呼叫”，或进入空防区的“敌机”，就可看作损失制。

2) 等待制

顾客到达时，若所有服务台都被占用，顾客不离去，而是排队等待服务。其排队的方式和服务的次序可采用各种各样的规则。

(1) 单列排队。到达顾客排成一列，按规定次序接受服务。

(2) 多列排队。到达顾客排成多列，接受服务。各列之间，顾客可相互转移，有的顾客因等待时间过长而中途退出，有的顾客不中途退出，如高速公路上的汽车流，必须坚持到达服务区才能退出队列。这里只讨论各队列间不能互相转移也不能中途退出的情形。

(3) 先到先服务。按到达次序先后，先到的顾客先服务，后到的顾客后服务。这种自然的服务次序是最常见的规则，这里着重讨论这种排队规则。

(4) 后到先服务。按到达次序，最后到达的顾客首先接受服务。如将堆入仓库的钢板看作顾客，使用时陆续取出作为服务，则一般是取用放在最上面的钢板；又如计算机堆栈里的数据，总是首先弹出最后进入堆栈的数据。

(5) 优先权服务。按到达顾客的不同身份而优先服务某些顾客，如邮政中的特别邮件，医院对危重病人要优先治疗等。

(6) 随机服务。当服务台得空时，在排队的顾客中随机地选取一位顾客服务，即每位顾客被选到的概率相同。

3) 混合制服务

根据系统情况，顾客到达时，既可能离去也可能排队，即损失制和等待制兼而有之的排队规则。例如，就加油站而言，由于场地限制，到达的车辆可能进入加油站排队等待加油，也可能由于加油站已排满车辆而自动离去。

3. 服务机构

服务机构主要考虑服务台的数量、服务方式和服务时间的规律。

(1) 服务机构的数量是一个或多个服务台。多个服务台可以是平行排列的，也可以是串联排列的，还可能是串、并行混合排列。图 8-2(a)是单队-单服务台，图 8-2(b)是多队-多服务台，图 8-2(c)是单队-并列多服务台，图 8-2(d)是单队-串列多服务台，图 8-2(e)是单队串、并列混合服务台的情形。

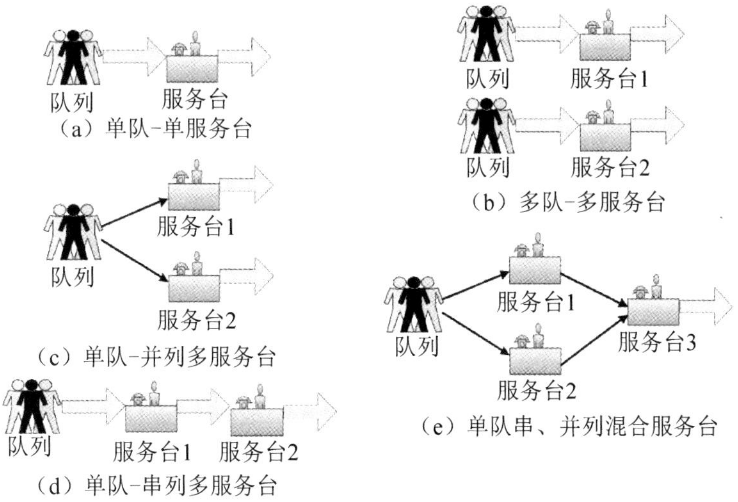

图 8-2 各类服务系统

(2) 服务方式。可以是对单个顾客服务，如理发馆、零件加工、机器维修等，也可以是对成批的顾客服务，如餐馆、旅客列车、客运飞机等。这里只研究单个服务方式。

(3) 服务时间一般也分成确定型服务时间和随机型服务时间两种。例如，自动冲洗汽车的装置对每辆汽车冲洗(服务)时间是相同的，因而是确定型服务时间；而随机型服务时

间 V 则服从一定的随机分布，大致有定长分布、负指数分布、爱尔朗（Erlang）分布、一般独立分布等。值得注意的是，在一个排队系统中，输入过程和服务时间的分布可以是不同的。

8.1.3 排队系统的分类

排队系统的分类

按照排队系统 3 个组成部分特征的各种可能情形来分类，可以分为多种排队系统的类型。为了方便对排队系统的描述，康道尔在 1953 年提出一种根据排队系统的 3 个基本特征(相继顾客到达系统的间隔时间分布、服务时间的分布和服务台数目)对排队模型分类的表示方法，即 Kendall 记号，一般形式为

$$X/Y/Z$$

其中，X 处填写相继到达间隔时间的分布；Y 处填写服务时间分布；Z 处填写并列的服务台数目。

顾客到达时间间隔和服务时间的分布，除了最常用的负指数分布，还有其他一些分布，其含义和符号列举如下：M ——负指数分布(M 是 Markov 的字头，因为负指数分布具有 Markov 性)；D ——确定性(Deterministic)分布；E_k —— k 阶 Erlang 分布；G ——一般(General)服务时间分布。

例如，$M/M/1$ 表示顾客相继到达的间隔时间为负指数分布、服务时间为负指数分布和单个服务台的模型。$D/M/c$ 表示顾客按确定间隔时间到达、服务时间为负指数分布和 c 个服务台的模型。

后来在 1971 年的一次关于排队论符号标准化会议上决定，将 Kendall 记号扩充为

$$X/Y/Z/A/B/C$$

其中，前 3 项的含义不变，而 A 表示系统容量限制(容纳的顾客数量)；B 表示顾客源的数目；C 表示服务规则，如先到先服务或后到先服务等，并约定如略去后 3 项，就表示是 $X/Y/Z/\infty/\infty/FCFS$ 这种类别，在本章中约定只讨论先到先服务这种情况，所以略去第 6 项服务规则。

8.1.4 服务和到达的随机分布

排队论主要涉及的输入过程和服务过程是随机的，描述它们的数学模型自然离不开概率分布，下面简要介绍排队论常用的概率分布。

1. 泊松过程

泊松(Poisson)过程又称泊松流，是排队论中经常用来描述顾客到达规律的特殊随机过程，与概率论中的泊松分布和负指数分布有密切的联系。

定义 8.1　泊松过程：设 $N(t)$ 为时间 $[0,t]$ 内到达系统的顾客数，如果满足以下 3 个条件。

(1) 独立性。即在任意两个不相重叠的时间区间内到达的顾客数是相互独立的，称这个性质为无后效性。

(2) 平稳性。对于充分小的 Δt，在时间区间 $[t,t+\Delta t]$ 内仅有一位顾客到达的概率与 t 无关，与 Δt 成正比，即 $P_1(t,t+\Delta t)=\lambda\Delta t+0(\Delta t)$。

(3) 普遍性。在时间区间 $[t,t+\Delta t]$ 内有一位以上的顾客到达的概率为无穷小量，即

$$\sum_{n=2}^{\infty} P_n(t, t+\Delta t) = 0(\Delta t)$$

则称 $\{N(t), t \geqslant 0\}$ 为泊松过程，那么在时间 $[0, t]$ 内到达系统的顾客数 $N(t)$ 的概率为

$$P_n(t) = P\{N(t)=n\} = \frac{(\lambda t)^n}{n!}\mathrm{e}^{-\lambda t} \quad n = 0, 1, 2, \cdots \tag{8-1}$$

式(8-1)的形式与概率论中的泊松分布形式一样，只是在参数 λ 里增加时间参数 t 变成了 λt。泊松过程是在一定时间 t 内顾客到达系统的人数服从参数为 λt 的泊松分布，记为 $N(t) \sim P(\lambda t)$。也可以这样说，在单位时间内到达的顾客数 N 是服从泊松分布的随机变量，即服从

$$P\{N=n\} = \frac{(\lambda)^n}{n!}\mathrm{e}^{-\lambda} \quad n = 0, 1, 2, \cdots$$

现实中有许多现象服从泊松分布，如单位时间内通过某路口的车辆数(交通流)，单位时间内某交换台接到的呼叫次数(电话流)，某超市到达的顾客人数(顾客流)等。泊松分布其均值和方差分别为 $\mathrm{E}(N)=\lambda$，$\mathrm{D}(N)=\lambda$。

2. 负指数分布

负指数(Negative Exponential)分布也称指数分布，是排队论分析中用得最多的极为重要的概率分布，通常用来描述顾客到达的间隔时间和对顾客服务时间的分布。现实生活和实际活动中大多数排队问题符合这种分布规律。

定义 8.2 指数分布：设随机变量 T 的分布密度函数为

$$f_T(t) = \begin{cases} \lambda \mathrm{e}^{-\lambda t}, & t \geqslant 0 \\ 0, & t < 0 \end{cases}$$

则称 T 为服从参数 λ 的负指数分布($\lambda > 0$)，记为 $T \sim \mathrm{E}(\lambda)$，如图 8-3 所示。它的分布函数为

$$F_T(t) = P(T \leqslant t) = \begin{cases} 1-\mathrm{e}^{-\lambda t}, & t \geqslant 0 \\ 0, & t < 0 \end{cases}$$

其数学期值 $\mathrm{E}(T) = 1/\lambda$，方差 $\mathrm{D}(T) = 1/\lambda^2$。

负指数分布最大的特点是“无记忆性”，即马尔可夫性，这为分析随机过程带来了极大的方便。这样可以在任意时刻观察系统，而保持其概率分布规律不变，这是负指数分布在排队论(以及随机过程)分析中用得较广的原因之一。

根据泊松过程的式(8-1)，在 $[0, t]$ 时间内没有顾客到达系统的概率为 $P_0(t) = \mathrm{e}^{-\lambda t}$，那么至少有 1 位顾客到达的概率应是 $1 - P_0(t) = 1 - \mathrm{e}^{-\lambda t}$，这是顾客到达的间隔时间 T 不超过 t 的概率，即 $1 - \mathrm{e}^{-\lambda t} = F(t) = P\{T \leqslant t\}$，恰好是负指数分布函数的表达式。

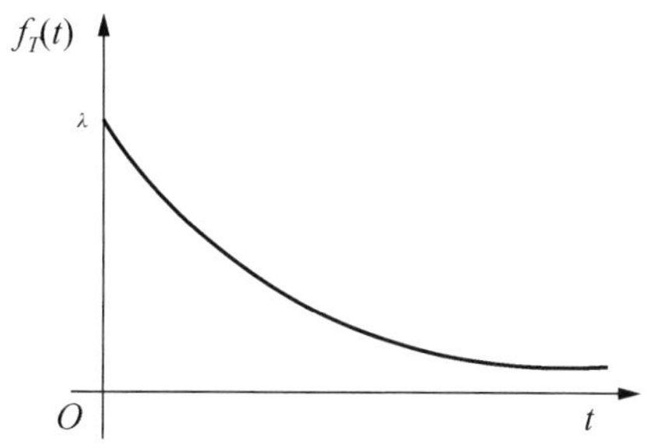

图 8-3 密度函数曲线

泊松过程与负指数分布的关系描述如下。

定理 8.1 当输入过程为泊松过程(或在一定时间内到达系统的顾客数服从泊松分布)时，则顾客相继到达的间隔时间必然服从负指数分布。

间隔时间负指数分布的参数 λ 也称平均到达率，即单位时间到达的顾客数，这是因为其数学期望 $1/\lambda$ 是顾客到达的平均间隔时间。当负指数分布用来描述服务时间分布时，参数通常用 μ 表示，其数学期望 $1/\mu$ 就表示平均服务时间，μ 也称平均服务率，即单位时间服务完的顾客数。

3. 爱尔朗分布

定义 8.3　爱尔朗分布：若随机变量 $T_1, T_2, \cdots, T_k$ 是相互独立的且服从相同参数 k, μ 的负指数分布，那么随机变量 $T = T_1 + T_2 + \cdots + T_k$ 服从参数为 k, μ 的爱尔朗(Erlang)分布，记为 $T \sim \mathrm{E}_k(\mu)$，称为 k 阶爱尔朗分布，密度函数为

$$f(t) = \frac{k\mu(k\mu t)^{k-1}}{(k-1)!}\mathrm{e}^{-k\mu t} \quad (t \geqslant 0)$$

根据分布的独立性，应用负指数分布的期望和方差，可知爱尔朗分布的数学期望和方差分别为

$$\mathrm{E}(T) = \sum_{i=1}^{k}\mathrm{E}(T_i) = \frac{1}{\mu}; \quad \mathrm{D}(T) = \sum_{i=1}^{k}\mathrm{D}(T_i) = \frac{1}{k\mu^2}$$

爱尔朗分布是随 k 而变化的一族分布。当 $k=1$ 时就是负指数分布；当 $k \to \infty$ 时就化为确定型分布；当 $1 < k < \infty$ 时，它是介于随机和确定之间的中间型分布，能对现实世界表现出更好的适应性，如图 8-4 所示。在排队系统中，有些时间就是服从爱尔朗分布。例如，顾客在系统中要接受 k 次串列的服务。若每个服务台的服务时间都服从参数为 μ 的负指数分布，则接受服务的总时间就服从 k 阶爱尔朗分布。又如，在单服务台的排队系统中，当某一位顾客进入系统发现已有 n 位顾客的条件下，则他的等待时间就服从 n 阶爱尔朗分布，他在系统中的逗留时间就服从 $n+1$ 阶爱尔朗分布。

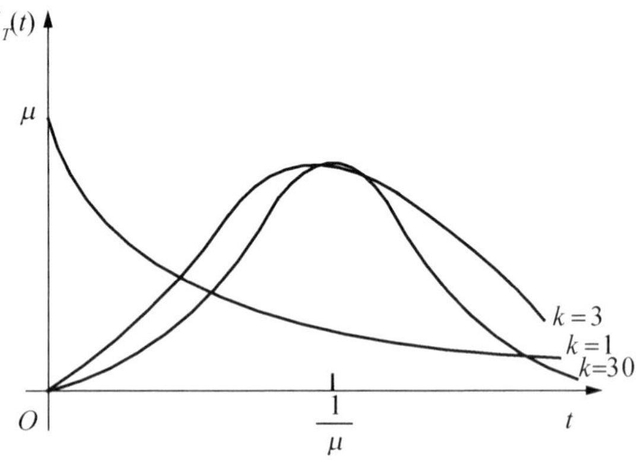

图 8-4　爱尔朗分布密度函数曲线

【例 8.1】港口集装箱物流是指集装箱从到达港口码头至离开港口码头中形成的物流过程。集装箱船到港后，集装箱经过“进入泊位—桥吊卸货—水平运输—跨车/龙门吊卸下—堆场堆存—码头内部运输—其他运输方式转运”流程离开码头。表 8-2 所示为集装箱装卸排队系统某天的作业数据，假设到达间隔时间和服务时间都服从负指数分布，试求其平均到达率和平均服务率。

表 8-2　港口集装箱装卸排队系统

集装箱	到达时间	到达时间间隔/分钟	开始装卸时间	装卸服务时间/分钟	装卸结束时间
1	9：03		9：03	17	9：20
2	9：15	12	9：20	21	8：41
3	9：25	10	8：41	19	10：00
4	9：30	5	10：00	15	10：15
5	10：05	35	10：15	20	10：35
6	—	—	—	—	—

解：根据表中的数据进行到达时间间隔和装卸服务时间统计，计算其平均数就是平均到达率和平均服务率的估计参数，其理论详见统计学的知识。限于篇幅，表 8-2 的数据没有全部列出，仅就给出的数据进行计算。

平均到达间隔时间 $\frac{1}{\lambda}=\frac{(12+10+5+35)\text{分钟}}{4}=15.5$ 分钟，平均到达率 $\lambda=\frac{1}{15.5}$ 次/分钟；

平均服务时间 $\frac{1}{\mu}=\frac{(17+21+19+15+20)}{5}=18.4$ 分钟，平均服务率 $\mu=\frac{1}{18.4}$ 次/分钟。

在后面的内容中，一般要求平均到达率小于平均服务率，否则排队过程会一直继续下去，不符合排队系统的客观实际。该题出现这个问题是因为列表数据较少，不具有很明确的统计意义，仅用来示例这两个参数的具体求法。

8.1.5　排队系统的绩效指标

在研究一个排队系统时，不仅要分析系统的组成、结构及运行方式，更重要的是衡量一个排队系统的好坏并对其进行经济分析。这就需要一系列描述排队系统特征的数量指标，分析其运行效率，考核服务质量，以便据此提出改进措施，优化服务系统。通常评价排队系统优劣有 6 项数量指标。

(1) 队长。系统中排队等待服务和正在服务的顾客总数，其平均值记为 L_s。

(2) 队列长。系统中排队等待服务的顾客数，其平均值记为 L_q。

(3) 逗留时间。某顾客在系统中的停留时间，包括等待时间和服务时间，其平均值记为 W_s。

(4) 等待时间。某顾客在系统中的排队等待时间，其平均值记为 W_q。

(5) 系统负荷水平 ρ。它是衡量服务台在承担服务和满足需要方面能力的尺度。

(6) 系统状态概率 P_n。系统中有 n 个顾客要求服务的概率，其中 P_0 为系统空闲的概率。

这些数量指标通常是以期望价值的形式所表达的，是一种系统稳定运行下对系统状态的考量。在排队系统最初的开始阶段，系统中没有顾客，需要经过一段时间，系统中的期望顾客数才能达到常态水平，此后这个系统就处于稳定状态中。

8.2　负指数分布排队系统模型

在本节集中讨论输入过程服从泊松过程、服务时间服从负指数分布的排队系统，将其分为单服务台排队系统和多服务台排队系统进行讨论。

8.2.1 单服务台排队系统模型

单服务台负指数分布排队系统按下面三种情况进行分析：①标准的 $M/M/1$ 模型，即 $M/M/1/\infty/\infty$；②系统容量有限制，即 $M/M/1/N/\infty$；③顾客源为有限，即 $M/M/1/\infty/m$。其他类型的排队系统的各种指标计算公式则复杂得多，现已开始应用计算机仿真来求解排队系统问题。

M/M/1 模型

1. 标准的 $M/M/1$ 模型

$M/M/1$ 排队系统是一类最简单、最基本的排队系统。

系统的输入过程：顾客到达的间隔时间服从参数为 λ 的负指数分布，顾客源无限。排队规则：单队列，队长无限制，先到先服务。

服务机构：单服务台，服务时间服从参数为 μ 的负指数分布，此外还假设服务时间和顾客相继到达的间隔时间相互独立。

(1) 系统的状态概率。

为明确系统的运行情况，需要了解 $M/M/1$ 模型系统中的服务状态，需引入一个随机变量来描述系统中顾客的数量，记系统顾客数量为 n 的概率为 P_n $(n=0,1,2,\cdots)$，这样系统在达到稳定情况下的状态转移率如图 8-5 所示。

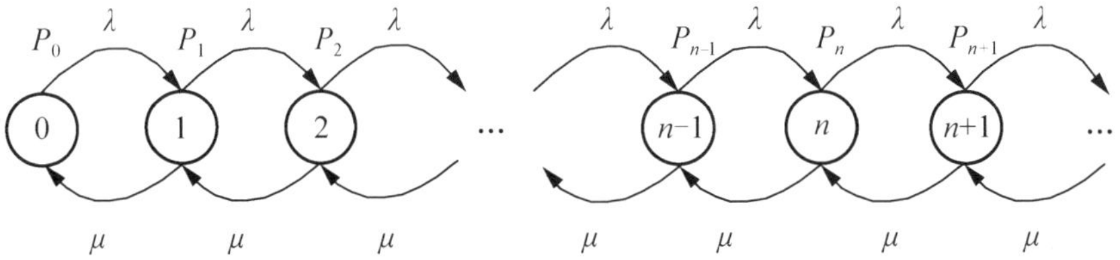

图 8-5 $M/M/1$ 模型系统的状态转移率图

图 8-5 中，ⓝ表示状态 n $(n=1,2,\cdots)$，从状态 n 变化到状态 $n+1$，是因为顾客的到来，而顾客的到达率为 λ，故在图中表示相邻状态增加的箭线上标上 λ；由状态 $n+1$ 转移到状态 n，是由于顾客的离去，而系统的服务率为 μ，故在图中表示相邻状态减少的箭线上标上 μ。

在系统运行达到稳定后，各种状态进入了动态平衡。首先考虑系统没有顾客这个状态⓪，根据泊松过程的普遍性，在某个时间间隔进入系统人数大于 1 的概率是一个无穷小量，可以认定某一时间间隔进入系统的人数至多为 1，若有顾客进入，这时系统中的人数就变为 1，系统状态转化为①。基于泊松分布的平稳性，这样顾客进入系统的概率就是 $\lambda\Delta t$，因为系统现在的状态概率为 P_0，所以系统状态⓪向状态①转移的概率就为 $\lambda\Delta tP_0$；同样顾客离开系统的概率为 $\mu\Delta t$，系统在状态①的概率为 P_1，所以系统状态①向状态⓪转移的概率就为 $\mu\Delta tP_1$，因为动态平衡下进入和流出这个状态的顾客应当持平，就有 $\lambda\Delta tP_0=\mu\Delta tP_1$，即 $\lambda P_0=\mu P_1$。同理，根据状态转移图 8-5，可以得到以下状态转移方程组

$$\begin{cases}\lambda P_0=\mu P_1 \\ \lambda P_{n-1}+\mu P_{n+1}=\lambda P_n+\mu P_n \quad n=1,2,\cdots\end{cases} \tag{8-2}$$

求解方程组(8-2)，得

$$P_1=\frac{\lambda}{\mu}P_0$$

$$P_2 = -\frac{\lambda}{\mu}P_0 + \left(1+\frac{\lambda}{\mu}\right)P_1 = \left(\frac{\lambda}{\mu}\right)^2 P_0$$

$$P_n = \left(\frac{\lambda}{\mu}\right)^n P_0 \quad (n=1, 2, \cdots)$$

设 $\rho = \frac{\lambda}{\mu} < 1$，则

$$P_1 = \rho P_0,\ P_2 = \rho^2 P_0,\ \ldots,\ P_n = \rho^n P_0$$

由于 $\sum_{n=0}^{\infty} P_n = 1$，得

$$\begin{cases} P_0 = 1-\rho \\ P_n = (1-\rho)\rho^n \quad n=1, 2, \cdots \end{cases} \tag{8-3}$$

式(8-3)中，ρ 有明确的实际意义，因为 ρ 是平均到达率和平均服务率之比，且 $\rho = 1-P_0$ 表示系统正在服务的概率，因此 ρ 反映了当前排队系统的服务强度或服务机构的利用率。

(2) 系统的绩效指标。

有了状态概率的解析式，就可以计算排队系统的绩效指标。

L_s 表示系统的平均顾客数，即

$$L_s = \sum_{k=0}^{\infty} kP_k = \sum_{k=0}^{\infty} k\rho^k(1-\rho) = (1-\rho)\sum_{k=0}^{\infty} k\rho^k = (1-\rho)\frac{\rho}{(1-\rho)^2} = \frac{\rho}{1-\rho}$$

为系统中顾客数的期望值。

L_q 表示队列中平均顾客数，即

$$L_q = \sum_{k=1}^{\infty}(k-1)P_k = \sum_{k=1}^{\infty}(k-1)\rho^k(1-\rho) = \rho(1-\rho)\sum_{k=1}^{\infty}(k-1)\rho^{k-1} = \rho(1-\rho)\frac{\rho}{(1-\rho)^2} = \frac{\rho^2}{1-\rho}$$

显然，$L_s - L_q = \rho$。

当顾客到达的间隔时间服从参数为 λ 的负指数分布，顾客在系统中接受服务时间服从参数为 μ 的负指数分布时，由于负指数分布的无记忆性，可以证明顾客在系统中逗留的时间服从参数为 $\mu-\lambda$ 的负指数分布，根据负指数分布的数学期望公式，得

$$W_s = \frac{1}{\mu-\lambda}$$

由于顾客在系统中的逗留时间包含顾客在队列中的等待时间和顾客接受服务时间，因此顾客的等待时间 $W_q = W_s - \frac{1}{\mu}$，其中 $\frac{1}{\mu}$ 是顾客服务时间的数学期望，得

$$W_q = W_s - \frac{1}{\mu} = \frac{1}{\mu-\lambda} - \frac{1}{\mu} = \frac{\lambda}{\mu(\mu-\lambda)} = \frac{\rho}{\mu-\lambda} = \rho W_s$$

(3) 绩效指标之间的关系。

从(2)中 4 个指标的表达式可得其关系为

$$\begin{array}{ll} L_s = \lambda W_s & L_q = \lambda W_q \\ L_q = L_s - \frac{\lambda}{\mu} & W_q = W_s - \frac{1}{\mu} \end{array} \tag{8-4}$$

这一组公式就是著名的里特(Little)公式，这些关系在其他排队系统中稍加调整也成立。Little 公式具有非常直观的含义：如公式 $L_s = \lambda W_s$ 表示当系统处于稳定状态时，系统中的人数 L_s 等于顾客在系统的平均逗留时间 W_s 乘以系统的平均到达率 λ。

【例 8.2】轻轨进站口有一个售票窗口，乘客到达服从泊松分布，平均到达率为 200 人/小时，售票时间服从负指数分布，平均售票时间为 15 秒/人。试求：(1)系统空闲的概率；(2)至少有两个顾客排队的概率；(3)该排队系统的有关指标。

解: 系统是一个标准的 $M/M/1$ 排队系统，根据题意可知，$\lambda = 200$ 人/小时，$\mu = \dfrac{1}{15\text{秒/人}} \times 3\,600\text{秒/小时} = 240$ 人/小时，则

$$\rho = \frac{\lambda}{\mu} = \frac{200}{240} = \frac{5}{6}$$

(1) 系统空闲的概率 $P_0 = 1 - \rho = 1 - \dfrac{5}{6} = \dfrac{1}{6}$；

(2) 至少有两个顾客排队的概率为 $1 - P_0 - P_1 = 1 - P_0 - \rho P_0 = 1 - \dfrac{1}{6} - \dfrac{5}{6} \times \dfrac{1}{6} = \dfrac{25}{36}$；

(3) 系统中的平均人数 $L_s = \dfrac{\rho}{1-\rho} = \left(\dfrac{5/6}{1-5/6}\right)$ 个 $= 5$ 个；

排队等待的平均人数 $L_q = L_s - \rho = \left(5 - \dfrac{5}{6}\right)$ 个 ≈ 4.17 个；

乘客在系统中的平均逗留时间 $W_s = \dfrac{1\text{人}}{(240-200)\text{人/小时}} = 0.025\text{小时} = 90\text{秒}$；

乘客在系统中的平均等待时间 $W_q = W_s - \dfrac{1}{\mu} = 75$ 秒。

【例 8.3】考虑一个铁路列车编组站，设待编列车到达时间间隔服从负指数分布，平均每小时到达 2 列，编组站的编组时间也服从负指数分布，平均每 20 分钟可编一组。试求该编组系统中列车的平均数，每一辆列车平均停留时间和等待编组的列车数。

解：这是一个标准的 $M/M/1$ 排队系统。

根据题意可知，$\lambda = 2$ 列/小时，$\mu = \dfrac{1}{20}$ 列/分=3 列/小时，所以 $\rho = \dfrac{\lambda}{\mu} = \dfrac{2}{3}$。

编组系统中列车的平均数为

$$L_s = \frac{\rho}{1-\rho} = \frac{2}{3}\Bigg/\left(1 - \frac{2}{3}\right) = 2\,(\text{列})$$

列车的平均停留时间为

$$W_s = \frac{1}{\mu - \lambda} = \frac{1}{3-2} = 1\,(\text{小时})$$

等待列车编组的平均数为

$$L_q = L_s - \rho = 2 - \frac{2}{3} = \frac{4}{3}\,(\text{列})$$

2. 系统容量有限制的 $M/M/1/N$ 模型

系统容量由无限转化为有限制容量 N 时，模型由 $M/M/1$ 转变为 $M/M/1/N$。若系统已有 N 个顾客，再来的顾客将会被拒绝而不能进入系统。

(1) 系统的状态概率。

根据服务系统的特征，其状态转移率如图 8-6 所示。

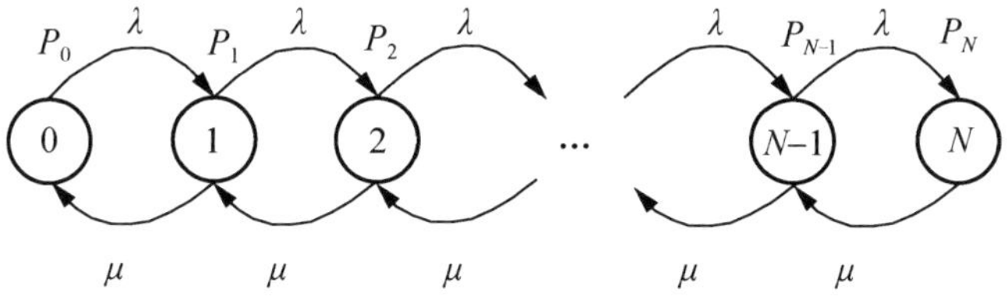

图 8-6　*M*/*M*/1/*N* 模型系统的状态转移率图

根据状态转移率图，列出系统状态转移方程组为

$$\begin{cases} \lambda P_0 = \mu P_1 \\ \lambda P_{n-1} + \mu P_{n+1} = (\lambda + \mu) P_n \qquad n = 1, 2, \cdots, N-1 \\ \mu P_N = \lambda P_{N-1} \end{cases}$$

求解方程组，可得 $P_n = \dfrac{\lambda}{\mu} P_{n-1} = \left(\dfrac{\lambda}{\mu}\right)^n P_0$。仍令 $\rho = \lambda / \mu$，当 $\rho \neq 1$ 时，由于 $\sum\limits_{n=0}^{N} P_n = 1$，有

$$\sum_{n=0}^{N} P_n = P_0 (1 + \rho + \rho^2 + \cdots + \rho^N) = P_0 \frac{1 - \rho^{N+1}}{1 - \rho}$$

解得

$$\begin{cases} P_0 = \dfrac{1 - \rho}{1 - \rho^{N+1}} \qquad \rho \neq 1 \\ P_n = \rho^n P_0 \qquad n = 1, 2, \cdots, N \end{cases}$$

当 $\rho = 1$ 时，$P_N = P_{N-1} = \cdots = P_0 = \dfrac{1}{N+1}$。

由于系统容量有限制，队伍不会排无限长。状态概率 P_N 表示系统的满员率，从离开的角度来考虑，也可以称为系统对顾客的拒绝率或顾客的损失率。

(2) 系统的绩效指标。

求系统中的平均队长，当 $\rho \neq 1$ 时，得

$$L_s = \sum_{n=0}^{N} n P_n = P_0 \sum_{n-0}^{N} n \rho^n = \frac{\rho}{1 - \rho} - \frac{(N+1)\rho^{N+1}}{1 - \rho^{N+1}}$$

当 $\rho = 1$ 时，得

$$L_s = \sum_{n=0}^{N} n P_n = \frac{1}{N+1}(1 + 2 + \cdots + N) = \frac{N}{2}$$

平均队列长为

$$L_q = \sum_{k=1}^{N} (k-1) P_k = \sum_{k=1}^{N} k P_k - \sum_{k=1}^{N} P_k = L_s - (1 - P_0)$$

模型 *M*/*M*/1/*N* 与标准模型 *M*/*M*/1 的区别有两个：一是系统的状态只有 $N+1$ 个；二是顾客实际进入系统率，当 $n < N$ 时为 λ，当 $n = N$ 时为 0，故平均值(有效到达率) $\lambda_e = \lambda(1 - P_N) + 0 P_N = \lambda(1 - P_N)$，即单位时间内到达并能进入队列的平均数，从服务的角度来考虑有效到达率为 $\mu(1 - P_0)$，即表示系统不空且以速率 μ 提供服务。

若令 $\rho_e = \dfrac{\lambda_e}{\mu}$，$\rho_e$ 称为有效服务强度，这样就有 $L_q = L_s - \rho_e$。

平均逗留时间 $W_s = \dfrac{L_s}{\lambda_e} = \dfrac{L_s}{\lambda(1-P_N)}$。

平均等待时间 $W_q = W_s - \dfrac{1}{\mu}$。

$M/M/1/N$ 排队系统模型的绩效指标归纳为

$$L_s = \begin{cases} \dfrac{\rho}{1-\rho} - \dfrac{(N+1)\rho^{N+1}}{1-\rho^{N+1}}, & \rho \neq 1 \\ \dfrac{N}{2}, & \rho = 1 \end{cases}$$

$$L_q = L_s - \rho_e,\ \lambda_e = \lambda(1-P_N) = \mu(1-P_0) \tag{8-5}$$

$$W_s = \frac{L_s}{\lambda_e} = \frac{L_s}{\lambda(1-P_N)}$$

$$W_q = W_s - \frac{1}{\mu}$$

【例 8.4】 某火车货运站以平均每天 4 列的泊松流到达车站，车站的装卸能力是每天 8 列。站内除了装卸站台，另有两股轨道可供停车等待。求：

(1) 货车一到站就能装卸的概率和不能进站的概率；

(2) 货运站的有效到达率；

(3) 站内的平均列车数和平均等待的列车数；

(4) 货车在站内的平均逗留时间和平均等待时间；

(5) 装卸站台的利用率。

解：这是一个系统容量有限制的模型，$N=3$，$\lambda=4$ 列/天，$\mu=8$ 列/天，则 $\rho=\dfrac{\lambda}{\mu}=\dfrac{1}{2}=0.5$。

(1) 货车一到站就能装卸的概率 $P_0=\dfrac{1-0.5}{1-0.5^4}=0.53$，货车不能进站的概率为

$$P_3 = \rho^3\ P_0 = 0.5^3 \times 0.53 \approx 0.07$$

(2) 货运站的有效到达率 $\lambda_e = \lambda(1-P_3) = 4\times(1-0.07)\text{列/天} = 3.72\ \text{列/天}$；

(3) $L_s = \dfrac{0.5}{1-0.5} - \dfrac{4\times 0.5^4}{1-0.5^4} = 0.73\,(\text{列})$，$L_q = [0.73-(1-0.53)]\text{列} = 0.26\ \text{列}$；

(4) $W_s = \dfrac{0.73\text{列}}{3.72\text{列/天}} = 0.20\ \text{天}$，$W_q = W_s - \dfrac{1}{\mu} = \left(0.20-\dfrac{1}{8}\right)\text{天} \approx 0.08\ \text{天}$；

(5) 装卸站台的利用率 $1-P_0 = 1-0.53 = 0.47$。

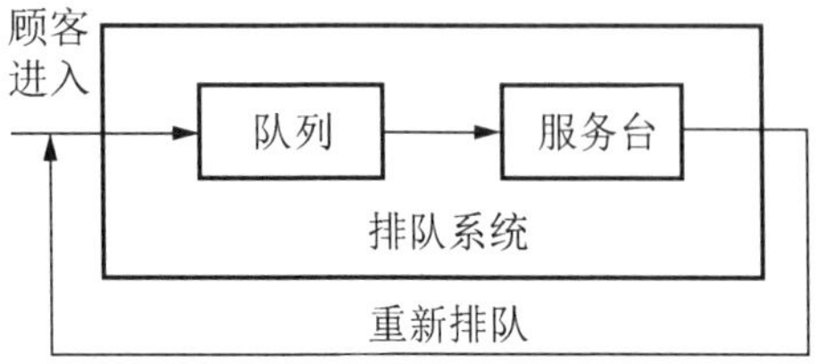

图 8-7 有限顾客源排队系统

3. 有限顾客源的 $M/M/1/\infty/m$ 模型

有限顾客源模型中顾客的总数为 m，当顾客需要服务时，就进入队列等待；服务完毕后，重新回到顾客源中，如此循环往复，如图 8-7 所示。有限顾客源的排队系统最典型的问题是机器维修问题，机器出现故障表示顾客“到达”，待维修的机器形

成队列，修理工人是服务台。模型中系统容量是“∞”，实际系统的容量永远也不会超过 m，系统的符号实际可表示为 $M/M/1/m/m$。

在无限顾客源系统中，顾客的到达速率 λ 是整个顾客源的特点，与单独的顾客无关。而在有限顾客源系统中，由于一位顾客要反复接受服务，因此有必要假定每位顾客在单位时间内需要接受服务的平均次数是相同的，仍设为 λ。这样系统中顾客到达的平均速率就与顾客源的顾客数有关，仍以机器维修为例，设机器总数为 m 台，每台机器在单位时间内发生故障的平均次数为 λ，已经发生故障正在等待维修及正在接受维修的机器数为 n，则在单位时间内出现故障的平均机器数(即有限顾客源的平均到达率)为 $\lambda(m-n)$。

(1) 系统的状态概率。

根据服务系统的特征，其状态转移率如图 8-8 所示。

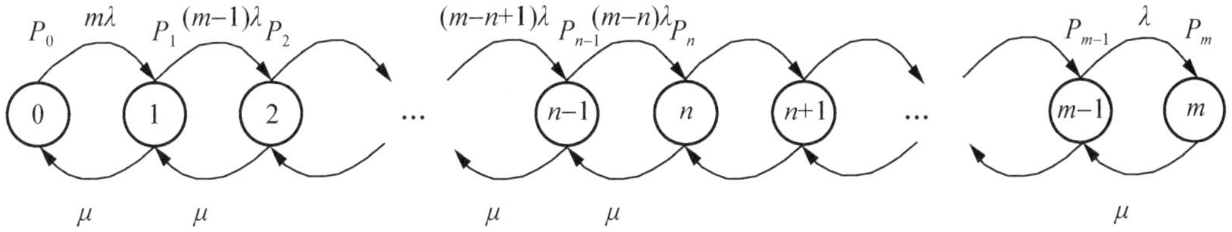

图 8-8　$M/M/1/m/m$ 模型系统的状态转移率图

根据状态转移率图，列出系统状态转移方程组为

$$\begin{cases} m\lambda P_0 = \mu P_1 \\ (m-n+1)\lambda P_{n-1} + \mu P_{n+1} = [(m-n)\lambda + \mu]P_n \qquad n = 1, 2, \cdots, m-1 \\ \mu P_m = \lambda P_{m-1} \end{cases}$$

仍令 $\rho = \dfrac{\lambda}{\mu}$，由于 $\sum\limits_{n=0}^{m} P_n = 1$，求解方程组，得

$$\begin{cases} P_0 = \dfrac{1}{\sum\limits_{i=0}^{m} \dfrac{m!}{(m-i)!}\rho^i} \\ P_n = \dfrac{m!}{(m-n)!}\rho^n P_0 \qquad n = 1, 2, \cdots, m \end{cases}$$

(2) 系统的绩效指标。

由 Little 公式，得

$$L_s - L_q = \frac{\lambda_e}{\mu} = \frac{\lambda(m - L_s)}{\mu}$$

另外

$$L_s - L_q = 1 - P_0$$

结合上面两式，解得

$$L_s = m - \frac{\mu}{\lambda}(1 - P_0)$$

$\lambda(m-L_s)=\mu(1-P_0)$ 的意义是很直观的：$m-L_s$ 表示系统外部的顾客数，$\lambda_e=\lambda(m-L_s)$ 表示系统的有效到达率；$1-P_0$ 是系统忙时的概率，$\mu(1-P_0)$ 为系统忙时的服务率，故二者应当相等。

最后得到系统的绩效指标为

$$\begin{cases} L_s=m-\dfrac{\mu}{\lambda}(1-P_0) \\ L_q=L_s-(1-P_0) \\ W_s=\dfrac{L_s}{\mu(1-P_0)}=\dfrac{m}{\mu(1-P_0)}-\dfrac{1}{\lambda} \\ W_q=W_s-\dfrac{1}{\mu} \end{cases} \tag{8-6}$$

【例 8.5】有 5 辆叉车往返于仓库之中理货，每辆叉车的连续运行时间服从负指数分布，每天(8 小时)平均连续运行时间 300 分钟，配备 1 个修理工，修理时间也服从负指数分布，平均修理时间为 240 分钟。试求：

(1) 修理工空闲的概率和 5 辆叉车都出故障的概率；

(2) 叉车的平均故障辆数；

(3) 叉车等待修理的平均时间；

(4) 修理工的平均利用率。

解：这是一个有限顾客源的模型，$m=5$，$\lambda=1.6$ 辆/天，$\mu=2$ 辆/天，则 $\rho=\dfrac{\lambda}{\mu}=\dfrac{1.6}{2}=0.8$。

(1) 修理工空闲的概率为

$$P_0=\left[\frac{5!}{5!}(0.8)^0+\frac{5!}{4!}(0.8)^1+\frac{5!}{3!}(0.8)^2+\frac{5!}{2!}(0.8)^3+\frac{5!}{1!}(0.8)^4+\frac{5!}{0!}(0.8)^5\right]^{-1}\approx 0.0073$$

5 辆叉车都出故障的概率为

$$P_5=\frac{5!}{0!}(0.8)^5P_0\approx 0.287$$

(2) 叉车的平均故障辆数

$$L_s=m-\frac{\mu}{\lambda}(1-P_0)=5-\frac{1}{0.8}(1-0.007\,3)\approx 3.76\,(\text{台})$$

(3) 叉车等待修理的平均时间为

$$W_q=\frac{L_s}{\mu(1-P_0)}-\frac{1}{\mu}=\frac{3.76}{2\times(1-0.007\,3)}-\frac{1}{2}\approx 1.39\,(\text{天})$$

(4) 修理工的平均利用率 $1-P_0=0.9927$。

基于上述数据，说明系统的利用率太高，修理工的劳动强度太大，没有休息时间，建议增加修理工或提高修理工的待遇。

8.2.2 多服务台排队系统模型

多服务台负指数分布排队系统分为：①标准的 $M/M/c$ 模型；②系统容量有限制，即 $M/M/c/N/\infty$ 模型；③顾客源为有限，即 $M/M/c/\infty/m$ 模型。

1. 标准的 *M/M/c* 模型

标准的多服务台模型与标准的单服务台模型的条件相同，除了服务台数量不同。为便于讨论，设各服务台工作独立且服务速率相同，于是整个系统的平均服务速率为$c\mu$。

(1) 系统的状态概率。

M/M/c 模型系统的特点为系统的服务速率与系统中的顾客数无关。当系统中的顾客数k不大于服务台数时，系统中的顾客全部在服务台中，这时系统的服务速率是$k\mu$；当系统中顾客数大于服务台数时，服务台中正在接受服务的顾客数仍为c个，其余顾客在队列中等待服务，这时系统的服务速率为$c\mu$，其状态转移率如图 8-9 所示。

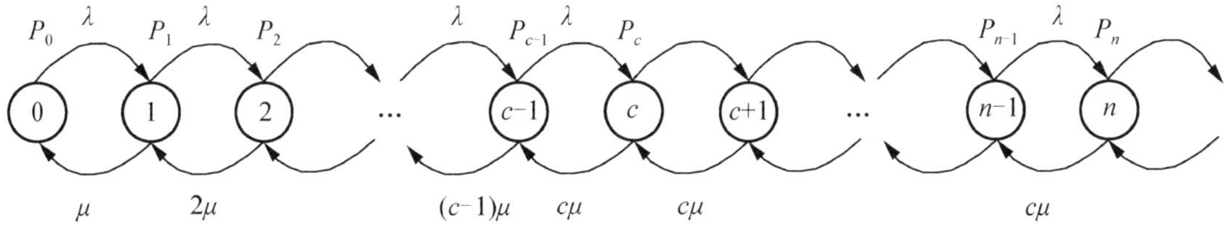

图 8-9 *M/M/c* 模型系统的状态转移率图

根据系统状态转移率图，列出系统状态转移方程组为

$$\begin{cases} \lambda P_0 = \mu P_1 \\ \lambda P_{n-1} + (n+1)\mu P_{n+1} = (\lambda + n\mu)P_n & n < c \\ \lambda P_{n-1} + c\mu P_{n+1} = (\lambda + c\mu)P_n & n \geqslant c \end{cases}$$

令$\rho = \dfrac{\lambda}{c\mu} < 1$，由于$\sum\limits_{n=0}^{\infty} P_n = 1$，求解方程组，得

$$P_0 = \left[\sum_{k=0}^{c-1} \frac{1}{k!}\left(\frac{\lambda}{\mu}\right)^k + \frac{1}{c!(1-\rho)}\left(\frac{\lambda}{\mu}\right)^c \right]^{-1}$$

$$P_n = \begin{cases} \dfrac{1}{n!}\left(\dfrac{\lambda}{\mu}\right)^n P_0 & n \leqslant c \\ \dfrac{1}{c!c^{n-c}}\left(\dfrac{\lambda}{\mu}\right)^n P_0 & n > c \end{cases}$$

(2) 系统的绩效指标。

系统的绩效指标为

$$\begin{cases} L_{\mathrm{s}} = L_{\mathrm{q}} + \dfrac{\lambda}{\mu} \\ L_{\mathrm{q}} = \dfrac{(c\rho)^c \rho}{c!(1-\rho)^2} P_0 \\ W_{\mathrm{s}} = \dfrac{L_{\mathrm{s}}}{\lambda} \\ W_{\mathrm{q}} = \dfrac{L_{\mathrm{q}}}{\lambda} = W_{\mathrm{s}} - \dfrac{1}{\mu} \end{cases} \qquad \rho = \frac{\lambda}{c\mu} < 1 \tag{8-7}$$

【例 8.6】 某售票站有 3 个售票窗口，顾客到达服从泊松分布，平均到达率为 0.9 人/分钟，售票时间服从负指数分布，平均服务率为 0.4 人/分钟。如果排队方式是顾客到达后排为一队，依次到空闲的窗口购票。试求：

(1) 售票站空闲的概率；

(2) 售票站内的排队等待的顾客数和平均顾客数；

(3) 顾客购票的平均消耗时间和平均排队等待的时间；

(4) 顾客到达后必须排队的概率。

解：这是一个标准的$M/M/3$排队系统，$\lambda=0.9$ 人/分钟，$\mu=0.4$ 人/分钟，$\frac{\lambda}{\mu}=\frac{0.9}{0.4}=2.25$，$\rho=\frac{\lambda}{c\mu}=\frac{0.9}{3\times0.4}=0.75$。

(1) 售票站空闲的概率为

$$\begin{aligned}P_0&=\left[\sum_{k=0}^{c-1}\frac{1}{k!}\left(\frac{\lambda}{\mu}\right)^k+\frac{1}{(c)!(1-\rho)}\left(\frac{\lambda}{\mu}\right)^c\right]^{-1}\\&=\left[\frac{(2.25)^0}{0!}+\frac{(2.25)^1}{1!}+\frac{(2.25)^2}{2!}+\frac{(2.25)^3}{3!\times(1-0.75)}\right]^{-1}\\&\approx0.0748\end{aligned}$$

(2) 售票站内排队等待的顾客数为

$$L_{\rm q}=\frac{(c\rho)^c\rho}{c!(1-\rho)^2}P_0=\frac{(2.25)^3\times0.75}{3!\times(1-0.75)^2}\times0.0748\approx1.70\,(\text{人})$$

售票站内的平均顾客数为

$$L_{\rm s}=L_{\rm q}+\frac{\mu}{\lambda}=1.70+2.25\text{人}=3.95\,(\text{人})$$

(3) 顾客的平均消耗时间为

$$W_{\rm s}=\frac{L_{\rm s}}{\lambda}=\frac{3.95\text{人}}{0.9\text{人/分钟}}\approx4.39\ \text{分钟}$$

顾客的平均等待时间为

$$W_{\rm q}=\frac{L_{\rm q}}{\lambda}=\frac{1.70\text{人}}{0.9\text{人/分钟}}\approx1.89\ \text{分钟}$$

(4) 顾客到达后必须排队的概率为

$$P(n\geqslant3)=1-P_0-P_1-P_2=1-0.0748-2.25\times0.0748-\frac{1}{2}\times(2.25)^2\times0.0748=0.57$$

在例 8.6 中，如果顾客的排队方式变为到达售票站后可到任意窗口排队，且入队后不再换队，即可形成 3 个队列。这时，原来的 $M/M/3$ 模型就变成了 3 个 $M/M/1$ 模型，且每个子系统的平均到达率为$\lambda_1=\lambda_2=\lambda_3=0.3$(人/分钟)，按 $M/M/1$ 模型重新求解本例的问题，并将结果列于表 8-3 进行比较。

表 8-3　$M/M/3$ 模型与 $M/M/1$ 模型指标对比

指　　标	模　　型	
	$M/M/3$	3 个 $M/M/1$
服务台空闲的概率	0.074 8	0.25(每个)
顾客必须等待的概率	0.57	0.75
平均队长 L_s /人	3.95(整个系统)	9(每个窗口)
平均队列长 L_q /人	1.70	2.25(每个窗口前)
平均逗留时间 W_s /分钟	4.39	10
平均排队时间 W_q /分钟	1.89	7.5

从表 8-3 中可知，各项指标都是 $M/M/3$ 模型比 3 个 $M/M/1$ 模型有显著的优越性，服务质量更好，尤其是顾客平均等待时间少。因此科学地运用排队规则，在不增加设施成本的情况下，也会大大提高服务质量。

2. 系统容量有限制的 $M/M/c/N$ 模型

设系统最大容量为 $N(N>c)$，当系统内的顾客数 $n\leqslant N$ 时，到达的顾客进入系统；当系统内的顾客数 $n>N$ 时，到达的顾客进入系统被拒绝，如图 8-10 所示。设顾客的到达率为 λ，每个服务台的服务率为 μ，$\rho=\lambda/c\mu$。由于系统不会无限地接纳顾客，对 ρ 不必加以限制。

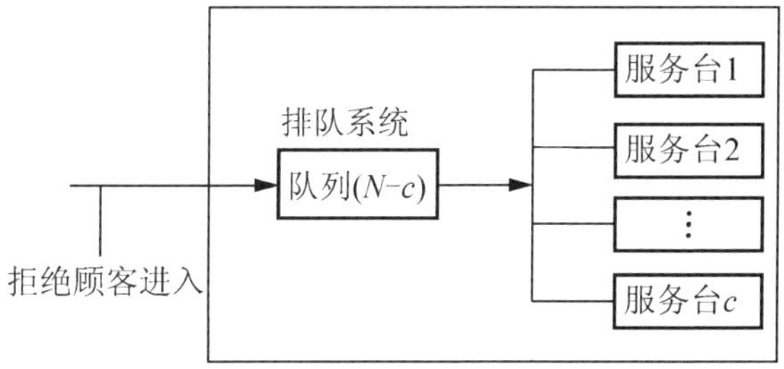

图 8-10　系统容量有限排队系统

(1) 系统的状态概率。

系统的状态转移率如图 8-11 所示，这时状态个数为有限值。

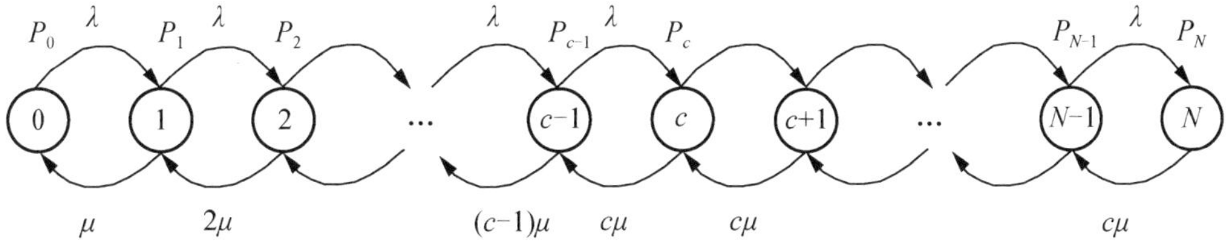

图 8-11　$M/M/c/N$ 模型系统的状态转移率图

根据状态转移率图，列出系统状态转移方程组为

$$\begin{cases}\lambda P_0=\mu P_1 \\ \lambda P_{n-1}+(n+1)\mu P_{n+1}=(\lambda+n\mu)P_n & 1\leqslant n<c \\ \lambda P_{n-1}+c\mu P_{n+1}=(\lambda+c\mu)P_n & c\leqslant n<N \\ \lambda P_{N-1}=c\mu P_N\end{cases}$$

求解方程组，得

$$P_0=\left[\sum_{k=0}^{c}\frac{1}{k!}(c\rho)^k+\frac{c^c}{c!}\frac{\rho(\rho^c-\rho^N)}{1-\rho}\right]^{-1}\ (\rho\neq 1)$$

$$P_n=\begin{cases}\dfrac{1}{n!}(c\rho)^n P_0 & 0\leqslant n\leqslant c\\ \dfrac{c^c}{c!}(\rho)^n P_0 & c<n\leqslant N\end{cases}$$

2) 系统的绩效指标

系统的绩效指标为

$$\begin{cases}L_q=\dfrac{\rho(c\rho)^c}{c!(1-\rho)^2}\left[1-\rho^{N-c}-(N-c)\rho^{N-c}(1-\rho)\right]P_0\\ L_s=L_q+c\rho(1-P_N)\\ W_s=\dfrac{L_s}{\lambda(1-P_N)}\\ W_q=W_s-\dfrac{1}{\mu}\end{cases}\tag{8-8}$$

特别当 $N=c$ 为即时制(损失制)的情形，如街头停车场、旅店床位等，系统容量与服务台相等，如果服务台没有空闲，顾客当即离去，这样的系统称为“即时制”。这时

$$P_0=\left[\sum_{k=0}^{c}\frac{1}{k!}(c\rho)^k\right]^{-1}\qquad P_n=\frac{1}{n!}(c\rho)^n P_0,\ 1\leqslant n\leqslant c$$

系统绩效指标简化为

$$L_q=0,\quad L_s=\sum_{n=1}^{c}nP_n=c\rho(1-P_c),\quad W_q=0,\quad W_s=\frac{1}{\mu}$$

【例 8.7】某旅馆有 10 个床位，顾客到达服从泊松流，平均速率为 6 人/天，旅客平均逗留时间为 2 天，试求：(1)旅馆客满的概率；(2)每天客房平均占用数。

解：根据题知，这是一个即时制的多服务台服务系统，其中

$$N=c=10,\ \lambda=6,\ \frac{1}{\mu}=2,\ \mu=0.5,\ c\rho=\frac{6}{0.5}=12$$

(1) 旅馆 10 个床位全满的概率为

$$P_0=\left[\sum_{k=0}^{c}\frac{1}{k!}(c\rho)^k\right]^{-1}=\left[\frac{1}{0!}(12)^0+\frac{1}{1!}(12)^1+\cdots+\frac{1}{10!}(12)^{10}\right]^{-1}\approx 0.000018$$

$$P_{10}=\frac{1}{10!}(c\rho)^n P_0=\frac{1}{10!}(12)^{10}\times 0.000018=0.3019$$

(2) 每天客房平均占用数为

$$L_s=L_q+c\rho(1-P_N)=12\times(1-0.3019)\approx 8.377\ (\text{床位})$$

即平均占用 8.377 个床位，客房占用率为 83.77%。

3. 有限顾客源 $M/M/c/\infty/m$ 模型

有限顾客源模型中顾客的总数为 m，服务台个数为 c，且 $m>c$。有限顾客源的排队系统最典型的问题是机器维修问题，机器数量为 m 台，修理工数量为 c 人。

(1) 系统的状态概率。

根据服务系统的特征，其状态转移率如图 8-12 所示。

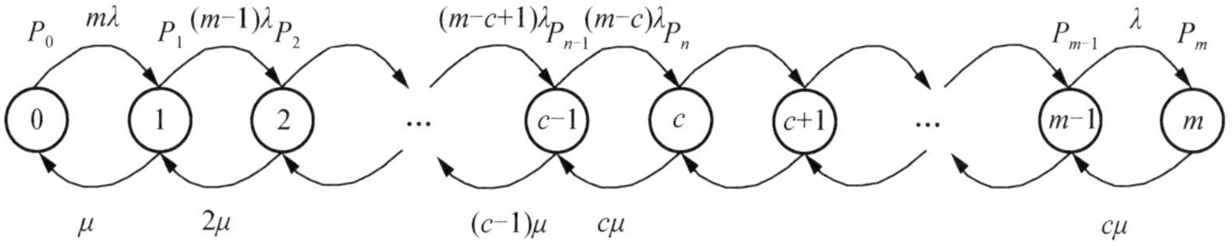

图 8-12　$M/M/c/\infty/m$ 模型系统的状态转移率图

根据状态转移率图，列出系统状态转移方程组，求解方程组，得

$$P_0=\frac{1}{m!}\left[\sum_{k=0}^{c}\frac{1}{k!(m-k)!}\left(\frac{c\rho}{m}\right)^k+\frac{c^c}{c!}\sum_{k=c+1}^{m}\frac{1}{(m-k)!}\left(\frac{\rho}{m}\right)^k\right]^{-1}$$

$$P_n=\begin{cases}\dfrac{m!}{(m-n)!n!}\left(\dfrac{\lambda}{\mu}\right)^n P_0 & 0\leqslant n\leqslant c\\[2ex]\dfrac{m!}{(m-n)!c!c^{n-c}}\left(\dfrac{\lambda}{\mu}\right)^n P_0 & c+1\leqslant n\leqslant m\end{cases}$$

其中 $\rho=\dfrac{m\lambda}{c\mu}$。

(2) 系统的绩效指标。

系统的绩效指标为

$$\begin{cases}L_s=L_q+\dfrac{\lambda}{\mu}(m-L_s)\\[2ex]L_q=\displaystyle\sum_{n=c+1}^{m}(n-c)P_n\\[2ex]W_s=\dfrac{L_s}{\lambda_e}=\dfrac{L_s}{\lambda(m-L_s)}\\[2ex]W_q=W_s-\dfrac{1}{\mu}\end{cases}\tag{8-9}$$

【例 8.8】设有两名维修工人，负责 5 台机器的故障维修。每台机器的平均损坏率为每小时 1 次，两名维修工人能以相同的平均修复率每小时 4 次修好机器，试求系统空闲的概率。

解：这是一个有限顾客源的排队模型，$m=5$，$\lambda=1$ 次/小时，μ=4 次/小时，$c=2$，$c\rho/m=1/4$，则

$$\begin{aligned}P_0&=\frac{1}{m!}\left[\sum_{k=0}^{c}\frac{1}{k!(m-k)!}\left(\frac{c\rho}{m}\right)^k+\frac{c^c}{c!}\sum_{k=c+1}^{m}\frac{1}{(m-k)!}\left(\frac{\rho}{m}\right)^k\right]^{-1}\\&=\frac{1}{5!}\left[\frac{1}{5!}\left(\frac{1}{4}\right)^0+\frac{1}{4!}\left(\frac{1}{4}\right)^1+\frac{1}{2!3!}\left(\frac{1}{4}\right)^2+\frac{2^2}{2!2!}\left(\frac{1}{8}\right)^3+\left(\frac{1}{8}\right)^4+\left(\frac{1}{8}\right)^5\right]\\&\approx 0.3149\end{aligned}$$

8.3 其他服务时间分布排队系统模型

前面探讨了服务时间服从负指数分布的排队系统模型，本节分析服务时间服从其他分布的排队系统特征。

8.3.1 一般分布模型 *M*/*G*/1

M/*G*/1 模型的基本条件如下。①输入过程：顾客源是无限的，到达过程是参数为 λ 的泊松过程。②排队规则：单队列，队列长无限制，先到先服务。③服务机构：单服务台。G 表示服务时间 T 的分布，但已知期望 $\mathrm{E}(T)$ 和方差 $\mathrm{D}(T)$。

与 *M*/*M*/1 排队模型相比，*M*/*G*/1 排队模型的服务时间不再服从负指数分布。令 $\rho=\lambda\mathrm{E}(T)$，当 $\rho<1$ 时，可以证明

$$L_{\mathrm{s}}=\rho+\frac{\rho^2+\lambda^2\mathrm{D}(T)}{2(1-\rho)}$$

该公式又称 P-K 公式(Pollaczek-Khintchine)。只要给出有关参数，无论时间服从什么分布，都可用 P-K 公式求出平均队长，其他绩效指标为

$$\begin{cases}L_{\mathrm{s}}=\rho+\dfrac{\rho^2+\lambda^2\mathrm{D}(T)}{2(1-\rho)}\\ L_{\mathrm{q}}=L_{\mathrm{s}}-\rho\\ W_{\mathrm{s}}=\dfrac{L_{\mathrm{s}}}{\lambda}\\ W_{\mathrm{q}}=W_{\mathrm{s}}-\mathrm{E}(T)\end{cases} \tag{8-10}$$

在式(8-10)中，若令 $\mathrm{E}(T)=\dfrac{1}{\mu}$，$\mathrm{D}(T)=\dfrac{1}{\mu^2}$(负指数分布时)，就得到 *M*/*M*/1 模型的绩效指标计算公式。

【例 8.9】某维修站有一名技工修理故障机器。已知机器按泊松流发生故障，平均故障率为每小时 5 台，机器排队有两种类型：一种是机器故障修理时间 9 分钟；另一种是机器故障修理时间 12 分钟，由统计资料可知，2/3 的机器故障需要修理 9 分钟，1/3 的机器故障需要修理 12 分钟，试求此维修站的绩效指标。

解：服务时间 T 可以看成二点分布，则

$$\mathrm{E}(T)=\frac{1}{\mu}=\left(9\times\frac{2}{3}+12\times\frac{1}{3}\right)\text{分钟}=10\text{ 分钟}，\quad \mu=6\text{ 台/小时}$$

$$\mathrm{D}(T)=\left(9^2\times\frac{2}{3}+12^2\times\frac{1}{3}-10^2\right)\times\frac{1}{60^2}=\frac{1}{1800}\ (\text{小时}^2)$$

由 $\rho=\dfrac{5}{6}$，$\lambda=5$，$\mathrm{D}(T)=\dfrac{1}{1800}$，应用 P-K 公式，得

$$L_{\mathrm{s}}=\rho+\frac{\rho^2+\lambda^2\mathrm{D}(T)}{2(1-\rho)}=\frac{5}{6}+\frac{\left(\dfrac{5}{6}\right)^2+5^2\times\dfrac{1}{1800}}{2\times\left(1-\dfrac{5}{6}\right)}\approx 2.96\,(\text{台})$$

$$L_q = \frac{\rho^2 + \lambda^2 D(T)}{2(1-\rho)} = \frac{\left(\frac{5}{6}\right)^2 + 5^2 \times \frac{1}{1800}}{2 \times \left(1 - \frac{5}{6}\right)} \approx 2.13\,(台)$$

$$W_s = \frac{L_s}{\lambda} = \frac{2.96台}{5台/小时} \approx 0.59\,(小时)$$

$$W_q = W_s - \frac{1}{\mu} = 0.59 - \frac{1}{6} \approx 0.43\,(小时)$$

8.3.2　定长分布模型

定长分布模型表示为 $M/D/1$，D 表示服务时间为固定时间，即为常数，是一般分布时间的一个特例。由于服务时间 T 是常数，因此方差 $D(T)=0$，代入 P-K 公式就得各个定长排队模型的有关指标。

【例 8.10】某机场有一条供飞机起降的跑道，飞机请求起降的间隔时间服从均值为 10 分钟的负指数分布，若每架飞机起降占用跑道的时间是定长时间 6 分钟，求系统的各项绩效指标。

解： 根据题意可知 $\lambda = \frac{60分钟/小时}{10分钟/架} = 6$ 架/小时，$E(T) = \frac{6分钟}{60分钟/小时} = \frac{1}{10}$ 小时，$D(T)=0$，$\rho = \lambda E(T) = 6 \times \frac{1}{10} = 0.6$。应用 P-K 公式，得

$$L_s = \rho + \frac{\rho^2 + \lambda^2 D(T)}{2(1-\rho)} = 0.6 + \frac{(0.6)^2}{2 \times (1-0.6)} = 1.05\,(架)$$

$$L_q = L_s - \rho = (1.05 - 0.6)架 = 0.45\,(架)$$

$$W_s = \frac{L_s}{\lambda} = \frac{1.05架}{6架/小时} = 0.175\,(小时)$$

$$W_q = \frac{L_q}{\lambda} = \frac{0.45架}{6架/小时} = 0.075\,(小时)$$

8.3.3　爱尔朗分布模型

爱尔朗分布模型表示为 $M/E_k/1$，其中每位顾客必须依次经过 k 个服务台，接受 k 次服务后才构成一个完整的服务过程。该模型假设每个服务台的服务时间 T_i 服从相同的负指数分布，则总的服务时间为

$$T = \sum_{i=1}^{k} T_i$$

服从 k 阶爱尔朗分布，其他条件与标准 $M/M/1$ 模型相同。实际上，由于 k 个 $M/M/1$ 串联的排队模型各个子系统的独立性，整个串联系统的绩效等于各个子系统绩效指标的和。

令 $E(T_i) = \frac{1}{k\mu}$，$D(T_i) = \frac{1}{(k\mu)^2}$，则 $E(T) = \frac{1}{\mu}$，$D(T) = \frac{1}{k\mu^2}$，$\rho = \frac{\lambda}{\mu}$，同前面的讨论，可得模型的绩效指标为

$$\begin{cases} L_s = \rho + \dfrac{\rho^2 + \lambda^2 \dfrac{1}{k\mu^2}}{2(1-\rho)} = \rho + \dfrac{(k+1)\rho^2}{2k(1-\rho)} \\ L_q = L_s - \rho \\ W_s = \dfrac{L_s}{\lambda} \\ W_q = \dfrac{L_q}{\lambda} \end{cases} \tag{8-11}$$

【例 8.11】一个质量检查员平均每小时收到 2 件送来检验的样品，每件样品要依次完成 5 项检验才能判断是否合格。根据统计资料，每项检验所需时间的期望值都是 4 分钟，每项检验的时间和送检产品的到达间隔都服从负指数分布，求其检验过程的各项指标。

解：该检验是一个 $M/E_5/1$ 的排队系统，其中

$$\lambda = \frac{2\text{件}}{60\text{分钟}} = \frac{1}{30}\text{件/分钟}，\quad \frac{1}{\mu} = 4\text{分钟/项} \times 5\text{项/件} = 20\ \text{分钟/件}，\quad \rho = \frac{\lambda}{\mu} = \frac{1/30}{1/20} = \frac{20}{30} = \frac{2}{3}，$$

则

$$L_s = \frac{2}{3} + \frac{(5+1)\times(2/3)^2}{2\times 5\times(1-2/3)} = \frac{22}{15}\,(\text{件})$$

$$L_q = L_s - \rho = \left(\frac{22}{15} - \frac{2}{3}\right)\text{件} = \frac{4}{5}\,(\text{件})$$

$$W_s = \frac{L_s}{\lambda} = \frac{22/15\ \text{件}}{1/30\ \text{件/分钟}} = 44\,(\text{分钟})$$

$$W_q = \frac{L_q}{\lambda} = \frac{4/5\ \text{件}}{1/30\ \text{件/分钟}} = 24\,(\text{分钟})$$

8.4 排队系统的优化

面对排队拥挤现象，人们总是希望尽量减少排队的时间和队长。通常的做法是增加服务设施，但是增加的数量越多，人力、物力的支出就越大，甚至会出现空闲浪费；如果服务设施太少，顾客排队等待的时间就会很长，这样会给顾客带来不良的影响。于是，顾客排队时间的长短与服务设施规模的大小，就构成了设计随机服务系统中的一对矛盾，如何做到既保证一定的服务质量，又使服务设施费用经济合理，恰当地解决顾客排队时间与服务设施费用大小这对矛盾，这就是随机服务系统理论——排队系统优化所要研究解决的问题。

评价一个排队系统的好坏要以顾客与服务机构两方面的利益为标准。就顾客来说，等待时间或逗留时间越短越好，从而希望服务台数尽可能多些。但是，就服务机构来说，增加服务台数，就意味着增加投资，增加多了会造成浪费，增加少了会引起顾客的抱怨甚至失去顾客，那到底增加多少比较好呢？在排队系统中，队长、等待时间、服务台的忙期(简称忙期)3 个指标影响顾客与服务机构，因此这 3 个指标也就成了排队论的主要研究内容。

8.4.1 排队系统经济分析

在排队问题中，整个系统的经济效益由顾客的等待费用和服务机构的服务费用组成。因问题的不同，顾客的等待费用有的较低，甚至可以忽略不计，如到商店购买商品的顾客、购买车票的旅客等，这里的等待费用较低是指直接能衡量的损失较低，但隐含着无形的损失是无法用数字来度量的，比如信誉，不愿长时间等待而离去失去销售机会等损失。有的顾客的等待费用是很高的，如等待修理的设备长时间得不到修理，将严重影响生产，这将直接影响企业的经济效益；又如长时间等不到装卸的轮船和火车，其等待损失就更大了。

服务机构的服务费用包括服务台配置的设施费用、能耗费用、服务人员的工资等。显然服务水平越高，要求的服务设施就越先进，服务人员的技术水平越高，或者增加服务台，当然也要花费更多的资金和付更高的工资。另外，对于系统容量限制问题，有的系统容量空间无须花费多少钱，如商店、理发馆、售票处等。但有的系统要增加一个容量空间都会花费较多的资金，如火车站供等待装卸的站台、铁路股道，又如海轮码头供轮船等待装卸的泊位等，每增加一个等待空间都会花巨资来建设、维护和管理。

提高服务质量和提高服务机构的效率是一对矛盾，提高服务机构的服务水平(质量、数量)自然会降低顾客的等待时间(顾客的损失)，这是顾客所期望的，但却增加了服务机构的服务成本，最优化的目标之一是使二者费用之和为最小，并确定达到最优的服务水平，如图 8-13 所示，另一个常用的目标函数是使纯收入或利润(服务收入与服务成本之差)最高。排队系统优化问题包括：①确定最优服务率 μ；②确定最佳服务台数量；③选择最为合适的服务规则。

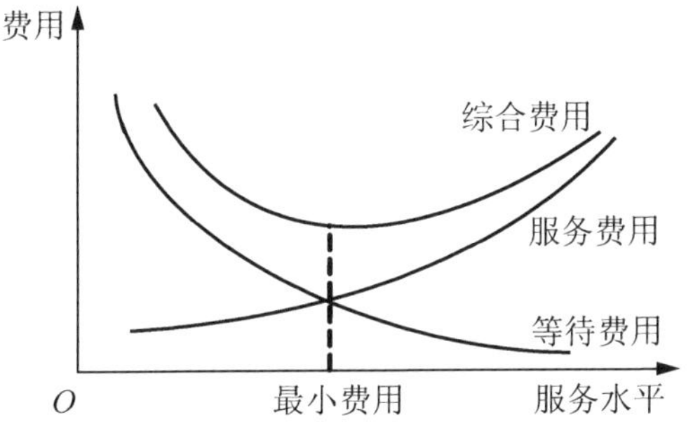

图 8-13 最优服务水平

8.4.2 *M*/*M*/1 系统最优服务率

设 c_s 为系统对每位顾客的单位时间服务成本，c_w 为每位顾客在系统逗留单位时间的损失费用，z 表示总费用。z 由来自系统的服务成本 $c_s\mu$ 和来自顾客的等待损失 $c_w L_s$ 构成，目标函数是极小化总费用 z，即

$$\min z = c_s\mu + c_w L_s$$

由于 $L_s = \dfrac{\lambda}{\mu-\lambda}$，对上面目标函数求导数，得

$$\frac{dz}{d\mu} = c_s - c_w\lambda\frac{1}{(\mu-\lambda)^2} = 0$$

解得

$$\mu^* = \lambda + \sqrt{\frac{c_w}{c_s}\lambda}$$

如果目标函数为系统的服务利润最大化，仍记 z 表示总费用，则表达式为

$$\max z = \mu(1-P_0)G - c_s\mu$$

其中，G 为单位时间对每位顾客服务的收入，P_0 是系统空闲的概率。

【例 8.12】设货船按泊松流到达天津港，平均到达率 $\lambda = 50$ 艘/天，平均卸货率为 μ。已知船在港口停泊一天的费用为一个货币单位，平均卸货费为 μc_s，其中 c_s 是两个货币单位，求使得总费用最少的平均服务率。

解：该问题属于标准的 $M/M/1$ 系统服务率优化问题，其中

$$\lambda = 50, \quad c_s = 2, \quad c_w = 1$$

最佳服务率为

$$\mu^* = \lambda + \sqrt{\frac{c_w}{c_s}\lambda} = \left(50 + \sqrt{\frac{1}{2}\times 50}\right)\text{艘/天} = 55\,(\text{艘/天})$$

8.4.3 *M*/*M*/*c* 系统最优服务设施数

这里仅讨论标准的 $M/M/c$ 系统。设 c_s' 为每个服务台的单位时间服务成本，c_w 为每位顾客在系统逗留单位时间的损失费用，z 表示总费用。z 由来自系统的服务成本 $c_s'c$ 和来自顾客的等待损失 c_wL_s 构成。目标函数是极小化总费用 z，即

$$\min z = c_s'c + c_wL_s$$

这里 $z = z(c)$ 是服务台数量的离散函数，不能采用求导方法求极值点，可采用边际分析法确定服务台的数量。设 c^* 为目标函数的极小点，则 c^* 应满足

$$\begin{cases} z(c^*) \leqslant z(c^*-1) \\ z(c^*) \leqslant z(c^*+1) \end{cases}$$

化简，得

$$L_s(c^*) - L_s(c^*+1) \leqslant \frac{c_s}{c_w} \leqslant L_s(c^*-1) - L_s(c^*)$$

依次计算序列 $L_s(1), L_s(2), L_s(3), \cdots$ 相邻两项之差，看常数 c_s'/c_w 落在哪二者之间，便可确定出 c^*。

【例 8.13】某质检中心为各集团公司提供服务，进行检验的公司的到达服从泊松分布，平均到达率为每天 48 次，每次来检验由于停工等原因的损失为 600 元。服务时间服从负指数分布，平均服务率为每天 25 次，每设置 1 位检验人员的服务成本(工资加设备折旧)为 400 元，其他条件同标准的 $M/M/c$ 系统。问应设几位检验人员可使总费用的平均值为最小。

解：根据题意可知，$\lambda = 48$，$\mu = 25$，$\rho = \lambda/\mu = 1.92$，$c_s' = 400$，$c_w = 600$。设检验人员数量为 c，令 $c = 1, 2, 3, 4, 5\cdots$，按照下面公式计算 $L_s(c)$，其结果见表 8-4。

$$P_0 = \left[\sum_{k=0}^{c-1}\frac{1}{k!}\left(\frac{\lambda}{\mu}\right)^k + \frac{1}{c!(1-\rho)}\left(\frac{\lambda}{\mu}\right)^c\right]^{-1} \qquad L_s(c) = \frac{(c\rho)^c\rho}{c!(1-\rho)^2}P_0(c) + \frac{\lambda}{\mu}$$

表 8-4 计算过程表

c	1	2	3	4	5
$\lambda/c\mu$	1.92	0.96	0.64	0.48	0.38
$L_s(c)$	—	21.61	2.68	2.068	1.952
$L_s(c)-L_s(c+1)$	—	—	18.93	0.612	0.116

依次计算 L_s 相邻两项之差，见表 8-4。由于 $c_s'/c_w=0.66$，其值落在 18.93 和 0.612 之间，所以取 $c^*=3$，即安排 3 位检验人员可使总费用最小，总费用 $z^*=2\,787$ 元。

8.5 随机模拟技术

在实际生产和生活中，有很多排队系统不能用标准模型描述，对于极简单的系统，可以用解析的方法解决，对于稍微复杂的系统特别是到达间隔时间和服务时间都不服从负指数分布的系统，解析法几乎无能为力，此时随机模拟技术就显示出了它的独特优势。

8.5.1 随机模拟技术的原理

模拟原指对客观事物的模仿，随着技术的发展和需要，人们原始的模仿行为就演化为系统的技术手段和方法。模拟又称仿真(Simulation)，Korn 在 1978 年将仿真定义为“用能代表所研究系统的模型做实验”，1984 年，Oren 在给出了仿真的基本概念框架“建模—实验—分析”的基础上，指出了“仿真是一种基于模型的活动”的内涵，被认为是现代仿真技术的一个里程碑。仿真是根据所研究系统的结构组成、运行规则和运行过程，建立与之相似的模型，并用一定的方法来模仿系统，以达到分析、研究和改善系统的目的。

模型可以是实物模型(如作战或建筑布局用的沙盘)或数学模型。对实物模型进行的模拟称为物理模拟，对数学模型进行的模拟称为数字模拟。物理模拟直观、形象，但模型的结构和参数改变困难、实验限制多、投资大。数字模拟可以改变系统结构和参数容易，灵活多变，便于对系统进行多方案的对比分析，投资小。数字模拟的工具是计算机，又称计算机模拟，随着计算机技术的发展，计算机模拟逐步占据了主导地位。

下面仅对离散事件的数字模拟的原理(基于排队系统)进行简要介绍。模拟过程主要是根据所研究系统的结构组成、运行规则和运行过程，建立与之相似的数学模型，编写计算机程序或代码转化成计算机模拟模型，并在计算机上调试运行，以获得所需结果。计算机仿真三要素如图 8-14 所示。

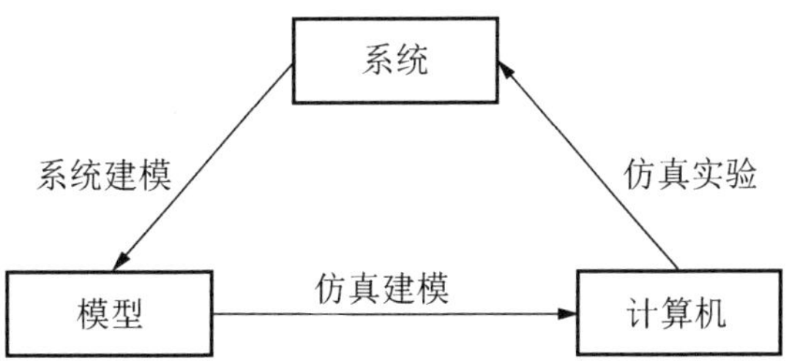

图 8-14 计算机仿真三要素

模拟过程中有两类关键技术：一是随机变量的产生；二是信息的收集统计。

1. 随机变量的产生

在随机模拟中，必然有一些随机事件出现，模拟中需要按其概率规律来模仿这些随机事件的产生。首先产生 0～1 的均匀随机数 u，然后按一定的方法转化成符合分布规律的随机变量。例如，顾客的到达间隔时间或服务时间服从某种概率分布，其分布函数为 $F(t)$，由于 $F(t)$ 的取值范围是 0～1，所以令 $F(t)=u$，利用这个函数关系应用逆变换法得到符合其概率分布的随机变量 T 的一个样本值 t，即

$$t=F^{-1}(u) \tag{8-12}$$

逆变换法仅适用于分布函数 $F(t)$ 存在显式的解析表达式情况，若不存在显式的解析表达式时，可用舍选法、组合法、卷积法和变换法等来产生符合其概率分布的随机变量 t，具体产生方法参见有关系统模拟的资料。

2. 信息的收集统计

系统模拟的目的是分析、研究和改善系统，因此模拟过程中必须根据需要收集相应的数据信息，以便模拟结束时统计计算，得到系统的特征指标和有用信息。

蒙特卡罗方法是经典的随机模拟方法，这一方法源于美国在第二次世界大战研制原子弹的“曼哈顿计划”。该计划的主持人之一冯·诺依曼用摩纳哥的 Monte Carlo 来命名这种方法。蒙特卡罗方法的基本思想很早以前就被人们所发现和利用，早在 17 世纪，蒲丰(Buffon)提出著名的 Buffon 投针实验来近似计算圆周率 π。

随着 20 世纪 40 年代电子计算机的出现，特别是近年来高速电子计算机的出现，使得人们在计算机上利用数学方法大量、快速地模拟这样的实验成为可能。计算机模拟程序可以用计算机高级语言或汇编语言编写，也可以用市场上的仿真专用商业软件来模拟，市场上的仿真商业软件较多，如 Witness、FlexSim、Arena、ProModel、VisFactory 等，这些仿真软件带有动画，模拟过程直观、逼真。目前蒙特卡罗方法已经广泛被应用到数学、物理、管理、生物遗传、社会科学等领域，并显示出其特别的优越性。

8.5.2 随机模拟技术的应用——随机服务系统

下面举例说明排队系统的随机模拟过程和应用。

【例 8.14】 某邮局接受顾客来邮寄包裹，设置 1 个服务台。顾客到达的间隔时间(分)服从 $U(2,7)$ 的均匀分布，服务时间为 4 分钟的固定时间，用数学模拟方法求顾客的平均等待时间和服务台的平均利用率。

解：由于顾客的到达时间服从均匀分布，根据分布函数

$$F(t)=\frac{t-a}{b-a} \qquad a\leqslant t\leqslant b$$

设 u 为 0～1 的均匀随机数，令 $F(t)=u$，应用逆变换法得到符合 $U(2,7)$ 概率分布的随机变量 t 为

$$t=F^{-1}(u)=a+(b-a)u=2+5u \qquad 0\leqslant u\leqslant 1 \tag{8-13}$$

为求顾客的平均等待时间和服务台的平均利用率，在模拟过程中就要收集每位顾客的等待时间和服务台的服务时间。下面将 10 位顾客的排队服务的模拟过程列于表 8-5。

表 8-5 10 位顾客的排队服务的模拟过程

顾客到达顺序号	(0, 1)随机数	间隔时间/分钟	到达时间	当前时间	开始服务时间	服务结束时间	等待时间/分钟	服务时间/分钟
1	0.56	4.8	4.8	4.8	4.8	8.8	0	4
2	0.23	3.15	7.95	7.95	8.8	12.8	0.85	4
3	0.88	6.4	14.35	12.8	14.35	18.35	0	4
4	0.61	5.05	19.4	18.35	19.4	23.4	0	4
5	0.12	2.6	22	22	23.4	27.4	1.4	4
6	0.94	6.7	28.7	27.4	28.7	32.7	0	4
7	0.36	3.8	32.5	32.5	32.7	36.7	0.2	4
8	0.77	5.85	38.35	36.7	38.35	42.35	0	4
9	0.59	4.95	43.3	42.35	43.3	47.3	0	4
10	0.08	2.4	45.7	45.7	47.3	51.3	1.6	4

模拟从 0 时刻开始，产生第一个随机数为 0.56，代入式(8-13)计算得到第一位顾客的到达间隔时间是 4.8 分钟，即第 1 位顾客在 4.8 分钟时到达，此时服务台是空闲的，无须排队直接接受服务，服务时间是固定时间 4 分钟，在 8.8 分钟时结束。接着产生第二个随机数为 0.23，得第 2 位顾客的到达间隔时间是 3.15 分钟，应在 7.95 分钟时到达，由于此时服务台正在忙，他便参加排队等待。在 8.8 分钟时第 1 位顾客服务结束离开，排队等待的第 2 位顾客开始接受服务，记录第 2 位顾客的等待时间是 0.85 分钟，服务时间是固定时间 4 分钟，在 12.8 分钟时结束，接着是第 3 位、第 4 位顾客，依此类推，直到第 10 位顾客在 51.3 分钟时服务结束。

模拟结束后，按收集的数据统计计算所需结果，10 位顾客的等待时间总和为 4.05 分钟，所以顾客的平均等待时间为 $\hat{W}_q = 4.05/10 = 0.405$ (分钟)，在此期间，服务台的服务总时间是 40 分钟，而系统运行了 51.3 分钟，因此服务台的平均利用率为 $\hat{S}_r = (40/51.3) \times 100\% \approx 78\%$。

上面过程仅模拟了 10 位顾客，其模拟结果与理论结果相差是很大的，模拟的顾客数越多，结果才越接近理论值。W_q 和 S_r 的头上带有“^”符号，表明它们是估计值，而不是理论值。模拟运行一次，相当于做了一次随机实验，仅仅是一个样本，要得到可信的结果，需进行多次模拟、运行得到很多样本，再求其均值，或进行区间估计，然后才能应用于决策。

扩展性学习材料

Jackson 排队网络

排队网络包含一组节点，每个节点都有若干服务器。单个节点可以被视为一个排队系统。客户可以从任何节点进入排队网络。当客户在某个节点排队获得服务以后，他们可以离开网络，也可以去另外的节点，甚至回到原来的节点。

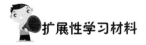

Jackson 排队网络满足：①一个排队网络有 k 个节点，节点 $i\,(i=1,2,\cdots,k)$ 上有 c_i 个服务器，服务器服务单个客户的时间服从指数分布，平均为 $1/\mu_i$，单个节点可以被视为一个 $M/M/c/\infty$ 排队系统；②客户到达是泊松过程，以速率 γ_i 到达节点 i；③当一个客户在节点 i 的服务器上完成服务，它以概率 r_{ij} 进入节点 j，以概率 r_{i0} 离开排队网络。对于任意 i，若 $\gamma_i=0$，$r_{i0}=0$，称为闭合 Jackson 排队网络(没有客户进入和离开)，否则称为开放的 Jackson 排队网络。

Jackson 排队网络是一种用于建模和分析复杂系统的数学工具，通过节点和服务中心之间的连接来表示不同的排队环节，它可以用于分析各种应用场景，如计算机网络、交通流量、生产线和客户服务等。正如党的二十大报告提出的，要“优化配置创新资源”。Jackson 排队网络可帮助客户理解系统中的瓶颈，提高资源利用率和缩短延迟时间，从而优化系统性能和资源分配，如供应商的生产能力、运输过程中的停留时间、仓库的出货速度等，对其进行模拟和分析。Jackson 排队网络也能应用于对港口集装箱码头的物流网络进行重新设计，对港口局部物流网络进行诊断、优化，可大大提高港口的装卸效率、效益与服务水平。

本章小结

排队系统在社会生活中应用广泛，其主要由到达顾客、等待的队列，以及提供服务的服务机构组成。本章从排队系统的输入过程、排队规则和服务机构三要素引入，首先学习了排队系统的分类规则；其次对负指数分布的单服务台和多服务台排队系统进行了详细的讲解；然后过渡到一般服务时间分布排队系统的探讨分析，并就简单的排队系统进行了优化设计；最后给出了随机服务系统的模拟的蒙特卡罗法，为复杂的排队系统的研究带来了新的研究思路。

关键术语(中英文)

排队论(Queuing Theory)	泊松过程(Poisson Process)
负指数分布(Negative Exponential Distribution)	爱尔朗分布(Erlang Distribution)
排队规则(Queue Discipline)	绩效指标(Performing Index)
服务强度(Traffic Intensity)	平均队长(Expected Value of Team Length)
平均队列长 (Expected Value of Queue Length)	平均逗留时间 (Expected Value of Sojourn Time)
平均等待时间(Expected Value of Waiting Time)	忙期(Busy Period)
随机模拟技术(Random Simulation Method)	蒙特卡罗法(Monte Carlo Method)

知识链接

排队论奠基人——爱尔朗

爱尔朗(1878—1929)出生在丹麦，早期在他父亲管理的学校里度过，他的父亲是校长和教区办事员。爱尔朗最喜欢的科目是天文学，小学教育完成后他在哥本哈根接触到了数学和自然科学，16 岁时获得了哥本哈根大学奖学金并于 1901 年完成了他的学业。在接下来的 7 年里，爱尔朗在多个学校讲学，教学质量优良，受到学生的好评。他不善交际，善于观察，养成了简洁的讲话风格。他经常利用假期到国外旅行，去法国、瑞典、德国和英国参观艺术画廊和图书馆。

在哥本哈根电话公司工作期间，爱尔朗开始研究电话交换系统中的排队问题。在当时，电话交换系统中的通话需要通过操作员手动连接。由于操作员数量的限制，客户通常需要等待一段时间才能与他们想要联系的人通话。爱尔朗认识到，这种排队现象可以用概率和统计学方法进行建模和研究。他发明了 Erlang 分布函数，这是描述随机事件的一种数学工具。他还提出了 Erlang 公式，可以用于计算电话系统中的操作员数量，以便在不超过规定等待时间的前提下处理所有的通话需求，这些成果为设计更有效的电话交换系统提供了重要的基础。

在教学的同时，爱尔朗仍不懈地坚持数学和自然科学方面的研究。他是丹麦数学家协会的成员，哥本哈根电话公司的会员，他的研究成果为现代排队论的发展奠定了基础，对通信工程的发展也做出了重要贡献。

习题 8

一、填空题

1. 排队系统中 $X/Y/Z/A/B/C$，符号“B”表示__________。

2. 排队模型 $M/M/2$ 中的 M、M、2 分别表示到达间隔时间为__________分布，服务时间服从负指数分布和服务台数为 2。

3. 某企业有 5 台运货车，已知每台车每运行 100 小时平均需维修两次，一个维修工，每次维修用时 20 分钟，到达时间和服务时间均服从负指数分布，该问题的排队模型属于__________。

4. 顾客输入服从泊松分布，参数为 λ，服务时间服从负指数分布，参数为 μ，一个服务站，平均服务时间为 6 秒，每分钟有 5 位顾客到达。则 $\lambda=$__________；$\mu=$__________。

5. 泊松流满足条件__________、__________、__________。

二、判断题

1. 如果顾客连续接受串联的几个服务台的服务，各服务台的服务时间相互独立，且服从参数为 μ 的负指数分布，那么顾客接受几个服务台的服务总共所需时间服从爱尔朗分布。（　）

2. 某寻呼台有两名接线员，平均每分钟有 4 人打进电话，平均每个客户服务时间为 0.4 分钟，该寻呼台话务强度为 0.8。（　）

3. 在排队系统中，顾客等待时间的分布不受排队规则的影响。（　）

4. 在排队系统中，多队-多服务台与单队-多服务台相比，其服务台的平均利用率是相同的。（　）

5. 若到达排队系统的顾客为泊松流，则依次到达的两位顾客之间的间隔时间服从负指数分布。（　）

三、解答题

1. 指出下列排队系统中的顾客和服务台：(1)自行车修理店；(2)按客户订单进行加工的加工车间；(3)机场起飞的客机；(4)十字路口红灯前的车辆。

2. 表 8-6 中的数据是到达邮局的顾客数和对顾客服务时间的统计结果。以 3 分钟为一个时段，统计了 100 个时段中顾客到达的人数以及对 100 位顾客的服务时间。若已知顾客到达间隔时间和服务时间服从负指数分布，试用统计方法确定该邮局的平均到达率 λ 与平均服务率 μ 。

表 8-6　到达邮局的顾客数和对顾客服务时间的统计结果

到达人数	0	1	2	3	4	5	6
时段数	14	27	27	18	9	4	1
服务时间/秒	0～12	12～24	24～36	36～48	48～60	60～72	72～84
顾客人数	33	22	15	10	6	4	3
服务时间/秒	84～96	96～108	108～120	120～150	150～180	180～200	>200
顾客人数	2	1	1	1	1	1	0

3. 对 $M/M/1/\infty/\infty$ 的排队系统，请根据下列表达式分别解释其含义：(1) λ/μ ；(2) $P\{i>0\}$ ； (3) L_s-L_q ； (4) W_s-W_q 。

4. 某理发馆有两名理发师，另放 5 把椅子供顾客等待，当座位全部坐满时，后来者便自动离去。顾客到达间隔与理发时间均为相互独立的负指数分布，每小时到达 3.76 人，每人理发平均需要 15 分钟。试求潜在顾客的损失率及平均逗留时间。

5. 设有两个售票亭，现考虑每分钟平均到达 6.4 人的泊松流，服务时间服从负指数分布，平均每分钟可服务 4 人。试求系统中无人的概率，系统中的平均人数，排队等候的平均人数，顾客等候的平均时间。

6. 某机场有两条跑道，每条跑道只能供一架飞机降落，平均降落时间为 2 分钟，并假定飞机在空中等待的时间不得超过 10 分钟，试问该机场最多能同时接受多少架飞机降落?

7. 某电信局准备在新建成的国际机场装设电话亭，而电信局的目标是每个等候电话的概率不超过 0.10；使用电话的平均需求率为每小时 30 人，且为泊松流，使用电话的平均时间为 5 分钟，且为负指数分布。问应该设置多少个电话亭？

8. 某大型预制厂在考虑卸货台装卸材料时，需对甲、乙、丙三个方案作出决策。设 F、c_e、μ 分别表示各方案中每天的固定费用、每天的可变费用、每小时装卸 a 吨。三个方案的有关费用资料见表 8-7。再设货车按泊松流到达，每天平均(按 10 小时计算)到达 150 车，每车平均装货 5 吨。卸车(货)时间服从负指数分布，每辆车停留在装卸站 1 小时的损失费为 10 元，问应采取什么方案才能使所花费的总费用最小？

表 8-7　三个方案的费用资料

方　案	F	c_e	a	μ
甲	60	10	100	20
乙	130	15	200	40
丙	250	20	600	120

9. 某厂机修车间专门修理某种大量的设备。该设备故障数为泊松流，平均每天 2 台，修复时间服从负指数分布，平均每台的修理时间为$1/\mu$天。μ与机修人员及维修装备现代化程度(即与机修车间全年经费 K 元)等有关，为

$$\mu = 0.1 + 0.001K \quad (K \geqslant 1900)$$

每台故障设备每天的停产损失为 400 元。试确定该厂最经济的机修年经费 K 及平均修复率 μ。

10. 已知某材料订货后，到货延误天数的随机数分布见表 8-8。若由随机数表依次查得随机数为 15、09、41、74、00、72、67、55、71、35，试给出今后 10 次订货实际到货时间被延误的模拟样本。

表 8-8　到货延误天数的随机分布

到货延误天数	概　　率	随机数分布
5	0.03	00～02
4	0.09	03～11
3	0.23	12～34
2	0.38	35～72
1	0.20	73～92
0	0.07	93～99

实际操作训练

供应链订单处理涵盖了从订单生成到交付的全过程，包括订单确认、库存管理、生产调度、物流配送等环节，如图 8-15 所示。这个流程确保订单能够被高效、准确地处理，从而满足客户的需求，提升供应链的运作效率和响应能力。

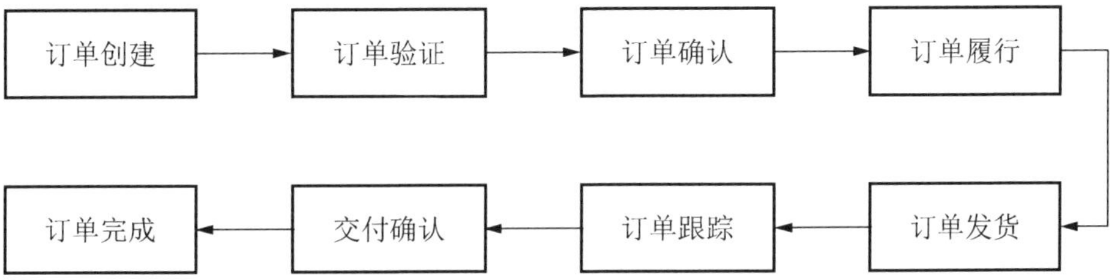

图 8-15　供应链订单简化处理流程

订单确认和订单履行是两个核心的处理环节，订单验证通过后，系统会向客户发送订单确认信息，包括订单号、总价和预计交付时间等，顾客需要确认订单信息并进行支付；订单履行涉及分拣和打包产品以备发货的工作。某网上商城订单处理的主要流程如下：网上顾客订单流到达的时间间隔服从均值为 0.5 分钟的负指数分布，订单确认时间服从均值为 1 分钟的负指数分布；商城采用单一订单分配存货，拣货及发货安排采用软件系统辅助处理，拣选中心根据实时传送的拣货单进行拣货，订单履行时间平均每单大约 4.5 分钟。现商城共有工作人员 5 位，假定他们的工作能力一样且全能，问如何安排(负责订单确认和订单履行工作)才能使商城处理订单的效率最高？该商城 4 小时的工作时间最多可处理多少订单？

在线答题

第9章 存 储 论

【本章知识架构】

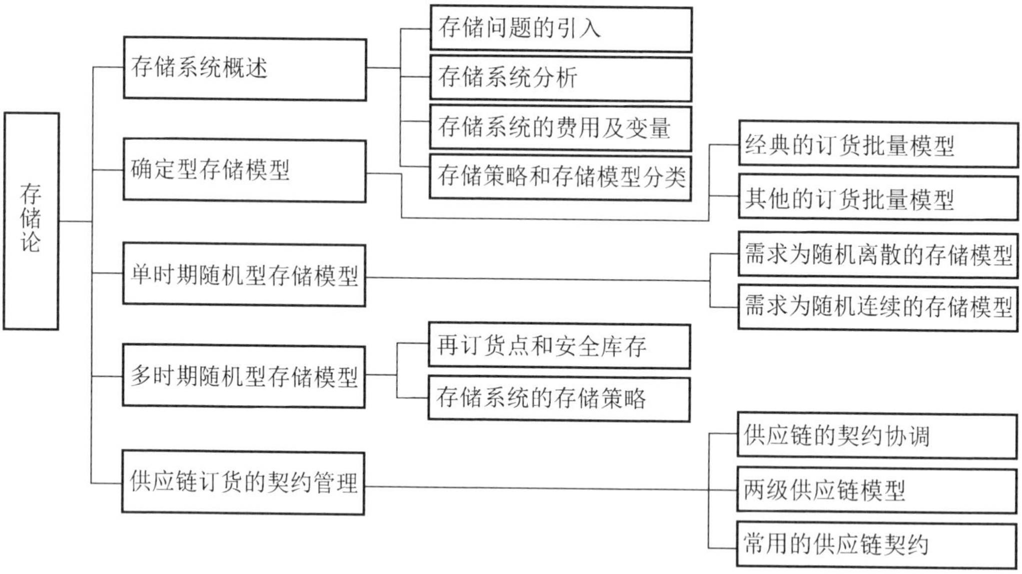

【本章教学目标与要求】

- 掌握存储系统的结构，熟悉存储系统的运营费用、存储策略和存储模型的分类。
- 掌握确定型存储模型的费用构成，熟悉各种确定型存储模型，会用其解决相应的问题。
- 掌握单时期随机型存储模型在管理活动中的应用。
- 理解存储系统再订货点和安全库存的含义，了解常见的几种存储策略在多时期随机型存储模型中的应用。

导入案例

运储供应链物流的多级库存控制

党的二十大报告指出，要"建设高效顺畅的流通体系，降低物流成本"。供应链多级库存控制是完善流通体系的重要技术手段，用于实现库存的合理管理和优化。它可以帮助供应链管理者在不同层级上有效控制和协调库存水平，以实现成本降低、服务水平提高和供应链效率的增加。

多级库存控制能够实现更精确的库存规划和需求预测。通过在供应链的不同层级上管理库存，可以更准确地预测和响应需求变化，减少库存的不确定性和过剩。这有助于提高供应链的敏捷性和灵活性，降低库存持有成本和避免因库存过高而导致的资源浪费。多级库存控制可以优化供应链中的库存分布和资源利用。通过合理配置和管理多级库存，可以最大限度地利用供应链的资源，减少库存积压和流动性不足的问题。这有助于提高供应链的运转效率和流程协调性，减少交付时间和提高客户满意度。多级库存控制可以实现供应链各个环节之间的协调和合作。通过共享库存信息和协同库存决策，不同环节的供应商、制造商和分销商可以更好地协调库存水平，减少库存波动和供应链的牛鞭效应。这有助于提高供应链的整体效率和可持续性，降低供应链风险和不确定性。

多级库存控制也面临着一些挑战和限制。其中包括多级库存信息共享和沟通的复杂性、不同环节之间的利益协调和信息不对称的问题，以及多级库存控制策略的制定和实施的复杂性。

存储论又称库存理论，早在1915年，哈里斯针对银行货币的储备问题进行了详细的研究。到了20世纪50年代，开始应用系统理论来研究和解决库存问题，存储论成了运筹学的独立分支。存储的作用在于缓冲调节供求之间的不平衡，以避免由需求大于供应而造成的费用损失。存储论研究的基本问题是根据特定需求类型，探讨如何以最优方式进行物资的供应、商品的订货或产品的生产，以实现存储的经济管理目标。这一理论致力于建立数学模型，针对生产或销售活动中的实际存储问题，通过费用分析来确定产品或商品的最佳供应量和供应周期等数量指标。

9.1 存储系统概述

库存表示用于将来目的的资源暂时处于闲置状态，库存的存在主要由供需双方在时间、空间和数量上的不确定性引起。存储管理是物流活动的重中之重，丰田生产方式认为："库存是万恶之源"，强化库存量的控制可以改善企业经营状况，达到减少资金占用，获得更多利润的目的。这里先给出存储理论的一些基本概念。

9.1.1 存储问题的引入

现代化的生产和经营活动都离不开存储，生产实践中由于种种原因，需求与供应、消费与存储之间存在着不协调性，其结果将会产生两种情况。一种情况是供过于求，由于材料、产品或商品的积压，造成资金周转的缓慢和成本的提高而带来经济损失。例如，一个生产企业为了连续进行生产，就需要储备一定数量的原材料或半成品。另一种情况是供不应求，由于原材料或商品短缺，引起生产停工或无货销售，使经营单位因利润降低而带来经济损失，例如一个超市为了满足顾客的需求，就必须有足够的商品库存。因此，存储问题是生产活动中一个普遍存在的问题。物资的存储，除了用来支持日常生产经营活动，还可以满足高于平均水平的需求，同时也可以防止低于平均水平的供给。此外，有时大批量物资的订货或利用物资季节性价格的波动，企业可以得到价格上的优惠。为了使经营活动的经济损失达到最小或收益实现最大，人们开始关注供应和需求之间的存储环节，开始研究如何寻求原材料、产品或商品合理的存储量以及它们合适的存储时间，来协调供应和需求的关系，这正是存储论所要研究的问题。

【例 9.1】 某商店出售某商品，每单位 A 商品的成本为 500 元，顾客对该商品的年平均需求量为 365 单位，需求率为常数(即每天需求 A 商品 1 单位)，不允许缺货。如该店每次订货都能得到及时供给，问该店每隔多少天订一次货？每次订货多少才能使年内总费用支出最少(费用支出包括订货费、商品在店内的存储费)。已知该店存储 A 商品每单位每年的费用为商品成本的 20%，每次订购商品需 20 元的订货费。

解：这里仅分析两种情况。

方案 1：每两天订货一次，每次订购 2 单位。此情形下库存量在 0～2 变化，平均库存量显然为每天 1 单位。

每年库存费用(500×20%×1)元＝100 元；每年订货次数 365÷2＝182.5 次；

每年订货费用(182.5×20)元＝3 650 元；合计总费用(100+3 650)元＝3 750 元。

方案 2：每 20 天订货一次，每次订购 20 单位。此情形下库存量在 0～20 变化，平均库存量显然为每天 10 单位。

每年库存费用(500×20%×10)元＝1 000 元；每年订货次数 365÷20＝18.25 次。

每年订货费用(18.25×20)元＝365 元；合计总费用(1 000+365)元＝1 365 元。

比较方案 1 和方案 2，可知方案 1 的库存费用低，但订货费用高；方案 2 的库存费用高，但订货费用低，从总费用来看，方案 2 优于方案 1。

可以预知，若继续设计适当的方案，则有望能使总费用继续降低，如每 10 天订货一次，每次订购 10 单位时，总费用为 1 230 元。问题的实际背景也提示我们，不同方案的总费用肯定为正数，一定存在一个方案使其总费用是最少的。原则上，可以用如上的方法试探求出充分接近这一使总费用达到最少的方案(即求出订货间隔与订货量)。然而，实际上几乎不可能这样做，一是因为计算量庞大；二是因为不能或者说不容易求得使总费用刚好达到最小的订货间隔与订货量的精确值。

存储理论的目的之一就是为迅速而精确地求出以上问题的解，应用数学模型的方法，给出解决问题的决策支持。它所采用的一般方法是首先分析存储系统的要素和其结构，其次建立相应的数学模型，最后求解数学模型得到精确的或满意的解。

9.1.2 存储系统分析

存储的最终目的就是协调供求关系，为了考察最佳的库存方案，这里首先分析存储系统包含哪些要素(环节)。物资的存储包括生产存储，为了维持企业正常生产而储备的原材料或半成品；产品存储，为了满足其他部门的需要而存储的半成品或成品；供销存储，为了满足顾客的需要，存储在供销部门的各种物资。不论哪种存储系统，一般都可用图 9-1 的模式来表示。

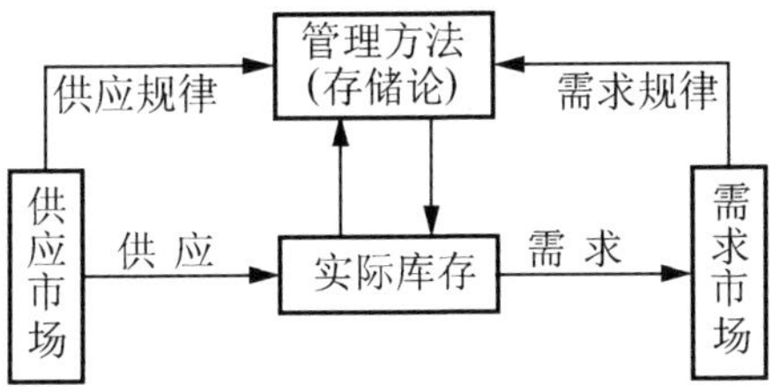

图 9-1　存储系统及其管理模式

存储系统可以用“供—存—销”三个字来描述，即一个存储系统，通过订货以及进货后的存储与销售来满足顾客的需求。

1. 存储系统的输出

从存储系统中取出一定数量的库存货物，这就是存储系统的输出。存储系统的输出方式有间断式和连续式两种，如图 9-2 所示，其中 S 是初始库存量，经过时间 T 后，库存量是 W，输出了 $S-W$ 。

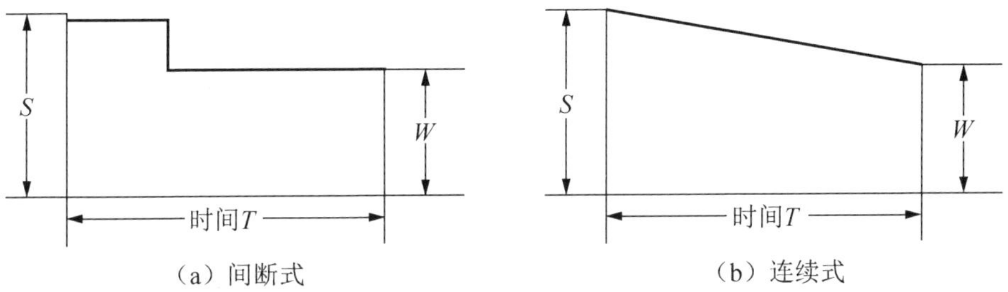

图 9-2　存储系统输出模式

需求方每次提出的需求量可能是确定的，也可能是随机的。如某工厂每月需要钢材 10 吨是固定不变的，而对机器零件的需求量却是每月都在变，如 1 月需要 40 个、2 月需要 55 个、3 月需要 30 个等，一般根据大量的统计数据，找出需求量满足的统计规律。

2. 存储系统的输入

本章默认凡待使用的或待销售的物资即是进入了库存。库存物资由于不断地输出而减少，必须进行及时补充，库存的补充就是存储系统的输入，它可以通过订货、采购等活动来进行，也可以通过内部的生产活动来进行。

正如我们熟知的，一个商店为了提高顾客选购商品的满意度，就必须储存商品。这样商店首先要掌握进货渠道，即供货市场，关注供货市场的变化规律和行情。其次商店还应掌握需求市场，即顾客对商品的需求规律、需求方式等。清楚了供应和需求的变化规律，商店才可根据自己的情况，应用库存论的方法来控制实际库存。存储系统的运行规律主要是由供应市场与需求市场的运行规律所决定的，而实际中供应与需求的规律是多种多样的。这些不同的规律，显然从根本上决定了库存系统的运行规律。

在存储系统中对库存进行管理是必要的，它在整个供应—生产—分配过程中起着缓冲的作用。由于需求量往往是系统外部决定的，因而存储系统的输出难以控制和掌握，但可以控制影响存储系统输入的因素，这些因素主要是补充库存的时间以及补充的数量等参数。为了保持库存，需要进行订货，由于开始订货到进货有一段时间，因此为保证及时供应，就要提前订货，提前的时间称为“提前订货时间”，提前订货时间可以是确定的，也可以是随机的。

9.1.3 存储系统的费用及变量

存储系统的决策者可以通过控制订货时间的间隔和订货量的多少来调节系统的运行，使得在某种准则下系统运行达到最优。因此要明确该存储系统所发生的费用和有关的决策变量。

1. 存储系统的费用

费用是存储管理的一个重要经济指标，存储系统必须按最经济的原则运行，为了建立存储模型必须了解各类存储系统费用的构成情况。

(1) 订货费。对供销型存储系统来说，订货费是指为补充库存，办理一次订货发生的有关费用，包括订货过程中发生的订购手续费、联络通信费、人工核对费、差旅费、货物检查费、入库验收费等。

当生产型存储系统自行组织生产时，订货费相当于组织一次生产所必需的工具安装、设备调整、试车、材料安排等费用。订货费一般与订购或生产的数量无关或基本无关。在确定订货费时，对具体问题要具体分析，但必须注意不能将搬运费、管理费等平均分摊到每件货物上去，这样就会导致订货费和一次订购的数量有关了。在年消耗量固定不变的情况下，一次订货量越大，订货次数就越少，订货费就越少。因此，从订货费角度看，订货批量越大越好。

(2) 存储费。存储费一般是指库存物资每单位时间所需花费的费用，也称持有成本。在这一项费用中，只计入与库存物资数量成正比的部分，凡与存储物资数量无关的不变费用不计算在内。有时存储费还经常用每存储 1 元物资单位时间所支付的费用来表示，称为存储费率。

存储费包括存储物资所占用资金的利息，物资的存储损耗、陈旧和跌价损失，存储物资的保险费，仓库建筑物及设备的修理折旧费、保险费，存储物资的保养费，库内搬运设备的动力费，搬运工人的工资等。在以上存储费用中，利息支出所占比重较大。以工业贷款月利率 0.6%计算，存储百万元物资一年，仅利息就需支付 7.2 万元。由此可见，控制存储物资数量，对加速物资周转的意义很大。

由于订货量越大，平均库存量就越大，因而存储费支出越大。因此，从存储费角度看，订货批量越大越不好。

(3) 缺货费。在存储系统中，还有一种费用是存储系统管理者不愿发生的费用，这就是缺货费。这项费用是因为供需脱节造成生产停顿而进行计划调整的损失费，或突击加班所增加的额外开支，未能完成合同任务而使需方损失给供方带来的赔款损失费等，还可能是因为无货满足顾客而降低服务质量、损失信誉及潜在盈利机会，流失顾客而造成销售不良的损失等。总之，这是由于缺货而未能满足需求所带来的各种损失的费用表现。在有些情况下是不允许缺货的。例如，战争中缺少军械、弹药等将造成人员重大伤亡乃至战败，血库缺血将威胁生命等，这时的缺货费可视为无穷大。

(4) 生产费(买价)。如果库存不足需要补充，可选外购或自行生产。外购时，需支付买价(当有折扣时更要考虑买价)；自行生产时，这里的生产费用专指与生产产品的数量有关的费用，如直接材料、直接人工、变动的制造费用。

上述费用构成了存储系统中最重要的几种费用。在实际问题中有时很难将它们绝对分离开，但这些都是应用中的技术问题，根据不同的情况才能进行详细的分析。在这里只是从原则上对它们进行大致的分类。尽管在实际存储管理中，可能还会涉及其他各种名目的费用，但一般情况下，存储问题的费用总归是由上述四种费用所组成，并且它们与存储总费用有线性关系，且与下列一些存储系统中的变量有着密切联系。

2. 存储系统的变量

在存储系统中经常分析以下变量。

(1) 订货批量(Q)。存储系统根据需求，为补充某种物资的存储量而向供货厂商一次订货或采购的数量。

(2) 订货周期(T)。两次订货的时间间隔或订货合同中规定的两次进货之间的时间间隔。

(3) 报警点(s)。报警点又称订货点，该点库存量和提前订货时间是相对应的，当库存量下降到这一点时，必须立即订货，当所订的货物尚未到达及入库之前，存储量应能按既定的服务水平满足提前订货时间的需求。

(4) 安全库存量(ss)。安全库存量又称保险储备量。由于需求量(D)和提前订货时间(t)都可能是随机变量，随其波动幅度的增大可能大大超过其平均值。为了预防和减少这种随机性造成的缺货，必须准备一部分库存，这部分库存称为安全库存量。只有出现缺货情况时才动用安全库存量。

(5) 最高库存量(S)。在提前订货时间可以忽略不计的存储模型中，最高库存量是指每次到货后所达到的库存量。当存在提前订货时，最高库存量是指发出订货要求后，库存量应该达到的数量，由于此时并未实际到货，因此该最高库存量又称名义库存量。

(6) 最低库存量。一般是指实际的库存最低数量。

(7) 平均库存量($\overline{Q}$)。库存保有的平均库存量，当存在报警点(s)时，平均库存量为

$$\overline{Q}=\frac{1}{2}Q+s$$

(8) 记账间隔期(R)。记账间隔期是指库存记账制度中的间断记账所规定的时间，即每隔记账间隔期的时间，整理平时积欠下来的发料原始凭据，并进行记账，得到账面结存数以检查库存量。

9.1.4 存储策略和存储模型分类

在存储系统中，将物资保持在预期的一定水平，使得生产和流通过程不间断并有效地进行，需对输入过程中的订货时间和订货数量进行控制，称为存储策略。存储策略确定后，首先是把实际问题抽象为数学模型，对一些复杂的条件尽量加以简化，只要模型能反映问题的本质就可以了；然后用数学的方法对模型进行求解，得出数量的结论；结论是否正确，还要到实践中加以检验，如结论不符合实际，则还要对模型加以修改，重新建立、求解、检验，直到满意。

1. 常用存储策略

存储策略包含定量订购策略和定期订购策略两大类。

1) 定量订购策略

定量订购策略泛指通过公式计算或经验求得报警点(s)和每次订货批量(Q),并且每当库存量下降到s时，就进行订货的存储策略，通常使用的有(Q,s)制、(S,s)制、(R,S,s)制等。

(1) (Q,s)制。采用这种策略需要确定订货批量Q和报警点s两个参数，(Q,s)属于连续监控制(又称永续盘点制)，即每供应一次就结算一次账，得出一个新的账面数字并和报警点(s)进行比较，当库存量达到s时，就立即以Q进行订货。

(2) (S,s)制。这种策略是(Q,s)制的改进，需要确定最高库存量S及报警点s两个参数。(S,s)制属于连续监控制。每当库存量达到或低于s时，就立即订货，使订货后的名义库存量达到S，因此每次订货的数量Q是不固定的。

(3) (R,S,s)制。这种策略需要确定记账间隔期R、最高库存S和报警点s三个参数。(R,S,s)制属于间隔监控制，即每隔R时间整理账面，检查库存，当库存等于或低于s时，应立即订货，使订货后名义库存量达到S，因而每次实际订购批量是不同的，当检查实际库存量高于s时，不采取订货措施。

2) 定期订购策略

定期订购策略即每经过一段固定的时间间隔(T，订货周期)就补充订货，使存储量达到某种水平的存储策略，常用的有(T,S)制。

(T,S)制需要确定订购间隔期(T)和最高库存(S)两个参数，即每隔T检查库存，根据剩余存储量和估计的需求量确定订货批量(Q)，使库存量恢复到最高库存量(S)。

2. 存储模型分类

为便于讨论，根据不同的供求规律、库存产品的种数和考虑的时间周期对存储系统进行分类。

(1) 确定型与随机型存储模型。

凡需求量(D)、提前订货时间(t)为确定已知的存储问题构成的存储模型为确定型；凡上述二者之一或全部为随机变量的存储问题构成的存储模型为随机型。

这种分类是经常用的分类方法。例如，商店经销某种日用品，该日用品的需求量服从某一随机分布规律，则该日用品的存储模型就是随机型的；又如，修路需某种型号的水泥，若每日需求量基本上是固定的，供货水泥厂货源充足，用料单位组织进料运输，因此可以认为需求量、提前订货时间均为确定已知的，该种水泥的存储模型就是确定型的。

在确定型存储模型中，又可分为需求不随时间变化和需求随时间变化两种类型；同样，随机型存储模型也可根据需求量是否随时间变化分为两类。在实际问题中，所谓绝对的确定型是不存在的，D，t总会有一些波动，一般若随机变量x的均值为$P(r)$，标准差为σ_x，只要变异系数$c_x=\sigma_x/\bar{x}$小于0.2，随机变量x就可以当作确定型变量来对待。

(2) 单周期与多周期存储模型。

有的物资必须购进后一次全部供应或售出，否则就会造成经济损失，这类存储问题的模型称为单周期存储模型，如报纸、年历等时令性物品，以及防洪、防冻季节性物资构成的模型。有的物资多次进货多次供应，形成进货—供应消耗—再进货—再供应消耗，周而复始的具有多周期特点的存储模型称为多周期存储模型。

(3) 单品种与多品种存储模型。

一般地，将数量大、体积大又占用金额多的物资单独设库管理，称为单品种库，如木材、水泥、焦炭、煤等。这类库存往往占用大量的资金，要采用比较精细的方法来计算其存储控制参数。有些物资是多品种存放在一个仓库里，就称为多品种库，如钢材、电器元件、配件、有色金属等。多品种库的存储不可能逐一计算每种物资的库存控制参数，但可以将库存物资按其占用金额进行 ABC 分类存储管理。由于流动资金定额一般是按仓库下达的，因此多个品种物资存放在一个仓库时，往往存在资金约束及仓库容积约束，这样的存储模型称为带约束的存储模型。本章着重介绍单品种存储模型。

在存储模型中，目标函数是选择最优策略的准则。常见的目标函数是关于总费用或平均费用或折扣费用(或利润)的，最优策略的选择应使费用最小或利润最大。综上所述，一个存储系统的完整描述需要知道需求、供货滞后时间、缺货处理方式、费用结构、目标函数和所采用的存储策略，以及决策者通过何时订货、订多少货来对系统实施控制。

9.2 确定型存储模型

确定型存储模型是最简单的存储模型，这类模型的有关参数如需求量、提前订货时间是已知确定的值，而且在相当长一段时间内稳定不变。经过数学抽象概括的存储模型虽然不可能与现实完全等同，但对模型的探讨将加深对存储系统的认识，其模型的解也将对存储系统的决策提供帮助和依据。

9.2.1 经典的经济订货批量模型

经典的经济订货批量模型是不允许缺货的，而且生产时间很短，也称 EOQ 模型。

经济订货批量模型

1. 模型1：不允许缺货，生产时间很短

1) 模型假设

(1) 缺货费用无穷大。

(2) 当库存降至零时，可以立即得到补充(即生产时间很短，可以近似地看作零)。

(3) 需求是连续的、均匀的。

(4) 每次订货量不变，订购费不变(每次生产量不变，装配费不变)。

(5) 单位存储费不变。

这就是著名的经济订货量(Economic Order Quantity，EOQ)模型假设。经济订货量模型又称整批间隔进货模型，该模型适用于整批间隔进货、不允许缺货的存储问题，即某种物资单位时间的需求量为常数 D，存储量以单位时间消耗数量(D)的速度逐渐下降，经过时间 T 后，存储量下降到零。此时开始订货并随即到货，库存量由零上升为最高库存量，然后开始下一个存储周期，形成多周期存储模型。

该模型的需求量和提前订货时间是确定的，只要确定每次订货的数量是多少或进货间隔期为多长，就可以作出存储策略。由于存储策略是按存储总费用最小的经济原则来确定订货批量的，故称该订货批量为经济订货量。

2) 模型的有关参数

T：订货周期或存储周期(年或月或日)。

D：需求数量，即单位时间的需求量(件/年或件/月或件/日)。

Q：每次订货批量(件或个)。

c_1：存储单位物资单位时间的存储费[元/(件×年)或元/(件×月)或元/(件×日)]。

c_3：每次订货的订货费(元)。

K：货物单价(元/件)。

3) 模型建立和求解

该模型的存储量变化过程如图 9-3 所示。一个订货周期内需要该种物资 $Q=DT$ 个，图中存储量斜线上的每一点表示在该时刻的库存水平，每一个订货周期存储量的变化形成一个直角三角形。一个订货周期的平均存储量为 $\frac{1}{T}\int_0^T Dt\mathrm{d}t=\frac{1}{2}Q$，存储费用为 $\frac{1}{2}c_1QT$；一次订货费用为 c_3，一个存储周期的订货总费用为 c_3+DKT，因此，在这段存储周期内总费用为 $\frac{1}{2}c_1QT+c_3+DKT$。

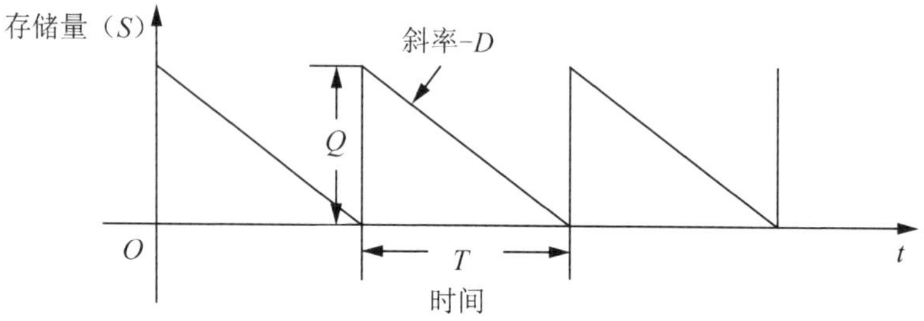

图 9-3　模型 1 的存储量变化过程

订货周期(T)是变量，为便于比较，计算单位时间的平均总费用，即

$$C_Z=\frac{1}{2}c_1Q+\frac{c_3}{T}+DK$$

将 $T=\frac{Q}{D}$ 代入，得

$$C_Z=\frac{1}{2}c_1Q+\frac{c_3D}{Q}+DK \tag{9-1}$$

显然，单位时间的订货费随着订货批量的增大而减小，而单位时间的存储费随订货批量的增大而增大，如图 9-4 所示。

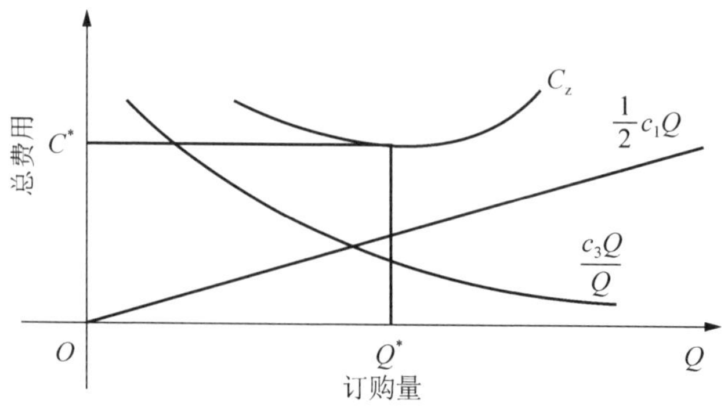

图 9-4　存储费用曲线

求导数

$$\frac{dC_Z}{dQ}=\frac{1}{2}c_1-\frac{c_3D}{Q^2}=0$$

即得经济订货量

$$Q^*=\sqrt{\frac{2c_3D}{c_1}} \tag{9-2}$$

这是因为 $\frac{d^2C_Z}{dQ^2}=\frac{2c_3D}{Q^2}>0$，故当 $Q^*=\sqrt{\frac{2c_3D}{c_1}}$ 时，C_Z 取最小值。

式(9-2)称为经济订货量公式，由于威尔逊是该公式推导应用的倡导者，因此该公式也称威尔逊公式。

由式(9-2)及 $Q^*=TD$ 可得到订货周期 $T^*=\sqrt{\frac{2c_3}{Dc_1}}$，将 $Q^*=\sqrt{\frac{2c_3D}{c_1}}$ 代入式(9-1)前一部分，立刻得到按经济订货量进货时的最小存储总费用为

$$C^*=\sqrt{2Dc_1c_3} \tag{9-3}$$

由于 Q^*、T^* 均与 K 无关，因此此后的费用函数中省略 DK 项。还要说明的是，前面在确定经济订货量时，认为订货和进货可以同时发生，实际上，订货和到货一般总有一段时间间隔，为保证供应的连续性，需要提前订货。设提前订货时间为 t，日需求量为 D，则订购点 $s=Dt$，当库存下降到 s 时，即按经济订货量 Q^* 订货，在提前订货时间内，以每天 D 的速度消耗库存，当库存下降到零时，恰好收到订货，这时库存量瞬时(立刻)达到最大 Q^*，即达到最高库存量，开始一个新的存储周期。

对于以上确定型存储问题，最常使用的策略就是经济订货量 Q^*，并每隔 T^* 即订货，使存储量恢复到最高库存量，这是实际中最常用的经济订货量公式。该存储策略可以认为是定量订购制，但因订购周期也固定，又可以认为是定期订购制。

【例 9.2】 某企业每年对某种零件的需求量为 20 000 件，每次订货的固定订货费用为 1 000 元，该零件的单价为 30 元，每个零件每年的保管费用为 10 元，求经济订货量，每年的库存总费用，每年的订货次数和每次订货的时间间隔(一年按 360 天计)。

解：根据题意可知 $D=20\,000$ 件、$c_1=10$ 元/件、$c_3=1\,000$ 元/次、$K=30$ 元/件，则

(1) 经济订货量为

$$Q^*=\sqrt{\frac{2c_3D}{c_1}}=\sqrt{\frac{2\times1\,000\times20\,000}{10}}=2\,000\,(\text{件/次})$$

(2) 每年的最小存储总费用为

$$C^*=\sqrt{2c_1c_3D}=\sqrt{2\times10\times1\,000\times20\,000}=20\,000\,(\text{元})$$

考虑购买成本的总费用为

$$TC=DK+C^*=(20\,000\times30+20\,000)\text{元}=620\,000\,(\text{元})$$

(3) 每年的订货次数为

$$N=\frac{D}{Q}=\frac{20\,000\text{件}}{2\,000\text{件/次}}=10\,(\text{次})$$

(4) 每次订货的时间间隔为

$$T^* = \sqrt{\frac{2c_3}{c_1 D}} = \sqrt{\frac{2 \times 1\,000}{10 \times 20\,000}} = \frac{1}{10}\text{年} \approx 36\,(\text{天})$$

若以 D 表示某种物资的年需求量，K 表示该物资的单价，c_3 为一次订货费，r 表示存储费率，即存储每种物资一年所需的存储费用，则得到经济订货量的另外一种常用形式 $Q^* = \sqrt{\frac{2c_3 D}{rK}}$。

2. 模型 1 的灵敏度分析

灵敏度分析主要分析模型中各参数变化时对经济订货量和总费用的影响。

1) 需求量对经济订货量及总费用的影响

设需求量增加了 δ 倍，变化后的需求量为 $D' = (1+\delta)D$，则变化后的经济订货量为

$$Q' = \sqrt{\frac{2c_3 D'}{c_1}} = \sqrt{\frac{2c_3(1+\delta)D}{c_1}} = \sqrt{\frac{2c_3 D}{c_1}}\sqrt{1+\delta} = Q^*\sqrt{1+\delta}$$

总费用(不包括货物购买成本)为

$$C' = \sqrt{2D'c_1c_3} = \sqrt{2(1+\delta)Dc_1c_3} = \sqrt{2Dc_1c_3}\sqrt{1+\delta} = C^*\sqrt{1+\delta}$$

2) 经济订货量对总费用的影响

如果需求量或各项成本在计划前的预测不准确，那么得到的经济订货量就会有偏差，记偏差为 δQ^*，即实际订货批量 $Q' = (1+\delta)Q^*$，由总费用公式(9-1)，得

$$C(Q') = \frac{1}{2}c_1 Q' + \frac{c_3 D}{Q'} = \frac{1}{2}c_1(1+\delta)Q^* + \frac{c_3 D}{(1+\delta)Q^*}$$

代入 $Q^* = \sqrt{\frac{2c_3 D}{c_1}}$，得

$$C(Q') = \frac{1}{2}c_1(1+\delta)\sqrt{\frac{2c_3 D}{c_1}} + \frac{c_3 D}{(1+\delta)}\sqrt{\frac{c_1}{2c_3 D}} = \left(1 + \frac{\delta^2}{2(1+\delta)}\right)\sqrt{2Dc_1c_3} = \left(1 + \frac{\delta^2}{2(1+\delta)}\right)C^*$$

由于 $\delta > -1$ ($\delta = -1$，就是不订货)，订货量的变化会导致总成本的增加，但对总费用影响的幅度比 δ 小得多。

3) 各成本对经济订货量和总费用的影响

设存储成本、订货成本分别增加了 δ_1、δ_2，则实际存储成本、订货成本为 $c_1' = (1+\delta_1)c_1$、$c_3' = (1+\delta_2)c_3$，那么实际订货量为

$$Q' = \sqrt{\frac{2c_3' D}{c_1'}} = \sqrt{\frac{2c_3(1+\delta_1)D}{c_1(1+\delta_2)}} = \sqrt{\frac{2c_3 D}{c_1}}\sqrt{\frac{1+\delta_1}{1+\delta_2}} = Q^*\sqrt{\frac{1+\delta_1}{1+\delta_2}}$$

总费用(不包括货物购买成本)为

$$C' = \sqrt{2Dc_1'c_3'} = \sqrt{2D(1+\delta_1)c_1(1+\delta_2)c_3} = \sqrt{2Dc_1c_3}\sqrt{(1+\delta_1)(1+\delta_2)} = C^*\sqrt{(1+\delta_1)(1+\delta_2)}$$

基于上述分析，以实物计量单位如件、个表示物资数量时，若 Q^* 不是整数，可四舍五入而取整，对总费用的影响不大。这表明经济订货量公式是一个实用性很强的公式，在实际订货中使用非常便利。

【例 9.3】某企业全年需要钢板 D=1 500 吨，单价 5 500 元/吨，存储费用 c_1=50 元/(年·吨)，订货费用 c_3=240 元/次，不允许缺货。企业管理者为改善资金使用状况，决定减少每次订货

量增加订货次数，增加的总费用最好不超过 5%，问每次应采购多少吨钢板？

解：根据 EOQ 模型，得

经济订货量 $Q^* = \sqrt{\dfrac{2c_3D}{c_1}} = \left(\sqrt{\dfrac{2\times240\times1\,500}{50}}\right)$吨$=120$吨

每年的最小存储总费用 $C^* = \sqrt{2c_1c_3D} = \left(\sqrt{2\times50\times240\times1\,500}\right)$元$=6\,000$元

若要使得增加总费用不超过 5%，令 $\dfrac{\delta^2}{2(1+\delta)}$=0.05，解方程得 $\delta_1 = 0.37$ 或 $\delta_2 = -0.27$，据题意应减少订货，所以取 $\delta = -0.27$，订货量为

$$Q' = (1+\delta)Q^* = (1-0.27)\times120\text{吨} = 87.6\text{吨}$$

新的订货策略是每次订货 87.6 吨；每次钢板的购买费用为 48.18 万元；总费用为 6 300 元，比经济订货量成本增加 300 元。

9.2.2　其他的订货批量模型

1. 模型 2：不允许缺货，生产需一定时间

1) 模型假设

在存储管理中，由于运输环节等原因的限制，经常出现生产需一定时间的情况。也就是说，从订购点开始的一定时间内，按照需求出库；当库存降为零时，订购的物资不断到达，一方面不断满足需求，另一方面均匀入库，入库完毕时，达到最大库存量，其余假设同模型 1。

由于这种模型最早用在确定生产批量上，故称生产批量(Production Lot Size，PLS)模型。在生产活动中，产品的生产时间是不容忽视的，即生产批量(Q)按一定的生产速度(P)，需要一定的时间(t_P)方能完成，且 $P > D$；在 t_P 内，一边以速度 P 供货(生产)，一边以速度 D 消耗，t_P 内的进货量满足一个订货周期(T)的需用量，即 $Q = Pt_P = DT$，所以 $t_P = DT/P$，$T = Q/D$。

2) 模型建立和求解

该模型的存储量变化过程如图 9-5 所示。

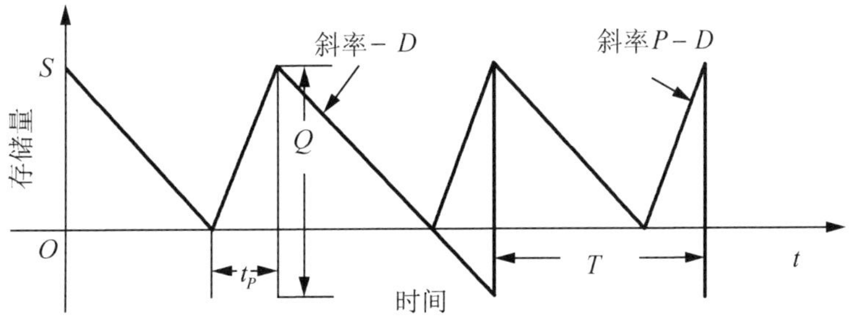

图 9-5　模型 2 的存储量变化过程

为了建立模型，必须先求出平均库存量、最高库存量。由于生产批量(即订货批量，Q)需时间 t_P，单位时间的产量(P)为进货速度，故在 t_P 库存的实际增长速度为 $P-D$；最高库

存量为 $(P-D)t_P$；平均存储量为 $\frac{1}{2}(P-D)t_P$；一个存储周期的存储总费用为 $\frac{1}{2}c_1(P-D)t_PT+c_3$。

将 $t_P=\frac{D}{P}T$ 代入上式，得到一个存储周期总费用为 $\frac{1}{2}c_1(P-D)\frac{D}{P}T^2+c_3$，所以单位时间总费用为 $C_Z=\frac{1}{2}c_1(P-D)\frac{D}{P}T+\frac{c_3}{T}$。

将 $T=\frac{Q}{D}$ 代入上式，得

$$C_Z=\frac{1}{2}c_1(P-D)\frac{Q}{P}+D\frac{c_3}{Q}$$

求导，并令 $\frac{\mathrm{d}C_Z}{\mathrm{d}Q}=\frac{1}{2}c_1\frac{P-D}{P}-D\frac{c_3}{Q^2}=0$，就可求得使单位时间总费用最低的经济订货量为

$$Q^*=\sqrt{\frac{2c_3DP}{c_1(P-D)}}=\sqrt{\frac{2c_3D}{c_1}}\sqrt{\frac{P}{P-D}} \tag{9-4}$$

相应的订货周期为

$$T^*=\sqrt{\frac{2c_3P}{Dc_1(P-D)}}=\sqrt{\frac{2c_3}{Dc_1}}\sqrt{\frac{P}{P-D}}$$

单位时间最小存储总费用为

$$C^*=\sqrt{\frac{2Dc_1c_3(P-D)}{P}}=\sqrt{2Dc_1c_3}\sqrt{\frac{P-D}{P}} \tag{9-5}$$

最高库存量为

$$S^*=(P-D)\frac{D}{P}\sqrt{\frac{2c_3P}{Dc_1(P-D)}}=\sqrt{\frac{2c_3D}{c_1}}\sqrt{\frac{P-D}{P}}$$

【例 9.4】 某电视机厂自行生产扬声器用以装配本厂生产的电视机。该厂每天欲生产 100 台电视机，而扬声器生产车间每天可以生产 5 000 个扬声器，已知该厂每批电视机装备的生产准备费为 5 000 元，而每个扬声器一天的保管费用为 0.02 元。试确定该厂扬声器的经济订货量、生产时间和电视机的装配周期。

解：根据题意可知，该模型是一个不允许缺货、边生产边装配的模型，且 $D=100$，$P=5\,000$，$c_1=0.02$，$c_3=5\,000$(每次生产的准备费，电视机厂每次的订货费)，所以经济订货量为

$$Q^*=\sqrt{\frac{2c_3D}{c_1}}\sqrt{\frac{P}{P-D}}=\sqrt{\frac{2\times5\,000\times100}{0.02}}\sqrt{\frac{5\,000}{5\,000-100}}\approx7\,143\,(\text{台})$$

扬声器所需的生产时间为

$$t_P=\frac{Q^*}{P}=\frac{7\,143\text{个}}{5\,000\text{个/天}}\approx1.43\text{天}$$

电视机的装配周期为

$$T^*=\frac{Q^*}{D}=\frac{7\,143\text{台}}{100\text{台/天}}\approx 71\text{ 天}$$

由于 $1.43 \ll 71$，显然扬声器达不到规模效应，客观上造成产能的浪费。

2. 模型 3：允许缺货(缺货量补足)，生产时间很短

上述两个模型是以不允许缺货为前提的，但对实际的存储系统而言，由于受各种客观条件的制约，不缺货几乎是很难实现的。为保证不缺货，要求企业保有大量的库存，这无形中增加了存储费用开支；而缺货时，必然要求支付缺货损失费，但可以减少物资的存储量，延长订货周期，因此综合考虑存储系统的总费用，适当采取缺货策略在一定程度上是可取的。

1) 模型假设

一般发生缺货后的情况又可分为两种：一种是缺货后可以延期付货；另一种是发生缺货后损失无法弥补，损失顾客。由于第二种情况是企业所不希望出现的，因此在下面的讨论中，仅探讨允许延期付货的情形。在这种情况下，虽然在一段时间内发生缺货，但下批订货到达后立即补足缺货。以 t_1 表示需求全由库存现货供应的时间；允许缺货，用 t_2 表示缺货时间，且缺货部分用下一批到货一次补足；Q_1 表示缺货数量，以 c_2 表示单位缺货时间、单位数量支付的缺货损失费。

该模型的存储量变化过程如图 9-6 所示。

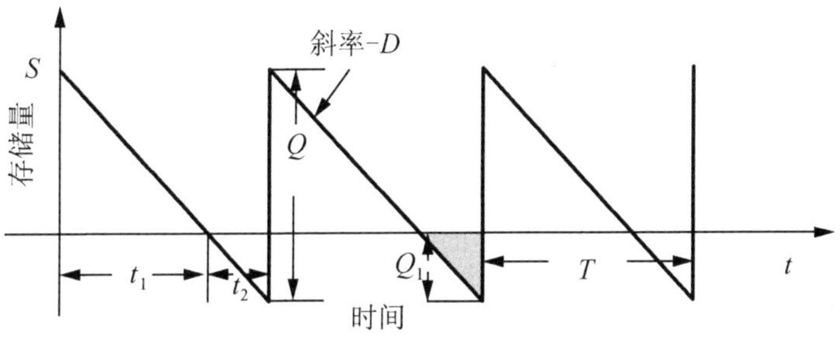

图 9-6 模型 3 的存储量变化过程

2) 模型建立和求解

由图 9-6 可以看出，由于缺货后延期交货，因此一个周期的订货批量仍然满足 $Q=DT$，$T=Q/D$；一个周期的最高库存量不是 Q，而是 $Q-Q_1$，利用三角形相似关系可以得到

$$\frac{T-t_2}{T}=\frac{Q-Q_1}{Q} \qquad \frac{t_2}{T}=\frac{Q_1}{Q} \qquad t_2=\frac{Q_1}{Q}T$$

所以，一个存储周期内存储费用为 $\frac{1}{2}c_1(Q-Q_1)(T-t_2)=\frac{1}{2}c_1\frac{(Q-Q_1)^2}{Q}T$；订货费为 c_3；缺货费为 $\frac{1}{2}c_2Q_1t_2$。

由于一个存储周期发生的费用总额为以上存储费、订货费及缺货费之和，则单位时间的总费用为

$$C_Z=\frac{1}{2}c_1\frac{(Q-Q_1)^2}{Q}+\frac{c_3}{T}+\frac{1}{2}\frac{c_2Q_1t_2}{T}$$

将 $T=\frac{Q}{D}$ 及 $t_2=\frac{Q_1}{Q}T$ 代入上式，得

$$C_Z=\frac{1}{2}c_1\frac{(Q-Q_1)^2}{Q}+\frac{c_3D}{Q}+\frac{1}{2}\frac{c_2Q_1^2}{Q}$$

可见，C_Z 是一个 Q、Q_1 的二元函数，要使 C_Z 取值最小，需要求 C_Z 对 Q、Q_1 的偏导数，并令其等于零，即可得经济订货量和经济缺货量为

$$Q^*=\sqrt{\frac{2c_3D}{c_1}}\sqrt{\frac{c_1+c_2}{c_2}} \tag{9-6}$$

$$Q_1^*=\sqrt{\frac{2Dc_1c_3}{c_2(c_1+c_2)}}$$

用二阶偏导数检验可知，所求 Q^*、Q_1^* 使 C_Z 取极小值，相应的订货周期为

$$T^*=\sqrt{\frac{2c_3}{Dc_1}}\sqrt{\frac{c_1+c_2}{c_2}}$$

单位时间最小存储总费用为

$$C^*=\sqrt{2Dc_1c_3}\sqrt{\frac{c_2}{c_1+c_2}} \tag{9-7}$$

最高库存量为

$$S^*=\sqrt{\frac{2c_3D}{c_1}}\sqrt{\frac{c_2}{c_1+c_2}}$$

【例 9.5】某工厂按照合同每月向外单位供货 100 件，每次生产准备成本为 5 元，每件年存储费为 4.8 元，每件生产成本为 20 元。若不能按期交货每件每月罚款 0.5 元，试求总费用最小的生产方案。

解：计划期为一个月，已知 D=100 件，c_1=4.8/12=0.4 元/月，c_2=0.5 元，c_3=5 元，K=20 元，由上述公式得

$$Q^*=\sqrt{\frac{2c_3D}{c_1}}\sqrt{\frac{c_1+c_2}{c_2}}=\sqrt{\frac{2\times5\times100}{0.4}}\sqrt{\frac{0.4+0.5}{0.5}}\approx67\,(\text{件})$$

$$T^*=\sqrt{\frac{2c_3}{Dc_1}}\sqrt{\frac{c_1+c_2}{c_2}}=\sqrt{\frac{2\times5}{100\times0.4}}\sqrt{\frac{0.4+0.5}{0.5}}\approx0.67\,(\text{月})\approx21(\text{天})$$

$$C^*=\sqrt{2Dc_1c_3}\sqrt{\frac{c_2}{c_1+c_2}}=\sqrt{2\times100\times0.4\times5}\sqrt{\frac{0.5}{0.4+0.5}}\approx15\,(\text{元})$$

3. 模型 4：允许缺货(需补足缺货)、生产需一定时间

1) 模型假设

假设条件除允许缺货和生产需一定时间外，其余与模型 1 相同。

2) 模型建立和求解

该模型的存储量变化过程如图 9-7 所示。T 为一个订货周期，在 t_1 时间内以速度 D 消耗库存；在时间 t_2+t_3 内库存为零，Q_1 是最大缺货量；在达到最大缺货量时补货到达，即以速度 P 进货，同时以速度 D 消耗供货；当缺货补足后，满足消耗后的订货进入存储，存储量以速度 $P-D$ 增加，直至达到最高库存量，停止进货，开始下一个订货周期。

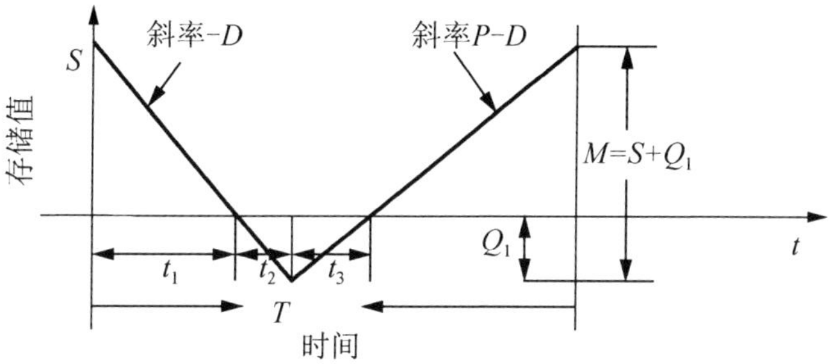

图 9-7　模型 4 的存储量变化过程

根据上述说明及图 9-7 可知，$T=\dfrac{M}{D}+\dfrac{M}{P-D}$ 或 $\dfrac{1}{T}=\dfrac{(P-D)D}{MP}$，又因为缺货后延期交货，所以最高存储量不是 M，而是 $M-Q_1=S$，利用三角形相似关系可以得到

$$\frac{t_2+t_3}{T}=\frac{Q_1}{M}\qquad t_2+t_3=\frac{Q_1}{M}T\qquad T-(t_2+t_3)=\frac{M-Q_1}{M}T$$

因此一个存储周期内存储费用为 $\dfrac{1}{2}c_1(M-Q_1)(T-t_2-t_3)$；订货费为 c_3；缺货费为 $\dfrac{1}{2}c_2Q_1(t_2+t_3)$。

由于一个存储周期发生的费用总额为以上存储费、订货费及缺货费之和，那么单位时间的总费用为

$$C_Z=\frac{1}{2}c_1(M-Q_1)\frac{(T-t_2-t_3)}{T}+\frac{c_3}{T}+\frac{1}{2}\frac{c_2Q_1(t_2+t_3)}{T}$$

将 $\dfrac{1}{T}=\dfrac{(P-D)D}{MP}$、$t_2+t_3=\dfrac{Q_1}{M}T$ 及 $T-(t_2+t_3)=\dfrac{M-Q_1}{M}T$ 代入上式，得

$$C_Z=\frac{1}{2}c_1\frac{(M-Q_1)^2}{M}+\frac{c_3D(P-D)}{MP}+\frac{1}{2}\frac{c_2Q_1^2}{Q}$$

可见，C_Z 是一个 M、Q_1 的二元函数，要使 C_Z 取极小值，需要求 C_Z 对 M、Q_1 的偏导数，并令其等于零，即得 M 的取值为

$$M^*=\sqrt{\frac{2c_3D}{c_1}}\sqrt{\frac{c_1+c_2}{c_2}}\sqrt{\frac{P-D}{P}}$$

注意，M^* 并不是最佳经济订货量(图 9-7)，这是因为 M 没有考虑补货过程中的消费需求，经济订货量(Q)仍然等于 DT，能满足一个订货周期的需求，所以

经济缺货量为

$$Q_1^*=\sqrt{\frac{2Dc_1c_3}{c_2(c_1+c_2)}}\sqrt{\frac{P-D}{P}}$$

用二阶偏导数检验可知，所求 M^*、Q_1^* 使 C_Z 取极小值，因此相应的订货周期为

$$T^* = \sqrt{\frac{2c_3}{Dc_1}}\sqrt{\frac{c_1+c_2}{c_2}}\sqrt{\frac{P}{P-D}}$$

经济订货量为

$$Q^* = DT^* = \sqrt{\frac{2c_3 D}{c_1}}\sqrt{\frac{c_1+c_2}{c_2}}\sqrt{\frac{P}{P-D}} \tag{9-8}$$

单位时间最小存储总费用为

$$C^* = \sqrt{2Dc_1c_3}\sqrt{\frac{c_2}{c_1+c_2}}\sqrt{\frac{P-D}{P}} \tag{9-9}$$

最高库存量为

$$S^* = \sqrt{\frac{2c_3 D}{c_1}}\sqrt{\frac{c_2}{c_1+c_2}}\sqrt{\frac{P-D}{P}}$$

【例 9.6】某下属车间每年能生产本厂所需某种零件 80 000 个，全厂每年需要这种零件 20 000 个。已知每个零件每月所需的存储费是 0.10 元，每批零件生产前所需的安装费用是 350 元。当供货不足时，每个零件缺货的损失费为 0.20 元/月，所缺的货到货后要补足。试问应采取怎样的存储策略最合适？并计算其最佳订货周期、最高库存量。

解：该问题属于允许缺货，生产需一定时间的模型。设计划时间期限为 1 年，因而应将有关费用的时间单位转换为年。由题意可知，P =80 000 个，D =20 000 个，$c_1 = 0.10元/月\times12月 = 1.2$ 元/年，$c_2 = 0.20元/月\times12月 = 2.4$ 元/年，$c_3 = 350$ 元，得

最佳订货周期为

$$T^* = \sqrt{\frac{2c_3}{Dc_1}}\sqrt{\frac{c_1+c_2}{c_2}}\sqrt{\frac{P}{P-D}} = \sqrt{\frac{2\times350}{20\,000\times1.2}}\sqrt{\frac{1.2+2.4}{2.4}}\sqrt{\frac{80\,000}{80\,000-20\,000}} \approx 0.24\ (年/个)$$

经济订货量为

$$Q^* = DT^* = (20\,000\times0.24)\ 个 = 4\,800\ (个)$$

最高库存量为

$$S^* = \sqrt{\frac{2c_3 D}{c_1}}\sqrt{\frac{c_2}{c_1+c_2}}\sqrt{\frac{P-D}{P}} = \sqrt{\frac{2\times350\times20\,000}{1.2}}\sqrt{\frac{2.4}{1.2+2.4}}\sqrt{\frac{80\,000-20\,000}{80\,000}} \approx 2\,415\ (个)$$

若产品生产速度 $P\to\infty$，缺货损失 $c_2\to\infty$ 时，$\frac{P-D}{P}\to1$，$\frac{c_1+c_2}{c_2}\to1$，模型 2、3、4 就变为模型 1，各个模型参数之间的关系见表 9-1。

表 9-1　各模型参数之间的关系

模型	参数			
	经济订货量(Q^*)	订货周期(T^*)	最小存储总费用(C^*)	最高库存量(S^*)
模型 1	$\sqrt{\frac{2c_3D}{c_1}}$	$\sqrt{\frac{2c_3}{Dc_1}}$	$\sqrt{2Dc_1c_3}$	$\sqrt{\frac{2c_3D}{c_1}}$
模型 2	$\sqrt{\frac{2c_3D}{c_1}}\sqrt{\frac{P}{(P-D)}}$	$\sqrt{\frac{2c_3}{Dc_1}}\sqrt{\frac{P}{(P-D)}}$	$\sqrt{2Dc_1c_3}\sqrt{\frac{P-D}{P}}$	$\sqrt{\frac{2c_3D}{c_1}}\sqrt{\frac{(P-D)}{P}}$

续表

模型	参数			
	经济订货量(Q^*)	订货周期(T^*)	最小存储总费用(C^*)	最高库存量(S^*)
模型 3	$\sqrt{\frac{2c_3D}{c_1}}\sqrt{\frac{c_1+c_2}{c_2}}$	$\sqrt{\frac{2c_3}{Dc_1}}\sqrt{\frac{c_1+c_2}{c_2}}$	$\sqrt{2Dc_1c_3}\sqrt{\frac{c_2}{c_1+c_2}}$	$\sqrt{\frac{2c_3D}{c_1}}\sqrt{\frac{c_2}{c_1+c_2}}$
模型 4	$\sqrt{\frac{2c_3D}{c_1}}\sqrt{\frac{c_1+c_2}{c_2}}\sqrt{\frac{P}{P-D}}$	$\sqrt{\frac{2c_3}{Dc_1}}\sqrt{\frac{c_1+c_2}{c_2}}\sqrt{\frac{P}{P-D}}$	$\sqrt{2Dc_1c_3}\sqrt{\frac{c_2}{c_1+c_2}}\sqrt{\frac{P-D}{P}}$	$\sqrt{\frac{2c_3D}{c_1}}\sqrt{\frac{c_2}{c_1+c_2}}\sqrt{\frac{P-D}{P}}$

4. 模型 5：价格有折扣的经济批量模型

上述讨论的几个存储模型的参数都与价格没有关系，都假设价格与订货数量没有关系。然而商品有零售价、批发价和出厂价等之分，购买同一种商品的数量不同，商品的单价也不同，一般情况下购买的数量越多，商品的单价越低。下面考虑价格有折扣的存储问题。由于有价格优惠，订货时就希望多订一点货物，但多订了货物，存储费用必然会增加，造成资金积压。如何充分利用价格的杠杆作用，又使总费用最小，这是价格有折扣的存储模型要解决的问题。

1) 模型假设

除货物单价随订购数量而变化外，本模型的条件皆与模型 1 的假设条件相同。

2) 模型建立和求解

记货物单价为 $K(Q)$，其中 Q 为订货量。为便于计算，设 $K(Q)$ 按 3 个数量等级变化，如图 9-8 所示。

$$K(Q)=\begin{cases}K_1, & 0\leqslant Q<Q_1\\ K_2, & Q_1\leqslant Q<Q_2\\ K_3, & Q_2\leqslant Q\end{cases}，且 K_1>K_2>K_3$$

由式(9-1)可知，单位时间内的平均总费用表示为

$$C_Z(Q)=\frac{1}{2}c_1Q+\frac{c_3D}{Q}+DK(Q)$$

若将每单位货物平均的总费用记为 $C(Q)$，则

$$C(Q)=\frac{1}{2}c_1\frac{Q}{D}+\frac{c_3}{Q}+K(Q)$$

将 $K(Q)$ 代入上式，得

$$C^1(Q)=\frac{1}{2}c_1\frac{Q}{D}+\frac{c_3}{Q}+K_1 \qquad Q\in[0,Q_1)$$

$$C^2(Q)=\frac{1}{2}c_1\frac{Q}{D}+\frac{c_3}{Q}+K_2 \qquad Q\in[Q_1,Q_2)$$

$$C^3(Q)=\frac{1}{2}c_1\frac{Q}{D}+\frac{c_3}{Q}+K_3 \qquad Q\in[Q_2,\infty)$$

如果不考虑 $C^1(Q)$、$C^2(Q)$、$C^3(Q)$ 的定义域，它们之间只差一个常数，则它们表示为一组平行曲线，同时也表示出平均每单位货物所需要的费用 $C(Q)$，如图 9-9 所示。

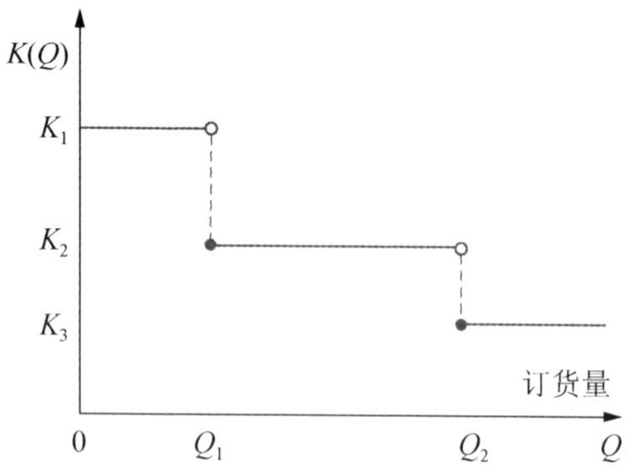

图 9-8　有折扣的价格函数 $K(Q)$

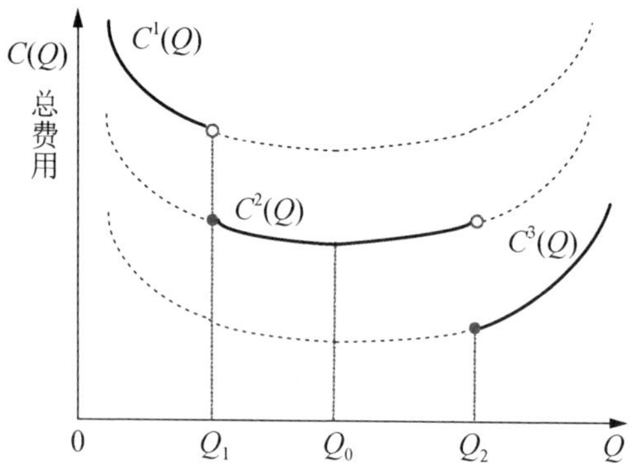

图 9-9　价格有折扣模型的总费用 $C(Q)$

为求最小总费用 $C(Q)$，先求 $\frac{\mathrm{d}C(Q)}{\mathrm{d}Q}=\frac{c_1}{2D}-\frac{c_3}{Q^2}$，再令 $\frac{\mathrm{d}C(Q)}{\mathrm{d}Q}=0$，得 $Q_0=\sqrt{\frac{2c_3D}{c_1}}$，这就是模型 1 给出的经济订货量。然而 Q_0 究竟落在哪一个区间事先难以预计，不妨设 $Q_1<Q_0<Q_2$，如图 9.9 所示，由于 Q_0 是局部极小点，其左侧的总费用 $C(Q)$ 是单调分段递减的，因此在区间 $\left[0,\ Q_0\right)$ 中，总费用的最小值一定在 Q_0 处达到；而 Q_0 的右侧总费用是单调递增的，因此在区间 $[Q_2,\infty)$ 中，总费用的最小值一定在 Q_2 处达到，综上可知，总费用全局最小的订货量有可能为 Q_2，亦即不能肯定 $C^2(Q_0)$ 是最小的。这就启发我们：$C^2(Q_0)$ 与这些间断点的总费用相互比较就能得到全局最小的总费用。据此，在价格有折扣的情况下，求解经济订货量 Q^* 的计算步骤如下。

(1) 对 $C^1(Q)$ (不考虑定义域)求得极值点 $Q_0=\sqrt{\frac{2c_3D}{c_1}}$。

(2) 若 $Q_0<Q_1$，则计算 $C^1(Q_0)$、$C^2(Q_1)$ 和 $C^3(Q_2)$，取其中 $C(Q)$ 最小者对应的订购量为 Q^*。

(3) 若 $Q_1\leqslant Q_0<Q_2$，则计算 $C^2(Q_0)$、$C^3(Q_2)$，由 $\min\left\{C^2(Q_0),C^3(Q_2)\right\}$ 来决定 Q^*。

(4) 若 $Q_0\geqslant Q_2$，则取 $Q^*=Q_0$。

【例 9.7】设某车间每月需要某种零件 30 000 个，每次的订购费是 500 元，每月每件的存储费是 0.2 元，零件批量的单价如下：

$$K(Q)=\begin{cases}1 & 0\leqslant Q<10\,000\\ 0.98 & 10\,000\leqslant Q<30\,000\\ 0.94 & 30\,000\leqslant Q<50\,000\\ 0.90 & 50\,000\leqslant Q\end{cases}$$

若不允许缺货，且一旦订货就进货，试求最佳订货批量。

解：根据模型 1，在单价不变的情况下求出最佳订购批量为

$$Q_0=\sqrt{\frac{2c_3D}{c_1}}=\sqrt{\frac{2\times500\times30\,000}{0.2}}\approx12\,247\ (\text{个})$$

因为 $10\,000\leqslant Q_0<30\,000$，根据 $C_Z(Q)=\frac{1}{2}c_1Q+\frac{c_3D}{Q}+DK(Q)$ 计算得出

$$C_Z(12\,247)=\left(\frac{1}{2}\times0.2\times12\,247+\frac{500\times30\,000}{12\,247}+0.98\times30\,000\right)\text{元}\approx31\,849\text{ 元}$$

$$C_Z(30\,000)=\left(\frac{1}{2}\times0.2\times30\,000+\frac{500\times30\,000}{30\,000}+0.94\times30\,000\right)\text{元}\approx31\,700\text{ 元}$$

$$C_Z(50\,000)=\left(\frac{1}{2}\times0.2\times50\,000+\frac{500\times30\,000}{50\,000}+0.90\times30\,000\right)\text{元}\approx32\,300\text{ 元}$$

比较上述单位时间内的平均总费用可知，应取 Q_2=30 000 为最佳订购批量。

【例 9.8】某汽车制造厂年产小汽车 1 000 辆。每辆小汽车需配置外购发动机 1 台，单价为 10 000 元。已知发动机的经济订货量为 100 台/次，订货费是 3 000 元/次，年保管费用率为单价的 6%。供货商提出，该厂若能每次订 200 台发动机，则他们将给予优惠：发动机的单价由 10 000 元/台降至 9 500 元/台。试问该厂是否应接受此项数量折扣，将发动机的订货批量提高到 200 台/次？

解：注意该题的存储费用随着单价发生了改变，所以按照单位时间的总费用 $C_Z(Q)=\frac{1}{2}c_1Q+\frac{c_3D}{Q}+DK(Q)$ 来选择经济订货量。

一次订货量为 100 台时

$$C_Z(100)=\left(\frac{100\times10\,000\times6\%}{2}+1\,000\times\frac{3\,000}{100}+1\,000\times10\,000\right)\text{元}=10\,060\,000\text{ 元}$$

一次订货量为 200 台时

$$C_Z(200)=\left(\frac{200\times9\,500\times6\%}{2}+1\,000\times\frac{3\,000}{200}+1\,000\times9\,500\right)\text{元}=9\,572\,000\text{ 元}$$

综上可知，总成本最低的订货量为 200 台，故接受此项数量折扣。

9.3 单时期随机型存储模型

确定型存储模型假设各个时期的需求都是确定的，但实际问题中往往会遇到需求量不确定的情况，这是由复杂的社会现象导致的。引起需求不确定的原因很多，比如到货时间经常是不确定的，因为从订单发出到货物送达，必定有一段时间延迟，这段延迟时间会受生产、运输过程中许多偶然因素的影响，经常表现为一个随机变量。这就要用到随机的存储模型来解决此类存储问题，对物流企业来说，面对变化的顾客需求和不确定的物流运输环境，考察这类库存管理问题显得尤为重要。这里先探讨单时期随机型存储模型，一类需求是离散的；另一类需求是连续的。

9.3.1 需求为随机离散的存储模型

以报童问题为例说明随机环境下的经济订货量。设报童每天售出报纸数量是一个随机变量，每日售出 r 份报纸的概率为 $P(r)$，根据以往的经验是已知的；每张报纸的成本为 u 元，每张报纸的售价为 v ($v>u$)元；如果报纸当天卖不出去，第二天就降价处理，设处理价为 w ($w<u$)元。问报童每日订购多少份报纸盈利最大？

报童问题

该问题就是要确定报童每天报纸的订货量 Q，目标是使盈利的期望值最大或损失的期望值最小。考虑问题的出发点：当经济订购量为 Q 时，无论订购量再增加一个或减少一个，都会使得费用损失(缺货费和订购过量损失之和)增加。

售出报纸数量为 r 的概率为 $P(r)$，$\sum_{r=1}^{\infty}P(r)=1$，设报童订购报纸数量为 Q，这时的损失有以下两种。

(1) 当供大于求($Q\geqslant r$)时，报纸因当天不能售完，第二天需降价处理，每件降价损失为 $u-w$，其损失的期望值为

$$\sum_{r=0}^{Q}(u-w)(Q-r)P(r)$$

(2) 当供不应求($Q<r$)时，因缺货而失去销售机会，每件缺货损失为 $v-u$，其损失的期望值为

$$\sum_{r=Q+1}^{\infty}(v-u)(r-Q)P(r)$$

所以损失的期望值为

$$\begin{aligned}C(Q)&=\sum_{r=0}^{Q}(u-w)(Q-r)P(r)+\sum_{r=Q+1}^{\infty}(v-u)(r-Q)P(r)\\&=(u-w)\sum_{r=0}^{Q}(Q-r)P(r)+(v-u)\sum_{r=Q+1}^{\infty}(r-Q)P(r)\end{aligned}\tag{9-10}$$

由于报童订购报纸的份数 Q 只能取整数，需求量 r 也只能取整数，不能用微积分的方法求式(9-10)的极值。若设报童每天订购的报纸的经济订货量为 Q^*，无论订购量再增加一个或减少一个，都会使得费用损失(缺货费和订购过量损失之和)增加。

则必有

$$\begin{cases}C(Q^*)\leqslant C(Q^*+1)\\C(Q^*)\leqslant C(Q^*-1)\end{cases}$$

同时成立，故可将上述两个不等式联立求解可得经济订货量 Q^*。

考虑 $C(Q)\leqslant C(Q+1)$ 应满足的条件为

$$\begin{aligned}&(u-w)\sum_{r=0}^{Q}(Q-r)P(r)+(v-u)\sum_{r=Q+1}^{\infty}(r-Q)P(r)\leqslant\\&(u-w)\sum_{r=0}^{Q+1}(Q+1-r)P(r)+(v-u)\sum_{r=Q+2}^{\infty}(r-Q-1)P(r)\end{aligned}$$

化简后，得以下表达式

$$(v-w)\sum_{r=0}^{Q}P(r)-(v-u)\geqslant 0$$

即

$$\sum_{r=0}^{Q}P(r)\geqslant\frac{v-u}{v-w}\tag{9-11}$$

考虑 $C(Q)\leqslant C(Q-1)$ 应满足的条件为

$$(u-w)\sum_{r=0}^{Q}(Q-r)P(r)+(v-u)\sum_{r=Q+1}^{\infty}(r-Q)P(r)\leqslant$$

$$(u-w)\sum_{r=0}^{Q-1}(Q-1-r)P(r)+(v-u)\sum_{r=Q}^{\infty}(r-Q+1)P(r)$$

化简后，得

$$(v-w)\sum_{r=0}^{Q-1}P(r)-(v-u)\leqslant 0$$

即

$$\sum_{r=0}^{Q-1}P(r)\leqslant\frac{v-u}{v-w} \tag{9-12}$$

所以报童的订货量 Q 应按下述不等式来确定：

$$\sum_{r=0}^{Q-1}P(r)<\frac{v-u}{v-w}\leqslant\sum_{r=0}^{Q}P(r) \tag{9-13}$$

从而可由式(9-13)确定经济订货量 Q^*，其中 $\frac{v-u}{v-w}$ 称为临界值，$v-u$ 是每件缺货损失费用，$v-w=(v-u)+(u-w)$ 是每件缺货损失和降价损失费用之和。

【例 9.9】 设某货物的需求量为 19～28 件，已知需求量 r 的概率分布见表 9-2，并知其成本为每件 5 元，售价为每件 10 元，处理价为每件 2 元。问应进多少货，能使总利润的期望值最大？

表 9-2 需求量 r 的概率分布

需求量 r	19	20	21	22	23	24	25	26	27	28
概率 $P(r)$	0.12	0.18	0.23	0.13	0.10	0.08	0.05	0.04	0.04	0.03

解：该题属于单时期需求为随机离散变量的存储模型。根据题意可知，$u=5$，$v=10$，$w=2$，由式(9-13)得

$$\sum_{r=19}^{Q-1}P(r)<\frac{10-5}{10-2}\leqslant\sum_{r=19}^{Q}P(r)$$

即

$$\sum_{r=19}^{Q-1}P(r)<0.625\leqslant\sum_{r=19}^{Q}P(r)$$

因为 $P(19)=0.12$，$P(20)=0.18$，$P(21)=0.23$，$P(22)=0.13$，而且

$$P(19)+P(20)+P(21)=0.53<0.625$$

$$P(19)+P(20)+P(21)+P(22)=0.66>0.625$$

所以经济订货量 $Q^*=22$ 件。

【例 9.10】 某商场拟在新年期间出售一批日历画片，每出售 1 000 张可以盈利 70 元，如果在新年期间不能售出，必须削价处理(削价一定可以售出)，此时每张损失 0.04 元。根据以往的经验，市场需求量 r 的概率分布见表 9-3，问年前一次订货应订购多少张日历画片？

表 9-3　需求量 r 的概率分布

需求数量 r/千张	0	1	2	3	4	5
需求概率 $P(r)$	0.05	0.10	0.25	0.35	0.15	0.10

解：该题属于单时期需求为随机离散变量的存储模型。根据题意可知 $v-u=70$，$u-w=40$，由式(9-13)，得

$$\frac{v-u}{v-w}=\frac{v-u}{v-u+u-w}=\frac{70}{70+40}=0.64$$

由于 $\sum_{r=0}^{2}P(r)=0.40,\quad \sum_{r=0}^{3}P(r)=0.75$，因此 $Q^*=3\,000$，即应该订购 3 000 张日历画片。

这类模型还可以考虑杂志、各类季节性的货物、时装等商品。它们的共同点是：如果一次进货过多，就会有多余商品销不出去，多余商品要贬值处理；如果进货不足，发生脱销，就会失去销售时机。

9.3.2　需求为随机连续的存储模型

设有某种单时期需求的物资，需求量 r 为连续随机变量，已知其密度函数为 $\varphi(r)$，则 $\varphi(r)\mathrm{d}r$ 表示随机变量在 r 与 $r+\mathrm{d}r$ 之间的概率，其分布函数 $F(a)=\int_0^a\varphi(r)\mathrm{d}r$。设每件物品的成本为 u 元，售价为 v 元($u<v$)，如果当期销售不出去，下一期就要降价处理，设处理价为 w 元($w<u$)，试求经济订货量 Q^*。

同需求为随机离散变量一样，如果订货量大于需求量($Q\geqslant r$)时，其盈利的期望值为 $\int_0^Q[(v-u)r-(u-w)(Q-r)]\varphi(r)\mathrm{d}r$；当订货量小于需求量($Q<r$)时，其实际的销售量为 $\min\{r,Q\}=Q$，盈利的期望值为 $\int_Q^\infty(v-u)Q\varphi(r)\mathrm{d}r$，故总利润的期望值为

$$\begin{aligned}\mathrm{E}(Q)&=\int_0^Q[(v-u)r-(u-w)(Q-r)]\varphi(r)\mathrm{d}r+\int_Q^\infty(v-u)Q\varphi(r)\mathrm{d}r\\&=-uQ+(v-w)\int_0^Q r\varphi(r)\mathrm{d}r+w\int_0^Q Q\varphi(r)\mathrm{d}r+\\&\quad v\left[\int_0^\infty Q\varphi(r)\mathrm{d}r-\int_0^Q Q\varphi(r)\mathrm{d}r\right]\\&=(v-u)Q+(v-w)\int_0^Q r\varphi(r)\mathrm{d}r-(v-w)\int_0^Q Q\varphi(r)\mathrm{d}r\end{aligned}$$

利用含参变量积分求导公式为

$$\frac{\mathrm{d}}{\mathrm{d}t}\int_a^{b(t)}f(x,t)\mathrm{d}x=\int_a^b f_t'(x,t)\mathrm{d}x+f(b,t)\frac{\mathrm{d}b(t)}{\mathrm{d}t}$$

得

$$\begin{aligned}\frac{\mathrm{dE}(Q)}{\mathrm{d}Q}&=(v-u)+(v-w)Q\varphi(Q)-(v-w)\left[\int_0^Q\varphi(r)\mathrm{d}r+Q\varphi(Q)\right]\\&=(v-u)+(v-w)\int_0^Q\varphi(r)\mathrm{d}r\end{aligned}$$

令 $\frac{\mathrm{dE}(Q)}{\mathrm{d}Q}=0$，得

$$\int_0^Q \varphi(r)\mathrm{d}r = \frac{v-u}{v-w}$$

记 $F(Q)=\int_0^Q \varphi(r)\mathrm{d}r$，则有

$$F(Q) = \frac{v-u}{v-w} \tag{9-14}$$

又因

$$\frac{\mathrm{d}^2\mathrm{E}(Q)}{\mathrm{d}Q^2} = -(v-w)\varphi(Q) < 0$$

故式(9-14)求出的 Q^* 为 $\mathrm{E}(Q)$ 的最大值点，即 Q^* 是使总利润期望值最大的经济订货量，同时可以看出式(9-14)与式(9-13)结果是一致的。

【例 9.11】 某时装商店计划冬季到来之前订购一批款式新颖的皮制服装。每套皮装进价是 1 000 元，估计可以获得 80%的利润，冬季一过则只能按进价的 50%处理。根据市场需求预测，该皮装的销售量服从参数为 1/60 的指数分布，求该时装店的经济订货量。

解：该题属于单时期需求为随机连续变量的存储模型。根据题意可知

$$v-u = 1\,000\times 80\% = 800, \quad u-w = 1\,000\times 50\% = 500$$

根据式(9-14)，$F(Q)=\dfrac{800}{800+500}=0.615\,4$。

由于皮装的销售量服从参数为1/60的指数分布，则其分布密度函数为

$$\varphi(x)=\begin{cases}\dfrac{1}{60}\mathrm{e}^{-\frac{1}{60}x} & x>0\\ 0 & x\leqslant 0\end{cases}$$

由于 $\int_0^Q \dfrac{1}{60}\mathrm{e}^{-\frac{1}{60}x}\mathrm{d}x = 1-\mathrm{e}^{-\frac{Q}{60}} = 0.615\,4$，因此 $Q^* = -60\times\ln(1-0.615\,4)\approx 57$(件)。

【例 9.12】 某大学内一书刊亭经营某种期刊，每册进价 0.8 元，售价 1.0 元，如期刊过期，处理价为 0.5 元。据多年实践经验统计，需求服从均匀分布，最高需求量 $b=1\,000$ 册，最低需求量 $a=500$ 册，问应进货多少册，才能保证期望利润最高？

解：该题属于单时期需求为随机连续变量的存储模型。根据题意可知

$$v=1.0, \quad u=0.8, \quad w=0.5$$

根据式(9-14)，$F(Q)=\dfrac{v-u}{v-w}=\dfrac{1.0-0.8}{1.0-0.5}=0.40$。

由概率论可知，均匀分布的密度函数为

$$\varphi(x)=\begin{cases}\dfrac{1}{b-a} & a\leqslant x\leqslant b\\ 0 & 其他\end{cases}$$

令 $\int_0^Q \varphi(x)\mathrm{d}x = \int_a^Q \dfrac{1}{b-a}\mathrm{d}x = \int_{500}^Q \dfrac{1}{1\,000-500}\mathrm{d}x = \dfrac{Q-500}{500}$，即 $\dfrac{Q^*-500}{500}=0.40$，得此书刊亭的经济订货量为 $Q^*=700$ 册。

9.4　多时期随机型存储模型

多时期随机型存储模型是最接近现实环境的存储系统，这是一类考虑时间因素的随机动态库存模型，它与单时期库存模型的不同之处是每个周期的期末库存货物对于下一周期仍然可用。这里简要介绍该存储系统的两个基本概念和存储策略的应用。

9.4.1　再订货点和安全库存

前面讲述的确定型存储模型都做了一些假定，有的假设需求量保持不变；有的假设订货后在很短时间内按时交货。这些假设都是非常苛刻的，因为物流系统的复杂性，在实际的管理运作中，这些假设几乎都不能满足，若假设很短时间内到货，实际中往往需要一定的生产或运输时间，且这些时间能够清晰地确定下来，就可以保证存储系统的库存基本按规定日期得到补充，这就是存储系统中订货点的提前问题。

然而，物流系统常常受各种因素的影响，订货不能按时送达，发生随机的延迟，从而发生缺货现象。确定型存储模型不考虑这种随机因素，不能描述这些随机因素对订货批量的影响，只有用随机型存储模型才能分析上述现象。一般为了消除或弥补这种随机波动的影响，需要对需求量和提前期的历史资料进行统计分析，在存储模型订货批量的基础上添加一个安全库存。

1. 再订货点

若记订货到收货之间的时间为t，为保证这段时间需求消耗，那么就不能等到库存为零时再去订货，否则就会发生缺货情况。为了保证这段时间的库存不小于零，必须提前进货，这段时间也叫订货提前期，当库存降到什么水平就要提出订货，这一水平就称为再订货点。

对于确定型存储模型来说，再订货点$s=tD$，即当库存降到s时发出申请订货的信号。

【例9.13】某企业全年需要某种材料1 000吨，单价为500元/吨，每吨保管费用为50元，每次订货手续费为170元，如果订货提前期为10天，求再订货点s。

解：根据题意可知$D=1000$吨，$t=10$天=0.027年，则$s=tD=1000\text{吨/年}\times0.027\text{年}=27$吨，即库存降到27吨时开始订货。

若通过连续盘存法获悉库存降到27吨，采购部门就开始订货。

2. 安全库存

安全库存又称保险库存，是一项以备应付缺货情况的库存，它是一种额外的库存，在正常情况下不必动用它，只有出现缺货时才动用它。安全库存的使用是为了增加系统对环境的适应性和供应的稳定性，比如在一个生产存储系统中，由于生产不均衡，需求的各种变化，使存货也发生变化。在订货方式中，每当库存减至s时，就按一定批量订货补充。如果订货后立即交货，如图9-10中A，并不动用安全库存；如果订货后不能按时交货，出现延误时间，如图9-10中的C，将要动用安全库存，以应付延迟时间内的用量；如果在订货到交货期间，出现过量使用，安全库存消耗殆尽，如图9-10中的B，也需动用安全库存。

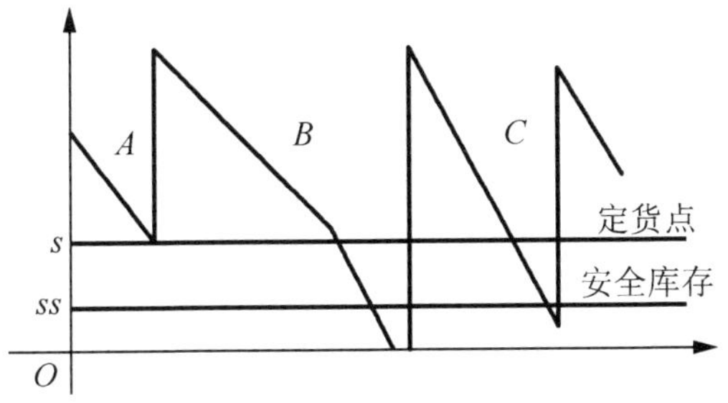

图 9-10 存储量变化过程

安全库存一经动用，则应在下批订货到达时立即补齐。令订货提前期为t，单位时间的需求量为D，则在订货提前期内的需求量为Dt。若t和D服从某种统计分布，有关它们的统计资料比较可靠和完备，则可运用数理统计的有关方法，从满足预订的某一不缺货概率(服务水平)出发，来确定必要的安全库存ss：

$$ss = \beta\sigma_{Dt} = \beta\sqrt{\bar{t}\sigma_D^2 + \bar{D}^2\sigma_t^2} \tag{9-15}$$

式中，β为安全系数，它可根据预定的不缺货概率(服务水平$1-\alpha$)求出，其值满足概率等式$P(X>\beta)=\alpha$；$\bar{t}$，σ_t^2为订货提前期t的均值和方差；$\bar{D}$，σ_D^2为单位需求量D的均值和方差。

当供货条件较为稳定，订货提前时间基本上确定不变，而需求量是随机变化时，$\sigma_t^2=0$，$\sigma_{Dt}^2=\bar{t}\sigma_D^2$，安全库存简化为

$$ss = \beta\sigma_{Dt} = \beta\sqrt{\bar{t}\sigma_D^2} = \beta\sigma_D\sqrt{\bar{t}}$$

当提前期内的顾客需求情况是确定的常数，而提前期是随机变化时，$\sigma_D^2=0$，安全库存简化为

$$ss = \beta\sigma_{Dt} = \beta\bar{D}\sigma_t$$

实践表明，很多物资订购期间实际需求量出现的概率服从正态分布，可以应用正态分布的有关理论来确定安全系数β，表 9-4 给出了正态分布的安全系数，允许缺货概率可根据企业长期经营的经验做概略规定，如服务水平不低于 98%，即表示在 100 个订货期内，允许缺货次数不得多于 2 次。

表 9-4 安全系数

服务水平	0.99	0.98	0.95	0.90	0.80	0.70
安全系数	2.33	2.05	1.65	1.29	0.84	0.53

【例 9.14】 某物资仓库对过去 50 个订货提前期的实际需求量$(Dt)_i$进行了统计分析，见表 9-5，如要求服务水平不低于 98%，试确定安全库存。

表 9-5 需求量分布

实际需求量$(Dt)_i$	70	80	90	100	110	120	130
频数f_i	1	2	9	25	10	2	1

解：不妨设原始数据服从正态分布，计算如下。

(1) 订货期间实际需求量的期望和标准差为

$$\overline{Dt}=\frac{70\times1+80\times2+\cdots+130\times1}{1+2+9+25+10+2+1}=100$$

$$\sigma_{Dt}=\sqrt{\frac{(70-100)^2\times1+(80-100)^2\times2+\cdots+(130-100)^2\times1}{1+2+9+25+10+2+1}}=\sqrt{\frac{5\,300}{50}}\approx10.3\,(件)$$

(2) 根据服务水平不低于 98%，查正态分布表，得 $\beta=2.05$，安全库存为

$$ss=\beta\sigma_{Dt}=2.05\times10.3件\approx21\,(件)$$

从表 9-5 中可以看出，如安全库存为 21 件时，只有当订货期间的实际需求出现 130 件时才会发生缺货，其缺货概率为 $\frac{1}{50}\times100\%=2\%$，不缺货概率为 98%，因此安全库存为 21 件时，就可以满足服务水平不低于 98%的要求。

【例 9.15】某商店的可乐日平均需求量为 10 箱，顾客的需求服从标准差为 2 箱/天的正态分布，提前期满足均值为 6 天、标准差为 1.5 天的正态分布，并且日需求量与提前期是相互独立的，试确定顾客满意度为 95%的安全库存。

解：由题意得 $\overline{D}$=10 箱/天，$\sigma_D=2$ 箱/天，订货提前期的均差和标准差分别为 $\bar{t}$=6，σ_t=1.5 天，服务水平为 0.95，对应的 β=1.65，代入式(9-15)，得

$$ss=\beta\sqrt{\bar{t}\sigma_D^2+\overline{D}^2\sigma_t^2}=\left(1.65\times\sqrt{6\times2^2+10^2\times1.5^2}\right)箱\approx26\,(箱)$$

即在满足顾客满意度 95%的安全库存是 26 箱。

9.4.2 存储系统的存储策略

对于多时期存储系统来说，要解决的仍然是两个基本问题，即何时订货和每次订多少货的问题。在实际应用中，存储管理人员根据不同物资的需求特点，本着费用经济的原则或存储系统对服务水平的要求，对不同的物资采取不同的存储策略。这里简要介绍几种不同的存储策略，以窥存储系统管理之全貌。

1. (s,S) 存储策略

对 (s,S) 存储策略来说，s 是存储量下限，每阶段初检查库存量，当库存 $I\leqslant s$ 时，需要订货；当库存 $I>s$ 时，本阶段不订货。S 是存储量的上限，每次订货时，使库存量达到存储量 S，每次订货批量为 $Q=S-I$。

若订货后立刻就能送到，即订货提前期为零，则不需设立安全库存，这时多时期与单时期随机型存储模型的假设一致，系统的最高库存量可同理求得。

【例 9.16】设某企业对于某种材料每月需求量的资料见表 9-6。每次订货费为 400 元，每月每吨保管费为 40 元，每月每吨缺货费为 1 400 元，每吨材料的购置费为 752 元，该企业欲采用 (s,S) 存储策略来控制库存量，试求出 S 值；若订货时的库存 I_0=40 吨，则订货批量为多少？

表 9-6 需求量概率分布表

需求量 x_i/吨	55	64	75	82	88	90	100	110
概率 $P(x_i)$	0.05	0.10	0.15	0.15	0.20	0.10	0.15	0.10

累积概率	0.05	0.15	0.30	0.45	0.65	0.75	0.90	1.00

解：由题意可知 $c_3 = 400$ 元/次，$K = 752$ 元/吨，$c_1 = 40$ 元/吨，$c_2 = 1\,400$ 元/吨。

临界值　$\dfrac{c_2 - K}{c_2 + c_3} = \dfrac{1\,400 - 752}{1\,400 + 40} = 0.45$

由 $\sum_{i=1}^{3} P(x_i) < 0.45 \leqslant \sum_{i=1}^{4} P(x_i)$，得最大订货量为

$$S = x_4 = 82\ (\text{吨})$$

若 $I_0 = 40$ 吨，则订货量 $Q = S - I_0$ =82−40=42，即需补充 42 吨货物。

【例 9.17】某商场经销一种电子产品，根据历史资料，该产品的销售量服从在区间[50,100]的均匀分布，每台产品进货价为 3 000 元，单位库存费为 40 元，若缺货商店为了维护自己的信誉，以每台 3 400 元从其他商店进货后再卖给顾客，每次订购费用为 400 元，设期初无库存，试确定最佳订货量及 S 值。

解：由题意可知 $K = 3\,000$ 元/台，$c_1 = 40$ 元/(台·年)，$c_2 = 3\,400$ 元/台，$c_3 = 400$ 元/次，$I_0 = 0$。

临界值　$\dfrac{c_2 - K}{c_1 + c_2} = \dfrac{3\,400 - 3\,000}{3400 + 40} = 0.116\,3$

又因为销售量服从均匀分布，所以其密度函数为 $\varphi(x) = \begin{cases} \dfrac{1}{50} & 50 \leqslant x \leqslant 100 \\ 0 & \text{其他} \end{cases}$

由 $\int_0^S \varphi(x)\mathrm{d}x = \int_{50}^S \dfrac{1}{50}\mathrm{d}x = \dfrac{S-50}{50} = 0.116\,3$，得

$$S \approx 56\ \text{台}, \qquad Q = S - I_0 = 56\ \text{台}$$

2. (Q, s) 存储策略

在实际应用中也存在供货市场和需求市场都是随机的存储系统，一般称为双随机存储系统。双随机存储系统的求解一般是较为困难的，常用计算机模拟这种复杂的存储系统的控制或采用一些较简单的带有某些经验性质的方法。

若随机型存储系统的需求量和订货提前期都是随机的，设 D 为单位需求量，其他有关参数与前面介绍的模型一致，则推导过程与确定型存储模型一同，可得经济订货量公式为

$$Q^* = \sqrt{\frac{2c_3 D}{c_1}}$$

式中，c_3 为一次定购费，c_1 为该种物资单位时间的存储费用。

为安全保证某服务水平，可将安全库存加到正常存货中以提供所希望达到的服务水平(即不缺货的概率)。这时有 $s = l_{Dt} + \beta\sigma_{Dt}$，式中 s 为订货点，l_{Dt} 和 σ_{Dt} 分别为订货期内的销售量 Dt 的均值与标准差，β 为安全库存系数，$\beta\sigma_{Dt}$ 为安全库存。因此订货策略为：当订货提前期大于零时，若存储量降低到 s，则以 Q^* 为订货量进行订货。

【例 9.18】设某公司订购一种备件，采取 (Q, s) 存储策略。一次订货费为 60 元，年平均需求量为 500 件，每件年存储费为 40 元，提前期的销售量服从正态分布 $N(15, 2^2)$。为使不

缺货的概率达到 99%，问总费用最小的 s 和 Q^* 各为多少？

解：根据题意可知 D=500 件/年，c_1=40 元/(件·年)，c_3=60 元，则

$$Q^* = \sqrt{\frac{2c_3D}{c_1}} = \left(\sqrt{\frac{2\times 60\times 500}{40}}\right)\text{件} \approx 39\text{件}$$

由于不缺货的概率达到 99%，查表 9-4 得 $\beta = 2.33$，订货点为

$$s = l_{Dt} + \beta\sigma_{Dt} = (15 + 2.33\times 2)\text{件} \approx 20\text{件}$$

故再订货点为 20 件，每次订货 39 件。

3. (T, S) 存储策略

前面探讨的两种策略属于定量存储策略，这里分析定期存储策略 (T, S)，即按照一定固定时间间隔的日期办理订货，补充库存。

由于需求量和订货提前期都是随机的，因此 (T, S) 存储策略的每次订货的实际订货量不是常量，要根据最高库存量 S 和在库库存量 I，以及未到的在途库存量 Q_w 及其发生缺货的数量 Q_s 来确定。

1) 订货间隔期(T)

(T, S) 存储策略的两次订货时间间隔固定，由存储系统的参数确定，可按订货批量(Q)和订货周期确定订货间隔期(T)，即

$$Q = \sqrt{\frac{2c_3\overline{D}}{c_1}} \qquad T = \frac{Q}{\overline{D}}$$

当订货周期需要和供货厂商共同商定时，可以根据订货时间间隔(T)协调工厂的生产计划，合理确定订货间隔；也可根据物资供应情况统计资料，求得平均订货周期。

2) 最高库存量(S)

最高库存量(S)需满足订货间隔期(T)和订货提前期(t)的需求，以及保证一定的服务水平。这样最高库存量由两部分组成，一是 $T+t$ 时间内的需求，二是 $T+t$ 时间内的安全库存。

(T, S) 存储策略的安全库存为

$$ss = \beta\sigma_{D(T+t)} = \beta\sqrt{\overline{D}^2\sigma_{T+t}^2 + (T+\bar{t})\sigma_D^2}$$

因为 T 一旦确定，就是一个常量，所以 $\sigma_{T+t}^2 = \sigma_t^2$，则

$$ss = \beta\sqrt{\overline{D}^2\sigma_t^2 + (T+\bar{t})\sigma_D^2}$$

若供货条件较为稳定，订货时间基本为一个常数时，上式可以简化为

$$ss = \beta\sqrt{(T+\bar{t})}\cdot\sigma_D$$

则最高库存量 $S = \overline{D}(T+\bar{t}) + ss = \overline{D}(T+\bar{t}) + \beta\sqrt{\overline{D}^2\sigma_{T+t}^2 + (T+\bar{t})\sigma_D^2}$。

若在订货时，在库库存为 I，已订货尚未到达的库存为 Q_w，则实际订货量为

$$Q^* = S - I - Q_\mathrm{w}$$

【例 9.19】设某公司对一种零件的月平均需求量为 248 件，标准差为 80 件；订货提前期 t 的均值为 1 月，标准差 σ_t=1.2 月。已知每次订货费为 112 元，月存储费为 0.3 元/个。现库存管理采用 (T, S) 存储策略，安全系数 $\beta = 1.65$，求订货间隔期和最高库存量。

解：先确定订货间隔期T。

应用经济订货量公式，得

$$Q^* = \sqrt{\frac{2c_3\overline{D}}{c_1}} = \sqrt{\frac{2\times 112\times 248}{0.3}} \approx 430\,(件)$$

$$T = \frac{Q^*}{\overline{D}} = \left(\frac{430}{248}\right)月 \approx 1.74\,(月)$$

最高库存量为

$$S = \overline{D}(T+\bar{t}) + ss = \overline{D}(T+\bar{t}) + \beta\sqrt{\overline{D}^2\sigma_{T+t}^2 + (T+\bar{t})\sigma_D^2}$$

$$= \left[248\times(1.74+1) + 1.65\times\sqrt{248^2\times 1.2^2 + (1.74+1)\times 80^2}\right]件$$

$$\approx 1\,217(件)$$

9.5* 供应链订货的契约管理

物流是衔接供应链成员的实体纽带，通过物质的流动和信息的传递，实现了供应链成员之间的紧密联系。供应链物流推进了供应链成员之间的合作共赢，其高效的运作能更好地应对市场变化和满足客户需求。

9.5.1 供应链的契约协调

供应链的成型始于成员之间的契约，这些契约包括供应商、制造商、分销商和零售商之间的合同和协议，以及其他潜在的合作伙伴关系，涵盖了供货时间、定价、交货条款、质量标准、退货政策等。通过这些契约，各成员能够建立互信关系，明确彼此的责任和义务，从而更加高效地协调合作。在供应链管理中，契约为供应链的各个环节提供了稳定性和预测性，从而能够更好地规划和管理自己的业务；契约促进了信息共享和透明度。供应链成员之间通过契约共享信息，包括销售数据、库存水平、生产计划等，使得供应链管理变得更加高效和灵活；契约也为供应链成员提供了一种解决纠纷和争议的机制。如果发生问题，各方可以依据契约的条款进行协商和解决，而不必陷入无休止的争端之中。

供应链契约在供应链成员的库存管理中起着重要的作用。通过签订契约，供应商和零售商可以分享销售数据和市场信息，以便更好地了解市场需求和预测需求，从而制定更加精准的库存管理策略，避免因为需求不确定性而导致库存过剩或缺货。供应链契约可以帮助各个成员协调供应和生产计划，以减少库存的持有成本。通过契约约定的供货周期、订货批量等参数，供应商可以更好地调整生产计划和供货计划，使得库存水平更加稳定，避免因为生产过剩或生产不足而导致库存浪费或销售机会丢失。供应链契约可以帮助各个成员共同管理库存风险。通过约定库存回购、库存租赁等条款，可以降低库存积压所带来的风险和成本，避免因为市场变化而导致库存滞销或库存过期，从而保障了供应链的稳定和可持续发展。供应链契约还可以帮助各个成员共同优化库存管理流程和技术手段。通过合作开发信息系统、共享库存数据等方式，可以提高库存管理的效率和透明度，降低库存管理的成本和风险，实现库存管理的最优化和精细化。

在供应链管理实践中，业界创新了多种库存管理模式。供应商管理库存(Vendor

Managed Inventory，VMI)是一种由供应商负责管理客户库存水平的模式。在这种模式下，供应商通过与客户紧密合作，共享销售数据和库存信息，以便更准确地预测需求，及时补充库存，并保持适当的库存水平，有助于减少客户的库存持有成本，降低库存风险，提高供应链的效率。跨企业共享库存(Cross-Enterprise Inventory Sharing，CEIS)是指不同企业之间共享库存资源，以满足市场需求的模式。这种模式可以通过共享仓储设施、库存信息系统等方式实现，有助于降低整个供应链的库存水平和成本，提高资源利用率，同时也能够更灵活地应对市场需求的变化。供应链成员之间还常常采用契约模式来协调库存，这些契约有助于建立稳定的供需关系，增强供应链的韧性和灵活性。通过契约管理库存，供应链成员能够更好地优化库存结构，提高库存周转率，进而提升整个供应链的竞争力和市场响应速度。例如，收益共享契约允许供应链成员共同分享销售收益，从而激励各成员共同努力提升库存周转率。

9.5.2 两级供应链模型

两级供应链模型是指处于上游的一个供应商和下游的一个零售商组成的供应链模型。供应商出售某种产品给零售商，再由零售商卖给顾客。产品的需求 D 是连续型随机变量，其密度函数为 $f(x)$ $(x>0)$、分布函数为 $F(x)$，并设 $F(x)$ 可微且严格递增，$F(0)=0$，$F^{-1}(x)$ 是 $F(x)$ 的反函数，$\overline{F}(x)=1-F(x)$，均值为 μ、方差为 σ^2。

令 $p(q)$ 为需求逆函数，假设它为市场需求的线性函数，且 $p(q)=a-eq$，$p=p(q)$ 为市场销售价格，w 为供应商将产品卖给零售商的批发价，c_{s} 为产品生产成本($c_{\mathrm{s}}>0$)，c_{l} 为产品销售成本($c_{\mathrm{l}}>0$)，零售商的订货量为 q。供应商和零售商都追求自身收益最大化，供应商首先行动，给出产品批发价为 w，然后零售商根据供应商给定的批发价决定订货量 q，未售出商品的单位残值为 $v(v<c_{\mathrm{l}}+c_{\mathrm{s}})$，缺货单位损失为 β。供应商是领先者(先确定 w)，零售商作为跟随者(后确定 q)，这就形成了一个 Stackelberg 博弈，如图 9-11 所示。

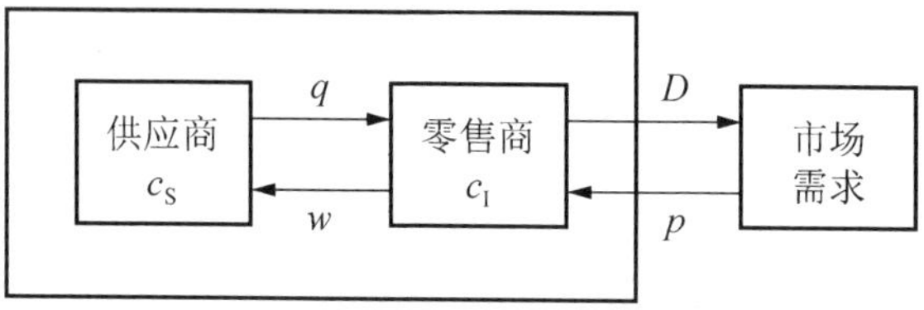

图 9-11 两级供应链的参数传递

1. 两级供应链模型的建构

设 π_{l} 和 π_{s} 分别表示零售商和供应商的收益。在随机需求下，零售商在某个销售期间开始前对订货数量 q 进行决策，令 $S(q)$ 是零售商卖出商品数的数学期望，其中 $S(q)=\min(q,D)$

$$S(q)=\begin{cases} q, & D\geqslant q \\ D, & D<q \end{cases} \tag{9-16}$$

所以

$$S(q)=\underbrace{(1-F(q))}_{P(D\geqslant q)}\cdot q+\int_0^q xf(x)\mathrm{d}x$$

又因为

$$\int_0^q xf(x)\mathrm{d}x = \int_0^q x\mathrm{d}F(x) = xF(x)\Big|_0^q - \int_0^q F(x)\mathrm{d}x = qF(q) - \int_0^q F(x)\mathrm{d}x$$

所以

$$S(q) = q - \int_0^q F(x)\mathrm{d}x \tag{9-17}$$

$I(q)$ 是期末的过量库存，所以 $I(q) = (q-D)^+$ ①，

$$I(q) = \int_0^q (q-y)f(y)\mathrm{d}y = q - S(q)$$

$L(q)$ 是期间的缺货数量，所以 $L(q) = (D-q)^+$，

$$L(q) = \int_q^\infty (y-q)f(y)\mathrm{d}y = \mu - S(q)$$

设 T 是供应商从零售商获得的转移支付函数，它取决于供应商和零售商之间的契约设计，那么零售商的收益函数 $\pi_{\mathrm{I}}(q)$ 为

$$\begin{aligned}\pi_{\mathrm{I}}(q) &= p(q)S(q) + vI(q) - \beta L(q) - c_{\mathrm{I}}q - T \\ &= \left[p(q) - v + \beta\right]S(q) + vq - \beta\mu - c_{\mathrm{I}}q - T \\ &= \left[p(q) - v + \beta\right]S(q) + vq - \beta\mu - c_{\mathrm{I}}q - T \end{aligned} \tag{9-18}$$

供应商的收益函数为

$$\pi_{\mathrm{s}}(q) = T - c_{\mathrm{s}}q$$

由于 $\beta\mu$ 仅与市场需求有关，与供应商和零售商之间的行为无关，为方便叙述，重新定义供应商和零售商的随机性收益函数为 $\pi_{\mathrm{I}}(q) + \beta\mu$，仍令 $\left[p(q) - v + \beta\right]$ 为零售价格(因为 v、β 都是常数，不影响后面的结论)，$T + c_{\mathrm{I}}q - vq$ 为转移支付函数，记 $c = c_{\mathrm{s}} + c_{\mathrm{I}} - v$。这样，供应商和零售商的收益函数就简化为

$$\begin{cases}\pi_{\mathrm{I}}(q) = p(q)S(q) - T \\ \pi_{\mathrm{s}}(q) = T - cq\end{cases} \tag{9-19}$$

这样就得两级供应链模型，而不必考虑产品缺货与其残值，如图 9-12 所示，其中 c 是供应商的生产成本，剩余参数含义不变。下面都基于该模型展开讨论，供应商和零售商的收益取决于转移支付函数 T。

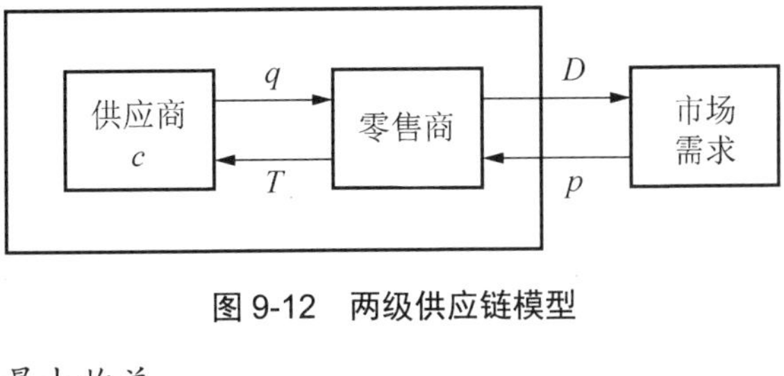

图 9-12 两级供应链模型

2. 两级供应链的最大收益

令 $\pi_{\mathrm{T}}(q)$ 表示两级供应链的收益函数，即整个供应链的收益，则

$$\pi_{\mathrm{T}}(q) = \pi_{\mathrm{I}}(q) + \pi_{\mathrm{s}}(q) = p(q)S(q) - cq$$

应用一阶条件，求 $\pi_{\mathrm{T}}(q)$ 对 q 的最大值，得

① a^+ 表示：当 $a \geqslant 0$，$a^+ = a$，当 $a < 0$，$a^+ = 0$。

$$p'(q)S(q)+p(q)S'(q)-c=0$$

设 Q_T^* 是供应链的最优销售数量，则 Q_T^* 满足

$$p'(Q_T^*)S(Q_T^*)+p(Q_T^*)S'(Q_T^*)-c=0 \tag{9-20}$$

特别地，若 $p(q)$ 保持不变是常数 p (后续推导都这样假设)，不考虑缺货，由于分布函数 F 是严格递增的，所以式(9-20)的解是唯一的，即

$$pS'(Q_T^*)-c=0 \qquad pS'(Q_T^*)=c \qquad S'(Q_T^*)=\frac{c}{p}$$

根据式(9-17)的 $S(q)$ 表达式，可知 $S'(q)=1-F(x)=\bar{F}(x)$，得

$$\bar{F}(Q_T^*)=\frac{c}{p} \qquad F(Q_T^*)=1-\frac{c}{p}=\frac{p-c}{p} \tag{9-21}$$

此时供应链的最大收益为

$$\pi_T(Q_T^*)=pS(Q_T^*)-cQ_T^* \tag{9-22}$$

【例 9.20】设供应链面对市场的需求逆函数为 $p=100-q$，市场的需求分布服从均匀分布，且为 $F(x)=lx(0\leqslant x\leqslant 1/l)$，其均值为 $\mu=1/(2l)$，方差为 $\sigma^2=1/(12l^2)$，且成本 $c=30$，那么供应链的相关参数取值如表 9-7 所示。

表 9-7 供应链的相关参数取值

l	σ^2	q	p	$S(q)$	π
0.05	33.33	11.39	88.61	8.15	380.18
0.04	52.08	13.48	86.52	9.85	447.46
0.03	92.59	16.43	83.57	12.38	541.77
0.02	208.33	20.72	79.28	16.43	680.72
0.01	833.33	26.97	73.03	23.33	894.92

表 9-7 中的 q 就是式(9-21)中的 Q_T^*，表中这样组织是为了更好地符合订货量的规范；p 由需求逆函数得到；$S(q)$ 由式(9-17)确定；π 是供应链的最大收益。

9.5.3 常用的供应链契约

供应链中各成员企业都是独立的经济实体，没有组织机构和行政隶属关系作为支撑，只能以强调协作、签订契约作为管理职能实施的基础。这里概述三种供应链契约：批发价契约(wholesale-price contract)、回购协议契约(buy-back contract)、收益共享契约(revenue-sharing contract)。

1. 批发价契约

该契约(供应商与零售商)是供应商决策给零售商的批发价格 w，支付函数选择为 $T_w(q,w)=wq$，零售商决策订购数量 q，如图 9-12 所示。

根据式(9-19)，零售商为使其收益最大化，选择使 $\pi_I(q)$ 最大的 Q_I^*，即

$$pS'(Q_I^*)-w=0 \qquad \bar{F}(Q_I^*)=\frac{w}{p} \qquad F(Q_I^*)=1-\frac{w}{p}=\frac{p-w}{p} \tag{9-23}$$

供应商与零售商依批发价契约决定订购量与生产安排，零售商负责未售出产品风险。

此契约形式简洁高效，实际现场操作性强，常作为供应链成员核算基准收益(保底收益)的依据。

由于分布函数 F 是严格连续递增，且 $c \leqslant w$，比较式(9-23)与式(9-21)可得 $F(Q_I^*) \leqslant F(Q_T^*)$，即 $Q_I^* \leqslant Q_T^*$。若 $Q_I^* = Q_T^*$，得 $w = c$，即供应商的批发价等于其成本价，从式(9-19)可得供应商的收益为零，这在实际情况中是不可能发生的，因而供应商更愿意提供一个比成本 c 更高的批发价 w，这时供应链的收益等于零售商和供应商收益之和，即

$$\pi_T(Q_I^*) = \pi_I(Q_I^*) + \pi_s(Q_I^*) = pS(Q_I^*) - wQ_I^*$$

$$pS(Q_I^*) - wQ_I^* \leqslant pS(Q_I^*) - cQ_I^* \leqslant pS(Q_T^*) - cQ_T^* = \pi_T(Q_T^*)$$

上面推导结果基于 $\pi_T(q)$ 在 Q_T^* 达到最大值。若批发价契约得到的最优订购量 Q_I^* 无法达到供应链的最大收益 $\pi_T(Q_T^*)$，则造成供应链整体利益的损失。从式(9-23)中可以得到一对一的 w 与 Q_I^* 的关系，即 $w = p\bar{F}(Q_I^*)$，供应商可降低其批发价来提高零售商的收益，同时也能提升供应链的整体绩效，因为供应链的收益函数 $\pi_T(q)$ 在区间 $\left[Q_I^*, Q_T^*\right]$ 上是递增的。

2. 回购协议契约

在这个契约中，供应商单位产品的批发价为 w，但对零售商没有售出的单位产品回购价格为 b，如图 9-13 所示。

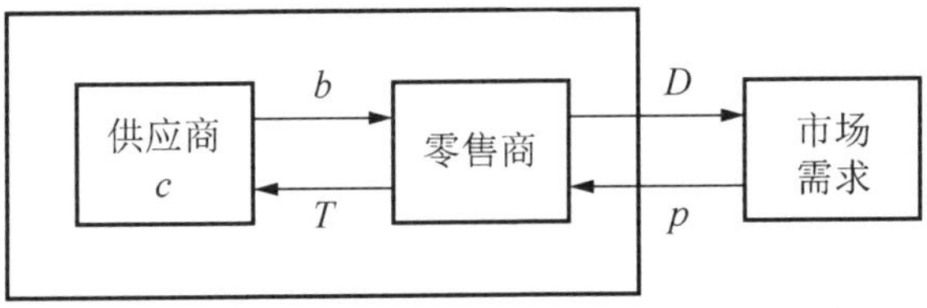

图 9-13 回购协议契约的参数传递

供应链的转移支付函数为

$$T_b(q, w, b) = wq - bI(q) = bS(q) + (w-b)q$$

这里 $b < w$。

回购协议契约涉及两个参数 $\{w, b\}$，为此引入参数 $\lambda \in (0,1)$，且令

$$p - b = \lambda p \qquad w - b = \lambda c \tag{9-24}$$

因此

$$\pi_I(q, w, b) = (p-b)S(q) - (w-b)q = \lambda \pi_T(q)$$

$$\pi_s(q, w, b) = bS(q) + (w-b)q - cq = (1-\lambda)\pi_T(q)$$

显然，在这种安排下，供应商和零售商的最优订货数量都是 Q_T^*，这时就能达到供应链的最大收益。但要注意供应链成员的收益是零和博弈，其收益取决于双方博弈地位和议价能力。

【例 9.21】 设某材料的市场价格为 $p = 80$ 元，需求量 D 服从正态分布 $N(110, 20^2)$，供应商单位材料获得成本为 $c = 50$ 元，供应商提供的批发价格 $w = 60$ 元，试求回购协议契约的回购价格 b 和订货数量。

解：由式 (9-24)得

$$\frac{p-b}{w-b} = \frac{p}{c}, \qquad \frac{80-b}{60-b} = \frac{80}{50}$$

得出该材料的回购价格为$b=80/3$，由式(9-21)得零售商的最优订货量，即供应链的订货数量为$Q_{T}^{*}=104$，就知回购协议的两个参数为$\{60, 80/3\}$。

3. 收益共享契约

在收益共享契约中，供应商提供给零售商一个低于成本的批发价，但从零售商收取一定比例的收益，如图 9-14 所示。

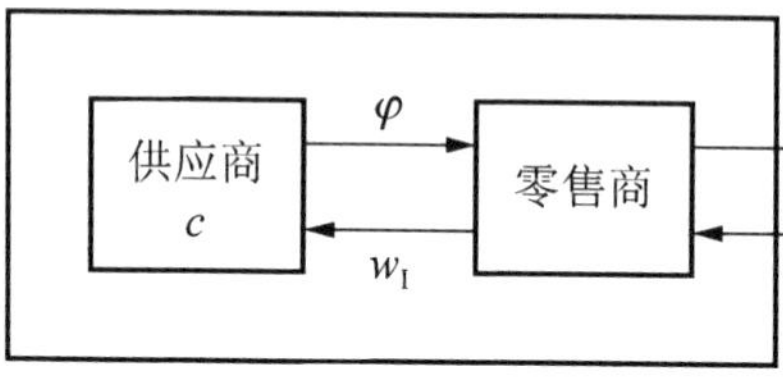

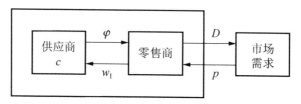

图 9-14 收益共享契约的参数传递

引入参数$\varphi\in(0,1)$，令φ是供应链整体收益中零售商获得收益的比例，那么$1-\varphi$就是供应商获得收益的比例，该契约取决于两个参数$\{w_{\mathrm{I}},\varphi\}$，此时转移支付函数为

$$T(q, w_{\mathrm{I}}, \varphi)=w_{\mathrm{I}}q+(1-\varphi)pS(q)$$

设

$$\varphi p=\varphi p \qquad w_{\mathrm{I}}=\varphi c$$

因此

$$\pi_{\mathrm{I}}(q, w_{\mathrm{I}}, b)=\varphi pS(q)-w_{\mathrm{I}}q=\varphi\pi_{\mathrm{T}}(q)$$
$$\pi_{\mathrm{s}}(q, w_{\mathrm{I}}, b)=(1-\varphi)\pi_{\mathrm{T}}(q) \tag{9-25}$$

(1) 零售商和供应商在批发价契约下的收益。

假定供应商先确定批发价格w_0，根据式(9-23)零售商确定最优订货量Q_{I0}^{*}，则零售商的最优收益为

$$\Pi_{\mathrm{I0}}^{*}=pS(Q_{\mathrm{I0}}^{*})-w_0Q_{\mathrm{I0}}^{*}=p\left[Q_{\mathrm{I0}}^{*}-\int_{0}^{Q_{\mathrm{I0}}^{*}}F(x)\mathrm{d}x\right]-w_0Q_{\mathrm{I0}}^{*}$$

式中

$$F(Q_{\mathrm{I0}}^{*})=\frac{p-w_0}{p} \qquad Q_{\mathrm{I0}}^{*}=F^{-1}\left(\frac{p-w_0}{p}\right)$$

这时供应商的收益为

$$\Pi_{\mathrm{s0}}^{*}=(w_0-\mathrm{c})Q_{\mathrm{I0}}^{*}$$

(2) 契约参数φ的确定。

根据式(9-22)可知，供应链的最大收益为$\pi_{\mathrm{T}}(Q_{\mathrm{T}}^{*})$，鉴于供应商和零售商从收益共享契约中获得的收益要比从批发价契约获得的收益要多(**参与约束**)，不然供应链参与企业就缺少成为供应链成员的动力，所以

$$\Pi_{\mathrm{I0}}^{*}\leqslant\varphi\pi_{\mathrm{T}}(Q_{\mathrm{T}}^{*}) \qquad \Pi_{\mathrm{s0}}^{*}\leqslant(1-\varphi)\pi_{\mathrm{T}}(Q_{\mathrm{T}}^{*})$$

需要契约参数满足

$$\varphi\geqslant\frac{\Pi_{\mathrm{I0}}^{*}}{\pi_{\mathrm{T}}(Q_{\mathrm{T}}^{*})} \qquad 1-\varphi\geqslant\frac{\Pi_{\mathrm{s0}}^{*}}{\pi_{\mathrm{T}}(Q_{\mathrm{T}}^{*})}$$

即

$$\frac{\Pi_{I0}^{*}}{\pi_{T}(Q_{T}^{*})} \leqslant \varphi \leqslant 1-\frac{\Pi_{s0}^{*}}{\pi_{T}(Q_{T}^{*})} \tag{9-26}$$

【例 9.22】假设两级供应链中，需求函数 D 服从 $N(110,20^2)$，供应商成本 $c=28$，批发价 $w_0=55$，零售商销售价格 $p=80$，试确定收益共享契约的参数 φ。

解：根据式(9-22)可得供应链最大收益 $\pi_T(Q_T^*)=5127$，最优订货量 $Q_T^*=118$；从式(9-23)得零售商的最优订货量 $Q_{I0}^*=100$，此时零售商和供应商的收益分别为

$$\Pi_{I0}^*=2183 \qquad \Pi_{s0}^*=2706$$

由式(9-26)得 $0.43\leqslant\varphi\leqslant0.47$，取 $\varphi=0.44$、0.45 和 0.46，根据收益共享契约的设计，可求出相应的 $w_I=\varphi c$、$\varphi\pi_T(Q_T^*)$ 和 $(1-\varphi)\pi_T(Q_T^*)$，如表 9-8 所示，不同的契约参数 φ 下零售商和供应商的收益都比批发价契约所获得的收益要多。

表 9-8 供应链收益共享契约下的收益分配

收益分享契约			不同契约下的收益分配情况	
	φ	w_I	零售商 $\varphi\pi_T(Q_T^*)$	供应商 $(1-\varphi)\pi_T(Q_T^*)$
(1)	0.44	12.32	2 256	2 871
(2)	0.45	12.60	2 307	2 820
(3)	0.46	12.88	2 358	2 769
批发价契约下的收益			零售商 $\Pi_{I0}^*=2\,183$	供应商 $\Pi_{s0}^*=2\,706$

扩展性学习材料

人工智能的预测与优化

供应链库存管理方法之一是基于人工智能的预测与优化模型，这种方法利用大数据和先进的算法来预测需求、优化库存水平和提供决策支持，以实现更高效的库存管理。

使用人工智能的预测模型能够分析历史销售数据、市场趋势、季节性变化等因素，准确预测未来的需求。通过使用机器学习和深度学习算法，这些模型可以自动学习和调整预测模式，从而提高预测的准确性和可靠性。准确的需求预测有助于避免库存过剩或短缺，降低库存持有成本，并提高客户满意度。

优化模型能够利用数学规划和优化算法来确定最佳的库存策略和订货量。这些模型综合考虑供应链的各种限制和目标，如服务水平、成本最小化和资源利用率，以制定最优的库存决策。通过优化模型，供应链管理者可以实现更精细的库存控制，减少库存水平和库存风险，提高资金回报率。

供应链协同和合作是最新的库存管理方法中的重要组成部分，通过与供应商、制造商和分销商的紧密合作，共享库存信息、需求预测和销售数据，供应链各方可以实现更高的协同效应。这种协同可以帮助减少库存波动和库存持有成本，提高供应链的灵活性和响应速度。

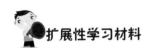

本 章 小 结

存储活动是整个物流活动的关键环节之一。本章从存储系统的结构切入，首先介绍了存储系统的运营费用、存储策略和模型分类等有关内容；接着对各种确定型存储模型进行了费用分析，得出了订货批量公式；然后就需求是离散或连续的两类单时期随机型存储模型展开了深入的探讨；最后结合多时期随机型存储模型，给出了再订货点、安全库存等概念，并就一些具体的存储策略在存储系统中的应用进行了描述。

关键术语(中英文)

存储论(Inventory Theory)
经济订货量(Economic Ordering Quantity)
存储策略(Inventory Police)
确定型存储模型
(Deterministic Inventory Model)
订货点(Ordering Point)
存储系统(Inventory System)
参数分析(Parametric Analysis)
生产批量(Production Lot Size)
随机型存储模型
(Stochastic Inventory Model)
报童问题(Newsboy Problem)

知识链接

存储论先驱——哈里斯

1919 年，哈里斯出生于美国的纽约市，曾先后在康奈尔大学和普林斯顿大学学习，并在普林斯顿大学获得博士学位。哈里斯先后在哈佛大学、普林斯顿大学、康奈尔大学等知名学府任教，并在美国空军工程研究所(Air Force Cambridge Research Center)担任高级研究员。

哈里斯的论文《经济批量制造量的确定》是现代存储论的基石之一。该论文阐述了如何通过制定合适的生产批量来实现生产成本最小化。在这篇论文中，哈里斯提出了批量制造量和库存成本之间的数学关系，并给出了一种简单易行的数学模型。他的研究结果表明，在合适的批量制造量下，企业可以通过降低库存成本来实现生产成本的最小化。哈里斯在库存管理、生产计划和调度优化等领域的研究也具有重要的意义。他提出了一些重要的库存模型，如固定时期库存模型和固定数量库存模型，并对这些模型进行了详细的分析和优化。他的研究成果为现代库存管理和供应链管理提供了重要的理论支持和实践指导。他还研究了生产计划和调度优化等内容。

哈里斯是一位运筹学界的杰出人物，其研究成果在生产与供应链管理、库存管理、调度优化等领域具有广泛的应用。

习题 9

一、填空题

1. 存储系统的输出的方式可能是均匀连续的，也可能是__________的。

2. 设某工业企业年需钢材 1 200 吨，分三次订货，则平均库存量为__________。

3. 在确定性存储问题中，设订货费为c_3，单位存储费为c_1，缺货费为c_2，需求率为D，生产速度率为$P\,(P>D)$，且无提前期。则在不允许缺货时，最佳的经济订货量为$Q^*=$__________；允许缺货时，最佳的经济订货量为$Q^*=$__________。

4. 存储成本和订货成本同时增加$i\,\%$，则总成本也增加__________。

5. 在报童问题中，若卖不完的报纸退回报社的价格由 0.2 元降至 0.1 元，问在其他条件不变的情况下报纸的准备量为__________。

二、判断题

1. 一般来说，一个存储系统的费用主要包括存储费和订货费。（ ）

2. (s,Q) 策略是连续盘存策略，当存储量降到s时立即提出订货，订货量等于$s+Q$。（ ）

3. 在不允许缺货的情况下，在费用上处理的方式是将缺货损失费视为无穷小。（ ）

4. 在确定型的 4 种模型中，允许缺货、边供应边需求订货策略的总成本最低。（ ）

5. 在遇到随机性存储问题时，企业选取的存储策略的优劣，通常是以盈利期望值的大小或损失期望值的大小作为衡量的标准。（ ）

三、解答题

1. 某机械部件每件进厂价为 500 元，年需求总额为 60 万元，求得经济订货量为 300 件，年保管费用率为 12%。求按经济订货量进货时，年订货多少次、每次订货费用、年保管费用和年总存货费用各是多少？

2. 某印刷厂负责印刷一本年销售量为 120 万册的书，该厂每天的生产能力是几十万册，该书的销售是均匀的。若该厂只按每天销售印刷，则可使生产率与销售率同步，从而无库存，但每天印完此书又得换印刷别的书，其生产调节费为每天 2 000 元。每万册书储存一天的费用为 4.53 元，缺货一天的损失为 1.02 元。试分析比较缺货与不缺货的最优策略哪个比较好，并说明理由。

3. 设需要某物品 12 件/天，不允许缺货，存储费率为 0.02 元/(件 • 天)。为满足需要，可以采取订购或者自行生产，两者的有关数据见表 9-9。试决定经济的物品供应来源是采取订购还是自行生产？经济订货量与存储水平各为多少？

表 9-9 订购和自行生产的有关数据

	订 购	自行生产
提前期或生产准备期/天	8	13
物品单价/(元/件)	11	9.6
每次订购费或准备费/元	20	90
补充速率/(件/天)	∞	25

4. 某厂下一年度需用某种建材 1 000 吨，单价是 1 000 元/吨。已知经济订货量为 100 吨/次，订货费用是 500 元/次，年保管费用率为 10%。建材供货商提出，若该厂每次订 200 吨，则单价由 1 000 元/吨降至 900 元/吨。假定不计建材保管损耗，试问该厂是否应接受此项数量折扣，将建材的订货批量提高到 200 吨/次？

5. 某货物的需求量为 14～21 件，其概率分布见表 9-10，每卖出一件可盈利 6 元，每积压一件，损失 2 元，问一次性进货多少件，才使盈利期望最大？

表 9-10 某货物的概率分布

需求量	14	15	16	17	18	19	20	21
概率	0.10	0.15	0.12	0.12	0.16	0.18	0.10	0.07
累积概率	0.10	0.25	0.37	0.49	0.65	0.83	0.93	1.00

6. 某设备上有一关键零件需常更换，更换需要量 x 服从泊松分布，根据以往的经验平均需要量为 5 件，此零件的价格为 100 元/件，若零件用不完，到期末就完全报废，若备件不足，待零件损坏了再去订购就会造成停工损失 180 元，问应备多少备件最好？

7. 某公司利用塑料制成产品出售，已知每箱塑料购价为 800 元，订购费为每次 60 元，存储费为每箱 40 元，缺货费为每箱 1 015 元，原有存储量 10 箱，已知对原料需求的概率是 $P(30)=0.20,\ P(40)=0.20,\ P(50)=0.40,\ P(60)=0.20$，求该公司的$(s, S)$存储策略。

8. 某商店经销一种电子产品，每台进货价为 4 000 元，单位存储费为 60 元，如果缺货，缺货费为 4 300 元，每次订购费为 5 000 元，根据资料分析，该产品销售量服从区间[75, 100]内的均匀分布，即

$$\phi(r)=\begin{cases}\dfrac{1}{25} & 75\leqslant r\leqslant 100\\ 0 & \text{其他}\end{cases}$$

期初库存为零，试确定(s, S)存储策略中 s 及 S 的值。

9. 某音乐舞厅与一家饮料厂签订了长期合同，订购瓶装饮料。合同规定交货时间不得拖延，据以往统计，在订货期间的需求量(瓶)服从 $N(1\,000, 250^2)$。若一次订货的手续费为 100 元，每年平均需求量为 12 000 瓶，一瓶饮料一个月的保管费为 0.012 5 元，若不缺货的概率达到 95%，则订货点是多少？每次订货多少？(每年按 360 天计算)

实际操作训练

一个稍具规模的汽配流通企业，其经营的汽配品种少则五六万，多则十几万，而且品牌繁多、型号庞杂、产地不同、形状各异，这些独有的特点决定了汽配仓库规划的复杂性。因此，在库区规划时并没有统一或通行的标准，有的按配件结构分类，有的按车型分类，有的按配件进出仓频次或数量分类，有的按配件形态或重量分类。例如，某汽配流通企业，主营重中轻卡整车配件，经营品种近 8 万个，仓储面积 1.6 万平方米，共划分 4 个区 23 个仓库，每区管理品种近 2 万个。某供应链汽配公司计划订购一款配件用于新能源汽车的刹车装置。该零部件的年需求量为 40 000 件，每次订货费为 9 000 元，商品的价格与订

货量的多少有关，为

$$K(Q)=\begin{cases}35.225 & 0\leqslant Q<10\ 000\\ 34.525 & 10\ 000\leqslant Q<20\ 000\\ 34.175 & 20\ 000\leqslant Q<30\ 000\\ 33.825 & 30\ 000\leqslant Q\end{cases}$$

若每年的单位存储成本为 6 元，问经济订货量是多少，订购时间是多长？

在线答题

参 考 文 献

鲍尔索克斯，克劳斯，库珀，等，2021. 供应链物流管理：原书第 5 版. [M]. 梁峰，译. 北京：机械工业出版社.

储君，2023. 若干车辆路径规划问题的启发式优化算法研究[D]. 南京：南京邮电大学.

戴晓震，楼振凯，楼旭明，2017. 循环取货模式下的多车场协同运输问题研究[J]. 数学的实践与认识，47(15)：149-154.

郝海，时洪浩，2009. 供应商与制造商供应链协同度分析[J]. 商业研究， 52(08)：68-70.

花洁，2023. 基于蒙特卡洛模拟的电网 DICP 系统可靠性评估方法[J]. 自动化技术与应用，42(6)：50-53.

黄思慧，周三元，王恒喆，2017. SH 物流公司东部地区运输方式的优化[J]. 商场现代化(18)：56-57.

黄颖，2021. 物流系统仿真与应用：微课版[M]. 北京：清华大学出版社.

卡巴科弗，2023. R 语言实战[M]. 3 版. 王韬，译. 北京：人民邮电出版社.

刘克，曹平，2015. 马尔可夫决策过程理论与应用[M]. 北京：科学出版社.

马瑟斯，2020. Python 编程从入门到实践[M]. 2 版. 袁国忠，译. 北京：人民邮电出版社.

梅述恩，2021. 运筹学解题方法技巧归纳：名校考研真题解析 [M]. 武汉：华中科技大学出版社.

彭懿，周欢瑜，周美林，等，2017. 基于 Jackson 排队网络分析小区开放对道路通行的影响 [J]. 数学理论与应用，37(1)：16-24.

乔普拉，迈因德尔，2014. 供应链管理：战略、计划和运作：第 5 版[M]. 刘曙光，吴秀云，等译. 北京：清华大学出版社.

谭跃进，陈英武，罗鹏程，等，2017. 系统工程原理[M]. 2 版. 北京：科学出版社.

吴育华，杜纲，2009. 管理科学基础[M]. 3 版. 天津：天津大学出版社.

《运筹学》教材编写组，2021. 运筹学[M]. 5 版. 北京：清华大学出版社.

张杰，郭丽杰，周硕，等，2012. 运筹学模型及其应用[M]. 北京：清华大学出版社.

赵月霞，韩美贵，马开平，2012. 配送中心订单处理作业流程仿真研究[J]. 物流科技(11)：7-9.